药品上市许可持有人
药物警戒制度与规程文件编写指南

夏旭东 主编

中国商务出版社

·北京·

图书在版编目（CIP）数据

药品上市许可持有人药物警戒制度与规程文件编写指南 / 夏旭东主编. -- 北京 ：中国商务出版社，2024. 9. -- ISBN 978-7-5103-5407-6

Ⅰ. D922. 164

中国国家版本馆 CIP 数据核字第 202411253Z 号

药品上市许可持有人药物警戒制度与规程文件编写指南

夏旭东　主编

出版发行：中国商务出版社有限公司
地　　址：北京市东城区安定门外大街东后巷 28 号　邮编：100710
网　　址：http：//www. cctpress. com
联系电话：010—64515150（发行部）　010—64212247（总编室）
　　　　　010—64513818（事业部）　010—64248236（印制部）
责任编辑：刘姝辰
排　　版：冯旱雨
印　　刷：华睿林（天津）印刷有限公司
开　　本：710 毫米×1000 毫米　1/16
印　　张：25. 5　　　　　　　　字　数：431 千字
版　　次：2024 年 9 月第 1 版　　印　次：2024 年 9 月第 1 次印刷
书　　号：ISBN 978-7-5103-5407-6
定　　价：98. 00 元

编　委　会

主　　编　夏旭东

副 主 编　杨　雪　陈晓博　卢　鸽

主　　审　龚立雄　陈世伟　赵志伟

编　　委（以姓氏笔画为序）

万帮喜　马德贤　王长之　王　丽　汤　涵
李雨蔓　李　娜　李　琳　肖皓祥　邱梦月
陈国亭　陈　超　周晓杰　秦　柯　夏　明
郭　慧　席　佩　黄　凯　彭亚丽　程伟高
谢晓燕

编写人员（以姓氏笔画为序）

王倩倩　王婧怡　王　瑜　王颖莹　王　静
王静静　王碧瑶　冯　杰　冯　雨　刘　健
刘曦朦　江开勇　江庆洋　李　磊　肖　兵
肖轶光　张　丹　张自立　张志超　张春霞
张海燕　张琳娜　陈家旭　周　凤　夏　兵
徐晓丽　曹佳静　常超颖

审校人员（以姓氏笔画为序）

杨　雪　李雨蔓　陈晓博　夏旭东　彭亚丽

前 言

2017 年 6 月，原国家市场监督管理总局正式加入国际人用药品注册技术协调会（The International Council for Harmonization of Technical Requirements for Pharmaceuticals for Human Use，ICH）。2019 年 12 月，新修订的《中华人民共和国药品管理法》正式施行，其中第十二条规定国家建立药物警戒制度，对药品不良反应及其他与用药有关的有害反应进行监测、识别、评估和控制。此后，国家药品监督管理局（以下简称“国家药监局”）陆续发布了《药物警戒质量管理规范》（GVP）、《药物警戒检查指导原则》（以下简称《指导原则》）等一系列规范性文件及指导原则，对药品上市许可持有人（以下简称“持有人”）建立健全药物警戒体系、规范开展药物警戒活动，以及开展药物警戒检查等作出明确要求。

药物警戒作为一个全新的概念，首次入法意义重大，体现了药品全生命周期管理理念和对公众生命健康的重视程度。药品不良反应报告制度在我国已实施二十余年，具备机构、人员、制度、数据、方法等诸多基础条件和优势，为实施药物警戒制度奠定了坚实基础。与药品不良反应报告和监测相比，药物警戒工作的范围、方向、模式等均发生了巨大变化。药物警戒不仅是药品不良反应报告和监测工作的延展，还更加强调主动性，对监测到的疑似药品不良反应信息，主动开展风险识别、评估和控制工作。它是利用风险管理的方法和手段解决药品使用环节出现的不良反应及其他与用药有关有害反应的风险管理的过程。

我国是制药大国，企业数量较多，拥有中药、化学药、生物制品等诸多企业类型，且不同企业的生产规模、经营状况、产品类型、风险特征、管理水平等存在差异，这导致了现阶段我国持有人实施药物警戒制度的情况千差万别，这也给药品安全监管带来了一定挑战，同时也对保障公众用药安全和合法权益带来一定难度。

因此，本书针对现阶段我国持有人在药物警戒制度和规程文件制定方面普遍存在的问题，在充分考虑各类型持有人特点的基础上，对药物警戒体系建设和活动开展中涉及的关键要素进行了梳理，并对制度和规程文件制、修订过程中的技术要求、注意事项、撰写要点、考虑因素等进行了分析。本书还对每一个制度和规程文件给出了“示例范本”，内容主要以化学药制剂企业为蓝本进行预设，品种为口服制剂，仿制药，药物警戒活动不涉及委托，企业年产值十亿元。对于特殊情形，如涉及警戒活动委托、生物制品、创新药等，在“示例范本”中专门予以强调和说明。本书最终目的是为我国大多数持有人制定适合自身规模类型、产品结构、风险特征、管理水平的管理制度和操作规程文件提供参考和借鉴。

本书由河南省药品评价中心牵头组织撰写，主要成员包括夏旭东、龚立雄、赵志伟、杨雪、陈晓博、李雨蔓、彭亚丽、程伟高、王长之等。此外，本书在完成过程中还得到了许昌市、开封市、新乡市、焦作市等 13 个市级药品不良反应监测中心、河南羚锐制药股份有限公司、华兰生物疫苗股份有限公司、河南科伦药业有限公司、河南润弘制药股份有限公司等专家老师的大力支持和协助，在此表示诚挚的感谢！

本书旨在为持有人制定、修订药物警戒制度文件和操作规程提供参考和借鉴，不代表监管机构药物警戒检查时关注的全部内容或重点。由于不同企业和品种类型涉及的文件要求不尽相同，且受限于编者学识和经验，本书可能存在疏漏和错误，敬请读者提出宝贵意见。

河南省药品评价中心

2024 年 5 月

目　录

第一章　概述 …… 1

一、法规要求 …… 1
二、文件分类 …… 13
三、制定原则 …… 18
四、管理流程 …… 21

第二章　药物警戒职责文件 …… 24

一、药品安全委员会职责 …… 24
二、药物警戒部门职责 …… 29
三、药物警戒负责人职责 …… 31
四、药物警戒部门负责人职责 …… 33
五、药物警戒部门专职人员职责 …… 36

第三章　药物警戒管理规程文件 …… 40

一、药品安全委员会管理规程 …… 40
二、药物警戒体系组织机构管理规程 …… 45
三、药物警戒质量目标和质量控制指标管理规程 …… 50
四、药物警戒制度和规程文件管理规程 …… 53
五、药物警戒委托管理规程 …… 57
六、药物警戒内审管理规程 …… 61
七、药物警戒培训管理规程 …… 64
八、药物警戒工作考核管理规程 …… 67
九、药品安全性信息收集和报告管理规程 …… 71
十、药品安全性风险识别、评估与控制管理规程 …… 76
十一、药物警戒风险沟通管理规程 …… 85

十二、药品上市后安全性研究管理规程 …… 89
十三、药物警戒计划管理规程 …… 94
十四、药品定期安全性更新报告/定期获益-风险评估报告管理规程 …… 97
十五、药品聚集性事件处置管理规程 …… 102
十六、严重（死亡）药品不良反应/事件管理规程 …… 105
十七、MedDRA 医学术语管理规程 …… 108
十八、药物警戒记录填写与保存管理规程 …… 110

第四章　药物警戒操作规程文件 …… 114

一、个例药品不良反应收集操作规程 …… 114
二、上市后个例药品不良反应报告处置操作规程 …… 119
三、药品聚集性事件处理标准操作规程 …… 126
四、安全性信息文献检索标准操作流程 …… 130
五、药品定期安全性更新报告撰写及上报操作规程 …… 137
六、药品定期获益-风险评估报告撰写及上报操作规程 …… 142
七、药品不良反应/事件报告表填报标准操作规程 …… 147
八、药品安全性信号检测及处理操作规程 …… 157
九、药品安全性信号评估标准操作规程 …… 164
十、药物警戒资料存档操作规程 …… 174
十一、药物警戒体系主文件撰写操作规程 …… 178
十二、药物警戒计划撰写操作规程 …… 184
十三、境外严重药品不良反应处理操作规程 …… 192
十四、药品说明书更新操作规程 …… 196
十五、对于药品监管机构提出问题的回复流程 …… 201
十六、药物警戒培训操作流程 …… 204
十七、药物警戒内审操作规程 …… 206
十八、“直报系统”反馈药品不良反应数据处理操作规程 …… 210
十九、受让品种药物警戒资料传递操作规程 …… 216
二十、药物警戒风险沟通操作规程 …… 222
二十一、MedDRA 医学术语使用操作规程 …… 226
二十二、严重（死亡）药品不良反应/事件调查操作规程 …… 236
二十三、药品信息维护与更新操作规程 …… 243

第五章 《药物警戒质量管理规范》解读 ······ 248

一、总则······ 248
二、质量管理······ 253
三、机构人员与资源······ 268
四、监测与报告······ 287
五、风险识别与评估······ 317
六、风险控制······ 353
七、文件、记录与数据管理······ 368
八、临床试验期间药物警戒······ 383
九、附则······ 396

参考文献······ 398

第一章　概　述

一、法规要求

（一）我国药物警戒相关法律法规

我国的法律法规体系包括法律、行政法规、部门规章以及规范性文件。其中，法律由全国人民代表大会及其常务委员会制定，全国人民代表大会是国家最高权力机关。行政法规效力仅次于法律，由国务院制定，并以国务院令的形式颁布。

部门规章是由国务院各部门、各委员会、审计署等根据法律和行政法规的规定和国务院的决定，在本部门的权限范围内制定和发布的调整本部门范围内行政管理关系的规范性文件且不得与宪法、法律和行政法规相抵触。部门规章的主要形式有命令、指示、规定等。

规范性文件是指除了政府规章，行政机关及法律、法规授权的具有管理公共事务职能的组织，在法定职权范围内依照法定程序制定并公开发布的，针对不特定多数人和事项，涉及或者影响公民、法人或者其他组织权利义务，在本行政区域或其管理范围内具有普遍约束力，并在一定时间内相对稳定、能够反复适用的行政措施、决定、命令等行政规范文件的总称。

2019 年新修订的《中华人民共和国药品管理法》第十二条规定国家建立药物警戒制度，标志着我国正式从实行药品不良反应报告和监测制度迈向了药物警戒制度。随后药物警戒相关的部门规章、规范性文件和指导原则等陆续出台，我国药物警戒制度体系逐步完善，与欧美日等发达国家药物警戒制度逐渐趋于同步。全国范围内药物警戒“一体两翼”的工作格局逐步形成并稳定，持有人药物警戒的主体责任也得到了进一步落实。与药物警戒相关的法律法规制度文件见表 1-1。

表 1-1　我国药物警戒相关法律法规制度文件

序号	名称	发布部门	施行日期	层级划分
1	《中华人民共和国药品管理法》	全国人大常务委员会	2019 年 12 月 1 日	法律
2	《中华人民共和国疫苗管理法》	全国人大常务委员会	2019 年 12 月 1 日	法律
3	《药品不良反应报告和监测管理办法》(2011)	卫生部	2011 年 7 月 1 日	部门规章
4	《药品注册管理办法》	国家市场监督管理总局	2020 年 7 月 1 日	部门规章
5	《药品生产监督管理办法》	国家市场监督管理总局	2020 年 7 月 1 日	部门规章
6	《药品经营和使用质量监督管理办法》	国家市场监督管理总局	2024 年 1 月 1 日	部门规章
7	《药品定期安全性更新报告撰写规范》	国家食品药品监督管理总局	2012 年 9 月 6 日	规范性文件
8	《疫苗生产企业不良事件报告指南》	国家药监局药品评价中心	2013 年 5 月 31 日	规范性文件
9	《药品不良反应报告和监测检查指南(试行)》	国家食品药品监督管理总局	2015 年 7 月 2 日	规范性文件
10	《关于深化审评审批制度改革鼓励药品医疗器械创新的意见》	中共中央办公厅 国务院办公厅	2017 年 10 月 8 日	规范性文件
11	《关于适用国际人用药品注册技术协调会二级指导原则的公告》	国家食品药品监督管理总局	2018 年 1 月 25 日	规范性文件
12	《个例药品不良反应收集和报告指导原则》	国家药监局	2018 年 12 月 21 日	规范性文件
13	《药品上市许可持有人直接报告不良反应事宜的公告》	国家药监局	2019 年 1 月 1 日	规范性文件
14	《上市药品临床安全性文献评价指导原则》	国家药监局	2019 年 6 月 18 日	规范性文件
15	《个例安全性报告 E2B(R3)区域实施指南》	国家药监局药品评价中心/ 国家药监局药品审评中心	2019 年 11 月 22 日	规范性文件
16	《药品不良反应聚集性事件监测处置工作程序》	国家药监局	2020 年 4 月 9 日	规范性文件
17	《药物警戒委托协议撰写指导原则》	国家药监局药品评价中心	2020 年 6 月 4 日	规范性文件
18	《国家药监局关于进一步加强药品不良反应监测评价体系和能力建设的意见》	国家药监局	2020 年 7 月 29 日	规范性文件

续表

序号	名称	发布部门	施行日期	层级划分
19	《药品记录与数据管理要求（试行）》	国家药监局	2020 年 12 月 1 日	规范性文件
20	《药品上市后变更管理办法（试行）》	国家药监局	2021 年 1 月 12 日	规范性文件
21	《已上市化学药品和生物制品临床变更技术指导原则》	国家药监局药品审评中心	2021 年 2 月 10 日	规范性文件
22	《职业化专业化药品检查员分级分类管理办法》	国家药监局	2021 年 6 月 8 日	规范性文件
23	《药物警戒质量管理规范》	国家药监局	2021 年 12 月 1 日	规范性文件
24	《已上市中药说明书安全信息项内容修订技术指导原则（试行）》	国家药监局	2022 年 1 月 4 日	规范性文件
25	《“临床风险管理计划”撰写指导原则》	国家药监局药品审评中心	2022 年 1 月 6 日	规范性文件
26	《药物警戒体系主文件撰写指南》	国家药监局药品评价中心	2022 年 2 月 25 日	规范性文件
27	《药品年度报告管理规定》	国家药监局	2022 年 4 月 12 日	规范性文件
28	《药物警戒检查指导原则》	国家药监局	2022 年 4 月 15 日	规范性文件
29	《药品上市许可持有人MedDRA 编码指南》	国家药监局药品评价中心	2022 年 5 月 6 日	规范性文件
30	《化学药品及生物制品说明书通用格式和撰写指南》	国家药监局药品审评中心	2022 年 5 月 23 日	规范性文件
31	《药品检查管理办法（试行）》	国家药监局	2022 年 5 月 28 日	规范性文件
32	《全国疑似预防接种异常反应监测方案》（2022 年版）	国家卫健委办公厅 国家药监局综合司	2022 年 6 月 10 日	规范性文件
33	《中药注册管理专门规定》	国家药监局	2023 年 7 月 1 日	规范性文件

1.《中华人民共和国药品管理法》(2019 修订)

2019 年新修订的《中华人民共和国药品管理法》正式将“药物警戒”纳入法律，明确提出国家建立药物警戒制度，对药品不良反应及其他与用药有关的有害反应进行监测、识别、评估和控制。这是 2001 年修订的《中华人民共和国药品管理法》首次提到“国家实行药品不良反应报告制度”实施 18 年后，所进行的重要制度调整，它体现出全面贯彻习近平新时代中国特色社会主义思想，特别是习近平总书记关于加强药品管理、贯彻落实“四个最严”要求的重要指示精神，体现出坚持以人民健康为中心，坚持风险管理、全程管控、社会共治的基本原则，对保护和促进公众健康产生深远而持久的影响。

2019 年新修订的《中华人民共和国药品管理法》还对持有人、生产企业、药品经营企业和医疗机构开展药品不良反应监测等工作提出了要求，明确了责任。例如第八十条规定，持有人应当开展药品上市后不良反应监测，主动收集、跟踪分析疑似药品不良反应信息，对已识别风险的药品及时采取风险控制措施。第八十一条规定，药品上市许可持有人、药品生产企业、药品经营企业和医疗机构应当经常考察本单位所生产、经营、使用的药品质量、疗效和不良反应。发现疑似不良反应的，应当及时向药品监督管理部门和卫生健康主管部门报告。第一百三十四条规定，药品上市许可持有人未按照规定开展药品不良反应监测或者报告疑似药品不良反应的，责令限期改正，给予警告；逾期不改正的，责令停产停业整顿，并处十万元以上一百万元以下的罚款。药品经营企业未按照规定报告疑似药品不良反应的，责令限期改正，给予警告；逾期不改正的，责令停产停业整顿，并处五万元以上五十万元以下的罚款。医疗机构未按照规定报告疑似药品不良反应的，责令限期改正，给予警告；逾期不改正的，处五万元以上五十万元以下的罚款。

2.《关于药品上市许可持有人直接报告不良反应事宜的公告》

2018 年 9 月 29 日，国家药监局发布了《关于药品上市许可持有人直接报告不良反应事宜的公告》（国家药监局 2018 年第 66 号），明确规定了持有人直接报告的范围，包括患者使用药品出现的与用药目的无关且无法排除与药品存在相关性的所有有害反应，涵盖因药品质量问题引起的或者可能与超适应证用药、超剂量用药、禁忌证用药等相关的有害反应。此公告还强调了持有人在建立健全药品不良反应监测体系、报告不良反应、分析评价不良反应监测数据、采取有效的风险控制措施保障公众用药安全等方面的系统性要求。

在不良反应报告方面，《关于药品上市许可持有人直接报告不良反应事宜的公告》的发布使报告制度发生了三方面变化：①建立了上市许可持有人直接报告制度，要求所有类型的持有人都应当报告疑似药品不良反应，只要持有注册证书，不论是企业还是研制机构等类型的持有人都应当报告；②要求持有人的报告途径是直报，更强调其监测、报告和风险控制的主动性要求，并特别要求持有人通过“直报系统”报告疑似不良反应；③其他报告主体的报告义务仍然保留，生产企业、经营企业、医疗机构仍然承担报告疑似不良反应的义务①。

《关于药品上市许可持有人直接报告不良反应事宜的公告》的实施对进一步完善药品不良反应监测制度、落实持有人不良反应监测主体责任、提高我国制药行业整体药品安全责任意识和管理水平具有巨大推动作用。此外，公告实施也为我国实施 ICH 指导原则提供了政策支持，起到了与 ICH 相关指导原则、药物警戒制度相衔接的作用，可视为推动持有人由药品不良反应监测工作转向药物警戒工作的新的开端，同时对推动我国药品不良反应监测工作与国际接轨具有重大意义。

3.《药物警戒质量管理规范》

2021 年 5 月 13 日，国家药监局发布 GVP，GVP 的出台是中国药物警戒领域法制化的里程碑，是《中华人民共和国药品管理法》修订后第一份有关药物警戒的配套文件，对明确持有人主体责任、促进行业发展、守护公众健康具有重大意义。在我国药物警戒对标国际的形势下，出台 GVP 不仅是顺势而为，也填补了上市后药品安全监管的空白。GVP 与《药品生产质量管理规范》（GMP）、《药品经营质量管理规范》（GSP）等管理规范定位保持一致，主要适用于持有人（包括临床试验申办者），侧重于技术标准和技术指导。其起草总原则是以《中华人民共和国药品管理法》（2019 修订）为依据，全面落实持有人药物警戒主体责任，规范警戒活动并提高质量；以新形势为契机，接轨国际成熟经验和 ICH 相关要求，促进制药企业国际化发展；以国情为出发点，兼顾制药行业不均衡发展现状，稳步推进药物警戒制度落实。

GVP 共分为九章一百三十四条。除了第一章总则和第八章，其他章节均对持有人的药物警戒活动作出规定。第八章是对临床试验期间药物警戒活动的规定。不同的责任主体分别用“持有人”和“申办者”进行区分。第一章总则明确了规范制定的法律依据、适用范围、根本目标、体系要求，提出持有人和申办者应与药物警戒其他主体——医疗机构、药品经营企业和临床试验机构等协同开展药物警戒工作。第二章质量管理明确了持有人药物警戒体系的要素，并提出了对药品警戒体系及活动进行质量管理的总体目标、质量保证要素、质控指标和内审要求等。第三章对药物警戒体系中的组织机构和人员等提出要求，并对持有人开展药物警戒活动所需的设备资源要

---

① 杨悦．药品上市许可持有人直接报告不良反应制度实施问题研究［J］．中国药物警戒，2019，16（11）：649－653，665.

求进行明确。第四章监测与报告规范了药物警戒的基础性工作，即不良反应信息的收集、处置和报告。第五章风险识别与评估对信号检测和风险评估提出了要求，规范了药品定期安全性更新报告（PSUR）及其升级版定期获益-风险评估报告（PBRER）的撰写技术要点，以及上市后安全性研究的范畴、发起情形、受试者保护等要求。第六章风险控制明确了风险控制措施的类型、选择方法和后效评估等，强调了风险沟通的方法，规范了药物警戒计划的制定和提交方式等。第七章文件、记录与数据管理规范了各项管理制度文件以及药物警戒实践中形成的记录和数据的管理。第八章临床试验期间药物警戒与风险管理规范了临床试验期间药物警戒的相关工作。第九章附则包括相关定义、疫苗持有人实施药物警戒质量管理规范的特殊情况等。

所有药物警戒活动均围绕两条主线展开：一条是以药物警戒体系建设为主线，要求持有人建立、运行和维护药物警戒体系；另一条是以药品风险管理为主线，要求持有人对风险进行监测、识别、评估和控制。

GVP 在制订过程中充分遵循了《中华人民共和国药品管理法》（2019 修订）的原则和要求，体现出以下亮点：

首先，体现了药品全生命周期的管理理念。与以往药品不良反应监测工作相比，药物警戒不仅包括药品上市后不良反应的收集、识别、评估和控制要求，还涵盖了临床试验期间对药物不良事件的监测与管理。其次，坚持了药品风险管理的原则。《中华人民共和国药品管理法》（2019 修订）在总则中提出了风险管理的原则，而药物警戒正是药品风险管理的具体实践。GVP 在总则中指出应结合药品品种安全性特征开展有效的药物警戒活动，降低药品使用风险，并将药品风险管理的要求贯穿到各个章节中，从风险信息的收集到风险的识别、评估与控制，是持有人开展药品风险管理活动的纲领性文件。再次，明确了药物警戒主体责任的承担者。GVP 提出持有人和临床试验申办者依法承担药物警戒的主体责任，要求持有人建立药物警戒体系并进行质量管理，厘清了持有人和申办者开展药物警戒活动的关键内容和流程，体现了能动治理和社会共治的理念。最后，规划了国际化发展蓝图。为适应我国加入 ICH 和制药行业国际化发展需求，GVP 借鉴了欧美日成熟的药物警戒经验，增加了许多既往空白或没有明确的新要求，如信号检测、定期获益-风险评估、药品上市后安全性研究、药品风险沟通、药物警戒计划制定等。这些新规定为制药行业逐步融入全球药物警戒体系中提供了保障，也勾画了中国药物警戒的国际化发展的蓝图。

4.《药物警戒检查指导原则》

为落实《中华人民共和国药品管理法》（2019 修订）有关建立药物警戒制度的要求，指导药品监督管理部门科学规范开展药物警戒检查工作，国家药监局发布了《指导原则》，于 2022 年 4 月 15 日起施行。《指导原则》突出风险管理、强化风险控制，内容涵盖检查重点考虑因素、检查方式、检查要点等，对缺陷风险等级及评定标准做出了明确界定，并规定重复出现前次检查发现缺陷的，风险等级可以升级。国家药监局同时明确有关事宜，对省级药品监管部门提出在日常监管工作中纳入药物警戒检查相关内容等要求。

《指导原则》适用于省级及以上药品监管部门对持有人开展药物警戒检查，对于获准开展药物临床试验的药品注册申请人所进行的药物警戒检查，可参照此原则实施。检查工作的组织实施，以及检查机构和人员、跨区域检查协作等相关工作，均需遵循《药品检查管理办法（试行）》等有关要求。

《指导原则》明确了检查的重点考虑因素。常规检查的重点考虑因素涵盖药品特征、持有人特征、其他情况三个方面，共 14 项内容，包括药品的安全性特性，持有品种较多、销售量大的持有人，以及既往药物警戒检查或其他检查情况等。有因检查重点考虑因素含 8 项内容，例如，对疑似药品不良反应信息迟报、瞒报、漏报，以及报告质量差；未按规定或药品监督管理部门要求开展药品上市后安全性研究、制定并实施药物警戒计划，且未提供说明等。

药物警戒检查的方式包括现场检查和远程检查，检查地点主要为持有人开展关键药物警戒活动的场所，必要时会对受托开展药物警戒活动的场所进行延伸检查。《指导原则》规定，药物警戒检查发现的缺陷分为严重缺陷、主要缺陷和一般缺陷，其风险等级依次降低。重复出现前次检查发现缺陷的，风险等级可以升级。检查项目共 100 项，其中可判定为严重缺陷的有 12 项、可判定为主要缺陷的有 40 项，其余 48 项可判定为一般缺陷。《指导原则》还给出了检查结论和综合评定结论的评定标准，同时，作为附件的《药物警戒检查要点》列出了所有检查项目及其缺陷风险建议等级，以及相应的检查方法和内容。

（二）关于药物警戒制度规程文件的要求

1.《药物警戒质量管理规范》

药物警戒制度和规程文件涉及药物警戒体系建设和活动的所有环节，包括组织机构、人员配备与培训、设备资源配置与维护、疑似药品不良反应信息的监测与收集、报告的评价与处置、疑似药品不良反应信息中信号的检测与评价、安全风险评估、上市后安全性监测、定期安全性评价报告与药物警戒计划的撰写审核与提交、风险控制与沟通、质量管理（含委托管理）等。文件内容应全面清晰、易懂，操作规程应具有可操作性。GVP 对文件管理有明确要求，除在第七章对药物警戒制度和规程文件的制定、管理、修订、保存等有专门规定外，在第二章、第三章、第六章也有相关要求。具体章节见表 1-2：

表 1-2　GVP 中与文件管理相关的章节

法规	章节	条款
第二章　质量管理	第一节　基本要求	第六条、第八条
	第二节　内部审核	第十一条
	第三节　委托管理	第十七条
第三章　机构人员与资源	第一节　组织机构	第二十一条
	第二节　人员与培训	第二十五条
第六章　风险控制	第三节　药物警戒计划	第九十六条
第七章　文件、记录与数据管理	第一节　制度和规程文件	第一百条、第一百零一条、第一百零二条、第一百零三条
	第三节　记录与数据	第一百零三条至第一百一十五条

第六条　药物警戒体系包括与药物警戒活动相关的机构、人员、制度、资源等要素，并应与持有人的类型、规模、持有品种的数量及安全性特征等相适应。

第八条　持有人应当以防控风险为目的，将药物警戒的关键活动纳入质量保证系统中，重点考虑以下内容：

（三）制定符合法律法规要求的管理制度；

（四）制定全面、清晰、可操作的操作规程；

（九）确保药物警戒相关文件和记录可获取、可查阅、可追溯。

第十一条　持有人应当定期开展内部审核（以下简称“内审”），审核各项制度、规程及其执行情况，评估药物警戒体系的适宜性、充分性、有效性。当药物警戒体系出现重大变化时，应当及时开展内审。

第十七条　持有人应当考察、遴选具备相应药物警戒条件和能力的受托方。受托方应当是具备保障相关药物警戒工作有效运行的中国境内企业法人，具备相应的工作能力，具有可承担药物警戒受托事项的专业人员、管理制度、设备资源等工作条件，应当配合持有人接受药品监督管理部门的延伸检查。

第二十一条　药物警戒部门应当履行以下主要职责：

（三）组织撰写药物警戒体系主文件、定期安全性更新报告、药物警戒计划等；

第二十五条　药物警戒负责人负责药物警戒体系的运行和持续改进，确保药物警戒体系符合相关法律法规和本规范的要求，承担以下主要职责：

（五）负责重要药物警戒文件的审核或签发。

第九十六条　药物警戒计划作为药品上市后风险管理计划的一部分，是描述上市后药品安全性特征以及如何管理药品安全风险的书面文件。

第一百条　持有人应当制定完善的药物警戒制度和规程文件。

可能涉及药物警戒活动的文件应当经药物警戒部门审核。

第一百零一条　制度和规程文件应当按照文件管理操作规程进行起草、修订、审核、批准、分发、替换或撤销、复制、保管和销毁等，并有相应的分发、撤销、复制和销毁记录。制度和规程文件应当分类存放、条理分明，便于查阅。

第一百零二条　制度和规程文件应当标明名称、类别、编号、版本号、审核批准人员及生效日期等，内容描述应当准确、清晰、易懂，附有修订日志。

第一百零三条　持有人应当对制度和规程文件进行定期审查，确保现行文件持续适宜和有效。制度和规程文件应当根据相关法律法规等要求及时更新。

第一百零七条　持有人应当规范记录药物警戒活动的过程和结果，妥善管理药物警戒活动产生的记录与数据。记录与数据应当真实、准确、完整，保证药物警戒活动可追溯。关键的药物警戒活动相关记录和数据应当进行确认与复核。

第一百零八条　记录应当及时填写，载体为纸质的，应当字迹清晰、易读、不易擦除；载体为电子的，应当设定录入权限，定期备份，不得随意更改。

第一百零九条　电子记录系统应当具备记录的创建、审核、批准、版本控制，以及数据的采集与处理、记录的生成、复核、报告、存储及检索等功能。

第一百一十条　对电子记录系统应当针对不同的药物警戒活动和操作人员设置不同的权限，保证原始数据的创建、更改和删除可追溯。

第一百一十一条　使用电子记录系统，应当建立业务操作规程，规定系统安装、设置、权限分配、用户管理、变更控制、数据备份、数据恢复、日常维护与定期回顾的要求。

第一百一十二条　在保存和处理药物警戒记录和数据的各个阶段应当采取特定的措施，确保记录和数据的安全性和保密性。

第一百一十三条　药物警戒记录和数据至少保存至药品注册证书注销后

十年，并应当采取有效措施防止记录和数据在保存期间损毁、丢失。

第一百一十四条　委托开展药物警戒活动所产生的文件、记录和数据，应当符合本规范要求。

第一百一十五条　持有人转让药品上市许可的，应当同时移交药物警戒的所有相关记录和数据，确保移交过程中记录和数据不被遗失。

2.《药品记录与数据管理要求（试行）》

2020 年 7 月 1 日，国家药监局发布了《药品记录与数据管理要求（试行）》，该规定对药品研制、生产、经营、使用活动中的记录与数据管理提出原则性要求，以确保药品全生命周期的信息真实、准确、完整和可追溯。药物警戒作为药品全生命周期管理活动中的重要一环，其文件、记录与数据的管理必须遵循《药品记录与数据管理要求（试行）》的要求。必要时，需向药品监管部门提供证明其活动符合法规要求的相关信息，这些信息应当真实、准确地反映、重现或验证相应活动的执行情况与结果。

《药品记录与数据管理要求（试行）》指出，数据是指在药品研制、生产、经营、使用活动中产生的反映活动执行情况的信息，包括文字、数值、符号等并将数据分为基础信息数据、行为活动数据、计量器具数据、电子数据和其他类型数据，根据不同特点，在管理规程、确认与复核、计量与校验管理、计算机系统等方面提出不同要求。记录则是指在上述活动过程中通过一个或多个数据记载形成的，反映相关活动执行过程与结果的凭证。《药品记录与数据管理要求（试行）》还充分考虑到我国产业发展的实际情况，明确记录可以采用一种或者多种类型，记录载体可以采用纸质、电子或者混合等一种或者多种形式。对于电子记录和纸质记录并存的情况，《药品记录与数据管理要求（试行）》也明确提出，要在相应的操作规程和管理制度中明确规定作为基准的形式。

《药品记录与数据管理要求（试行）》中与药物警戒活动相关的记录要求包括：

第三条　数据是指在药品研制、生产、经营、使用活动中产生的反映活动执行情况的信息，包括：文字、数值、符号、影像、音频、图片、图谱、条码等；记录是指在上述活动中通过一个或多个数据记载形成的，反映相关活动执行过程与结果的凭证。

第四条　记录可以根据用途，分为台账、日志、标识、流程、报告等不同类型。从事药品研制、生产、经营、使用活动，应当根据活动的需求，采用一种或多种记录类型，保证全过程信息真实、准确、完整和可追溯。记录载体可采用纸质、电子或混合等一种或多种形式。

第五条 采用计算机（化）系统生成记录或数据的，应当采取相应的管理措施与技术手段，确保生成的信息真实、准确、完整和可追溯。

第六条 电子记录至少应当实现原有纸质记录的同等功能，满足活动管理要求。

对于电子记录和纸质记录并存的情况，应当在相应的操作规程和管理制度中明确规定作为基准的形式。

第七条 应当根据记录的用途、类型与形式，制定记录管理规程，明确记录管理责任，规范记录的控制方法。

第八条 数据的采集、处理、存储、生成、检索、报告等活动，应当满足相应数据类型的记录填写或数据录入的要求，保证数据真实、准确、完整和可追溯。

第九条 根据数据的来源与用途，可将数据分为基础信息数据、行为活动数据、计量器具数据、电子数据及其它类型数据，不同类型的数据应当采用适当的管理措施与技术手段。

第十条 从事记录与数据管理的人员应当接受必要的培训，掌握相应的管理要求与操作技能，遵守职业道德守则。

第十一条 通过合同约定由第三方产生的记录与数据，应当符合本要求规定，并明确合同各方的管理责任。

第十二条 记录文件的设计与创建应当满足实际用途，样式应当便于识别、记载、收集、保存、追溯与使用，内容应当全面、完整、准确反映所对应的活动。

第十三条 应当规定记录文件的审核与批准职责，明确记录文件版本生效的管理要求，防止无效版本的使用。

第十四条 记录文件的印制与发放应当根据记录的不同用途与类型，采用与记录重要性相当的受控方法，防止对记录进行替换或篡改。

第十五条 应当明确记录的记载职责，不得由他人随意代替，并采用可长期保存、不易去除的工具或方法。

原始数据应当直接记载于规定的记录上，不得通过非受控的载体进行暂写或转录。

第十六条 记录的任何更改都应当签注修改人姓名和修改日期，并保持原有信息清晰可辨。必要时应当说明更改的理由。

第十七条　记录的收集时间、归档方式、存放地点、保存期限与管理人员应当有明确规定，并采取适当的保存或备份措施。记录的保存期限应当符合相关规定要求。

第十八条　记录的使用与复制应当采取适当措施防止记录的丢失、损坏或篡改。复制记录时，应当规定记录复制的批准、分发、控制方法，明确区分记录原件与复印件。

第十九条　应当确定适当的记录销毁方式，并建立相应的销毁记录。

第二十条　采用电子记录的计算机（化）系统应当满足以下设施与配置：

（一）安装在适当的位置，以防止外来因素干扰；

（二）支持系统正常运行的服务器或主机；

（三）稳定、安全的网络环境和可靠的信息安全平台；

（四）实现相关部门之间、岗位之间信息传输和数据共享的局域网络环境；

（五）符合相关法律要求与管理需求的应用软件与相关数据库；

（六）能够实现记录操作的终端设备及附属装置；

（七）配套系统的操作手册、图纸等技术资料。

第二十一条　采用电子记录的计算机（化）系统至少应当满足以下功能要求：

（一）保证记录时间与系统时间的真实性、准确性和一致性；

（二）能够显示电子记录的所有数据，生成的数据可以阅读并能够打印；

（三）系统生成的数据应当定期备份，备份与恢复流程必须经过验证，数据的备份与删除应有相应记录；

（四）系统变更、升级或退役，应当采取措施保证原系统数据在规定的保存期限内能够进行查阅与追溯。

第二十二条　电子记录应当实现操作权限与用户登录管理，至少包括：

（一）建立操作与系统管理的不同权限，业务流程负责人的用户权限应当与承担的职责相匹配，不得赋予其系统（包括操作系统、应用程序、数据库等）管理员的权限；

（二）具备用户权限设置与分配功能，能够对权限修改进行跟踪与查询；

（三）确保登录用户的唯一性与可追溯性，当采用电子签名时，应当符合《中华人民共和国电子签名法》的相关规定；

（四）应当记录对系统操作的相关信息，至少包括操作者、操作时间、操作过程、操作原因；数据的产生、修改、删除、再处理、重新命名、转移；对计算机（化）系统的设置、配置、参数及时间戳的变更或修改。

第二十三条 采用电子记录的计算机（化）系统验证项目应当根据系统的基础架构、系统功能与业务功能，综合系统成熟程度与复杂程度等多重因素，确定验证的范围与程度，确保系统功能符合预定用途。

第二十四条 对于活动的基础信息数据和通过操作、检查、核对、人工计算等行为产生的行为活动数据，应当在相关操作规程和管理制度中规定记载人员、记载时间、记载内容，以及确认与复核方法的要求。

第二十六条 经计算机（化）系统采集、处理、报告所获得的电子数据，应当采取必要的管理措施与技术手段：

（一）经人工输入由应用软件进行处理获得的电子数据，应当防止软件功能与设置被随意更改，并对输入的数据和系统产生的数据进行审核，原始数据应当按照相关规定保存；

（二）经计算机（化）系统采集与处理后生成的电子数据，其系统应当符合相应的规范要求，并对元数据进行保存与备份，备份及恢复流程必须经过验证。

第二十七条 其它类型数据是指以文档、影像、音频、图片、图谱等形式所载的数据。符合下列条件的其它类型数据，视为满足本要求规定：

（一）能够有效地表现所载内容并可供随时调取查用；

（二）数据形式发生转换的，应当确保转换后的数据与原始数据一致。

二、文件分类

（一）按来源分类

药物警戒制度和规程文件按照来源可以分为外部文件和内部文件。外部文件是指持有人外部相关方的文件，一般包括国家的法律法规、政策文件、技术指南以及监管部门发布的通知、公告等。内部文件是指持有人制订的文件，一般包括制度、操作规程、工作记录表格及合同等。

（二）按管理层级分类

文件按照管理效应层级可以分为法律法规类、管理制度/规程、标准操作规程、工作记录等。其中，法律法规的管理层级是最高的，也是对持有人开展药物警戒工作的最低要求。

法律法规类是指国家颁制的法律法规、相关监管部门颁布或发布的部门规章、规范性文件、公告、通知、指导原则、技术指南、技术标准等。

管理制度/规程是指持有人为了开展药物警戒活动所建立的制度/规程，包括部门人员管理规程、委托管理工作规程、培训管理规程、档案管理规程、设施资源管理规程、药品安全委员会工作规程、风险管理规程等。对于部门人员管理规程、人员培训规程、档案管理规程、设施资源管理规程等，可以单独存在，也可与其他质量体系文件（如 GMP）共用，但需要体现药物警戒活动的相关内容。药物警戒相关部门的工作应在相应的文件中予以明确规定，同时也应建立对受托方或其他第三方实施管理的制度规程。药物警戒工作相关管理规程见表 1-3。

表 1-3　药物警戒工作相关管理规程

管理制度名称	基本内容
部门人员管理规程	应包含清晰的组织机构图，明确显示药物警戒部门；定义药物警戒部门的工作职责与人员配置；明确药物警戒相关部门的与药物警戒活动相关的工作职责；定义药物警戒负责人、药物警戒部门负责人和药物警戒专职人员的职责与任职要求等；相关人员的考核
委托管理工作规程	至少包括对于受托方的遴选标准、委托方与受托方各自承担的责任与义务、委托工作的质量控制要素、审计的频率与方式等
培训管理规程	可与其他质量体系中的制度共用。但至少包括药物警戒负责人、药物警戒部门负责人、药物警戒专职人员、药物警戒专门部门的人员以及药物警戒相关部门从事药物警戒相关活动人员的接受培训要求，规定培训内容及其最低频次
档案管理规程	可与其他质量体系中的制度共用。但至少包括药物警戒活动相关的制度、标准操作规程以及纸质记录和电子记录等的保存场所要求、保存年限、借阅与复制要求等
设施资源管理规程	可与其他质量体系中的制度共用。但至少包括药物警戒活动相关的设施资源的管理，例如，办公区域和设施、安全稳定的网络环境、纸质和电子资料存储空间和设备、文献资源、医学词典、信息化工具或系统等
药品安全委员会工作规程	至少包括药品安全委员会的组成、解决重大风险研判、重大或紧急药品事件处置、风险控制决策等相关工作的机制等
风险管理规程	至少包括风险管理组织架构、风险级别划分及相应控制措施、处置流程以及涉及的部门与人员等
……	……

标准操作规程是持有人为规范药物警戒活动所建立的程序性文件，应覆盖个例药品不良反应收集、评价、处置和上报；聚集性事件；上市后安全性研究；药品安全性信号检测与评价；药品安全风险评估；药品安全风险沟通与控制；监管部门要求；信息化系统管理；文件记录管理；与质量相关管理等活动。其中信息化系统管理、质量管理、文件记录管理操作规程可以单独存在，也可与其他质量体系文件（如 GMP）共用，但需要体现药物警戒的相关内容。同时应制定对受托方或其他第三方实施管理的操作规程。药物警戒工作相关标准操作规程见表 1－4。

表 1－4　药物警戒工作相关标准操作规程

涉及活动	相关标准操作规程	涵盖的内容
个例药品不良反应收集、评价、处置和上报	疑似药品不良反应信息收集	应包括所有途径的收集方式（如从医疗机构、经营企业、医学咨询、个人投诉、文献、网站、监管部门反馈等），规定不同收集渠道的收集人、收集内容以及记录方式
	药品安全性文献检索	应包括检索人、检索频率、检索时间段、检索数据库、检索关键词、检索结果等
	境外严重药品不良反应处置操作规程	应包括所有途径的收集方式（如从医疗机构、经营企业、医学咨询个人投诉、文献、网站、监管部门反馈等），规定不同收集渠道的收集人、收集内容以及记录方式、处置方式与流程。收集后如何分类处置（上报/不予处理/纳入年度报告/纳入 PSUR/转交其他部门）规定分类处置结论的提出者、审核者、最终决定者；每个环节应规定相应的时限；不同来源的信息如何汇总以供后续分析利用
	严重药品不良反应/事件（含死亡）调查	应规定调查程序、调查方案的制订、调查的组织方式、参与调查的人员、调查内容、调查过程记录要求、调查报告撰写要求、调查结论与建议
	疑似药品不良反应信息处置	应包括不同途径收集的信息的处置方式与流程，如何分类处置（上报/不予处理/纳入年度报告/纳入 PSUR/转交其他部门），规定分类处置结论的提出者、审核者、最终决定者；每个环节应规定相应的时限；不同来源的信息如何汇总以供后续分析利用
	个例药品不良反应/事件报告的评价与上报	应包括个例药品不良反应/事件的严重性及关联性的判定标准，规定评价者、复核者、上报者，以及评价、复核及报告时限

续表

涉及活动	相关标准操作规程	涵盖的内容
聚集性事件	药品不良反应聚集性事件处置	应包括聚集性的规则（分级），如何分类处置（忽略/关注/立即采取措施）；规定处置结论的出具者、复核者、批准者、以及每个环节的相应时限；处置措施的适宜性与有效性的评估者及评估方式
上市后安全性研究	临床试验、真实世界研究、观察性研究等	应包括启动组织部门、参与部门、研究方案的制定要求、研究总结的书写要求，规定研究的时限、研究的进展、研究结果的利用方式等
	主动监测	应包括主动监测品种的确定原则、主动监测的方式与时限、主动监测信息的收集方式、主动监测信息的评价与监测结果的应用等
药品安全性信号检测与评价	风险信号检测	应包括风险信号检测的途径、信号检测的方式、检测信号管理规则、信号检测的频次、重点关注信号的类型、规定信号检测与管理的人员
	风险信号的评价	应包括信号优先级的判定标准、风险信号评价的内容、评价人员与评价方式、风险信号评价结果的确认流程
药品安全风险评估	药品安全风险评估	应包括风险评估人员及内容、影响因素分析及风险特征描述要求、风险类型的判定（已识别风险或潜在风险）、风险的等级以及确认流程
药品安全风险沟通与控制	药品安全风险控制	应包括不同等级的药品安全风险的控制措施，参与控制的部门与人员，采取控制措施的时限、如何评估控制措施的有效性（什么时候启动评估，由谁评估，评估有效性的指标，评估的结果确认流程，建议采取的措施，等等）
	药品安全风险沟通	应包括药品安全性信息沟通的所有对象（如监管机构、医生、患者、公众等），规定不同沟通对象的沟通的方式、沟通负责部门与人员以及沟通有效性的确认等
	药品风险与获益评估	应包括启动评估时间、评估的部门与人员、评估的时限、评估的内容、评估的结果确认流程、建议采取的措施等
	药品风险管理计划/药物警戒管理计划的撰写	应包括起草的部门与人员、起草的基本内容，规定复核与审批人以及起草、复核与审核各环节的时限
	药品说明书更新操作规程	应包括药品说明书不同情形的更新操作流程，规定由谁提出、内部如何沟通、谁负责研究、谁负责申报、批准后由谁负责实施

续表

涉及活动	相关标准操作规程	涵盖的内容
监管部门要求	定期安全性更新报告撰写与提交	应包括报告撰写与提交的流程，规定起草的内容与标准，规定起草人、审核人、批准人与网上提交人以及各环节的时限
	对于药品监管机构提出问题的回复操作规程	应包括接收问题的部门与人员，不同类型问题进行回复的部门，涉及部门的沟通方式，确定回复内容的流程，提交回复的部门，规定各环节的时限
信息化系统管理	药品安全信息化系统管理	应包括管理员的设定、权限管理（账号设置与分配）、备份的间隔与要求、验证的周期、维护要求等
	国家药品不良反应监测系统管理	应包括账号及密码的管理、管理员的设定、由谁下载备份数据、由谁更新持有人和产品信息等
文件记录管理	药物警戒文件记录管理	可与其他质量体系中的 SOP 共用。但至少包括与药物警戒活动相关的制度、标准操作规程以及纸质记录和电子记录等的归档、复制、查阅、销毁等流程
与质量管理相关	药物警戒内审	可与其他质量体系中的 SOP 共用。但至少包括内审周期，内审计划制订的部门与人员、内审方式与人员、内审的内容，内审记录方式、内审报告的起草与审定流程，与其他体系合并内审时，其内容应包括药物警戒活动的相关内容
	培训	可与其他质量体系中的 SOP 共用。但应规定培训计划制定、审核、执行、效果评估等管理流程和要求，规定培训的内容及接受培训的最低频次，规定参与培训部门与人员（培训人员范围至少包括药物警戒负责人、药物警戒部门负责人、药物警戒专职人员、药物警戒专门部门的人员以及药物警戒相关部门从事药物警戒相关活动人员），规定培训资料留档的要求

工作记录是持有人为规范开展药物警戒活动、规范原始记录的填写、保证原始记录信息相对完整全面所建立的工作记录模版（如表格等），至少包括个例疑似药品不良反应信息收集表、严重药品不良反应的随访调查记录表、药品安全性文献检索记录表、药物警戒体系内审记录表等。记录模版既可以是纸质的，也可以是电子形式的。应当规定记录文件的审核与批准职责，明确记录文件版本生效的管理要求，防止无效版本的使用。记录文件的印制与发放应当根据记录的不同用途与类型，采用与记录重要性相当的受控方法，防止对记录进行替换或篡改。

所有记录模版均应具有唯一识别号（包括版本号），并应经过检查、批准、签名以及标注日期；禁止使用不受控的记录模版；禁止使用临时记录，如草稿纸；记录模版的设计应留有足够的空间以供手工填写数据，保证手写数据清晰可辨；应设计有足够的空间供填写备注及其他需说明的内容；应留有足够的空间供操作员划掉错误，签名并标注日期，记录必要的解释和说明；记录表格模板应该附有明确的栏目填写要求，如对日期栏的填写应有明确的格式规定。药物警戒工作相关记录模板类型及其本要求见表 1-5。

表 1-5　药物警戒工作相关记录模板类型及基本要求

记录模板类型	基本要求
个例疑似药品不良反应信息收集表	编号、时间、来源、四要素相关内容、收集人与时间、处理方式
药品不良反应/事件登记清单	编号、来源、严重性、预期性、主要不良反应名称、处理方式、时间
药品安全性文献检索记录表	编号、时间、检索时间段、数据库名称、检索结果（相关文献作为附件）
严重药品不良反应随访调查记录表	编号、时间，参照死亡病例的调查内容
境外发生的药品不良反应事件报告表	编号、时间、来源、四要素相关内容、收集人与时间、处理方式
PSUR 审核提交表	起草人与时间、复核人与时间、审核批准人与时间
药物警戒计划起草审核表	起草人与时间、复核人与时间、审核批准人与时间
风险信号确认及处理措施登记表	编号、信号来源、信号类型、处理措施、检测人员、检测时间
药品监管机构问题追踪记录清单	编号、时间，问题名称、回复部门、回复内容摘要，回复时间
风险事件管理清单	编号、时间、事件名称、风险级别、处理主要措施等
药物警戒体系内审记录表	时间，内审人，内审内容清单，内审不合格项
说明书修订清单	编号以修订的时间、内容、理由与途径
培训计划表	培训时间、地点、形式、内容、参加人员、考核结果等
……	……

三、制定原则

（一）适用性原则

持有人制定的管理规程和操作规程要从企业的角度出发，基于本企业的规模、产品类型、风险特征、业务特点及管理沟通的需要等方面考虑，相关规程文件要体现企业特点，确保规程文件具有适用性、针对性和可行性，切忌不切实际。例如，中成药企业和生物药企业、口服制剂与注射剂、创新药/改良型新药与上市多年的药品等，其规程文件的内容必然存在诸多差异。在药物警戒制度实施初期，部分持有人可能照搬相关标准或范本，这样制定的规程文件内容往往与本企业的实际情况和产品特点不符，缺乏针对性和适用性，从而无法有效的指导具体的药物警戒活动。

（二）科学性原则

药品的研发、注册、生产、流通、使用、警戒等各环节均具有高度的专业性和科学性。2019 年，国家药品监督管理局启动了中国药品监管科学行动计划，旨在推出一批新工具、新标准、新方法来提升监管的科学化、法治化、国际化和现代化水平。我国 GVP 的出台是在借鉴《欧盟药物警戒质量管理规范》（EU GVP）的基础上，充分结合我国国情，并经过充分论证的情况下科学制定的。因此，持有人在制定管理和操作规程时应遵从客观管理规律，服从管理学的一般原理和方法，才能实现药物警戒体系运行的稳定性和有效性。如果违反科学性原则，会导致制度运行不畅甚至失效。

（三）必要性原则

制定管理和操作规程文件要从实际需要出发，排除干扰因素，抓住主要矛盾，解决根本问题。必要的文件一项都不能少，不必要的文件则不应存在，否则会扰乱企业的正常生产经营活动。文件数量过多，不仅会让人无所适从，还容易导致文件之间“打架”。持有人的生产经营活动往往与多个管理体系并存，如生产管理体系、质量管理体系、销售管理体系、药物警戒体系等，药物警戒作为监测、识别、评估、控制药品使用环节出现风险的专门体系，其规程文件的制定应当自成体系，不可置于生产管理或质量管理文件体系之下。其次，警戒体系文件的制定需结合持有人规模、产品风险特征等，按需制定。例如，对于不涉及境外销售的产品，制定境外药品不良反应信息收集规程是没有必要的。

（四）合法性原则

合法性原则是指持有人制定的管理规程和操作规程文件应与法律、行政法规、部门规章、政策性文件的方向上保持一致，不可与之相违背。任何与法规规定相抵触的规章制度，即使短期内能起到一定的管理效果，也会使企业面临行政监管、仲裁、诉讼的巨大风险，得不偿失。具体而言，合法性原则有三层含义：一是制度规程不能与外部法律法规有直接冲突。持有人在制定、修订制度规程时应当加强与法务部门或合规部门的参与，甚至是引入外部合规律师的参与，对制度的行文用语进行把关，确保合理合法。二是制度规程不能违背法律要求的基本原则。除了硬性的法律法规，法律法规中提到的基本原则也要遵守，例如不得损害社会公共利益和患者生命权益等。三是制度规程应当经合规程序制定。持有人应当按照企业内部既定的程序要求，起草、拟定、征求意见、决策，最后发布实施。

（五）合理性原则

制度规程的合理性是科学性的组成部分，同时也是比合法性更高的要求。合理性原则一方面是指制度和规程文件要体现严谨、公正、高度的制约、严肃性，另一方面要考虑人性特点，避免不近情、不合理、过于偏颇，严重损害劳动者权益的情形出现。在制度规范的制约方面，要充分发扬自我约束、激励机制的作用，避免过分使用强制手段。“善法方远行”，“善的制度”才能得到充分有效的贯彻和执行。例如，持有人的药物警戒活动往往需要全员参与、多部门协调，法规也对药物警戒负责人的职务、专业背景、工作经历等作出要求，但部分持有人将药物警戒部门负责人任命为药物警戒负责人，就违背了合理性原则。

（六）完整性原则

持有人制度和规程文件的完整性对合规体系建设的完善十分重要。持有人应尽可能力求制度完整，形成企业管理制度的体系化，使制度和规程内容全面、系统、配套。第一，“全面”是指规章制度的覆盖面尽量详尽，如果不能做到非常细致（或者出于必要性原则的要求不必做到过于细致），至少应该涵盖药物警戒活动的各个流程，避免在此类事项上出现制度疏漏。避免出现“救火式”的制度。第二，“系统”是指制度与制度之间在内容上要有统一性，包括长度、表述方式、严格程度等，以使各份规程文件相协调。为了做到系统性，规程文件之间不能出现矛盾和冲突。即便出现，也可以依据规程文件的层级关系予以解决。这就要求事前对制度体系作出系统性的规定。第三，“配套”则是指规程文件之间在格式和外观上达成统一。企业应有一套文件的形式规范，包括文件的编号、格式、分类、内容、审批程序、执行及其他应注意事项等，并对已经制定的文件进行统一的规范化管理，并以书面形式予以约束。

四、管理流程

文件管理一般根据其来源可分为外部文件管理和内部文件管理。外部文件一般涉及接收、更新、培训与分发、存档等过程；内部文件管理应覆盖文件的生命周期，包括起草、审核、批准、发放、培训、修订、废止、回收、销毁、归档等。

对于外部文件，如法律、法规和技术指南等应注意及时更新、培训；来自受托方的文件应注意接收登记、及时更新，如需培训、分发时，参照内部管理文件执行；归档管理也参照内部文件执行。对于内部管理文件，持有人应当建立文件管理的制度和操作规程，系统地设计、制定、审核、批准、发放、回收、归档，并规范记录文件管理相关的每项活动。除 GVP 规定专门的药物警戒部门应组织撰写药物警戒体系主文件（Pharmacovigilance System Master File，PSMF）外，持有人可以根据各自的组织架构确定具体负责的部门。

（一）起草/修订

建立新文件，同时对已有的文件进行定期回顾，必要时进行修订更新。文件的起草与修订应由本岗位的相关工作人员负责，起草和修订的文件应标明题目、种类、目的以及文件编号、版本号，描述应当准确、清晰、易懂，应有起草人签名并签署日期。修订时应附有修订历史、修订的内容与原因。

（二）审核

审核包括格式审核和内容审核。格式审核为对照已规定的文件标准格式检查相应的内容，如文件编号、版本号、字体、字号等，一般由文件管理人员负责。内容审核为从法规、技术和管理的角度，确认文件的内容是否合法合规，并符合工作的实际需求，一般由相关岗位的部门负责人员负责，应有审核人签名并签署日期。

（三）批准

文件使用前必须经过批准，批准应由相关岗位部门的主管高层负责，GVP 中规定的药物警戒相关文件应由药物警戒负责人批准，文件应有批准人签名并签署日期。

（四）复制与发放

管理制度和操作规程等文件只有当审核批准后，方可分发和使用，并确保为最新版本。纸质文件的复制应当为现行版本，并清晰可辨。复制与发放应有记录，包括复制的总分数，复印件一般应加盖质量管理部门的印章，应记录发放的人员、部门、份数、时间等。如需向公司外部使用者（如受托方）提供文件，应有明确规定。

（五）培训

为保证文件内容的正确执行，必须明确文件的培训要求，包括培训的部门与人员。在文件生效日期之前应组织相关人员进行培训，培训应有记录。

（六）生效

为保证文件标注的生效日期当天生效，应按照文件规定的内容执行。通常文件批准后生效前需要有一定的时间间隔，但根据具体情况也可以规定批准日期即为文件生效日期。

（七）失效、回收与销毁

当文件的适用依据发生变化时，应及时进行修订或废止，文件修订正式实施后，修订前的版本即自动失效。失效的文件应及时撤销，已撤销的或旧版除留档备查外，不得在工作现场出现，防止错误使用失效版本的文件。文件修订或废止后应对修订前的版本和废止的文件进行回收，确保工作场地不再有废止的文件。回收和销毁应有记录，回收记录应至少包括回收的对象、部门、份数、时间等。

（八）归档

文件应及时保存和归档，失效的文件也应留档备查。文件应按照相关的要求保存适当的年限。文件应分类存放、条理分明、便于查阅。文件的保存形式可以是纸质原件、电子原始数据或核准的副本，如照片、扫描件或原件的其他精确复制品。保存条件应满足纸质、电子档案的管理要求。GVP 对于保存期限与要求有明确规定，第一百一十二条指出："在保存和处理药物警戒记录和数据的各个阶段应当采取特定的措施，确保记录和数据的安全性和保密性。”第一百一十三条规定：“药物警戒记录和数据至少保存至药品注册证书注销后十年，并应当采取有效措施防止记录和数据在保存期间损毁、丢失。”虽然文中仅提及记录和数据，但产生的相关记录和数据的依据性文件也应按照此年限执行。

第二章　药物警戒职责文件

一、药品安全委员会职责

（一）撰写技术要点

GVP 首次提出了持有人应建立药品安全委员会，并对其主要职责进行了阐述：药品安全委会负责重大风险的研判和重大紧急药品事件的处理，风险控制决策及其他药物警戒有关的重大事项。药品安全委员会是为了保障药品安全而设立的专门组织，其负责的重大事项包括重大风险的研判、重大或紧急药品事件的处置。重大药物安全事项是指可能导致紧急安全性措施（如药品暂停生产、销售、使用、召回）的事件。

药物安全的评判有时即使在信息不足的情况下也需要快速决策并采取措施。而此类决策可能对企业的产品乃至商业运营产生重大影响。如此情形下，若将决策权交给某一个人，可能会导致信息评估得不够全面、难以决策，或在决策时未能将患者安全放在首位。因此，将决策权交给药品安全委员会更有利于科学决策。

药品安全委员会作为重大药品安全问题的决策机构，需有高层管理者的参与，并具备合适的工作机制、流程、章程以及明确的组成人员及职责介绍，以形成管理层领导支持下的药物警戒重大事项决策机构。一般而言，药品安全委员会由药物警戒负责人协调发起，各部门负责人参与，公司的法人或主要负责人担任药品安全委员会主任。

药品安全委员会的职责包括药物安全战略（规划与企业规模、品种特征相适应的药物警戒战略目标；协调药物警戒工作需要的资源，支持药物警戒体系的建立与发展；基于药物警戒获得产品信息反馈，持续改进产品的设计、质量及使用）、体系合规（定期审阅药物警戒体系的有效性；批准药物警戒体系内审计划；审阅药物警戒体系内审结果；回复、确认药物警戒体系检查报告；审批药物警戒体系的发展和完善规划；审阅年度报告中的药物警戒相关内容）、风险管理（定期审阅药品安全的整体状况，包括信号审阅，研判风险；审查新的重要药品风险，决定是否需要采取风险管理措施；审查风险管理措施的执行效果以及重大安全性事件的风险管理效果；针对重点关注的高风险品种，定期回顾其风险获益，决定产品的长期发展规划）、危机管理（研判重大安全性事件发生原因，决策是否采取紧急风险控制措施，如产品召回、限制销售，甚至撤市；组建药品安全危机管理行动小组，妥善处理药品安全关注；处理因危机引发的后续问题，包括法律行动及负面宣传；组织建立重大突发事件的预警和应急机制、及时报告制度以及日常信息沟通机制）

药品安全委员会成员可以分为核心（常务）委员与一般委员。常务委员应确保每次会议均参加。而一般委员可以根据具体议程需要决定是否参加会议。通常由法定代表人或者主要负责人及药物警戒负责人参与药品安全委员会，以此为核心团队。如果公司设有医学部/首席医学官、质量部门，则相应的负责人也应作为药品安全委员会的核心成员。此外，药品安全委员会成员可以包括来自研发部门、临床研究部门、流行病学部门、注册事务部门、营销部门、法务部门、公关传播部门的负责人。

各组织也可根据自身的组织架构与管理模式确定药品安全委员会成员的构成，调整、增加或减少参与人员或增设列席人员。在考虑人员安排时，需要注意区分技术问题与管理问题的责任。应尽量保证技术问题由专业人员负责解决。所有参与药品安全委员会的人员应为其所在部门或职能的负责人。从而保证各业务团队的观点得以体现，确保在进行重大决策研判时能够从不同的角度评估对患者及业务的影响。

药品安全委员会的运行需要的重要角色包括协调员（委员会秘书）角色及药物警戒委员会主任委员。可由持有人法人代表或主要负责人担任委员会主任委员。而药物警戒负责人或药物警戒部门负责人作为协调员，从药物警戒的专业角度给予支持，有利于在当前药物警戒理念尚待加强的情况下推进药物警戒的发展。尽管委员会其他角色在不同组织中可能存在较大差异，但需要注意的是，所有委员会成员最终需要向持有人的法人代表或主要负责人负责。

协调员角色对于药品安全委员会的顺利运作至关重要。这一角色承担发起、组织常规会议以及召集紧急会议；负责药物警戒的日常工作，及时掌握药品安全总体情况；提议药品安全委员会人员组成及委员人选；草拟药品安全委员会会议日程、议题（常规会议或临时会议）；获得药品安全委员会主任同意后着手准备召开会议；按计划发起、组织召开药物警戒安全委员会常规会议；因紧急的药品安全问题召集药品安全委员会临时会议；通知药品安全委员会核心成员参与会议；邀请议题相关的药品安全委员会一般委员参会；收集、准备待讨论药品安全问题的相关信息与资料；撰写药品安全委员会会议纪要并分发给与会者确认；起草用于递交监管机构的报告，包括重大药品安全事件的讨论决策及拟采取的措施；负责完成药物警戒委员会决策结论的审批、文件生效流程；管理药品安全委员会会议相关资料及记录，备查；承办和督办委员会决定事项。

药品安全委员会主任这一角色需要确保药品安全委员会的顺利运作，推动药物警戒工作的开展，其主要职责是审批、确认药品安全委员会的决策结论；确定药品安全委员会人员组成及委员人选；确定药品安全委员会会议时间与日程；批准药品安全委员会会议纪要（包含决策结论）；签发会议决策相关的行动计划。

撰写要点：药品安全委员会的主要职责为负责重大药品安全事项的决策，而非处理药物警戒工作中的日常运营问题。

（二）示例范本

×××公司药品安全委员会职责

1　目的

规范公司药品安全委员会职责的管理。

2　依据

《中华人民共和国药品管理法》（2019 修订，中华人民共和国主席令第 31 号）；

《药品不良反应报告和监测管理办法》（中华人民共和国卫生部令第 81 号）；

《药品生产质量管理规范》（2010 年修订，中华人民共和国卫生部令第 79 号）；

《关于药品上市许可持有人直接报告不良反应事宜的公告》（国家药监局 2018 年第 66 号）；

《个例药品不良反应收集和报告指导原则》（国家药监局 2018 年第 131 号）；

《药物警戒质量管理规范》（国家药监局 2021 年第 65 号）。

3　适用范围

本标准适用于药品安全委员会职责管理。

4 药品安全委员会组成

4.1 主任

公司总经理（企业负责人）为公司药品安全管理的第一责任人，担任公司药品安全委员会主任。

4.2 副主任

公司药物警戒负责人、质量负责人或生产负责人担任公司药品安全委员会副主任。

4.3 委员

委员由质量部门负责人、药物警戒部门负责人、生产部门负责人、财务部门负责人、供应部门负责人、销售部门负责人、药物研发部门负责人、各生产车间负责人等组成，具体人员名单以公司正式发文为准。

4.4 秘书

一般由药物警戒部门负责人担任，负责协调药品安全委员会的会议召集、组织、议程等工作。

5 职责

5.1 药品安全委员会职责

组织建立药品安全重大突发事件的预警和应急机制、及时报告制度以及日常信息沟通机制；

负责药品重大风险研判、重大或紧急安全性事件处置、风险控制决策以及其他与药物警戒有关的重大事项；

处理公司重大药品安全事件（包括死亡病例、不良反应聚集性事件）的调查、应急处理及报告等工作；

组织分析确定药品的安全风险，对存在重大安全风险的药品提出预防措施，并启动说明书修订等工作；

审核药物警戒计划；

其他药品安全重大事项。

5.2 药品安全委员会主任职责

负责公司重大药品安全事件（包括死亡病例、聚集性不良反应/事件）的决策工作；

药物警戒计划的审核。

5.3 药品安全委员会副主任职责

协助药品安全委员会主任工作；

组织安排药品安全委员会的任务。

5.4　药品安全委员会委员职责

• 药物警戒部门负责人：负责药品安全委员会会议召集、组织、协调等相关事宜（时间、地点、参加人员），并向药品安全委员会提供支持调查及报告的药品汇总报告或病例列表，协助编写与审核药物警戒计划。

• 质量部门负责人：负责收集并分析重大安全事件中涉及药品质量安全的信息，如原辅料信息、检验检测、产品储存、质量标准等，需要召回的，负责产品召回工作协助药物警戒计划的编写与审核。

• 生产部门负责人：负责重大安全事件中涉及药品生产环节的事务，如药品生产、工艺技术方面的调查分析等，协助药物警戒计划的编写与审核。

• 供应部门负责人：负责重大安全事件中药品原料、辅料采购、生产方面的调查分析协助药物警戒计划的编写与审核。

• 财务部门负责人：负责审核重大安全事件中的财务费用以及药物警戒计划。

• 销售部门负责人：支持药物警戒部门对重大药品安全事件的调查，协助收集相关随访信息以及药物警戒计划的编写与审核。

• 质检中心主任：负责重大安全事件中药品（包括原辅料、中间产品及成品）检验方面的调查分析以及药物警戒计划的审核，必要时安排留样样品的检验。

• 药物研发部门负责人：负责重大安全事件中药品研发方面的调查分析，协助药物警戒计划的编写与审核。

• 生产车间主任：负责重大安全事件中药品生产过程方面的调查分析，协助药物警戒计划的编写与审核。

5.5　药品安全委员会秘书职责

• 按计划召开常规会议。

• 因紧急药品安全问题召开紧急会议。

• 撰写药品安全委员会会议纪要，并以文件形式发给与会者确认。

• 推动药品安全委员会会议中讨论的药品安全问题的最终决定、回应或行动。

• 起草并提交至所在地省级药品监督管理部门和国家药品监督管理局关于重大药品安全事件的信息及采取措施的报告，确保获得参会人员的确认。

• 制定下一年常规会议的计划。

二、药物警戒部门职责

（一）撰写技术要点

GVP 第六条规定："药物警戒体系包括与药物警戒活动相关的机构、人员、制度、资源等要素，并应与持有人的类型、规模、持有品种的数量及安全性特征等相适应。"

GVP 第二十一条规定："药物警戒部门应当履行以下主要职责：（一）疑似药品不良反应信息的收集、处置与报告；（二）识别和评估药品风险，提出风险管理建议，组织或参与开展风险控制、风险沟通等活动；（三）组织撰写 PSMF、PSUR、药物警戒计划等；（四）组织或参与开展药品上市后安全性研究；（五）组织或协助开展药物警戒相关的交流、教育和培训；（六）其他与药物警戒相关的工作。"

因此，需要明确药物警戒的责任部门，确定药物警戒工作的职责与边界，明确相关制度流程、质量目标，以及药物警戒活动所必需的资源。一般来说，药物警戒部门职责可细化为药物警戒监测、评价、合规三个方面。

药物警戒监测事务主要涉及安全性信息的收集和递交，包括数据录入、数据质控、医学编码和监管递交等活动；药物警戒监测岗位是药物警戒工作的基础，特别是安全性数据的收集，直接关系到后续的信号评价、风险评估等工作成效。药物警戒评价事务包含对个例报告和汇总性报告的医学评价和撰写、安全信号检测与管理，以及风险评估等；药物警戒评价岗位人员一般需要具备医学背景，最好有与所负责产品相关的医学工作经历或临床医学相关背景。药物警戒合规事务主要关注药物警戒体系运行的有效性，类似于质量管理，监督考核药物警戒活动是否满足法律法规、内部标准操作流程等相关要求，并参与持有人内审及培训相关活动。

（二）示例范本

×××公司药物警戒部门职责

1　目的

本标准旨在明确药物警戒部门工作职责、工作内容，及时有效地控制药品可能存在的风险，确保公众用药安全。

2 依据

《中华人民共和国药品管理法》（2019 修订，中华人民共和国主席令第 31 号）

《药品不良反应报告和监测管理办法》（中华人民共和国卫生部令第 81 号）

《药品生产质量管理规范》（2010 修订，中华人民共和国卫生部令第 79 号）

《关于药品上市许可持有人直接报告不良反应事宜的公告》（国家药监局 2018 年第 66 号）

《个例药品不良反应收集和报告指导原则》（国家药监局 2018 年第 131 号）

《药物警戒质量管理规范》（国家药监局 2021 年第 65 号）

3 适用范围

本标准适用于本公司药物警戒部门职责管理。

4 职责内容

• 建立并落实本公司的药物警戒制度和规程。

• 负责本公司所有药品的不良反应信息的收集、处置与上报，并确保报告内容真实、完整、准确。

• 对死亡、聚集性事件以及其他影响较大事件进行调查。

• 识别并评估药品风险，提出风险管理建议，组织或参与风险控制、风险沟通等活动。

• 组织撰写、维护以及及时更新公司药物警戒体系主文件，确保其与现行药物警戒体系及活动情况保持一致。

• 组织撰写、上报产品定期安全性更新报告或获益/风险评估报告。

• 组织撰写药物警戒计划。

• 组织或参与开展药品上市后安全性研究，持续评估药品的风险与获益。

• 组织药品安全委员会议的相关事宜，协助开展药物警戒相关的交流、教育和培训。

• 配合药品监督管理部门、卫生行政部门和药品不良反应监测机构对药品不良反应或者聚集性不良事件的调查，并提供所需资料。

• 定期对药品不良反应监测数据、临床研究、文献等资料进行评价，对新且严重的不良反应、报告数量异常增长或批号聚集性趋势等，重点关注。

• 按要求撰写药物警戒年度报告，包括药物警戒体系建设与运行情况等，并于每年 4 月 30 日通过药品年度报告系统进行报告。

• 协助开展药物警戒内审活动，包括制定内审计划、内审方案等。

• 建立并保存药物警戒资料档案。

• 负责其他与药物警戒相关的工作。

如持有人存在药物警戒委托情形，则药物警戒部门还需承担以下职责，并考虑相关注意事项：

• 委托协议的签署和执行：与受托方签订明确的药物警戒委托协议，详细规定双方的职责、权利和义务。此外，还应明确约定相应的工作机制，确保双方能够协同工作，并及时沟通和解决问题。

• 委托方的责任：尽管将药物警戒工作委托给第三方，但委托方仍然是药物警戒工作的最终责任人。委托方应确保受托方具备相应的资质和能力，能够按照法律法规和委托协议的要求履行药物警戒职责。委托方还应对受托方的工作进行监督和评估，确保药物警戒工作的质量和效果。

• 受托方的资质和能力：在选择受托方时，委托方应对其进行全面的评估，包括其资质、经验、人员配备、技术水平等方面。确保受托方具备足够的实力和能力来承担药物警戒工作，并能够按照法律法规和委托协议的要求履行职责。

• 药物警戒管理的标准和流程：委托方应建立自己的药物警戒管理标准和流程，并在委托协议中明确要求受托方按照这些标准和流程进行工作。同时，委托方还应定期对受托方的工作进行检查和评估，确保其符合标准和流程的要求。

• 短期和长期外包计划：委托方应考虑短期和长期的药物警戒外包计划，以确保药品全生命周期的药物警戒工作能够无缝衔接。这包括在临床试验、上市后等不同阶段的药物警戒工作安排，以及与受托方的合作期限、续约条件等方面的约定。

三、药物警戒负责人职责

（一）撰写技术要点

GVP 第二十三条、第二十四条、第二十五条对药物警戒负责人（QPPV）提出了职级、专业、工作经历等多个维度的要求。

职级上要求 QPPV 应当具备一定职务，且需为管理人员。成为管理岗是可能“负责”的前提条件。药物警戒工作具有高协调性的特点，特别是在处置一些安全事件时，往往需要多个部门，甚至全公司人员配合。作为管理人员，QPPV 关注的不仅仅是某个报告怎么处理，还需要考虑药物警戒战略相关问题。就职级而言，QPPV 至少需要是主管、经理以上级别的人员。各公司称谓不同，但肯定不能只是一线主要负责日常运营工作的专员。借鉴 EU GVP 相关要求，以及我国 GVP 对职级要求的初始考虑，QPPV 的职级一般应为副总级。

相关专业要求，QPPV 需具有医学、药学、流行病学的专业要求，这一表述非常明确。与 GMP 一样，都提到了“或相关专业背景”，生物科学、化工与制药、化学等均为相关学科/专业。

相关工作经历要求 QPPV 应从事 3 年以上的药物警戒相关工作。一直从事药物警戒工作属于相关工作经验。另外，既往从事与安全性信息收集、报告处理有关工作［如医生、药师、临床研究中的临床监查员（CRA）/临床协调员（CRC）］以及不良反应处理（不良反应监测专员）等相关工作的人员，也可能被视为具有相关工作经历。

在撰写企业 QPPV 职责时，需要注意内容的全面性、准确性和可操作性。同时结合企业的具体情况和需求进行个性化定制，确保职责内容既符合法规要求又贴合企业的实际运作情况。持有人应当指定一名 QPPV 来负责本企业内的药物警戒工作，并在组织结构图中明确 QPPV 与其他管理人员的层级关系。同时，应当在药物警戒主文件中包含与 QPPV 有关的信息。持有人应当确保 QPPV 拥有足够的权利以影响持有人的质量体系和药物警戒活动。QPPV 的主要职责包括制定并执行药物警戒策略和计划，确保其与企业的整体战略和业务目标保持一致；监督药品不良反应的监测、报告、评估和处理工作，确保其合规性和及时性；负责药品安全风险的识别、评估和控制，制定并执行相应的风险控制措施；与相关部门合作，确保药物警戒信息的有效沟通和共享；审核或签发重要药物警戒文件，确保其准确性和合规性；组织开展药物警戒培训和教育活动，提高员工对药物警戒工作的认识和重视。

（二）示例范本

×××公司药物警戒负责人职责

1　目的

本标准旨在明确药物警戒负责人的工作职责与内容。

2　依据

《药品不良反应报告和监测管理办法》（中华人民共和国卫生部令第 81 号）

《药品生产质量管理规范》（2010 修订，中华人民共和国卫生部令第 79 号）

《关于药品上市许可持有人直接报告不良反应事宜的公告》（国家药监局 2018 年第 66 号）

《个例药品不良反应收集和报告指导原则》（国家药监局 2018 年第 131 号）

《药物警戒质量管理规范》（国家药监局 2021 年第 65 号）

3　适用范围

本标准适用于本公司药物警戒负责人职责管理。

4 资质与培训

药物警戒负责人应为具备一定职务的管理人员，应当具有医学、药学、流行病学或相关专业背景，本科及以上学历或中级及以上专业技术职称，并至少有三年以上从事药物警戒相关工作的经验，熟悉我国药物警戒相关法律法规和技术指导原则，具备药物警戒管理工作的知识和技能。

5 职责内容

- 负责药物警戒体系的运行和持续改进，确保药物警戒体系符合相关法律法规和规范的要求。
- 确保药品不良反应监测与报告的合规性。
- 监督开展药品安全风险识别、评估与控制，确保风险控制措施得到有效执行。
- 负责药品安全性信息沟通管理，确保沟通及时有效。
- 确保本公司内部以及与药品监督管理部门和药品不良反应监测机构之间的沟通渠道顺畅无阻。
- 负责药物警戒计划的批准。
- 负责药物警戒年度培训计划的批准。
- 负责药品上市后安全性研究方案的批准。
- 负责定期安全性更新报告的批准。
- 负责药物警戒内审计划和内审方案的批准。
- 负责涉及药物警戒体系活动的相关文件的批准。
- 负责其他重要药物警戒文件的审核或签发。
- 负责其他与药物警戒相关的管理工作。

四、药物警戒部门负责人职责

（一）撰写技术要点

根据GVP第二十一条的规定：药物警戒部门应当履行以下主要职责：（一）疑似药品不良反应信息的收集、处置与报告；（二）识别和评估药品风险，提出风险管理建议，组织或参与开展风险控制、风险沟通等活动；（三）组织撰写PSMF、PSUR、药物警戒计划等；（四）组织或参与开展药品上市后安全性研究；（五）组织或协助开展药物警戒相关的交流、教育和培训；（六）其他与药物警戒相关的工作。

药物警戒部门在持有人药物警戒体系建设及活动开展中扮演着至关重要的角色，其负责人的职责设定对于确保药品安全具有重要意义。GVP当中虽没有对药物警戒部门负责人的职责作专门规定，但从药物警戒部门职责的要求来看，药物警戒部门负责人需要满足一系列资质、经验和能力要求，方能确保其能够胜任这一重要职责。

首先，药物警戒部门负责人需要具备相应的医学、药学、流行病学或相关专业知识，本科及以上学历，必要时还应具有执业（中）药师等执业资格。这些资质要求是为了确保药物警戒部门负责人具备足够的专业知识和技能，能够胜任监测、评估和控制药品安全性风险等工作。

其次，药物警戒部门负责人需要具备丰富的药品不良反应监测、评价和风险管理等方面的经验，这些经验能够帮助药物警戒部门负责人更好地理解和应对药物警戒相关工作，提高药物警戒工作的质量和效率；药物警戒部门负责人需要具备一定的组织、协调和管理能力，以便更好地管理团队、协调资源，确保药物警戒工作的及时性和有效性；药物警戒部门负责人需要接受药品监管部门组织的培训，熟悉药品监管法律法规、药物警戒工作的要求和规范；药物警戒部门负责人还需要对监测到的药品不良事件信息严格保密，不得擅自泄露或向外界提供相关信息。

再次，药物警戒负责人和药物警戒部门负责人是持有人药物警戒体系的关键岗位。在二者分别设置的情况下，持有人应建立制度或机制，明确药物警戒部门负责人与其他部门负责人的分工。在药物警戒负责人兼任药物警戒部门负责人的情况下，应制定相关制度和程序，避免因个人集中决策而导致工作出现漏洞或失误的情况。根据GVP的内容要求，药物警戒部门负责人兼任药物警戒负责人的情形是不被允许的。

最后，在撰写持有人药物警戒部门负责人职责时，应结合企业实际情况。例如，集团公司与子公司分别设有药物警戒部门时，可按照分工不同分别制定相应的药物警戒部门负责人职责，也可按照委托管理的形式对子公司的药物警戒工作进行集团内部的委托管理等。无论采用哪种形式，均应确保职责内容符合法规要求。

（二）示例范本

×××公司药物警戒部门负责人职责

1　目的

明确药物警戒部门负责人工作职责与内容。

2　依据

《药品不良反应报告和监测管理办法》（中华人民共和国卫生部令第81号）

《药品生产质量管理规范》（2010修订，中华人民共和国卫生部令第79号）

《关于药品上市许可持有人直接报告不良反应事宜的公告》（国家药监局2018年第66号）

《个例药品不良反应收集和报告指导原则》（国家药监局2018年第131号）

《药物警戒质量管理规范》（国家药监局2021年第65号）

3　适用范围

本标准适用于本公司药物警戒部门负责人职责管理。

4　资质与培训

药物警戒部门负责人应当至少具有药学或相关专业的本科及以上学历，或中级及以上专业技术职称，并具备两年以上从事药物警戒相关工作的经历，熟悉我国药物警戒相关法律法规和技术指导原则，具备药物警戒管理工作的知识和技能。

5　职责内容

• 建立和维护本公司的药物警戒体系，确保其正常运行。

• 设立专职人员承担本公司的药物警戒工作。确保能够主动收集本公司所有的疑似药品不良反应信息，获知或者发现药品不良反应/事件后应当详细记录、分析和处理，填写《药品不良反应/事件报告表》，并按规定时限及时上报；对获知的死亡病例进行调查，按时完成调查报告，并上报省级药品不良反应监测机构及药品安全委员会。

• 当确认发现或获知药品不良反应聚集性事件时，应当第一时间向药物警戒负责人和企业负责人汇报，重大情况立即启动召开药品安全委员会，并根据会议决策采取调查、分析、评价、上报等行动。

• 确保定期安全性更新报告或定期获益/风险评估报告及时撰写并按照要求进行上报。

• 负责对收集到的药品不良反应报告和监测资料进行分析和评价。

• 对开展的药品上市后安全性研究项目，按照要求对监测数据进行汇总、分析、评价和报告，持续评估药品的风险与获益。

• 持续开展信号检测工作，发现新的且严重的不良反应、报告数量异常增长或者出现批号聚集性趋势等情况时，应当重点关注。

• 配合药品监督管理部门、卫生行政部门和药品不良反应监测机构对药品不良反应或者聚集性不良事件不良反应/事件的调查，并提供所需资料。

• 负责药物警戒计划的起草和审核等。

• 负责涉及药物警戒活动相关文件的审核。

• 负责制定药物警戒质量控制指标。

• 组织撰写药物年度报告药物警戒部分，药物警戒体系建设情况、运行情况及其他情况等信息，并于每年 4 月 30 日前通过药品年度报告系统进行报告。

• 负责组织撰写并维护公司药物警戒体系主文件，及时更新药物警戒体系主文件，确保与现行药物警戒体系及活动情况保持一致。

• 组织撰写并审核药物警戒年度培训计划，配合人力资源部组织药物警戒相关教育和培训工作。

• 配合实施内审活动，制定内审计划、内审方案、内审记录。

• 负责建立并保存药品不良反应报告和监测档案。

• 根据国家药监局发布的本公司产品修订说明书的公告，及时修订说明书。

• 负责其他与药物警戒部门的相关工作。

五、药物警戒部门专职人员职责

（一）撰写技术要点

根据 GVP 第二十六条规定：药物警戒部门应当配备足够数量并具备适当资质的专职人员。专职人员应当具有医学、药学、流行病学或相关专业知识，接受过与药物警戒相关的培训，熟悉我国药物警戒相关法律法规和技术指导原则，具备开展药物警戒活动所需知识和技能。

“足够数量”是指药物警戒活动配备的人员数量应与持有人的类型、生产规模、品种数量、药品安全性特征以及企业发展规划相适应。“适当资质”是指药物警戒活动配备的人员应与其所承担的药物警戒职责相匹配，如专职人员应具备医学、药学、流行病学或相关专业知识，熟悉药物警戒相关法律法规和技术指导原则，并接受相关培训（如岗位知识与技能培训、专业基础知识与法规培训等），经培训评估合格后上岗。

药物警戒专职人员需具备的医药学知识主要包括诊断与鉴别诊断学（如 AE 识别、实验诊断、辅助诊断，医学评审、信号确认、医学编码、报告评价）；产品相关的医学知识（如肿瘤学）、药理学（如药物编码）、药物治疗学等。药物警戒专职人员综合运用上述知识，开展报告评价、品种评价、风险管理等工作。此外，医药学知识还有助于药物警戒人员向患者及大众科普安全合理用药的知识，及针对特定产品进行安全合理用药知识的科普。

药物警戒专职人员还需要具备建立与维护药物警戒体系所需的药物警戒知识。需要掌握的药物警戒知识包括药物警戒的重要性与理论基础；药物警戒法律法规，如涉及境外药物警戒业务，还需要了解全球其他国家/区域的相关法律法规；药物警戒技术指导原则（主要为 ICH E2 系列）；药物警戒体系构成要素，包括机构人员、制度、资源及相关细节要求；药物警戒术语；掌握质量管理体系，如全面质量管理理念的相关知识。

另外，药物警戒专职人员还需要药物警戒专业技能。相较于知识，技能需要通过反复训练而习得，尤其是药物警戒专业技能，更侧重于实操层面。持续学习和实践后，可达到熟练掌握。药物警戒专业技能主要包括信息化系统的使用技能，如 PV 数据库及文件管理系统的使用，医学术语（MedDRA）编码技能、药物名称（WHODrug）编码技能、安全性监测的文献检索技能以及患者咨询回复技能。

药物警戒是一个强调沟通、重视逻辑、体系化的工作，需要具备一定的软技能，尤其是演讲与沟通技能。演讲技能有助于开展内外部培训，提升所有员工对于药物警戒的认知。药物警戒人员需要具备良好的沟通技能，以实现与公司高管、医疗专业人员、监管机构开展安全性信息的沟通；还需要与患者沟通，从而传递药物安全信息，收集需要的安全性信息。沟通技能同时需具备情绪管理能力，不至于因为不良事件等负面情绪影响对事件的处理或导致纠纷扩大。

药物警戒专职人员还需要具备项目管理技能，将每一项工作作为项目进行管理与跟进，有始有终，形成闭环，不断提升药物警戒体系效率与完善度。

药物警戒专职人员是负责药物安全监测、风险评估和风险管理等工作的重要角色，药物警戒专职人员的设立应体现在岗位描述文件中。专职人员负责的工作包括但不限于制定和执行药物警戒策略，确保药物安全监测的有效性和及时性；收集、整理、分析和评估药物安全数据，包括不良反应、药物相互作用等；对药物安全事件进行调查和分析，提供风险评估和管理建议；与其他相关部门合作，共同推动药物警戒工作，确保药物安全。专职人员的资质应通过简历和培训记录予以呈现。

如持有人规模小、品种数量较少，在至少配备一名药物警戒专职人员的前提下，可以聘请外部药物警戒顾问辅助开展工作，或将药物警戒相关工作委托给第三方，但在委托协议中需要明确双方职责，特别是专职人员在委托活动中承担的职责。

（二）示例范本

×××公司药物警戒部门专职人员职责

1 目的

明确药物警戒专职人员的工作职责与内容。

2 依据

《药品不良反应报告和监测管理办法》（中华人民共和国卫生部令第81号）

《药品生产质量管理规范》（2010修订，中华人民共和国卫生部令第79号）

《关于药品上市许可持有人直接报告不良反应事宜的公告》（国家药监局2018年第66号）

《个例药品不良反应收集和报告指导原则》（国家药监局2018年第131号）

《药物警戒质量管理规范》（国家药监局2021年第65号）

3 适用范围

本标准适用于本公司药物警戒专职人员的职责管理。

4 资质与培训

药物警戒专职人员应当具有医学、药学、流行病学或相关专业知识，接受过与药物警戒相关的培训，熟悉我国药物警戒相关法律法规和技术指导原则，具备开展药物警戒活动所需知识和技能。

5 职责内容

• 负责药品不良反应/事件信息的收集与上报，确保报告内容真实、完整、准确。

• 管理和维护药物警戒监测数据，对收集到的药品不良反应数据定期进行分析和评价。

• 负责死亡病例的调查，按时完成调查报告。

• 负责药品不良反应聚集性事件的调查，按时完成调查报告。

• 负责撰写定期安全性更新报告并按照要求进行上报。

• 对开展的药品上市后安全性研究项目，按照要求对监测数据进行汇总、分析、评价和报告，持续评估药品的风险与获益。

• 持续开展信号检测工作，发现新的且严重的不良反应、报告数量异常增长或者出现批号聚集性趋势等情况时，应当重点关注并进行分析。

• 负责涉及药物警戒活动文件的起草。

• 负责药物警戒计划的起草。

• 负责撰写药物年度报告药物警戒部分，包括药物警戒体系建设情况、运行情况及其他情况，并于每年 4 月 30 日前通过药品年度报告系统进行报告。

• 负责撰写并维护公司药物警戒体系主文件，及时更新药物警戒体系主文件，确保与现行药物警戒体系及活动情况保持一致。

• 配合实施内审活动，制定内审计划、内审方案、内审记录。

• 负责撰写药物警戒年度培训计划，配合人力资源部组织药品不良反应相关教育和培训工作。

• 负责建立并保存药品不良反应报告和监测档案。

• 配合药品监督管理部门和药品不良反应监测机构对药品不良反应或者聚集性不良事件的调查，并提供调查所需的资料。

• 负责根据国家药监局发布的本公司产品修订说明书的公告，及时修订说明书。

如公司存在药物警戒委托情形，则应考虑如下情况：

• 在委托协议中明确承担药物警戒工作的专职人员数量、资质等。

• 在后续工作中对专职人员情况进行检查。

• 如果是全部委托，申办者或持有人也应有专职人员和受托方对接，以保证有关信号和风险的沟通顺畅。

第三章　药物警戒管理规程文件

一、药品安全委员会管理规程

（一）撰写技术要点

根据GVP第十九条要求，持有人应当建立药品安全委员会，设置专门的药物警戒部门，明确药物警戒部门与其他相关部门的职责，建立良好的沟通和协调机制，保障药物警戒活动的顺利开展。

GVP第二十条进一步指出："药品安全委员会负责重大风险研判、重大或紧急药品事件处置，风险控制决策以及其他与药物警戒有关的重大事项。药品安全委员会一般由持有人的法定代表人或主要负责人、药物警戒负责人、药物警戒部门负责人及相关部门负责人等组成。药品安全委员会应当建立相关的工作机制和工作程序。"

药品安全委员会作为负责决策药物警戒重大事项的决策机构，应由高层管理者牵头，药物警戒部门及相关部门负责人参与，建立适宜的工作机制与工作流程，确保在管理层领导支持下进行决策。

药品安全委员会一般由法定代表人或者主要负责人担任主任或最高领导，药物警戒负责人、分管药品质量的副总、分管药品生产的副总担任副主任或分管领导，其他相关部门负责人作为成员。其他与药物警戒有关的部门负责人一般包括研发、注册、生产、质量、检验、医学、人力资源等部门的负责人。所有成员都应是各自部门的负责人，必要时可增加相关领域专家，以确保决策过程能够反映各部门的意见，科学、准确地评估安全事件对患者和业务的影响，并有效落实药品安全委员会做出的决策。

为保障药品安全委员会的顺畅运行，应明确药物警戒负责人或药物警戒部门负责人作为协调人，或设立药品安全委员办公室，负责会议组织、文件印发、工作调度等日常工作。

持有人应当建立药品安全委员会的工作机制和程序，确保其运作规范有效。重要的工作机制与工作程序应包括委员会的组建机制、日常工作机制、会议机制、表决决策机制以及决策执行机制等。这些工作机制可以明文规定于相关管理制度中，并形成具体的工作程序。如根据会议机制的内容要求，应制定药品安全委员会会议程序，明确规定定期会议和紧急会议的启动条件、工作流程、会议内容以及处理要求，并规定必要时其他部门负责人临时参会的相关安排。

在制定药品安全委员会管理规程时，应对关键节点的要求予以明确。例如，在建立决策表决机制时，应明确表决结果的采纳方式，是按照少数服从多数原则，还是过半数人员的意见，或是最高管理者的最终决策。药品安全委员会应综合考虑产品注册、生产、经营以及变更情况、我国药物警戒法律法规和技术要求变化、药物警戒工作的进展、重大风险和事件的发生情况，定期或不定期召开工作会议。每年至少召开一次工作会议，研判上一年度药品的重大风险，研究风险控制决策以及年度药物警戒体系建设的重大事项。在日常发生重大风险、重大或紧急药品事件时，应及时召开药品安全委员会会议，研究处置和控制决策，并组织实施。

（二）示例范本

×××公司药品安全委员会管理规程

1　目的

本文件描述了本公司药品安全委员会的人员组成、职责和决策机制，尤其是重大紧急药品事件的沟通和决策机制。

2　依据

《中华人民共和国药品管理法》（2019 修订，中华人民共和国主席令第 31 号）

《药品不良反应报告和监测管理办法》（中华人民共和国卫生部令第 81 号）

《药品生产质量管理规范》（2010 修订，中华人民共和国卫生部令第 79 号）

《关于药品上市许可持有人直接报告不良反应事宜的公告》（国家药监局 2018 年第 66 号）

《个例药品不良反应收集和报告指导原则》（国家药监局 2018 年第 131 号）

《药物警戒质量管理规范》（国家药监局 2021 年第 65 号）

3　适用范围

本文件适用于本公司药品安全委员会的组成管理、运行管理、职责规定及决策规定等。

4　术语

药品安全委员会：负责重大风险的研判和重大或紧急药品事件的处置，以及风险控制决策及其他药物警戒有关的重大事项的决策机构。

重大紧急药品事件：已造成人员伤亡或重大社会影响的紧急药品安全事件，如与质量相关的死亡病例、药品不良反应聚集性事件、药品群体事件，可能导致产品召回、撤市的事件，以及监管机构通告、要求调查的药品安全事件。

5　内容

5.1　药品安全委员会组成

5.1.1　主任

公司总经理（企业负责人）为公司药品安全管理第一责任人，担任公司药品安全委员会主任。

5.1.2　副主任

公司药物警戒负责人、质量负责人或生产负责人为药品安全委员会副主任。

5.1.3　委员

委员由质量部门负责人、药物警戒部门负责人、生产部门负责人、财务部门负责人、供应部门负责人、销售部门负责人、药物研发部门负责人、各生产车间负责人等组成，具体人员名单以公司发文为准。

5.1.4　秘书

一般由药物警戒部门负责人担任，负责协调药品安全委员会会议召集、组织、议程等工作。

药品安全委员会组织机构图见附件1。

药品安全委员会成员信息表见附件2。

5.2　工作机制

药品安全委员会以会议机制审阅本文件适用产品的安全性问题。会议形式包括常规会议和紧急会议。

• 常规会议：药品安全委员会至少每年召开一次会议，以回顾药品安全现状。

• 紧急会议：在获知紧急且重大的药品安全问题时，召集紧急会议。

5.3　成员职责

参见第二章“药品安全委员会职责”内容。

5.4　常规会议

无论是常规会议还是紧急会议，都需要提供足够的信息，以便药品安全委员会做出适当的决策。

5.4.1 信息收集

各相关部门提供与药品安全现状相关的信息与报告：

药物警戒部门：负责提供上一周期及累积至今的药品安全汇总分析报告；

质量部：负责提供与患者用药后不良事件有关的批次质量分析报告；

注册事务部：提供上一周期内与药物安全有关的药品说明书信息变更的报告；

各相关部门：提供需讨论和决策的药品安全相关事项。

5.4.2 决策机制

基于少数服从多数的原则进行表决，所有参会人员均需表决和决策。

5.5 临时会议

一般涉及重大紧急药品事件，各相关部门负责协调事件信息的收集与调查。

5.5.1 信息收集

药物警戒部门：收集触发会议的安全报告的相关更多细节信息；提供该药品的安全性汇总报告或病例列表以支持调查及报告。

质量部：在获知怀疑用药生产批号后，提供相关产品的质量报告及相关信息（如原料管理、生产工艺和生产线、产品贮存以及产量）。收集药品的来料检查和产品放行的实验室检查数据，安排药品样品的检验。

医学事务部：提供基本的医学分析并支持后续的随访。

销售部：协调收集更多关于该重大安全事件的随访信息。

注册事务部：提供最新版的说明书以支持调查及报告。

5.5.2 待决策事项

针对此类重大紧急药品事件，需进行风险评判与决策，具体决策事项包括

- 受影响患者的紧急处置/治疗建议？
- 是否需暂停药品的销售与使用？暂停销售与使用的区域范围？
- 是否应暂停药品的生产？是全部产品暂停还是部分产品暂停？
- 是否需发起药品的召回？召回的区域范围？
- 是否需要与药品监管部门进行沟通？
- 是否需要对外发布用药风险提示？

5.5.3 决策机制

基于少数服从多数的原则进行表决，所有参会人员均需表决、决策。药品委员会主席具有一票否决权。

决策意见抄送集团法人代表及管理层，并存档。

5.6　药品安全委员会会议纪要

会议纪要一般包含以下内容：参会人员、会议时间/日期、会议日程、作出的决定、行动名称、注明行动负责人及完成截止日期、其他问题、是否要上升至更高一级讨论参会人员的确认。具体会议纪要见附件3。

5.7　文件存档

以电子文档和/或纸质文件的形式保存药品安全委员会会议议程、纪要、记录等相关信息，按照药物警戒要求，至少存档十年。

6　附件

附件1：药品安全委员会组织机构图

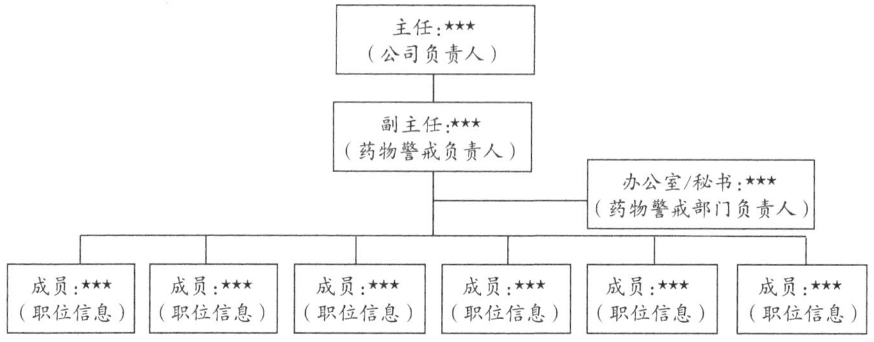

附件2：药品安全委员会成员信息表

姓名	职位名称	邮箱	手机
……	……	……	……

附件3：药品安全委员会会议纪要

会议时间		会议地点	
主持人		记录人	
参加人员			
会议主题			
会议内容			
会议结论			
备注：			

二、药物警戒体系组织机构管理规程

（一）撰写技术要点

根据 GVP 第六条规定：“药物警戒体系包括与药物警戒活动相关的机构、人员、制度、资源等要素，并应与持有人的类型、规模、持有品种的数量及安全性特征等相适应。”

药物警戒活动是对药品全生命周期的管理，涉及药品的研发、注册、生产、质量管理、销售、不良反应监测评价等多个环节，需要各部门协调配合开展工作。因此，在组织机构方面，应“设置专门的药物警戒部门”，承担管理、协调和实施职责。一方面，部门名称要能体现其专门性，该部门应在企业组织架构中直接体现，名称为“药物警戒部门”或“药品安全部”等；另一方面，药物警戒部门要体现职责的独立性，即该部门专门从事药物警戒工作，其职责只涉及药物警戒。

除药物警戒部门外，药物警戒活动还涉及其他部门，如销售部门可能涉及产品信息收集，医学团队涉及因果关系和风险的研判，生产部门可能涉及生产过程合规性分析，人力资源部门涉及药物警戒人员的技术培训等等，这些部门均属于药物警戒相关部门。药物警戒相关部门的范围需根据持有人实际情况确定。

在撰写药物警戒体系组织机构管理规程时，要明确药物警戒组织机构管理规程的目标和范围，包括适用范围以及组织机构的设置和职责等；详细描述药物警戒组织机构的设置，包括各级部门的名称、职责、权限和相互关系等。确保组织机构设置科学合理，能够满足药物警戒工作的需要；规定药物警戒组织机构中各级人员的配置要求，包括人员的数量、资质、能力等方面。同时，制定培训计划，确保人员具备相应的专业知识和技能，能够胜任药物警戒工作；明确药物警戒组织机构的工作流程和制度，包括信息的收集、报告、评估、处理等环节。确保工作流程和制度科学合理，能够及时发现和处理药物警戒问题；建立药物警戒工作的质量控制和风险管理机制，包括数据的质量控制、风险评估和管理等方面。确保药物警戒工作的准确性和可靠性，降低药物警戒风险；制定药物警戒组织机构的监督和评估机制，包括内部监督和外部评估等方面。确保药物警戒工作的有效性和持续改进；规定药物警戒组织机构的文档管理要求，包括文档的归档、保存、备份等方面。确保文档管理的规范性和可追溯性。

在撰写过程中，应注重条理清晰、逻辑严密，确保规程内容全面、准确、具有可操作性，并符合相关法规和标准的要求。同时，规程还应注重实用性和灵活性，以相关法律法规和标准要求，结合实际情况进行具体规定。

（二）示例范本

×××公司药物警戒体系组织机构管理规程

1 目的

明确药物警戒部门及相关部门的职责，以及对培训、资源等的管理规定。

2 依据

《中华人民共和国药品管理法》（2019 修订，中华人民共和国主席令第 31 号）

《药品不良反应报告和监测管理办法》（中华人民共和国卫生部令第 81 号）

《药品生产质量管理规范》（2010 修订，中华人民共和国卫生部令第 79 号）

《关于药品上市许可持有人直接报告不良反应事宜的公告》（国家药监局 2018 年第 66 号）

《个例药品不良反应收集和报告指导原则》（国家药监局 2018 年第 131 号）

《药物警戒质量管理规范》（国家药监局 2021 年第 65 号）

3 适用范围

本文件适用于本公司药物警戒相关组织机构的设置，包括药品安全委员会、药物警戒部门和其他相关部门及其人员。

4 内容

4.1 组织机构

4.1.1 总体要求

应建立药品安全委员会，设置专门的药物警戒部，明确药物警戒部门与其他相关部门的职责，建立良好的沟通机制和协调机制，为药物警戒活动的顺利开展提供保障。

4.1.2 药品安全委员会

药品安全委员会负责重大风险研判、重大或紧急药品事件处置、风险控制决策以及其他与药物警戒有关的重大事项。药品安全委员会由公司的法定代表人或主要负责人、药物警戒负责人、药物警戒部门及相关部门负责人等组成。药品安全委员会应当建立相关的工作机制和工作程序。

4.1.3 药物警戒部门主要职责

• 负责对疑似药品不良反应信息的收集、处置与报告；

• 负责识别和评估药品风险，提出风险管理建议，组织或参与开展风险控制、风险沟通等活动；

• 负责组织撰写药物警戒体系主文件、定期安全性更新报告、药物警戒计划等；

• 负责组织或参与开展药品上市后安全性研究；

• 负责组织或协助开展药物警戒相关的交流、教育和培训；

• 积极配合各级药品监督管理部门和药品不良反应监测机构做好有关品种的调查、分析和评价工作；

• 负责其他与药物警戒相关的工作。

4.1.4 其他部门

应当明确其他相关部门在药物警戒活动中的职责，如药物研发、注册、生产、质量、销售、市场等部门，确保药物警戒活动顺利开展。

4.2 药物警戒相关部门

指除药物警戒部门以外，包括销售部门、质量/注册部门、生产部门、研发部门等。

4.2.1 销售部门

负责药品流通、销售环节发生的药品安全性信息等的收集、反馈及调查随访，收集内容包含但不限于问题投诉、用户药品购进量、库存量、问题产品数量和运输贮存条件等。必要时进行现场了解情况和沟通交流，并及时反馈药物警戒部门，其中死亡病例立即反馈；参与严重或群体安全性事件的处理及调查、提供医学支持等；配合风险最小化措施的执行，如教育材料的发放等涉及药品安全性信息的交流、教育和培训；协助药品安全性事件结束后的退换货、补偿事宜；确保任何可能涉及公司产品安全性相关信息的合同必须包括药物警戒条款/药物警戒协议；遵守患者支持项目、市场调研、网络调研及社交媒体等市场活动项目中药物警戒相关要求；提供撰写 PSUR 报告/PBRER 时相应数据及分析支持，确保市场推广等文件撰写或审核时的药物安全信息科学准确。

4.2.2 质量/注册部门

产品上市后，质量/注册部门人员将上市后产品信息的更新情况，持续提供给药物警戒部门；在PSUR/PBRER撰写中，质量/注册人员应提供注册批件、产品说明书、质量标准及核心数据表等信息；通过开展药物警戒活动，监管部门要求或持有人作出主动修改药品说明书或质量标准等风险控制决策后，质量/注册人员应按照要求完成注册变更相关事项。参与因产品质量问题导致的药品安全性事件的调查与处理，提供与问题产品相关的质量证明文件，如检验标准、检验数据、留样检验等资料；开展质量排查评估，如物料、产品检验、产品留样样品质量考察情况、外部投诉样品的保存和管理等方面的调查分析工作，必要时对供应商质量控制能力进行审核，制定纠正与预防措施，并评估实施情况；参与严重或群体安全性事件的处理及调查等；参与每年对用户投诉进行回顾分析，以便发现需要警觉、重复出现的问题，并采取相应措施；参与药品上市后的质量风险评估与风险/效益评价等药物警戒活动；配合提供PSUR/PBRER中要求的质量标准等资料；负责临时接听售后服务电话的人员，及时做好客户和患者的答疑并做好记录。

4.2.3　生产部门

开展药品安全性事件调查、药品风险分析时，生产部门提供原辅料来源、生产过程调查等资料，并进行风险排查和评估；在药物警戒部门组织撰写PSUR/PBRER时，提供与产品生产相关的数据。

4.2.4　研发部门

如出现药品安全性事件涉及产品生产工艺、物料需要调整的，协助生产部门做好工艺或物料调整的技术研究工作；负责药品上市前的风险评价、药品注册；负责与注册相关的药物临床试验期间的药物警戒工作，负责临床试验期间的安全信息监测和药品不良事件报告管理；在公司申办或共同研发的研究项目中确保研究资料（如试验方案、研究者手册）经过药物警戒部门的审核；准备相关临床研究数据，与伦理委员会/研究者就安全性相关事件进行沟通；在研究中确保方案及合同中包括药物警戒职责，通知药物警戒部门药物警戒培训的需求，确保药物警戒报告流程；试验方案文件撰写或审核时确保药物安全信息科学准确；确保公司申办或共同研发的研究项目中电子数据捕获系统（适用临床试验数据采集和传输的平台软件）与药物警戒系统数据的一致性。参与严重不良事件的分析评价等。

4.2.5　法务部门

负责发生药品安全性事件的赔偿、举证等提供法律依据和支持；处理由公司申办或共同研发的研究项目中的索赔事件；协助合同模板中包括药物警戒相关条款/协议的设定。

4.2.6 行政办公部门

负责后勤保障服务工作，如各部门协调、办公设施的申报、购置和维修、外部检查接待、人员培训管理、媒体接洽等。

4.2.7 财务部门

负责药物警戒活动及药品安全性事件调查处置中产生的财务费用的保障及审核等工作。

4.2.8 其他人员

所有人员当获知涉及公司产品的疑似药品不良反应及其他安全性信息后，及时记录和传递安全性信息，并向药物警戒部门报告；协助药物警戒部门开展药物警戒活动，最大限度地降低药品安全风险。

4.3 人员与培训

4.3.1 人员要求

本公司的法定代表人或主要负责人应对药物警戒活动全面负责，应当指定药物警戒负责人，配备足够数量且具有适当资质的人员，提供必要的资源并予以合理组织、协调，以保证药物警戒体系的有效运行及质量目标的实现。

药物警戒负责人应当是具有一定职务的管理人员，应当具有医学、药学、流行病学或相关专业的背景，本科及以上学历或中级及以上专业技术职称，并具有三年以上从事药物警戒相关工作的经历，熟悉我国药物警戒相关法律法规和技术指导原则，具备药物警戒管理工作的知识和技能。药物警戒负责人应在国家药品不良反应监测系统中登记。相关信息发生变更的，药物警戒负责人应当自变更之日起 30 日内完成更新。

药物警戒部门应当配备足够数量并具备适当资质的专职人员。专职人员应当具有医学、药学、流行病学或相关专业知识，接受过与药物警戒相关的培训，熟悉我国药物警戒相关法律法规和技术指导原则，具备开展药物警戒活动所需的知识和技能。

4.3.2 培训要求

公司应当开展药物警戒培训，根据岗位需求与人员能力制定适宜的药物警戒培训计划，并按计划开展培训并评估培训效果。参与药物警戒活动的人员均应接受培训。培训内容应包括药物警戒基础知识和法规、岗位知识和技能等，其中岗位知识和技能培训应与其药物警戒职责和要求相适应。

4.4 设备与资源

公司应配备满足药物警戒活动所需的设备与资源，包括办公区域和设施、安全稳定的网络环境、纸质和电子资料存储空间和设备、文献资源、医学词典、信息化工具或系统等。应管理和维护设备与资源，确保其持续满足使用要求。

公司在配备信息化系统开展药物警戒活动时，应当满足以下要求：

• 明确信息化系统在设计、安装、配置、验证、测试、培训、使用、维护等环节的管理要求，并规范记录上述过程。

• 明确信息化系统的安全管理要求，根据不同的级别选取访问控制、权限分配、审计追踪、授权更改、电子签名等控制手段，确保信息化系统及其数据的安全性。

• 信息化系统应当具备完善的数据安全及保密功能，确保电子数据不损坏、不丢失、不泄露，并应进行适当的验证或确认，以证明其满足预定用途。

三、药物警戒质量目标和质量控制指标管理规程

（一）撰写技术要点

药物警戒质量目标和质量控制指标是确保药物警戒活动质量和效率的重要保障。通过制定科学合理的质量控制指标，可以提高药物警戒活动的有效性，保障患者用药安全。GVP 第七条明确规定，持有人应当制定药物警戒质量目标，建立质量保证系统，对药物警戒体系及活动进行质量管理，不断提升药物警戒体系运行效能，确保药物警戒活动持续符合相关法律法规要求。同时，GVP 第九条要求持有人应当制定并适时更新药物警戒质量控制指标，控制指标应当贯穿到药物警戒的关键活动中，并分解落实到具体部门和人员，包括但不限于：①药品不良反应报告合规性；②PSUR 合规性；③信号检测和评价的及时性；④PSMF 更新的及时性；⑤药物警戒计划的制定和执行情况；⑥人员培训计划的制定和执行情况。

在撰写药物警戒质量目标和质量控制指标时，应遵循以下要点：一是明确制度的目的和适用范围，即规范药物警戒活动的质量目标和质量控制指标管理，确保药物警戒工作的有效性和合规性。同时，应明确规程的适用范围，包括适用的药品类型、药物警戒活动的参与人员等。二是设定合理的药物警戒质量目标。这些目标应具体、可衡量，并涵盖药物警戒活动的各个环节。同时，应定期对质量目标进行评估和调整，以适应药品市场和监管要求的变化。针对设定的质量目标，制定相应的质量控制指标，这些指标应具有代表性、可操作性和可评估性，能够反映药物警戒活动的实际质量和效果。

三是为了确保质量控制指标的有效实施，应规定相应的质量控制措施。这些措施可以包括培训和教育、内部审核和外部审计、纠正和预防措施等。通过这些措施的实施，可以提高药物警戒活动的专业水平和质量水平，降低药品安全风险。四是应明确药物警戒活动中各相关部门的责任分工和协作机制，同时，应建立跨部门、跨机构的沟通协作机制，加强信息共享和资源整合，提高药物警戒工作的整体效率和效果。五是应强调持续改进和风险管理的理念。通过定期评估药物警戒活动的质量和效果，发现存在的问题和不足，并采取有效的措施进行改进。同时，应关注药品市场的变化和新风险的出现，及时调整药物警戒策略和控制措施，确保药品的安全性和有效性。

（二）示例范本

×××公司药物警戒质量目标和质量控制指标管理规程

1　目的

本规程旨在明确公司药物警戒活动的质量目标和质量控制指标，规范药物警戒体系及活动的质量管理，确保药物警戒活动的合规性和有效性，提升药物警戒体系运行效能，保障患者用药安全。

2　依据

《中华人民共和国药品管理法》（2019 修订，中华人民共和国主席令第 31 号）

《药品不良反应报告和监测管理办法》（中华人民共和国卫生部令第 81 号）

《药品生产质量管理规范》（2010 修订，中华人民共和国卫生部令第 79 号）

《关于药品上市许可持有人直接报告不良反应事宜的公告》（国家药监局 2018 年第 66 号）

《个例药品不良反应收集和报告指导原则》（国家药监局 2018 年第 131 号）

《药物警戒质量管理规范》（国家药监局 2021 年第 65 号）

3　适用范围

本文件适用于药品上市后药物警戒体系及活动相关的质量管理工作。

4　职责内容

4.1　职责

4.1.1　药物警戒部门

- 负责制定和更新药物警戒质量目标；
- 负责定期汇总具体药物警戒质量目标执行情况；
- 负责组织质量评审和改进活动；

• 负责与相关职能部门协调合作，推动药物警戒工作开展。

4.1.2 相关职能部门

包括但不限于质量部门、生产部门、销售部门、人力部门等，配合药物警戒部门，参与其职能相关药物警戒质量目标的实施。

4.2 药物警戒质量目标

依据公司基本质量方针，结合实际情况，制定的每年药物警戒工作的具体目标，药物警戒质量目标应紧扣实际工作，至少应包括以下方面：

• 药品不良反应报告合规性；
• 定期安全性更新报告合规性；
• 信号检测和评价的及时性；
• 药物警戒体系主文件更新的及时性；
• 药物警戒计划的制定和执行情况；
• 人员培训计划的制定和执行情况；
• 用户信息与产品信息变更及时性。

4.3 药物警戒质量控制指标

按照公司药物警戒质量方针和质量目标的要求，各相关职能部门根据承担的药物警戒职责，进行目标的拆分与界定，将药物警戒工作的要求落实到各职能部门的部门职责、岗位职责和绩效考核中，建立各部门的药物警戒质量控制标准，确保全公司的药物警戒质量目标保持一致并得到有效运行。药物警戒质量控制标准制定情况见下表。

指标维度	指标描述	涉及部门及人员
药品不良反应报告合规性	年度不良反应报告递交及时率不低于 95%	药物警戒部门
	年度延迟递交报告数量少于 5 份	
	年度报告及时处理完成率不低于 99%	
	年度不良反应报告核心字段正确录入率不低于 98%	
	反馈数据及时下载率不低于 99%	
	反馈数据审核、评价完成率不低于 100%	
定期安全性更新报告合规性	PSUR 计划及时更新率 100%	药物警戒部门及各部门
	PSUR 撰写完成及时率 100%	
	PSUR 撰写未按时完成<1 件/年	
	PSUR 内容监管审核一次性通过率不低于 90%	
	PSUR 相关文件存档合格率 100%	

续表

指标维度	指标描述	涉及部门及人员
信号检测和评价的及时性	信号检测执行及时率 100%	药物警戒部门
	潜在信号检测评价及时率 100%	
	潜在信号检测医学评价参与率 100%	
药物警戒体系主文件更新的及时性	PSMF 主题覆盖率 100%	药物警戒部门及各部门
	PSMF 及时更新率 100%	药物警戒部门
药物警戒计划的制定和执行情况	药物警戒计划覆盖 100%	药物警戒部门
	药物警戒计划执行率 100%	
	产品 X 主动不良反应报告收集，如 100 例/年	
	产品 Y 上市后安全性研究入组完成	
	完成核心产品的安全性评价	
人员培训计划的制定和执行情况	药物警戒知晓度培训完成率 100%	药物警戒部门及各部门
	药物警戒知晓度及时培训完成率不低于 90%	
	销售团队产品安全知识培训完成率不低于 90%	
用户信息与产品信息变更及时性	产品信息变更及时性 100%	药物警戒部门
	用户信息变更及时性 100%	
……		……

为了确保质量控制指标的有效实施，可以通过培训和教育、内部审核和外部审计、纠正和预防措施等方式，提高药物警戒活动的专业水平和质量水平，降低药品安全风险。通过定期评估药物警戒活动的质量和效果，发现存在的问题和不足，并采取有效的措施进行改进。同时，应关注药品市场的变化和新风险的出现，及时调整药物警戒策略和控制措施，确保药品的安全性和有效性。

四、药物警戒制度和规程文件管理规程

（一）撰写技术要点

建立完善的药物警戒管理制度和规程文件，是药物警戒体系运行的根本保证。GVP 第七章第一节提出了药物警戒管理制度和规程文件建设的原则要求。持有人应当建立符合法律法规要求的药物警戒管理制度和全面、清晰、可操作的操作规程，通过质量保证系统的有效运行，确保药物警戒活动

规范开展，确保药物警戒相关文件和记录可获取、可查阅、可追溯。

药物警戒的总体质量目标是遵守药物警戒相关的法律法规要求，对已上市药品预防因使用（包括说明书范围内及范围外）出现的不良反应对人体造成的伤害，促进患者安全有效地使用药品，保护患者和公众健康。建立持续有效的制度和规程文件是达到以上质量目标的基本保障。

GVP 要求持有人应当对制度和规程文件进行定期审查，确保现行文件持续适宜和有效。制度和规程文件应当根据相关法律法规等要求及时更新。

为了确保现行文件持续适宜和有效，持有人应当根据文件在运行过程中的实际情况，定期审查制度和规程文件是否适宜。根据法律法规更新、组织架构调整以及持有品种变化等情况进行修订。

制度和规程是法规要求对持有人的具体体现，同时也是为持有人和具体业务服务的。良好的制度和规程能够切实规范和指导持有人具体业务的开展，否则它仅是一份文件。

因此，任何制度和规程都不是一成不变的，它们随着业务流程、组织架构、法律法规要求的变化而被不断地修订、废止或增加，以确保其有效性和适用性，适应持有人和业务的发展需要。这需要持有人不断审查现有的制度和规程文件，判断其是否适应目前持有人或业务发展阶段，是否满足现行法律法规要求。在审查过程中，可能发现现有制度/规程覆盖缺失的情况，应根据持有人涉及业务目前发展情况评估决定是否应新增相应的制度/规程。

审查类型包括常规审查和有因审查。常规审查应根据持有人及持有人药物警戒部门的发展阶段设定适当的审查周期。有因审查包括但不限于以下方面：相关法律法规发生重大变化；企业负责人变更；药物警戒负责人变更；药物警戒关键业务计算机系统软件更换；经营范围发生重大变更；发生特殊事件时。审查方式可以是持有人内部自查，或聘请有资质的第三方进行审查。制度/规程修订完善的原则与编制原则一致。制度/规程修订应考虑其时效性、可操作性、系统性、合法性等。

（二）示例范本

×××公司药物警戒制度和规程文件管理规程

1　目的

规范药物警戒体系建设和活动中所涉及的文件管理，保证药物警戒文件均为有效版本，确保文件的科学性、规范性和安全性，为药物警戒工作提供有力支持。

2 依据

《中华人民共和国药品管理法》（2019 修订，中华人民共和国主席令第31号）

《药品不良反应报告和监测管理办法》（中华人民共和国卫生部令第81号）

《药品生产质量管理规范》（2010 修订，中华人民共和国卫生部令第79号）

《药物警戒质量管理规范》（国家药监局2021年第65号）

3 适用范围

本文件适用于药物警戒部门所有文件、资料的管理，包括电子存储的文件资料。

4 术语

文件管理：是指包括文件的设计、制定、审核、批准、分发、执行、归档以及文件变更等一系列过程的管理活动。

5 职责内容

5.1 管理职责

药物警戒部门：负责药物警戒文件的起草、制定、审核、批准、发布、定期审查、修订和更新等工作，确保文件内容的科学性和实用性。

相关部门：协助药物警戒部门完成文件的起草、审核等工作，提供必要的支持和配合。

文件管理人员：负责文件的保管、归档、销毁等工作，确保文件的安全性和完整性。

5.2 基本要求

文件内容应适合公司的实际情况，具有可操作性；条理清楚，语言简练，术语规范，数据可靠，确保能被正确理解和使用。

文件颁布实施后，不得随意修改，如需修订应按本规程进行。药物警戒专员应定期对文件的保存、执行情况进行检查。

5.3 分类与标识

药物警戒文件应按照其性质和内容进行分类，并明确标识，以便于管理和审查。

5.4 起草与审核

药物警戒文件的起草应遵循科学、规范、准确的原则，内容应清晰明了。起草完成后，应经过药物警戒负责人审核，以确保文件内容的合规性和管理需求的满足。

5.5　批准与发布

经过审核的药物警戒文件应提交药物警戒负责人批准。批准后的文件正式发布，并分发给相关人员执行。

5.6　培训、生效、执行

文件执行部门在收到文件后，应组织文件执行前的培训。文件自生效日期起，使用部门和执行人员必须严格遵守执行。

5.7　定期审查

5.7.1　审查周期与类型

常规审查：根据持有人以及药物警戒部门的发展阶段设定合适的审查周期，至少每年进行一次全面审查。

有因审查：在以下情况下触发有因审查：

• 相关法律法规发生重大变化；

• 企业负责人或药物警戒负责人变更；

• 药物警戒关键业务信息化系统软件更换；

• 经营范围发生重大变更；

• 发生特殊事件等。

5.7.2　审查方式

持有人内部自查：由药物警戒部门组织相关人员对制度和规程文件进行自查，评估其适宜性和有效性。

第三方审查：可聘请具有资质的第三方机构对制度和规程文件进行审查，提供客观、专业的意见和建议。

5.7.3　审查内容

• 检查制度和规程文件是否符合法律法规的最新要求；

• 评估制度和规程文件是否适应持有人和业务的发展需要；

• 检查制度和规程文件是否全面、清晰、可操作，能否有效指导药物警戒活动的开展；

• 识别现有制度和规程文件是否存在缺失或不足之处，提出完善建议。

5.8　修订与更新

根据审查结果，对制度和规程文件进行修订、废止或增加。

修订后的制度和规程文件应经过审批后正式发布，并通知相关人员执行。

保留审查记录和修订记录，以便追溯和查阅。

5.9　保管与销毁

药物警戒文件应妥善保管，防止丢失或损坏。同时，对于过期或不再使用的文件，应按照相关规定进行销毁，以确保文件管理的规范性和安全性。

本规程自发布之日起执行，由药物警戒部门负责解释和修订。持有人应确保所有相关人员熟悉并遵守本规程，以确保药物警戒体系的高效运行和患者安全。

五、药物警戒委托管理规程

（一）撰写技术要点

根据GVP第二章第三节关于药物警戒委托工作管理的规定，明确了以下多个重要方面。首先，它明确指出药物警戒的责任主体是持有人，这意味着无论药物警戒工作的哪一部分被委托出去，持有人依然承担最终的法律责任。这一规定确保了持有人对药物警戒活动的全面把控和最终负责。其次，GVP对委托工作的合规性提出了明确要求，包括签订委托合同或协议。这不仅是双方合作的法律依据，也是确保药物警戒工作有序进行的重要保障。通过签订协议，双方可以明确各自的权利和义务，规定工作的范围、内容、期限等关键要素，从而确保委托工作的顺利进行。此外，GVP还对受托方的条件和资质做出了具体规定。持有人应当考察并遴选具备相应药物警戒能力和条件的受托方，这包括受托方的专业人员配置、技术设备、管理制度等方面。受托方不仅需要具备相应的资质和能力，还应配合持有人接受药品监管部门的延伸检查，以确保其工作的合规性和有效性。最后，GVP还强调了受托方的管理问题。持有人应当确保受托方充分了解药物警戒的质量目标和要求，并定期对其进行审计和评估。这有助于及时发现和纠正受托方在工作中存在的问题，确保药物警戒工作的质量和效果。

《指导原则》则进一步强调了持有人对受托方的考察责任。首先，持有人应当全面考察受托方的药物警戒条件和能力，确保其具备开展相关工作的专业资质和实践经验。这是委托工作的基础，也是确保药物警戒活动质量的重要环节。其次，双方必须签订协议或在集团内部以书面形式约定各自的职责与工作机制。这一规定旨在明确双方的权利和义务，规范委托工作的内容和流程。协议或书面约定应详细规定药物警戒活动的范围、责任分工、数据共享、保密要求等关键事项，以确保双方能够协同工作，实现药物警戒的目标。再次，指导原则还要求双方工作职责明确，机制合理，衔接顺畅。这意味着双方应明确各自在药物警戒活动中的职责和任务，建立高效的工作机制，确保信息的及时传递和共享，以及问题的及时沟通和解决。最后，指导原则还强调了对受托方的定期审计和纠正预防措施。持有人应当对受托方进行定期审计，评估其药物警戒工作的质量和效果。对于审计结果及存在的问题，持有人应要求受托方采取纠正和预防措施，确保问题得到及时解决，药物警戒工作的质量得以持续提升。

在制定药物警戒委托管理规程时，应明确其目的和适用范围，并强调持有人的主体责任。撰写时应遵循以下要点：一是明确委托管理的目的和原则，规范药物警戒工作；明确持有人和受托方的责任义务，有效开展药品不良反应及其他与用药有关的有害反应的监测、识别、评估和控制，以保障公众用药安全。在这个过程中，持有人作为药物警戒的责任主体，可以根据实际工作需要委托受托方开展药物警戒工作，但相应的法律责任仍由持有人承担。二要详细阐述委托管理的考虑要点，包括确定委托事项及受托方。持有人需要评估药物警戒工作的实际情况，确定拟委托的工作事项和需求，并考察确定具备相应药物警戒条件和能力的受托方。同时，双方需要签订明确的药物警戒委托协议，协议中应详尽规定委托的范围、内容和责任分配，确保双方严格履行协议约定的责任和义务。三是强调质量控制和风险评估的重要性。持有人应建立有效的质量控制体系，定期对受托方的药物警戒工作进行检查和评估，确保其符合相关法律法规和标准的要求。同时，持有人还应进行风险评估，识别并评估委托管理过程中可能出现的风险，并制定相应的风险控制措施，以确保药物警戒工作的安全性和有效性。

（二）示例范本

×××公司药物警戒委托管理规程

1　目的

本文件旨在规定持有人开展药物警戒委托工作及其要求，确保在委托任何与药物警戒相关的业务时，能够按照国家法规和企业内部质量管理的规定执行。

2　依据

《中华人民共和国药品管理法》（2019 修订，中华人民共和国主席令第 31 号）

《药品不良反应报告和监测管理办法》（中华人民共和国卫生部令第 81 号）

《药物警戒质量管理规范》（国家药监局 2021 年第 65 号）

《药物警戒检查指导原则》(国家药监局〔2022〕17号)

3　适用范围

本文件适用于企业药物警戒工作及可能涉及的注册部门、质量部门、医学部门、临床研究部门、药物警戒部门、市场部门等。适用于持有人委托给第三方的所有临床研究阶段或上市后药品的不良反应及有害反应的监测、识别、评估和控制等与药物警戒有关的业务或流程。

4　内容

4.1　职责

企业管理层：提供支持实施本制度所需的资源，确保有相应的制度与资源。对委托工作的开展和结果负责。

药物警戒部门：确保委托的药物警戒项目选择高质量的服务提供商，能够按符合国家法规和公司质量体系标准的方式实施。负责对委托工作的实施过程进行监督管理。

其他相关部门：委托项目涉及的企业其他部门应积极配合，保证药物警戒委托工作的合规。例如，定期安全报告的翻译涉及质量部门，或重点监测涉及临床研究部门等。

4.2　一般原则

企业在委托任何药物警戒业务时，首先评估其必要性、紧急性、重要性，然后选择多个中国境内的法人企业进行对比和适宜度评价，最终选择供应商时应该考虑其是否具有可承担药物警戒受托事项的专业人员、管理制度、设备资源等工作条件及成本。

4.3　委托的工作类型

药物警戒委托的工作类型包括但不限于：

• (24小时或8小时外)产品呼叫咨询；

• 个例安全性报告的数据库管理；

• 各种药物警戒报告例(如境外行列报告、定期安全性更新报告)的翻译；

• 临床研究中严重非预期报告的管理；

• 定期安全性更新报告的撰写；

• 信号检测；

• 风险管理计划的制定和实施；

• 文献检索；

• 药品上市后安全性研究；

- 重点监测；
- 其他。

4.4 委托流程

4.4.1 委托前

在药物警戒工作委托之前，需要评估其必要性（是否为法规需要）、紧急性（是否需要立即执行，否则可能导致不合规），重要性（例如是否涉及药品的重要安全性评价），获得公司管理层的批准后，即可开始寻找外部的药物警戒服务供应商，进行各方面比较后，选择一家服务提供商进行合作。

合作之前，双方应签署《药物警戒委托协议》。药物警戒负责人应对协议内容进行认真审核，明确双方职责，确保服务内容、时限、合规事项等均已被纳入协议条款。必要时，要对供应商人员进行药物警戒培训，并保存培训记录。关于委托服务的付款，建议采取分段支付方式。

4.4.2 委托期间

药物警戒委托服务签署之后，供应商则开始执行任务。在此期间，公司药物警戒人员一定要对供应商的工作输出和质量进行严格审核，以确保受托方完成工作的情况和方式符合委托方的流程和要求。

企业药物警戒部门人员应对每项委托业务进行登记，对相关合同和文档分类进行管理，积极与供应商进行工作质量或要求方面的沟通，并定期进行检查和反馈。

应定期（如每季度或每半年）对供应商的工作质量和合规水平进行评价，淘汰不合规供应商，并寻找更优质的服务商，以确保药物警戒委托工作的高效运行。

4.5 对受托方的审计

企业药物警戒部门应依据双方商定的流程对受托方进行现场审计，包括常规及特定情况下的审计，以评估受托方对相关法律法规和《药物警戒委托协议》约定的相关药物警戒工作的执行情况。

企业药物警戒部门对受托方开展的审计应遵循本企业药物警戒内审管理流程。

审计结束，由企业药物警戒部门在30日内出具审计报告，并经企业管理层负责人审批后发送至受托方。受托方需对审计报告中指出的药物警戒体系、活动等不合格项进行改进，及时完成整改并采取预防措施。

六、药物警戒内审管理规程

（一）撰写技术要点

药物警戒内审是药物警戒体系的重要组成部分，对规范持有人药物警戒活动、评估药物警戒活动质量、发现药物警戒体系缺陷、保证药物警戒体系持续合规具有重要作用。GVP 明确规定了药物警戒内审的目的、范围、程序，强调内审应确保药物警戒体系的适宜性、充分性和有效性，要求持有人制定详细的审核方案，记录内审过程，调查发现的问题原因，并采取纠正预防措施，同时对纠正预防措施进行跟踪评估。

GVP 对于持有人内部审核的频率没有硬性规定。持有人可根据风险管理的原则，结合实际情况，设定内部审核的频率，该频率也可以随着业务发展进行调整①。一般建议每年开展一次全面内审，以评价药物警戒体系的适宜性、充分性、有效性。

药物警戒质量体系的内部审核工作可以与公司的其他质量体系工作审核合并进行，也可单独开展。当药物警戒体系出现重大变化时，如药物警戒相关法律法规、规范性文件变更持有人发生重组、合并等药物警戒关键人员变更或药物警戒工作职责发生变化时，应及时开展内审。

《指导原则》则进一步为持有人提供了详细的内审项目、方法、内容，明确了缺项风险等级以及结果评定标准，并将持有人是否针对药物警戒体系及活动制定内审计划，并定期开展内审作为严重缺陷评价项目，而内审前是否制定了审核方案、内审记录是否完整则作为主要缺陷评价项目。

持有人开展药物警戒内审不仅是法规要求，更是持有人药物警戒体系持续改进的重要手段，有助于提升员工对药物警戒工作的认识和重视程度，形成全员参与、共同维护药品安全的良好氛围。因此，持有人应高度重视药物警戒内审工作，制定药物警戒内审管理文件，规范内审组织机构和工作流程，加强内审人员的培训，确保内审工作质量，以实现提高内审最终结果的准确性、有效性。

持有人在制定药物警戒内审管理规程时，需要充分考虑自身的实际情

① 国家药品监督管理局药品评价中心．药品 GVP 指南　药物警戒体系与质量管理［M］．北京：中国医药科技出版社，2022：167.

况，包括中药、化学药、生物制品等不同类型药品的特点，以及企业规模和风险程度等因素。同时，还需注意以下几点：

一是组建合适的内审组织机构，选择合适的内审员，以保证内审顺利、有效开展。药物警戒部门组织开展的内部质控活动不属于GVP要求的内审。持有人应当指定人员独立、系统、全面地进行药物警戒内审工作，也可由外部人员或专家进行。持有人自行开展药物警戒内审的，可以根据自身情况，组建内审组织机构，配备内审员，内审员应接受过药物警戒相关的培训、教育，具有进行或接受内外部审计的经验，确保能胜任内审的准备、执行、报告工作。对于拥有多个持有人的集团企业，可以建立或依托集团的内审组织机构，抽调集团总部或分部人员担任内审员，对集团以及各持有人开展药物警戒内审；也可以持有人单独组建内审组织机构，抽调持有人内部人员担任内审员，内审员不得负责审核自己部门的工作。委派外部人员或专家进行内审，应通过书面协议明确双方的权利义务，并对相关人员的资质进行书面确认。

二是制定详细的内审计划及内审方案，确保内审工作能够全面、系统地覆盖药物警戒体系的各个方面并有序开展。内审员在制定年度药物警戒内审计划时，应与药物警戒部门沟通，确保内审工作的全面性和针对性。内审计划应当经内审组长批准。完善的内审方案包括内审目标、范围、方法、标准、审核人员、审核记录和报告要求等内容。内审方案制定完成并经内审组长批准后，所有参与此次内审的内审员应当培训学习内审方案，确保能准确掌握审查内容、标准、规范书写内审记录。

三是注重内审结果的整改与跟踪，确保问题得到有效解决。对于发现的问题，需要制定具体的整改措施和时间表，并指定专人负责跟踪整改进度和效果。此外，药物警戒内审文件还应体现持续改进的理念。持有人可以鼓励员工积极参与内审工作，提出建设性意见和建议。通过收集员工的反馈和意见，不断完善内审机制，提升药物警戒体系的有效性。同时，持有人还应加强与药品监管部门、行业组织等的沟通与合作，借鉴他们的经验和做法，不断提升自身的药物警戒管理水平。

（二）示例范本

×××公司药物警戒内审管理规程

1　目的

规范药物警戒内审管理流程，确保药物警戒内审活动的合规性和有效性。

2 依据

《中华人民共和国药品管理法》（2019 修订，中华人民共和国主席令第 31 号）

《药品不良反应报告和监测管理办法》（中华人民共和国卫生部令第 81 号）

《药物警戒质量管理规范》（国家药监局 2021 年第 65 号）

《药物警戒检查指导原则》（国家药监局〔2022〕17 号）

3 适用范围

本文件适用于持有人药物警戒体系内审管理工作。

4 术语

药物警戒内审：通过对客观证据的检查评价，验证包括质量体系在内的药物警戒系统实施和运作的适宜性、充分性和有效性。

纠正措施（Corrective Action，CA）：为消除不合格的原因并防止再发生所采取的措施。

预防措施（Preventive Action，PA）：为消除潜在不合格或其他潜在不期望情况的原因所采取的措施。

5 内容

5.1 人员职责

公司组建药物警戒内审小组，内审组长由药物警戒负责人担任；内审员由接受过药物警戒相关培训、教育，并具有进行或接受内外部审计经验的人员担任，确保能胜任内审的准备、执行、报告工作。

内审组长负责协调所需人员与资源，批准内审计划，内审方案、内审报告、内审整改效果评估报告。内审员负责起草年度内审计划、内审方案、实施内审、内审报告。内审员不负责审核自己部门的工作。

药物警戒部门人员：配合内审小组，提供必要的资源，支持内审的安排和执行。回复内审员发现的不符合项，并在规定时间内完成整改及提高整改报告。

持有人可以开展不同级别的内审活动，建立内审计划。例如，对于拥有多个持有人的集团企业，建立一个集团或持有人级别的内审系统，由集团总部或分部的药物警戒合规部对不同持有人定期进行统一的内审。

内审工作可以由持有人指定人员独立、系统、全面地进行，也可由外部人员或专家进行。委派外部人员或专家进行内审，应通过书面协议明确双方的权利义务，并对相关人员的资质进行书面确认。

5.2 制定内审计划

内审员与药物警戒部门沟通，制定年度药物警戒内审计划，确保内审工作的全面性和针对性。内审计划需经内审组长批准。内审计划至少包含内审类型、内审拟定时间、审查内容、审查人员姓名及审查内容。

内审类型分为全面内审和有因内审。每年至少开展一次全面内审。当药物警戒体系发生重大变化时，如药物警戒相关法律法规、规范性文件变更；持有人发生重组、合并、上市许可证转让等；药物警戒关键人员变更或药物警戒工作职责变化，应及时开展有因内审。

5.3 制定内审方案

内审员按照内审计划制定内审方案，内容包括内审目标、范围、方法、标准、审核人员、审核记录和报告要求等。内审方案制定完成后，由内审组长批准。所有参与此次内审的内审员应当培训学习内审方案，确保能准确掌握审查内容、标准、规范书写内审记录。

5.4 实施内审

内审组长负责组织，内审员按照内审方案负责具体实施工作。药物警戒部门负责配合内审小组，提供必要的资源，支持内审实施。内审结束后，内审员需撰写内审报告，并由内审组长批准。

5.5 内审结果处理

药物警戒部门根据内审结果，制定并实施纠正措施及预防措施。整改完成后，撰写整改报告并提交内审小组。内审小组对整改效果进行评估，并撰写整改效果评估报告，报内审组长批准。

七、药物警戒培训管理规程

（一）撰写技术要点

GVP 对药物警戒培训提出了明确的要求，药物警戒培训应覆盖全员，使每位相关人员都能充分认识到药物警戒的重要性。药物警戒培训管理规程旨在规范药物警戒培训流程，确保培训工作符合药物警戒法律法规和 GVP 的要求，保障药物警戒培训的适宜性、充分性和有效性。《指导原则》对药物警戒培训提出了明确的要求，主要包括培训的内容、方式和目标。

首先，药物警戒培训内容应全面且深入，并与药物警戒职责和要求相适应。此外，还应包括对培训效果的评估检查和培训资料的检查，查看药物警戒培训计划、记录和档案，包括培训通知、签到表、培训材料、考核记录、培训照片等。同时，培训还应涉及委托相关的培训要求。培训应以入职培训为先导，以工作中持续培训为主，以参加职业培训为辅，确保相关人员能够持续学习和提升药物警戒知识。

其次，药物警戒培训内容应全面而深入。基础培训内容包括法律法规、公司相关制度、标准操作规程（SOP）培训，以及操作系统培训。深度培训内容则包括ICH指导文件的学习、信号检测、风险管理计划（RMP）制定，以及沟通能力和培训技巧等。药物警戒工作人员应在工作中持续学习药物警戒知识、产品知识和疾病领域知识，以适应不断变化的药物警戒需求。此外，公司除进行年度常规培训外，还应根据需要进行不定期培训，以应对突发的药物警戒问题或新的法律法规要求。培训材料应根据药物警戒相关文件与法规制定，并定期更新，以确保培训内容的时效性和准确性。在培训形式上，应多样化并考虑投入和产出，以增强培训效果。培训记录应以签到表的方式保存，便于后续跟踪和评估。培训后应进行内容考核，考核方式可以是知识测验或实际操作，以检验培训成果。

在撰写药物警戒培训规程时，应遵循以下要点：一是培训内容与要求。详细列出药物警戒培训的内容，包括但不限于药物知识、药物警戒管理制度、药物管理技能、药品安全意识教育以及药物警戒管理制度的执行和监督等。同时，明确培训的具体要求，如培训时间、地点、方式、参与人员等，确保培训的有效性和针对性。二是培训对象与职责。明确药物警戒培训的对象，如医护人员、药师、药物警戒专员等，并规定各自的职责和任务。此外，明确药物警戒负责人的职责和要求，确保其在药物警戒工作中发挥关键作用。三是培训组织与实施。阐述培训的组织机构、实施流程以及资源保障等。包括培训计划的制定、培训师资的选拔与培训、培训材料的准备、培训过程的监控与评估等。确保培训活动的顺利进行，达到预期效果。四是培训效果评估与改进。建立培训效果评估机制，通过问卷调查、考试、实际操作等方式对培训效果进行评估。根据评估结果，及时发现问题和不足，制定改进措施，不断完善药物警戒培训体系。

（二）示例范本

×××公司药物警戒培训管理规程

1　目的

规范药物警戒培训管理，提升人员药物警戒意识和认知水平，最大限度地降低药品安全风险，保护和促进公众健康。

2　依据

《中华人民共和国药品管理法》（2019 修订，中华人民共和国主席令第 31 号）

《药品不良反应报告和监测管理办法》（中华人民共和国卫生部令第 81 号）

《药物警戒质量管理规范》（国家药监局 2021 年第 65 号）

《药物警戒检查指导原则》（国家药监〔2022〕17 号）

3　适用范围

本文件适用于本公司负责参与药物警戒活动的所有人员，特别是药物警戒部门员工，以及涉及药物警戒活动的跨部门员工，包括但不限于临床研究院、销售部门、市场部门、分销商、质量部门、医学部门、生产部门等。

4　内容

4.1　职责

4.1.1　公司管理层

提供支持实施本制度所需的资源。

4.1.2　人力资源部

• 确保每位新员工在入职时完成药物警戒培训，并通过相关书面测试。

• 将培训要求发放至每位员工。

• 组织年度更新培训。

4.1.3　药物警戒部门

• 制定年度药物警戒培训计划。

• 针对不同部门员工开展相应的药物警戒培训并进行考核。

• 保存所有培训相关记录。

4.1.4　相关部门

按照要求参加培训，完成培训考核。

4.2　培训管理

培训管理包括需求分析、计划制定、培训实施和效果评估四个环节。

4.2.1　培训计划

基于对培训需求的评估来制定，经药物警戒负责人或质量主管审核、批准。

4.2.2　培训前准备

做好培训前期准备工作，包括预算、场地、师资、课程制定等。

4.2.3　确定授课人员和内容

一般由药物警戒部门负责人或企业内部的中高层管理人员、专业人员担任；对于专题讲座，可聘请有关专家担任（如国家、省级、市级监管部门或监测机构以及学术团体等专家）。培训的内容应与员工需求、岗位要求相适应。若有新颁布的法律、法规或公司发布新（或修改的）文件、规章制度，应立即组织培训。

4.2.4 建立和保存培训记录

药物警戒部门或人力资源部门对培训计划、每次参加培训的人员名单、培训内容、考试考核成绩、培训效果评价等资料进行收集，并纳入员工培训档案，长期保存。以此来记载、维护和提高人员的能力，并按年度完成药物警戒培训评估报告。

4.3 培训类型与形式

4.3.1 培训类型

外部培训：包括线上或线下的专业培训、公开课等。

内部培训：包括自学、网络学习、专题讲授等。

4.3.2 培训形式

包括但不限于面对面教学、视频课程自学、书籍学习等。

4.4 培训对象与内容

培训对象为药物警戒部门及相关部门人员。培训内容根据各部门职责分层次、分类开展培训，包括法律法规、基础理论知识和实践操作等。

4.5 培训考核与效果评估

对培训进行阶段性考核，方式包括笔试、口试或现场操作等。不合格人员需重新培训直至合格。

4.6 培训反馈

每次培训后统计员工反馈，采纳有利建议并给予适当奖励。

4.7 变更历史与存档

对每次的培训资料及考核结果进行存档，记录变更历史。

本规程自发布之日起执行，由药物警戒部门负责解释。如有修订，按公司内部管理程序进行。

八、药物警戒工作考核管理规程

（一）撰写技术要点

GVP 和《指导原则》作为药物警戒工作的专项规范，对药物警戒工作的考核管理作出了专门规定。GVP 强调了对药物警戒体系进行持续评估和改进的重要性。通过考核，我们能够确保药物警戒部门和相关人员切实履行职责，及时发现并解决潜在问题。药物警戒工作考核不仅是法律法规的硬性要求，还是企业自我约束、提升药品质量安全管理水平的重要途径。它要求企业建立一套科学、合理、可操作的考核体系，对药物警戒工作进行全面、系统的评估，以推动药物警戒工作的持续改进和提升。

在制定考核管理制度时应明确考核范围和对象，制定合理的考核标准和程序，注重考核结果的应用和反馈，并要定期对其进行评估和修订，以确保其适应药物警戒工作的变化和发展。在撰写管理规程时，应遵循以下要点：一是明确制度的目的和适用范围，在开篇部分明确阐述制度的制定目的以及适用的范围和对象，为后续内容的展开奠定基础。二是要详细阐述考核内容和方法，具体描述考核的对象、方式、时间、频率等要素，确保考核工作的全面性和系统性。三是要制定合理的考核指标和评分标准，确保考核结果的客观性和公正性。四是要明确考核结果的应用方式，包括如何根据考核结果对药物警戒工作进行优化和改进、如何对表现优秀的个人或团队进行奖励等。五是要在制度的结尾部分对执行情况进行说明和解释，明确相关责任人的职责和权利，确保制度的有效执行。六是鼓励相关人员积极参与制度的制定和执行过程，提出宝贵的意见和建议。

（二）示例范本

×××公司药物警戒工作考核管理制度

1　目的

明确药物警戒工作的考核标准、程序和要求，确保药物警戒部门及相关人员履行相应职责，促进药物警戒工作的持续改进和优化。

2　依据

《中华人民共和国药品管理法》（2019 修订，中华人民共和国主席令第 31 号）

《药品不良反应报告和监测管理办法》（中华人民共和国卫生部令第 81 号）

《药品生产质量管理规范》（2010 修订，中华人民共和国卫生部令第 79 号）

《药物警戒质量管理规范》（国家药监局 2021 年第 65 号）

《药物警戒检查指导原则》（国家药监局〔2022〕17 号）

3　适用范围

本制度适用于公司药物警戒部门及相关人员，包括但不限于药物警戒专员、质量管理人员等。考核范围涵盖药物警戒工作的各个方面，包括不良反应监测、风险评估、风险管理措施的执行等。

4 内容

4.1 考核指标

药物警戒考核指标见下表。

指标维度	指标描述	考核方法	评分
药品不良反应报告合规性	报告表填写是否真实	查看药品不良反应报告台账、药品不良反应报告质量评估记录等	出现真实性问题，本项工作0分
	年度不良反应报告递交及时率不低于95%		
	年度延迟递交报告数量少于5份		
	年度报告及时处理完成率不低于99%		
	年度不良反应报告核心字段正确录入率不低于98%		
	反馈数据及时下载率不低于99%		
	反馈数据审核、评价完成率100%		
定期安全性更新报告合规性	PSUR计划及时更新率100%	查看PSUR	
	PSUR撰写完成及时率100%		
	PSUR撰写未按时完成<1件/年		
	PSUR内容监管审核一次性通过率不低于90%		
	PSUR相关文件存档合格率100%		
信号检测和评价的及时性	信号检测执行及时率100%	查看工作台账	
	潜在信号检测评价及时率100%		
	潜在信号检测医学评价参与率100%		
药物警戒体系主文件更新的及时性	PSMF主题覆盖率100%	查看药物警戒体系主文件	
	PSMF及时更新率100%		
药物警戒计划的制定和执行情况	存在重要风险品种的药物警戒计划制定率100%	查看药物警戒体系主文件	
	药物警戒计划执行率100%		
	药物警戒计划经药品安全委员会审核率100%		
人员培训计划的制定和执行情况	药物警戒知晓度及时培训完成率不低于90%	查看培训计划、培训记录	
	销售团队产品安全知识培训完成率不低于90%		

续表

指标维度	指标描述	考核方法	评分
用户信息与产品信息变更及时性	产品信息变更及时性100%	查看用户信息和产品信息	
	用户信息变更及时性100%		
内审情况	内审前是否制订审核方案，是否开展内审，内审记录和报告是否完整	查看内审方案、内审记录、整改措施等	
	对于内审发现的问题是否及时采取纠正和预防措施，并进行跟踪和评估		
聚集性事件调查处置	对药品不良反应聚集性事件是否及时进行了调查处置	查看相关记录	
	是否采取适宜的风险控制措施		
	调查处置情况和结果是否按要求进行报告		
……			

4.2　考核方式

考核方式包括定期考核和不定期抽查，以确保考核的全面性和及时性。考核方法采用定量与定性相结合的方式，通过数据分析、案例分析、现场检查等手段，对药物警戒工作进行全面评估。

4.3　考核周期

每季/年度进行一次考核。

4.4　考核流程

• 自我评价：被考核人按照考核内容与标准进行自我评价，总结工作成绩与不足。

• 上级评价：上级领导根据被考核人的工作表现进行评价，提出改进意见。

• 综合评价：综合自我评价与上级评价结果，得出最终考核结果。

• 结果反馈：将考核结果反馈给被考核人，对优秀表现给予肯定和奖励，对不足之处提出改进要求。

4.5　改进措施与奖励机制

• 对于表现优秀的员工给予物质和精神奖励，激励其继续保持良好的工作表现。

• 对于表现不佳的员工给予相应的辅导和培训，帮助其提升工作能力。

• 对于存在严重问题的员工进行批评教育或采取其他必要措施，确保其改正不当行为。

4.6 定期评估与修订

本制度自发布之日起生效，每年进行一次评估和修订，以确保其适应公司的发展需要和业务变化。评估结果将作为调整和完善制度的重要依据。

九、药品安全性信息收集和报告管理规程

（一）撰写技术要点

《中华人民共和国药品管理法》（2019 修订）规定，持有人应当开展药品上市后不良反应监测，主动收集、跟踪分析“疑似药品不良反应信息”。药品不良反应信息的收集不仅是持有人药品不良反应监测工作的基础，而且是企业开展药品不良反应工作的源头，决定着后续企业产品风险获益评估的质量和风险控制措施制定的科学性和合理性。《中华人民共和国药品管理法》（2019 修订）和 GVP 明确提出药品不良反应收集的范围为“疑似药品不良反应信息”。疑似药品不良反应信息作为一个新的名词概念，除了包含正常用法用量下的与用药目的无关的不良反应，还包括可能因药品质量问题引起的或可能与超适应症用药、超剂量用药、禁忌证用药、妊娠及哺乳期暴露、药物无效、药物相互作用等和用药有关的有害反应。此外，建议持有人尽可能全面地收集所有疑似药品不良反应的信息，包括任何无法排除药品和不良反应/不良事件因果关联性的，或者报告人员无法判定药品和不良反应/不良事件相关性的信息，都应在收集后提交持有人的药物警戒部门，由药物警戒人员进行评价和处置。

GVP 第三十二条明确规定，“持有人应当主动开展药品上市后监测，建立并不断完善信息收集途径，主动、全面、有效地收集药品使用过程中的疑似药品不良反应信息，包括来源于自发报告、上市后相关研究及其他有组织的数据收集项目、学术文献和相关网站等涉及的信息。”同时，第五十四条还规定，“持有人不得以任何理由和手段阻碍报告者的报告行为。”个例药品不良反应信息的有效收集、准确记录和及时传递是开展后续药物警戒活动工作的基础，也是持有人应履行的基本法律责任。

通过各种途径收集到的个例药品不良反应信息，应进行核实和评价。需要核实的内容主要包括是否为有效报告、是否在报告范围之内、是否存在重复报告等。持有人向国家药品不良反应监测系统提交个例药品不良反应报告前，必须确认报告的有效性。一份有效的报告应包括四个要素：可识别的患

者、可识别的报告者、怀疑药品、不良反应。如果缺少任一要素，则视为无效报告，应补充完整后再行上报。当持有人首次获知该个例药品不良反应信息且该报告符合有效报告的标准时，即开始计算报告时限。

在制定药品安全性信息收集和报告管理规程时，一般应考虑以下三个方面：一是明确报告收集来源和途径，包括来源于自发报告、上市后相关研究及其他有组织的数据收集项目、学术文献和相关网站等涉及的信息，以及监管机构反馈的数据信息等。二是明确规定药品安全性信息的内容，除了常规用法用量下与用药目的无关的不良反应，还包括可能因药品质量问题引起的或可能与超适应症用药、超剂量用药、禁忌证用药、妊娠及哺乳期暴露、药物无效、药物相互作用等和用药有关的有害反应。三是要对报告的评价、随访等作出具体要求。

（二）示例范本

×××公司药品安全性信息收集和报告管理规程

1　目的

规范公司药品安全性信息的收集、评价、报告及管理过程，从而多维度分析产品的潜在危险，提高公司产品的安全性。

2　依据

《中华人民共和国药品管理法》（2019 修订，中华人民共和国主席令第 31 号）

《药品不良反应报告和监测管理办法》（中华人民共和国卫生部令第 81 号）

《药品生产质量管理规范》（2010 修订，中华人民共和国卫生部令第 79 号）

《上市后安全性数据管理：快速报告的定义和标准》（ICH E2D）

《关于药品上市许可持有人直接报告不良反应事宜的公告》（国家药监局 2018 年第 66 号）

《个例药品不良反应收集和报告指导原则》（国家药监局 2018 年第 131 号）

《药物警戒质量管理规范》（国家药监局 2021 年第 65 号）

《药物警戒检查指导原则》（国家药监局〔2022〕17 号）

3　适用范围

本文件适用于本公司药品安全性信息的收集、评价、报告及管理。

4　术语

第 0 天：报告时限的起始日期为持有人首次获知个例药品不良反应且该报告符合最低报告要求的日期，记为第 0 天。第 0 天的日期需要被记录，以便评估报告是否及时提交。

药品不良事件：指患者或临床试验受试者在接受某种医药产品后出现的任何不利的医学事件，并非一定与治疗存在因果关系。因此，不良事件包括任何与医疗物品使用时间上关联的不利的、非预期的体征（如异常的实验室发现）、症状或疾病，不论是否考虑与医药产品相关。

5 内容

5.1 安全性信息收集途径

• 医疗机构；

• 药品经营企业；

• 电话和投诉；

• 学术文献；

• 互联网及相关途径；

• 上市后研究和项目；

• 监管部门数据反馈。

5.2 安全性信息的识别

• 药品安全性信息，包括不良事件以及以下特殊情况：

• 药物过量；

• 缺乏疗效；

• 药物滥用；

• 药物误用；

• 超适应症用药；

• 职业性暴露；

• 非预期的治疗获益；

• 用药错误和潜在用药错误（即错误的给药途径、错误的剂量、用错药物）；

• 妊娠暴露、哺乳期暴露、父源暴露；

• 病原体传播（例如任何生物、病毒或传染性微粒，无论是致病性还是非致病性），经由医药产品的疑似传播与疑似使用；

• 药物相互作用/药物与食物相互作用；

• 假冒产品/产品质量问题。

5.3 严重性分类

5.3.1 严重

符合以下情形之一的应当评价为严重药品不良反应：

• 导致死亡；

• 危及生命（指发生药品不良反应的当时，患者存在死亡风险，并不是指药品不良反应进一步恶化才可能出现死亡）；

• 导致住院或住院时间延长；

• 导致永久或显著的残疾或功能丧失；

• 导致先天性异常或出生缺陷；

• 导致其他重要医学事件，若不进行治疗可能出现上述所列情况的。

5.3.2　非严重

相对于严重来说，非严重是指如发热、接种部位红肿、硬结等不会引起“严重”反应之一的症状。

根据药品获批时的说明书和/或产品安全性信息核心数据，判断分类。

5.4　预期

5.4.1　预期：

说明书和/或产品安全性信息核心数据中包含症状。如果不良反应已有描述，但其发生的性质、程度、后果或者频率比说明书和/或产品安全性信息核心数据更严重或描述不一致，也应选择非预期。

5.4.2　非预期：

说明书和/或产品安全性信息核心数据中未包含症状。

如果获知的个案信息被判定为非预期，应及时更新产品安全性信息的核心数据，并修改说明书。

5.5　安全性信息处理

所有获知的个案信息，药物警戒专员应及时记录，并赋予企业病例编码。

病例编码范围依据各企业内部自定标准，如产品代码＋年月日（至少8位，如“20240101”）＋年流水号（如0001，该流水号实际位数可依据产品历年获知的最大量而定）。

如果获知的信息为群体不良事件，应立即向事件发生地的卫生健康部门报告，以便该部门迅速介入事件的调查和处理，减少事件对患者的潜在伤害。通报内容应包括患者的姓名、联系方式和不良反应症状的简要描述等信息。

如果是疫苗生产企业，则应同时向发生地疾病预防控制中心通报。并在2小时内填写《群体性疑似预防接种异常反应登记表》，通过电话或其他最快方式向受种者所在地的县级疾病预防控制中心报告，同时将有关情况向企业所在地的省级药品监督管理部门报告。

5.6 医学评价

药物警戒专员应依据《个例药品不良反应收集和报告指导原则》中的“4.3 因果关系的判定”，对个案中的每一个症状进行医学评价，并作出合理的医学评估，判定该症状与产品相关性。如果初始报告人进行了关联性评价，在无确凿医学证据的情况下，原则上不应降级评价。

如果是疫苗生产企业，参照《全国疑似预防接种异常反应监测方案》（卫办疾控发〔2010〕94 号）中的“三、报告（一）报告范围”内容进行初步诊断：

24 小时内：如过敏性休克、不伴休克的过敏反应（荨麻疹、斑丘疹、喉头水肿等）、中毒性休克综合征、晕厥、癔症等。

5 天内：如发热（腋温≥38.6℃）、血管性水肿、全身化脓性感染（毒血症、败血症、脓毒血症）、接种部位发生的红肿（直径＞2.5cm）、硬结（直径＞2.5cm）、局部化脓性感染（局部脓肿、淋巴管炎和淋巴结炎、蜂窝组织炎）等。

15 天内：如麻疹样或猩红热样皮疹、过敏性紫癜、局部过敏坏死反应（Arthus 反应）、热性惊厥、癫痫、多发性神经炎、脑病、脑炎和脑膜炎等。

6 周内：如血小板减少性紫癜、格林巴利综合征、疫苗相关麻痹型脊髓灰质炎等。

3 个月内：如臂丛神经炎、接种部位发生的无菌性脓肿等。

接种卡介苗后 1～12 个月：如淋巴结炎或淋巴管炎、骨髓炎、全身播散性卡介苗感染等。

其他：怀疑与预防接种有关的其他严重疑似预防接种异常反应。

5.7 随访

随访工作包括但不限于药物警戒专员、区域销售人员、经销商等，采用邮件、电话或当面拜访的方式进行。需进行病例随访时，随访应当在不延误首次报告的前提下尽快完成。如果随访信息无法在首次报告时限内获得，可先提交首次报告，再提交跟踪报告。

5.8 上报及时限要求

按照“可疑即报”原则，报告患者使用药品出现的任何怀疑与药品存在相关性的有害反应，包括可能因药品质量问题引起的或者可能与超适应症用药、超剂量用药、禁忌证用药等引发的有害反应。通过登录持有人药品不良反应直接报告系统（http：//daers. adrs. org. cn），将整理好的个案信息填写至电子表，确认无误后上报。

持有人药品不良反应直接报告系统的信息填报时限应遵循：严重不良反应自发现或获知之日（即第 0 天）起 15 日内报告，药品群体不良事件应当立即报告，其他不良反应应当在 30 日内报告。跟踪报告按照个例药品不良反应报告的时限提交，不良反应报告的填写应真实、准确、完整、规范，符合相关填写要求。

5.9　数据利用与存档

应定期对各种途径收集的疑似药品不良反应信息开展信号检测，及时发现新的药品安全风险。并根据《药品不良反应报告和监测管理办法》第五节第三十七条以及《药物警戒质量管理规范》第八十条的时限要求，撰写定期安全性更新报告，进行在线上报。

药物警戒活动中所涉及的记录存档至少保存至药品注册证书注销后十年，防止记录和数据在保存期间损毁或丢失。

对于拥有多家持有人的集团企业来说，制定药品安全性信息管理规程需要从以下几个方面考虑：

统一的管理体系和流程：在集团层面制定统一的管理体系和流程，确保各上市许可持有人都能按照相同的标准和方法进行药品安全性信息的报告和监测，以提升整个集团的管理水平和信息一致性。

明确各持有人职责和分工：根据各上市许可持有人所持有的药品类型和特点，明确各自的职责和分工，确保每个持有人都能有效收集、评估、报告药品安全性信息，并及时向集团药物警戒部门提供相关信息。

建立信息共享机制：建立有效的信息共享机制，促进各持有人之间的信息交流和合作。通过定期召开会议、分享案例、共同研究等方式，各持有人可以相互学习、借鉴和协作，共同提高药品安全性信息报告和监测的能力。

强化培训和教育：针对各持有人，制定相应的培训和教育计划，提高他们对药品安全性信息报告和监测的意识和能力。培训内容应包括药品安全性信息报告的法规要求、监测方法、评估标准等，以确保各持有人能够准确、及时地履行相关职责。

制定风险管理策略：在收集药品安全性信息的基础上，制定相应的风险管理策略。根据风险评估结果，采取相应的措施进行风险控制，如修改药品说明书、加强药品监管、限制临床使用等，以降低药品的安全风险。同时，各持有人应定期评估风险管理策略的有效性，并及时进行调整和完善。

监督和考核机制：建立监督和考核机制，对各持有人执行药品安全性信息报告和监测管理规程的情况进行监督和考核。通过定期检查、评估和反馈，及时发现问题并采取改进措施，确保各持有人能够切实履行其相关职责。

十、药品安全性风险识别、评估与控制管理规程

（一）撰写技术要点

药品作为一种特殊商品，其风险始终伴随着获益。药品风险管理是《中

华人民共和国药品管理法》（2019 修订）明确提出的药品管理基本原则之一，是指通过风险识别、评估与控制等手段，实现药品风险最小化的过程[①]。可以看出，药品风险管理至少包括风险识别、风险评估和风险控制等核心要素和过程（在不同业务领域还包括风险监测、风险控制效用评估等）。其中，风险识别主要是监测、发现、判断风险，即要了解风险所在、性质、发生频率及严重程度。风险评估主要是对已识别的风险进行危害、特征、影响因素等方面的量化评价，并评估是否需要采取风险控制措施等。风险控制则是对已识别的风险及时采取有效、适宜的控制措施的过程。药品风险可能产生于药品全生命周期的任何阶段。药品风险管理作为一种管理技术或方法，侧重于对风险的系统和宏观管理，具有制度视角，通过制定风险管理策略或计划，尽可能发现并通过风险最小化措施来降低药品风险，使药品达到最佳的获益-风险平衡。根据风险产生的不同领域，药品风险管理主要可分为对药品质量风险的管理（以生产、储运环节带来的风险为主）和对药品使用风险的管理（以药品使用环节产生的风险为主）。《中华人民共和国药品管理法》（2019 修订）中规定，国家建立药物警戒制度对药品不良反应及其他与用药有关的有害反应进行监测、识别、评估和控制，这实际上是运用风险管理的技术或方法解决药品使用过程中风险的具体体现，是对不良反应及其与用药有关的有害反应的风险管理过程。

GVP 总则中规定，持有人应当建立药物警戒体系，通过体系的有效运行和维护，监测、识别、评估和控制药品不良反应及其他与用药有关的有害反应。持有人应保证信号识别、风险评估、风险控制活动的有效性，即能够检测出风险信号，能够及时开展科学的评估，能够采取适宜的风险控制措施。风险管理的制度和流程应全面、具有可操作性，能体现风险管理各环节的紧密衔接。风险管理的各项工作均应有记录，如信号检测记录、风险评估报告等，重要风险应制定药物警戒计划。风险评估报告、PSUR（如 PBRER)、药物警戒计划等重要文件应由药物警戒负责人审核或批准，涉及多部门的应由企业负责人签署。企业还需制定风险管理相关的质控指标，包括信号检测的频率、信号评价和风险评估的完成时限（及时性指标）等。质量内审应以风险为着眼点，关注与风险管理相关的质控指标，如审核信号检

---

① 国家药品监督管理局．坚持风险管理基本原则，科学优化药品注册管理体系［EB/OL].（2020－04－10）［2023－01－15］. https：//www. nmpa. gov. cn/xxgk/zhcjd/zhcjdyp/20200410120001466. html.

测工作是否按制定的计划开展、风险评估是否符合企业的技术规范、药物警戒计划及其评估计划是否有效执行等。

持有人在制定药品安全性风险识别、评估和控制管理规程文件时，要综合考虑企业类型、规模、产品风险特征等因素，相关风险识别、评估、控制工作流程应清晰合理，确保此项工作能落到实处，真正为品种的获益-风险评估提供助力，而不仅仅是满足合规和检查需要。例如，在开展信号检测时，应选用适宜的信号检测方法，相关人员要不断提升专业技能并增加对信号的敏感度，不能将简单的数据统计等同于信号检测，也不能对已经暴露的风险信号视而不见。

（二）示例范本

×××公司药品安全性风险识别、评估与控制管理规程

1 目的

规范药品安全性风险识别、风险评估、风险控制的过程，最大限度地优化产品的获益-风险平衡。

2 依据

《中华人民共和国药品管理法》（2019 修订，中华人民共和国主席令第 31 号）

《药品不良反应报告和监测管理办法》（中华人民共和国卫生部令第 81 号）

《药品生产质量管理规范》（2010 修订，中华人民共和国卫生部令第 79 号）

《关于药品上市许可持有人直接报告不良反应事宜的公告》（国家药监局 2018 年第 66 号）

《药物警戒质量管理规范》（国家药监局 2021 年第 65 号）

《药物警戒检查指导原则》（国家药监局〔2022〕17 号）

3 适用范围

本文件适用于公司所有已上市产品的安全性风险识别、评估与控制的管理工作。

4 术语

信号：来自一个或多个来源的，提示药品与事件之间存在新的关联性或已知关联性出现变化，且有必要开展进一步评估的信息。

药品安全性信号：指在药品使用过程中出现的不良事件、不良反应或其他与药品安全性相关的情况。可以理解为，在使用药品的过程中或之后，在一个或多个安全性报告中，关于某个不良事件的信息超出了对该药品安全性

的预期。这个不良事件可能是未知的新事件，也可能是已知不良事件的性质与既往的认知不一致，进而需要全面收集数据并分析该不良事件和药品的关联性。

信号检测：使用来自任何来源的数据寻找和/或识别信号的流程。

数据收集和分析：收集各种来源的药品安全性数据，包括临床试验、上市后监测、不良反应报告等，对数据进行深入分析，以发现潜在的药品安全性信号。

信号筛选和评估：根据分析结果，筛选出可能与药品安全性相关的信号，并进行进一步评估。评估内容包括信号的严重性、发生的频率、可能的原因等。

已知风险：有充分证据表明与关注药品有关的风险。

潜在风险：有依据怀疑与关注药品有关，但这种相关性尚未得到证实的风险。

风险控制措施：针对评估结果，采取相应的风险控制措施，包括修改药品说明书、加强监测和警告、采取召回等措施。

5 内容

5.1 信号检测

信号检测可以基于个例报告审阅、病例系列评价、病例报告汇总分析等人工检测方法，也可以是数据挖掘计算机辅助检测方法。

5.1.1 信号检测方法

5.1.1.1 人工信号检测

人工信号检测主要是依靠信号检测人员的经验和一些传统的方式发现药品安全信号。人工信号检测方法主要包括定性评价和定量分析：定性评价即审查药物警戒数据库或已发表医学或科学文献中的个例报告或病例系列报告；定量分析即使用绝对病例计数、简单报告率或校正的暴露报告率对病例报告进行汇总分析。人工信号检测方法在评估特定医学事件或罕见事件中尤为重要，尤其是在对个例病例进行临床评价时。

5.1.1.1.1 个例报告审阅

个例报告审阅是指对单个药品不良反应病例报告进行的审阅和评价。通过个例报告审阅来进行信号检测应当结合常规的药物警戒活动。

药物警戒专员在初次接收并评价个案报告时，应关注特殊的不良事件，也称为“特定医学事件”(designated medical event，DME)。这类事件可能是罕见的、严重的，并且在多种不同药理/治疗类药物中均具有高度的药源性风险，例如再生障碍性贫血、中毒性表皮坏死松解症、史-约综合征、尖端扭转型室性心动过速、肝衰竭等。

在评价个例报告时，某些临床信息可以为信号评价提供线索，例如：①患者使用药物后迅速发生严重的不良事件；②去激发/再激发测试呈阳性；③存在显著的剂量相关特征；④出现3例以上的罕见不良反应，而这些反应在普通人群中的背景发生率很低；⑤特定医学事件；⑥其他特殊情况。

5.1.1.1.2 病例系列评价

病例系列评价是指在一个相对短的周期内，对一组相同或类似药品不良反应/事件病例报告的集合（即病例系列）进行描述和分析。病例系列评价是发现潜在信号的基础工作，通过敏锐鉴别患者和药品不良反应/事件的显著特征，可初步形成一个新的信号假设。

5.1.1.1.3 病例报告汇总分析

个例报告或病理系列的评价可能会发现一些罕见的、非预期的不良反应，然而，对于报告量较大的品种，或在单个病例报告的信息不足以支持评价的情况，通过对病例报告的汇总分析来发现信号则更加可行。

5.1.1.1.4 从其他途径中获取信号

除药品不良反应个例报告数据库外，还可以从其他信息来源中发现信号，例如：

药品安全性研究。可以是本公司开展的非临床研究、临床研究、流行病学研究，抑或主动监测、荟萃分析等。也可以从科学文献、会议论文中获取信息。药物警戒专员应采取各种方式收集药品安全性研究信息，并通过审查研究结果和结论来获取药品安全信号。

药品监管部门发布的药品安全性信息。通过定期检索国内外药品监管部门官方网站发布的药品安全性信息，及时获取最新的药品安全性信息。药物警戒专员可关注并不限于以下网站：

国家药品监督管理局（https：//www.nmpa.gov.cn/）；

国家药品监督管理局药品评价中心（https：//www.cdr-adr.org.cn/）；

美国市场监督管理局（https：//www.fda.gov/）；

欧洲药品管理局（https：//www.ema.europa.eu/en/homepage）。

药物警戒专员应及时关注公司相关的舆情信息，从互联网相关、媒体关注或患者投诉中发现信号并及时处理。特别是患者通过各类渠道投诉涉及产品质量、药品不良反应或其他药品安全性的信息时，药物警戒专员更应予以关注。

5.1.1.2 计算机辅助信号检测

计算机辅助信号检测多是指在药品不良反应个例报告数据库中，通过设置一定的数据挖掘算法，由计算机自动产生信号的检测方式。这种方式一般基于上市后的自发报告和来自文献的个例药品不良反应报告，以识别使用药品后累计发生率过高的不良事件；或者特定时间段内发生率高于以往的不良事件。

通过计算机辅助信号检测发现的药品-事件组合，并不代表药品和不良事件之间存在关联性，仍然需要经过人工审阅分析来判断不良事件和药品之间的关联性。

5.1.1.2.1　单品种信号检测

单品种信号检测方法主要采用比值失衡分析法（Disproportionality Analysis，DPA）该方法计算药物不良事件报告数据库中实际出现的与某种药物有关的不良事件的数量与预期数量或者与其他药物引发的此类不良事件数量的比值。如果比值非常大，超过某一阈值，则初步怀疑生成信号。

比值失衡分析法主要包括主流频数法和主流贝叶斯法：主流频数法包括报告比值比（Reporting Odds Ratio，ROR）、比例报告比（Proportional Reporting Ratio，PRR）和综合标准法（medicines and healthcare products regulatory agency，MHRA）；主流贝叶斯法包括贝叶斯置信度递进神经网络法（Bayesian Confidence Propagation Neural Network，BCPNN）和多项伽马泊松缩减法（Multi-Item Gamma Poisson Shrinker，MGPS）。

5.1.1.2.2　药物联合作用信号检测

药物联合作用信号检测旨在检测两种及以上药品组合与不良事件之间的关联性。在自发报告系统的数据库中，联合用药不良事件组合报告的数量较少，因此需要根据数据库中联合用药报告的特征探索不同于单药信号检测的方法。药物联合作用信号检测以不同方法建立的模型分类，可包括频数统计模型、贝叶斯统计模型、回归模型和关联规则模型等。常见方法包括基线模型（加法模型和乘法模型）、Ω收缩测量法、关联规则、组合风险比（Combination risk ratio，CRR）、卡方检验等。

5.1.1.2.3　聚集性信号检测

聚集性信号是指呈现药品不良反应聚集性特征的信号，主要表现为同一批号的同一药品在短期内出现多例临床表现相似的疑似不良反应。用于检测聚集性信号的方法包括基于预警规则的方法、聚类分析法和不相称测定分析等。

5.1.2　信号检测频率

信号检测频率应当根据药品上市时间、药品特点、风险特征等相关因素合理确定。对获知的个例不良反应报告，应每半年定期进行综合分析评价，以综合判断信号是否构成了新的药品安全风险。对于新上市的创新药、改良型新药，以及省级及以上药品监管部门或药品不良反应监测机构要求关注的其他品种，应当增加信号检测频率，至少每季度进行一次。

5.1.3 重点关注的信号

根据《药物警戒质量管理规范》第五十八条的要求，持有人在开展信号检测时，应当重点关注以下信号：

• 药品说明书中未提及的药品不良反应，特别是严重的药品不良反应；

• 药品说明书中已提及的药品不良反应，但发生频率、严重程度等明显增加的；

• 疑似新的药品与药品、药品与器械、药品与食品间相互作用导致的药品不良反应；

• 疑似新的特殊人群用药或已知特殊人群用药的变化；

• 疑似不良反应呈现聚集性特点，不能排除与药品质量存在相关性的。

5.2 信号验证

信号验证是对检测到的异常安全性数据进行初步分析，以验证是否有证据证实新的潜在关联性或已知关联性的新特性，以便进一步分析。该环节的意义在于对信号开展深入评价前，通过简单的排除工作剔除大部分假信号，从而减少信号评价的工作量。

信号验证应考虑信号的既往认知情况、关联强度判断、临床背景及其他信息来源等，对检测到的信号及其支持信号产生的原始数据进行人工审阅，依靠经验或辅以简单信息查询来排除明确的假信号。

5.3 信号优先级判定

信号优先级判定有助于对可能影响产品的获益-风险平衡或对公众健康产生影响的风险信号予以优先评价，建议在整个信号管理过程中持续进行信号优先级判定。信号优先级判定可考虑以下因素：

• 药品不良反应的严重性、严重程度、转归、可逆性及可预防性；

• 患者暴露情况及药品不良反应的预期发生频率；

• 高风险人群及不同用药模式下人群暴露情况；

• 中断治疗对患者的影响，以及其他治疗方案的可及性；

• 预期可能采取的风险控制措施（如增加不良反应、警告、禁忌证、额外的风险最小化措施、暂停、撤销）；

• 适用于其他同类药品的信号；

• 可能引起媒体关注和/或公众关注的信号，如大规模免疫后的不良事件。

5.4　信号评价

信号评价是指综合汇总相关信息，对检测出的信号开展评价并得出因果关系，确认信号是否代表一个潜在或已确认的风险，以及如何选择风险最小化措施。

相关信息包括但不限于个例药品不良反应报告（包括药品不良反应监测机构反馈的报告）、临床研究数据、文献报道、有关药品不良反应或疾病的流行病学信息、非临床研究信息、医药数据库信息、药品监督管理部门或药品不良反应监测机构发布的相关信息等。必要时，可通过开展上市后安全性研究等方式获取更多信息。

信号评价得出的三种结果如下：

• 否认的信号。认为该信号不是所关注药物的风险，无须采取进一步行动。在日常药物警戒工作中继续进行相关信息收集、信号识别与评估等常规的药物警戒活动。

• 确认的信号。有充分的证据表明信号与所关注药物之间具有相关性，是药物的已识别风险，需要采取进一步行动，如开展深入的风险评估以全面了解风险的发生特征、影响因素等，从而采取有效的风险控制措施。

• 不确定的信号。认为有依据怀疑信号与所关注药物之间可能具有相关性，但证据不足，尚不能证实，是药物的潜在风险。对于潜在风险，同样需要采取进一步的行动，如加强不良反应信息收集、开展上市后研究等。

信号评价结果的决策由相关部门讨论决定，可通过定期安全性更新报告（PSUR/PBRER、DSUR）向监管部门进行报告。对于可能显著影响产品获益-风险平衡或公众健康的风险，需要按法规要求及时向监管部门报告。无论信号评价的结果如何，都需要将数据和评价过程及结果记录在信号评价文件中，并存档。

5.5　风险评估

当信号被识别为药品安全风险时，应及时启动风险评估工作。药品安全风险评估是分析风险的性质、特点、频率和严重程度等，确认在一定的社会经济背景下人们可接受的风险水平的过程。

5.5.1　风险评估内容

对发现的新的药品安全风险应当及时开展评估，分析影响因素，描述风险特征，判定风险类型，评估是否需要采取风险控制措施等。风险评估应当综合考虑药品的获益-风险平衡。

5.5.2　影响因素

分析时应考虑可能引起药品安全风险、增加风险发生频率或严重程度的原因或影响因素，如患者的生理特征、基础疾病、并用药品，或药物的溶媒、储存条件、使用方式等，为药物警戒计划的制定和更新提供科学依据。

对于中药、民族药品种，还应根据中医药、民族医药相关理论，分析处方特点（如炮制方式、配伍等）、临床使用（如功能主治、剂量、疗程、禁忌等）、患者机体状态等影响因素。

5.5.3　风险特征描述

对药品风险特征的描述可包括风险发生机制、频率、严重程度、可预防性、可控性、对患者或者公众健康的影响范围，以及风险证据的强度和局限性等。

5.5.4　风险类型

风险类型分为已识别风险和潜在风险。对于可能影响产品的获益-风险平衡或对公众健康产生不利影响的风险，应当作为重要风险予以优先评估。对可能构成风险的重要缺失信息应进行评估。并根据风险评估结果，对已识别风险、潜在风险等采取适当的风险管理措施。

在药品风险识别和评估的任何阶段，持有人认为风险可能严重危害患者生命安全或公众健康的，应当立即采取暂停生产、销售及召回产品等风险控制措施，并向所在地省级药品监督管理部门报告。

5.5.5　风险评估记录或报告

风险评估应当有记录或报告，其一般包括风险概述、原因、过程、结果、风险管理建议等；其中风险概述可包括风险发生机制、频率、严重程度、可预防性、可控性、对患者或公众健康的影响范围，以及风险证据的强度和局限性等内容。

对于疫苗制品，可能对受种者健康产生重大不利影响的风险也应视为重大风险。例如，发现新的严重不良反应或已知严重不良反应发生率明显增高的。

5.6　风险控制措施

对于已识别的安全风险，持有人应当综合考虑药品风险特征、药品的可替代性、社会经济因素等，采取适宜的风险控制措施。

5.6.1　常规风险控制措施

包括修订药品说明书、标签、包装，改变药品包装规格，改变药品管理状态等。具体措施包括但不限于补充新的药品危险性信息，如不良反应、禁忌、警告、注意事项、药物相互作用等；改变叙述方式或文字重点，以进一步阐述和强调不良反应；增加对可能出现的不良反应的治疗建议。

5.6.2　特殊风险控制措施

包括开展医务人员和患者的沟通和教育、药品使用环节的限制、患者登记等。具体措施包括但不限于限制药品供应和使用范围，如仅限供应较高级别医院或特定医疗机构；仅限本领域高级专家处方；要求患者签署知情同意书；通过医保报销目录限制使用人群或用药时间。

5.6.3 需要紧急控制措施

可采取暂停药品生产、销售及召回产品等措施。当评估认为药品风险大于获益时，持有人应当主动申请注销药品注册证书。

持有人采取药品使用环节的限制措施，以及暂停药品生产、销售，召回产品等风险控制措施时，应当向所在地省级药品监督管理部门报告，并告知相关药品经营企业和医疗机构停止销售和使用。

发现或获知药品不良反应聚集性事件的，应当立即组织开展调查和处置，必要时应当采取有效的风险控制措施，并将相关情况向所在地省级药品监督管理部门报告。如有重要进展应当跟踪报告，应采取暂停生产、销售及召回产品等风险控制措施的应当立即报告。

有委托生产情形的，持有人应当同时向生产企业所在地省级药品监督管理部门报告。

当药品不良反应是由于产品的物理、化学性质所造成时，公司应主动采取改进其处方或生产工艺等措施来减少风险。例如：

- 改变或去掉某种辅料；
- 改变配方组成，如减少某种成分含量、改变药品剂型；
- 改变活性成分颗粒大小；
- 改变内包装等。

5.7 药品风险控制措施的评价

持有人应当对风险控制措施的执行情况和实施效果进行评估，并根据评估结论决定是否采取进一步行动。如果风险小于效益，则风险管理控制措施有效；如果风险大于效益，则应进一步采取措施或主动申请注销注册证书，最终保证公众安全、合理用药。

十一、药物警戒风险沟通管理规程

（一）撰写技术要点

1997 年，34 个国家共同发表了《沟通药品安全信息的埃里切宣言》，认同患者和公众有权获得关于药品安全性的信息，坚持所有关于药物的益处和危害、有效性和风险的信息都应该公开提供和讨论，并以满足一般公众和个人需求的方式提供信息[①]。这需要持有人、医务人员、药品监管部门、媒体、消费者履行各自职责，共同努力实现。《中华人民共和国药品管理法》(2019 修订) 中提出，实行药品安全信息统一公布制度，要求药品监管部门公布药品安全信息时，应当及时、准确、全面，并进行必要的说明，避免误导。目前药品监管部门采取的风险沟通方式包括公开药品说明书、发布药品说明书修订公告、药品不良反应信息通报及药物警戒快讯等。持有人作为药品安全责任主体，应当开展药品上市后不良反应监测，主动收集、跟踪分析疑似药品不良反应信息，对已识别风险的药品及时采取风险控制措施。

风险沟通作为一种风险控制措施，GVP 从沟通的目的、对象、内容、工具进行了明确规定，使持有人开展风险沟通工作有法可依，有据可循。GVP 提出，风险沟通的目的是传递药品安全性信息。通常是重要的药品安全信息，这些信息可能改变医务人员和患者的用药行为、用药态度和用药决策[②]，内容基于当前获批的信息，不得包含任何广告或产品推广性质的内容。沟通对象包括医生、药师等医务人员，患者及家属，医药协会及新闻媒体等社会公众人员。沟通工具包括致医务人员的函、患者安全用药提示卡、发布公告、召开新闻发布会等。同时，GVP 还规定了应当紧急开展风险沟通工作的情形，例如，药品存在需要紧急告知医务人员和患者的安全风险，但正在流通的产品不能及时更新说明书；存在无法通过修订说明书纠正的不合理用药行为，且可能导致严重后果；以及其他可能对患者或公众健康造成重大影响的情况。

风险沟通的意义在于及时、准确、有效地传递和沟通风险信息，使医务人员、患者和公众能够做出更安全的用药决定，以保护和促进患者或公众健康。及时、准确、有效的传递和沟通风险信息，必须考虑受众的阅读能力、是否具备与风险相关的知识及其水平、情绪状况等因素[③]。因此，持有人需制定药物警戒风险沟通管理规程，明确风险沟通所需的资源和程序，以确保药品风险沟通工作顺利开展。制定此类文件时需要注意以下几点：一是组建

---

① 张伊楠，吴汀溪，赵志刚．美国、欧盟和我国监管部门对药品获益-风险沟通管理与实践的研究 [J]. 药物流行病学杂志，2024，33 (1)：19－27.

② 王丹，王涛，夏旭东，等．《药物警戒质量管理规范》对持有人实施药物警戒制度的启示 [J]. 医药导报，2021，40 (10)：1303－1306.

③ 卫付茜，张威，杨悦．药品监管机构与公众药品风险沟通的研究 [J]. 中国药物警戒，2021，18 (10)：949－952.

风险沟通机构，配备合适人员。为确保风险沟通及时、准确、有效，持有人需组建风险沟通机构，成员应包括高层管理人员（负责决策和协调资源）、药物警戒和质量研发等专业人员（提供风险沟通技术支持），以及销售、财务等部门人员（评估风险沟通可能带来的负面效应，并协助风险沟通的实施）。组建完善的机构并配备合适的人员可以进一步确保风险沟通工作的合规性，也可以确保各利益相关方能够充分了解风险信息，各司其职，有序、高效地开展风险沟通工作。二是明确风险沟通目的及基本原则。风险沟通的目的在于传递和沟通风险信息，使医务人员、患者和公众做出更安全的用药决定。风险沟通应当遵循及时、准确、有效、隐私保护原则。风险沟通如果延迟可能会使公众产生被欺骗、药品风险不确定、严重程度较高且不可控的感觉①；沟通对象、内容和方式的准确性有利于受众理解风险并按照风险控制措施行事，从而保证风险沟通的有效性。此外，在风险沟通过程中还应注意保护患者和报告者的隐私数据。三是制定可操作的风险沟通流程。药品安全问题作为社会关注的焦点，且风险沟通涉及众多人员和行业，存在许多不确定性，因此持有人在制定风险沟通流程时应充分考虑各环节可能出现的异常及其处置措施，保证风险沟通顺利、有效开展。

（二）示例范本

×××公司药物警戒风险沟通管理规程

1　目的

本规程旨在指导风险沟通工作合规、及时、准确、有效地开展。

2　依据

《药品不良反应报告和监测管理办法》（中华人民共和国卫生部令第 81 号）

《关于药品上市许可持有人直接报告不良反应事宜的公告》（国家药监局 2018 年第 66 号）

《药物警戒质量管理规范》（国家药监局 2021 年第 65 号）

《药物警戒检查指导原则》（国家药监局〔2022 年〕17 号）

3　适用范围

本规程适用于公司开展药品风险沟通管理工作。

---

①　卫付茜，张威，杨悦．药品监管机构与公众药品风险沟通的研究［J］．中国药物警戒，2021，18（10）：949－952.

4　风险沟通机构及职责

4.1　组长

由企业负责人担任，负责协调风险沟通所需资源和人员；负责风险沟通决策，批准风险沟通方案；负责审批风险沟通评估效果。

4.2　成员

• 药物警戒负责人，负责组织制定并审核风险沟通方案，组织风险沟通效果评估，负责审核风险沟通效果评估报告；负责媒体提问。

• 药物警戒部门负责人，负责提出风险沟通计划申请；参与风险沟通方案制定；跟踪风险沟通执行情况；参与风险沟通实施；参与风险沟通效果评估，撰写风险沟通效果评估报告。

• 销售、生产、质量、研发、财务等部门负责人（可以根据具体沟通内容确定参与部门）：参与风险沟通方案制定；参与风险沟通实施；参与风险沟通效果评估。

5　风险沟通目的

向医务人员、患者、公众传递药品安全性信息，沟通药品风险，及时提供有证据支持的药品安全和有效使用的相关信息；改变用药态度、决定和行为；支持风险最小化的措施；促进合理用药的知情决策。

6　风险沟通原则

6.1　及时性

对于已有明确证据的药品风险信息应及时开展风险沟通；当药品风险原因不明或有潜在风险时，可以及时开展风险沟通；当出现下列情况时，应当紧急开展沟通工作：

• 药品存在需要紧急告知医务人员和患者的安全风险，但正在流通的产品不能及时更新说明书；

• 存在无法通过修订说明书纠正的不合理用药行为，且可能导致严重后果；

• 其他可能对患者或公众健康造成重大影响的情况。

6.2　准确性

明确沟通目的和对象，制定有针对性的沟通内容。沟通内容应当清晰、明确、保持一致，并基于当前获批的信息，不得包含任何广告或产品推广性质的内容。对于复杂的药品安全性问题，需要咨询医务人员和相关专家的意见，避免引起误导和恐慌。必要时，可以在医疗机构和患者的小范围内进行预测试，以评估风险沟通方案的可行性。确定沟通内容以后，选择恰当的方式，在合适的时间发布。

6.3　有效性

在风险沟通结束后，需要跟踪评估风险沟通的效果，确认是否关闭或重启风险沟通。

6.4　隐私保护

在开展风险沟通时，需要注意保护患者或报告者的隐私数据。

7　风险沟通程序

7.1　发起风险沟通计划申请

药物警戒部门负责提出风险沟通计划申请，药物警戒负责人召集风险沟通小组人员讨论开展风险沟通的必要性，企业负责人拥有是否开展风险沟通的最终决策权。如果不开展风险沟通，应记录原因。如果决定开展，则启动以下程序。

7.2　制定风险沟通方案

药物警戒负责人组织风险沟通小组成员制定风险沟通方案。方案制定过程中，药物警戒负责人需与当地省药品监管部门进行充分沟通，必要时可以咨询医药行业协会、药品主要使用机构和经营机构意见。风险沟通方案制定后，提交企业负责人批准，并向当地省药品监管部门进行报备。

7.3　实施风险沟通方案

风险沟通方案批准后，相关部门按照方案执行。药物警戒部门负责人负责跟踪风险沟通的进展。

风险沟通完成后，按照既定时间点，药物警戒负责人负责组织风险沟通效果评估。药物警戒部门负责人负责撰写风险沟通效果评估报告，经药物警戒负责人审核后，报企业负责人批准。

达到预期风险沟通目的，关闭风险沟通程序，由药物警戒部门收集风险沟通过程产生的记录、报告等资料，进行归档保存。未达到预期风险沟通目的，则延长风险沟通时间，或者重启风险沟通程序，改变风险沟通方式。

十二、药品上市后安全性研究管理规程

（一）撰写技术要点

根据 GVP 第六十九条的规定：药品上市后开展的以识别、定性或定量描述药品安全风险，研究药品安全性特征，以及评估风险控制措施实施效果

为目的的研究均属于药品上市后安全性研究。第七十条要求：药品上市后安全性研究一般是非干预性研究，也可以是干预性研究，一般不涉及非临床研究。干预性研究可参照《药物临床试验质量管理规范》的要求开展。

GVP中明确了药品上市后安全性研究重点要放在药品的安全性方面，侧重偏向临床研究，不涉及非临床研究（如动物实验、毒理研究等），研究阶段为药品批准上市后阶段。同时强调了应对药品风险情况主动开展药品上市后安全性研究，或按照省级及以上药品监督管理部门的要求开展，以评估风险控制措施实施效果为目的，不得以产品推广为目的。GVP还对开展上市后研究的方法提出了明确要求，例如，明确研究目标和内容，选定适宜的研究方法，并应当经过药物警戒负责人的审核或批准以及研究过程中研究方案变更的注意事项，等等。值得注意的是，依据欧洲药物流行病学和药物警戒网络中心的方法学指南，对干预性探究和非干预性研究做了进一步的细化。非干预性上市后安全性研究包括主动监测（如医院集中监测、处方事件监测、注册登记）、观察性研究（如横断面研究、队列研究、病例对照研究及其拓展、单纯病例研究、生态学研究）、药物利用研究、系统综述/元分析。GVP还强调了风险评估和风险控制的重要性，要求在发现任何可能影响药品获益-风险平衡的新信息时，应当及时开展评估。如果研究中发现可能严重危害患者生命安全或公众健康的药品安全问题，持有人应当立即采取暂停生产、销售及召回产品等风险控制措施，并向所在地省级药品监督部门报告。

在撰写药品上市后安全性研究的规程文件时，需要明确研究的目的和意义，确保研究工作能够为药品的安全性评估提供有价值的信息，如评估药品在上市后的安全性情况、发现潜在的不良反应、比较不同人群对药品的响应等；遵循相关法规和指导原则的要求，如药品监管部门的法规要求、国际医学伦理准则等；确保规程的合法性和规范性，在药品上市后安全性研究中，数据的质量和可靠性至关重要。因此，规程中需要明确数据收集和处理的标准和流程，确保数据的准确性和完整性；药品上市后安全性研究是一个持续的过程，因此，需要不断改进和更新管理规程，以适应新的法规要求和技术发展。

药品上市后安全性研究的规程文件还需要着重考虑描述全面的研究方法和技术，确定研究的具体内容，包括研究对象的选取、数据收集和分析的方法、安全性的评估标准等；对研究中可能出现的风险进行评估，并提出相应的应对措施，这些风险可能涉及受试者的安全、数据的准确性和可靠性等方面；说明研究的局限性，如样本量、研究时间和预算等限制，以及这些限制可能对研究结果产生的影响；提出质量控制措施，以确保研究的可靠性和准确性，包括对研究人员的培训和资格认证、对数据的审核和校对、对研究过程的监督和评估等；阐述如何将研究成果进行合理的传播和应用，包括发表论文、向监管机构报告、向公众传达信息等。在撰写药品上市后安全性研究管理规程时，需确保内容的完整性和条理性，以便为后续的研究提供明确的指导和支持。

（二）示例范本

×××公司药品上市后安全性研究管理规程

1　目的

建立药品上市后安全性研究管理制度，加强上市后药品安全性监测与评价，指导药品上市后安全性研究工作的开展。

2　依据

《中华人民共和国药品管理法》（2019 修订，中华人民共和国主席令第 31 号）

《药品不良反应报告和监测管理办法》（中华人民共和国卫生部令第 81 号）

《药品生产质量管理规范》（2010 修订，中华人民共和国卫生部令第 79 号）

《关于药品上市许可持有人直接报告不良反应事宜的公告》（国家药监局 2018 年第 66 号）

《药物警戒质量管理规范》（国家药监局 2021 年第 65 号）

《药物警戒检查指导原则》（国家药监局〔2022〕17 号）

3　适用范围

本文件适用于本公司开展的药品上市后安全性研究。若本部分工作外包给合同研究组织，则本文件也适用于该合同研究组织。

4　术语

药品上市后安全性研究：指药品上市后开展的以识别、定性或定量描述药品安全风险，研究药品安全性特征，以及评估风险控制措施实施效果为目的的研究。

非干预性研究：是指患者在常规医疗实践中接受了所关注的上市药物而未根据方案被分配至干预的研究类型。比较常用的有：①观察性队列研究，在常规医疗实践中根据患者接受或未接受的药物来分组，并确定随后的生物医学或健康结果；②病例对照研究，根据患者是否具有健康相关的生物医学或行为结果来分组，再确定先前接受何种治疗。

干预性研究：是指根据研究方案，将参与者（健康志愿者或患有所研究疾病的志愿者）分配至一种或多种干预措施，以评估这些干预措施对后续健康相关生物医学或行为结局的影响的研究。例如，传统的随机对照试验，此类试验中一些受试者被随机分配接受试验药物组治疗，而其他受试者则接受活性对照药物或安慰剂。带有实用要素的临床试验（例如，入组标准相对宽泛，在常规诊疗环境中招募参与者）和单臂试验是其他类型的干预性研究设计。

病例登记：根据一个或多个预定的科学、临床，或政策目的，使用观察性研究方法收集统一的临床和其他数据的系统，以评价特定疾病、病症或暴露人群的特定结局。

回顾性观察性研究：在研究开始时确定目标人群，并根据历史数据（研究开始前生成的数据）开展的观察性研究。

前瞻性观察性研究：在研究开始时确定目标人群，并在研究开始前确定收集暴露/治疗和结果数据的观察性研究。

5　内容

5.1　职责

5.1.1　临床医学部

制定药品上市后安全性研究方案，并提交药品安全委员会审核；

主导药品重点监测方案的制定与实施，撰写研究结果评估报告；

汇总药品上市后研究报告，参与国家药品监督管理部门的沟通交流以及评价工作。

5.1.2　药物警戒部门

审核/审批药品上市后安全性研究方案；

负责研究与评价过程中的药物警戒活动，记录并报告研究过程中收集到的药品不良事件，尤其是药品安全性信息的收集、分析、评价及递交；

根据监测结果组织药品安全委员会制定风险控制措施。

5.1.3　项目运营部

上市后安全性研究以项目管理的方式开展，每个上市后研究项目原则上指定对应的项目负责人，负责推进项目落实，收集研究项目相关信息，并及时向药物警戒负责人汇报项目进度；

参与上市后研究方案及报告的撰写，负责根据上市后研究的需要提出修订研究方案的申请，并督促执行；

负责向药物警戒部门反馈研究过程中出现的个例不良反应/事件信息，并配合处理。

5.1.4 质量部门

负责对药品上市后安全性研究和评价工作进行质量管理，采取预防、探测和纠正研究过程中出现的问题的系统性措施，确保研究按照方案要求以及内外部要求执行；负责与药品监督管理部门约定沟通交流事宜，并按照要求向其提交药品上市后研究方案和报告，以及基于药品上市后评价的结果提交变更申请等。

5.1.5 统计和数据管理部

撰写数据管理计划，执行数据核查，确保数据的有效性和正确性；

制定统计分析计划，撰写统计分析报告。

5.2 上市后安全性研究的目的

• 量化并分析潜在的或已识别的风险及其影响因素（例如描述发生率、严重程度、风险因素等）；

• 评估药品在安全信息有限或缺失人群中使用的安全性（例如孕妇、特定年龄段、肾功能不全、肝功能不全等人群）；

• 评估长期用药的安全性；

• 评估风险控制措施的有效性；

• 提供药品不存在相关风险的证据；

• 评估药物使用模式（如超适应症使用、超剂量使用、合并用药或用药错误）；

• 评估可能与药品使用有关的其他安全性问题。

5.3 注意事项

公司应当根据药品风险情况主动开展药品上市后研究，或按照省级及以上药品监督管理部门的要求开展；

药品上市后研究及其活动不得以产品推广为目的；

药品上市后研究一般为非干预性研究，也可以是干预性研究，一般不涉及非临床研究，如为干预性研究，需参照《药物临床试验质量管理规范》要求开展；

开展上市后研究应当遵守伦理和受试者保护的相关法律法规和要求，确保受试者的权益；

若上市后安全性研究的发起需根据项目需求确定合理的研究机构，需要签订合适的研究合同；

上市后安全性研究在研究开始之前应由具备相应科学背景和经验的专业人员制定研究方案，方案应提交药品安全委员会审核通过，研究实施全过程应与监管部门保持顺畅及时的沟通；

对于药品监督管理部门要求开展的药品上市后安全性研究，研究方案和报告应当按照药品监督管理部门的要求提交。

5.4 研究方法的选择

公司应根据产品的风险特征、研究目的、临床实践等选择合适的研究方法，包括主动检测（如登记研究、处方时间监测、药品重点监测）、观察性研究（如横断面研究、队列研究、病例对照研究）、干预性临床试验、真实世界研究等研究方法。

5.5 数据监测

持有人应主动收集研究期间发生的安全性信息，如有任何影响药品获益-风险平衡的新信息，应及时进行评估；

研究过程中，发现可能严重危害患者的生命安全或公众健康的药品安全问题时，持有人应当立即采取暂停生产、销售及召回产品等风险控制措施，并向所在地省级药品监督管理部门报告。

5.6 记录管理

研究过程中，应根据需要修订或更新研究方案；

研究开始后，对研究方案的任何实质性修订（如研究终点和研究人群变更）应当以可追溯和可审查的方式记录在方案中，包括变更原因、变更内容及日期；

研究项目涉及的原始资料需按项目根据公司的文件管理规范进行存档。

十三、药物警戒计划管理规程

（一）撰写技术要点

药品上市前的研究并不能完全暴露其所有潜在风险，随着药品上市后的广泛使用，新的安全性问题可能出现。为保护患者用药权益和身体健康，法规要求持有人制定并实施药物警戒计划。根据我国 GVP 规定，药物警戒计划作为药品上市后风险管理计划的一部分，是一种描述上市后药品安全性特征以及如何管理药品安全风险的书面文件。持有人应当根据风险评估结果，对发现存在重要风险的已上市药品制定并实施药物警戒计划，并根据风险认知的变化及时更新。

2004 年，ICH 发布了 E2E 指导原则《E2E：药物警戒计划》（以下简称"E2E"），各成员国在此基础上制定了本国的药物警戒计划或风险管理计划。我国药品监管部门加入 ICH 并转化实施其指导原则，于 2021 年 11 月发布了《"临床风险管理计划"撰写指导原则（试行）》，指导申请人在药品注册阶段制定风险管理计划。作为履行上市后药物警戒责任的重要内容之一，持有人应当根据 GVP 的要求，制定并实施药物警戒计划。制定和实施药物警戒计划的责任主体是持有人；其目标是预防和降低已上市药品的重要风险；手段是开展相关药物警戒活动或采取适当的风险控制措施。

药物警戒计划包括药品安全性概述、药物警戒活动，并对拟采取等风险控制措施及其实施的时间周期等进行描述。通常，还需要讨论适应症的流行病学特征、临床前安全性发现、临床试验中的安全性发现，以及临床试验中未纳入的人群等信息。

根据 ICH E2E 要求，重要的已识别风险、重要的潜在风险和重要的缺失信息应当写入风险管理计划。重要风险是指可能会影响产品的获益-风险平衡或对公众健康产生影响的已识别风险或潜在风险。是否属于重要风险将取决于多个因素，包括对个人的影响、风险的严重性以及对公众健康的影响。通常，有可能被纳入产品说明书中的禁忌、警告和注意事项部分的任何风险都应当被认为是重要的风险。

需要注意的是持有人制定药物警戒计划应充分了解产品安全性特性，并评估针对这些风险需要采取的药物警戒活动以及风险控制措施。

（二）示例范本

×××公司药物警戒计划管理规程

1 目的

通过制定药物警戒计划管理规程，预防和降低已上市药品的重要风险。

2 依据

《中华人民共和国药品管理法》（2019 修订，中华人民共和国主席令第 31 号）

《药品不良反应报告和监测管理办法》（中华人民共和国卫生部令第 81 号）

《药品生产质量管理规范》（2010 修订，中华人民共和国卫生部令第 79 号）

《关于药品上市许可持有人直接报告不良反应事宜的公告》（国家药监局 2018 年第 66 号）

《药物警戒质量管理规范》（国家药监局 2021 年第 65 号）

《药物警戒检查指导原则》（国家药监局〔2022〕17 号）

ICH E2E

3　适用范围

本文件适用于公司的存在重要风险的已上市药品。

4　术语

已识别风险：有充分证据表明与关注药品有关的风险。

潜在风险：有依据怀疑与关注药品有关，但这种相关性尚未得到证实的风险。

5　内容

5.1　品种的风险梳理

通过对重点品种的非临床研究、临床研究以及药品上市后监测和研究资料的系统梳理和综合评价，总结出上市药品的突出安全性问题，包括药品的已知重大风险和潜在的重大风险，以及用药高危人群。

5.1.1　风险类型

药品上市后的安全性风险主要包括两个方面：一是由药物本身的性质而产生的固有不良反应，二是药品在生产和贮存中因各种因素变化导致产生降解产物而引发的与药品质量相关的不良反应。

5.1.2　药物警戒计划的内容

新的不良反应/事件与严重不良反应/事件的性质、严重程度、不良反应发生率等有关的流行病学信息，以及同类药的不良反应信息。分析其中哪些是超适应症用药、哪些是超剂量用药、哪些是配伍禁忌和不合理用药，哪些是已知风险、哪些是潜在风险，以及哪些需要进一步研究，并确认这些风险是否存在于高危人群中。

与产品质量相关的风险分析包括生产处方工艺、质量控制措施，出厂产品质量指标的变化趋势分析以及产品留样稳定性趋势分析。

生产处方工艺分析：当工艺设计不合理或生产过程控制不当时，可能导致潜在的质量风险及临床使用安全性风险；

质量控制措施分析：包括微粒污染、细菌内毒素与热源污染等药品安全性风险；

产品质量指标及留样稳定性的变化趋势：主要分析药品在生产和贮存过程中由于各种因素变化导致产生降解产物而引发的与药品质量相关的安全性风险。

为确保药品的安全使用，还需总结在药品不良反应、注意事项、禁忌等项目中需要补充哪些安全性信息。

5.2 启动风险最小化行动计划必要性评估

启动风险最小化行动计划必要性评估是在风险梳理的基础上，评估每一个突出的安全性问题是否有必要实施风险最小化措施。

基于风险梳理总结出的突出安全性问题，应当逐一评判药品标准、说明书和标签的相关内容是否足以控制某一具体的突出安全性问题，是否有必要实施其他风险最小化措施，如果认为某一突出安全性问题不需要采取风险最小化措施，则需要有充分的证据支持。

通过与产品质量相关的风险分析评估，判断是否有必要实施风险最小化措施，必要时应实施产品召回。

对于潜在风险与高危人群，公司在开展启动风险最小化行动计划必要性评估的同时，需要制定进一步的主动监测和研究方案。

5.3 制定风险最小化行动计划

公司在风险最小化行动计划必要性评估后，针对产品的每一突出安全性问题，制定降低药品风险并使风险最小化的行动计划，其措施包括：

- 对药品标准、说明书和标签的修订；
- 向社会发布药品安全性警示信息；
- 对医生、药师、护士和患者等相关人员进行宣传教育培训；
- 采取限制药品使用，产品召回等措施。

5.4 分析最小化行动计划的效果评估：

公司在制定风险最小化行动计划时，应当针对每一个突出安全性问题的最小化措施进行相应的剩余风险评估，并在风险最小化行动计划实施一段时间后，及时进行风险降低效果的评估，以考察是否实现了药品风险最小化行动的目标。

十四、药品定期安全性更新报告/定期获益-风险评估报告管理规程

（一）撰写技术要点

2011 年 7 月发布的《药品不良反应报告和监测管理办法》（2011）首次提出对 PSUR 的要求，其中第三十六条至第三十八条对持有人进行 PSUR

的汇总撰写及提交要求进行了明确的规定。2012 年 9 月发布了《药品定期安全性更新报告撰写规范》，主要参考了 ICH E2C（R1）《临床安全性数据管理：上市药品定期安全性更新报告》。之后，《药品定期安全性更新报告的常见问题与回答》相继发布，对持有人在特定情况下进行 PSUR 撰写和提交进行了更详细的技术指导。其中，在 2020 年 7 月发布的《药品定期安全性更新报告的常见问题与回答（Q&A）5》中明确要求可以使用 PBRER 代替 PSUR 进行递交，并对其递交时限进行了明确的规定，这也提示我国上市后安全性总结报告的撰写要求正在从 PSUR 向 PBRER 过渡。2021 年 12 月发布的 GVP 对 PSUR 报告的提交频率、数据截止点、报告连续性、提交方式、报告格式和内容要求有了进一步明确的规定，其中第八十五条明确规定持有人可以提交 PBRER 代替 PSUR，其撰写格式和递交要求适用 ICH 的相关指导原则，其他要求同 PSUR 相同。另外，需要注意的是第八十六条明确规定“原料药、体外诊断试剂、中药材、中药饮片”不需要提交 PSUR，除非监督管理部门另有要求。以上根据国内法规的发布进展，体现了监管部门对 PSUR 要求的变化，从 PSUR 到 PBRER，从关注药品风险到关注药品整体的获益-风险平衡。

持有人应根据法规的要求制定规范的 PSUR/PRBER 管理文件，以明确持有人的上市后药品 PSUR/PRBER 的撰写和递交要求。在撰写管理规范文件时，持有人应考虑对涉及的相关部门有明确的要求，充分考虑法规中对撰写格式、撰写内容、递交时限、递交频率的相关规定。对于有境内外均上市药品的持有人，还应考虑在境外的定期安全性报告的递交要求，如果境外要求递交 PRBER，持有人可根据情况仅撰写一份 PRBER 以同时满足境内外的要求。

（二）示例范本

×××公司药品定期安全性更新报告/定期获益-风险评估报告管理规程

1　目的

建立药品 PSUR/PBRER 的管理制度，规范 PSUR/PBRER 的撰写及递交要求，以满足相关法律法规及规范的要求。

2　依据

《中华人民共和国药品管理法》（2019 修订，中华人民共和国主席令第 31 号）

《药品不良反应报告和监测管理办法》（中华人民共和国卫生部令第 81 号）

《药品生产质量管理规范》（2010 修订，中华人民共和国卫生部令第 79 号）

《关于药品上市许可持有人直接报告不良反应事宜的公告》（国家药监局 2018 年第 66 号）

《药物警戒质量管理规范》（国家药监局 2021 年第 65 号）

《药物警戒检查指导原则》（国家药监局〔2022〕17 号）

《药品定期安全性更新报告撰写规范》（国食药监安〔2012〕264 号）

《药品定期安全性更新报告的常见问题与回答（Q&A）（1—5）》

《ICH E2C（R1）&（R2）》

3 适用范围

本文件适用于本公司获批上市后 PSUR/PBRER 的准备。如果本部分工作外包给合同研究组织，则本文件也适用于该合同研究组织。

4 术语

国际诞生日（IBD）：药品在任何国家首次获批上市的日期。

数据锁定点（DLP）：纳入《PSUR/PBRER》中汇总数据的截止日期。

PSUR：是一份药物警戒文件，要求公司在药品上市后的指定时间锁定点提供报告，对所申报的某种药品的风险-获益平衡进行评估。

PBRER：主要目的是对关于药品风险的新的或新出现的信息及其对已批准的适应症的益处进行全面、简明和批判性的分析，以便对产品的总体利益-风险特征进行评估。PBRER 并非 PSUR 的补充，而是 PSUR 的更新升级，在内容结构和评估方法方面增加了新的要求。

5 内容

5.1 职责

药物警戒部门整体负责 PSUR/PBRER 文件的撰写及递交，应建立撰写前的准备，撰写、审核及定稿，以及递交存档的流程。

临床运营、市场和销售、临床医学、注册、非临床研发等部门应配合提供对应的数据资料，并对相应的章节进行撰写。

5.2 PSUR/PBRER 撰写和递交的一般要求

公司应对涉及同一活性物质的多个产品准备一份 PSUR/PRBER 报告，可在报告中纳入该活性物质的所有产品、所有适应症、剂型及给药方案等信息。

公司可以针对同一活性物质的产品准备一份 PSUR，也可准备一份 PRBER 代替 PSUR。

PSUR/PRBER 的数据汇总时间可以以首次在境内取得药品批准证明文件的日期为起点，也可以以药品在全球首个获得上市批准日期（国际诞生日）为起点。

创新药和改良型新药应当自取得批准证明文件之日起每满 1 年提交一次 PSUR/PBRER，直至首次再注册，之后每 5 年报告一次。其他类别的药品，一般应当自取得批准证明文件之日起每 5 年报告一次。

对于 PSUR 的递交日期应为在数据截止日后 60 日内；对于 PBRER 的递交日期，如果报告周期为 1 年或者更短，则应在数据锁定点后的 70 天内递交，报告周期在 1 年以上的在 90 天内递交。

应通过国家药品不良反应监测系统在线提交 PSUR/PBRER，同时上传药品批准证明文件、药品质量标准、药品说明书、参考文献等附件。

所有实施批准文号管理的制剂均需要提交 PSUR/PBRER，无论是否生产销售。

PSUR/PBRER 的撰写应保持完整性和连续性。

PSUR/PRBER 应由药物警戒负责人批准同意后递交。

撰写语言应以当地国家的要求为准。

5.3 PSUR/PRBER 的格式要求

PSUR/PRBER 报告应包含封面、目录、正文三部分内容，目录应尽可能详细，一般包含三级目录。PSUR 和 PRBER 在章节内容的比较见下表。

PSUR 的撰写应参照《药品定期安全性更新报告撰写规范》（国食药监安〔2012〕264 号）及 ICH E2C（R1）的要求进行撰写。

PRBER 的撰写规范和格式参照 ICH E2C（R2）的要求进行撰写。

PBRER 章节号	PBRER 的章节名称	PSUR 章节号	PSUR 的章节名称
1	前言	1	药品基本信息
2	全球上市批准情况	2	国内外上市情况
3	报告期内因安全性原因而采取的措施	3	因药品安全性原因而采取措施的情况
4	安全性参考信息的变更	4	药品安全性信息的变更情况
5	预计药物暴露量和用药模式	5	用药人数估算资料
5.1	临床试验中的累积受试者暴露量	—	—
5.2	上市后经验中的累积和时间段内患者暴露	—	—

续表

PBRER 章节号	PBRER 的章节名称	PSUR 章节号	PSUR 的章节名称
6	总结表中的数据	6	药品不良反应报告信息
6.1	参考信息	6.1	个例药品不良反应
6.2	临床试验中的严重不良事件的累积汇总表	6.2	群体药品不良反应
6.3	上市后数据来源的累积及报告周期汇总表	—	—
7	报告期内临床试验重大发现的总结	7	安全性相关的研究信息
7.1	已完成的临床试验	7.1	已完成的研究
7.2	正在进行的临床试验	7.2	计划或正在进行的研究
7.3	长期随访	7.3	已发表的研究
7.4	药品的其他治疗用途	—	—
7.5	与固定联合治疗有关的新安全性数据	—	—
8	非干预性研究的发现	—	—
9	其他临床试验和来源的信息	—	—
10	非临床数据	—	—
11	文献	—	—
12	其他定期报告	8	其他信息
13	对照临床试验中缺乏疗效	8.1	与疗效有关的信息
14	最新的信息	8.2	数据截止日后的新信息
15	信号概述：新的、正在评价的或已关闭的	8.3	风险管理计划
16	信号和风险评估	8.4	专题分析报告
16.1	安全性问题总结	9	药品安全性分析评估结果（报告周期内已知不良事件变化、新发不良事件、严重不良事件、特殊人群用药的安全性等）。
16.2	信号评估	—	—
16.3	风险和新信息的评估	—	—
16.4	风险特征	—	—
16.5	风险最小化措施的有效性（如适用）	—	—
17	获益评估	—	—
17.1	重要的基线有效性/疗效信息	—	—
17.2	新确认的有效性/疗效信息	—	—
17.3	获益特征	—	—

续表

PBRER 章节号	PBRER 的章节名称	PSUR 章节号	PSUR 的章节名称
18	批准适应症的综合获益-风险分析	—	—
18.1	获益风险背景-医疗需求和重要替代方案	—	—
18.2	获益-风险分析评估	—	—
19	结论和措施	10	结论

5.4 文件管理

在准备 PSUR/PRBER 撰写中涉及的原始数据，审核记录等应根据文件管理要求进行存档。

在递交 PSUR/PRBER 报告时产生的递交记录（如截图）等应根据文件管理的要求进行存档。

十五、药品聚集性事件处置管理规程

（一）撰写技术要点

GVP 第六十一条要求：“持有人获知或发现同一批号（或相邻批号）的同一药品在短期内集中出现多例临床表现相似的疑似不良反应，呈现聚集性特点的，应当及时开展病例分析和情况调查。”

GVP 第八十九条要求：“持有人发现或获知药品不良反应聚集性事件的，应当立即组织开展调查和处置，必要时应当采取有效的风险控制措施，并将相关情况向所在地省级药品监督管理部门报告。有重要进展应当跟踪报告，采取暂停生产、销售及召回产品等风险控制措施的应当立即报告。委托生产的，持有人应当同时向生产企业所在地省级药品监督管理部门报告。”

持有人药品不良反应日常监测评价工作，除了负责收集安全性信息，还侧重于对药品安全信号进行深入评估、确认，并及时发布风险预警。其中，聚集性风险监测作为日常监测的重要组成部分，具有至关重要的意义。持有人除了积极响应药品监管部门的预警信号，还应结合自身实际情况，主动开展预警信号监测工作，以确保药品使用的安全性。

鉴于聚集性事件通常涉及广泛的人员范围，若处理不当，极易引发社会矛盾与冲突，进而对社会稳定产生不良影响。因此，制定并执行严格的聚集性事件处置管理规程，对于维护社会和谐与安宁具有举足轻重的意义。此外，聚集性事件的处置工作需要多个部门和单位的协同配合，若缺乏统一的管理规程，极易导致工作混乱和延误。通过制定并执行管理规程，可以明确各部门的职责与协作方式，从而提高处置效率与效果。同时，这也能够锻炼和提升企业及相关部门的应急处置能力，为应对其他突发事件积累宝贵的经验。

在编写聚集性事件处置规程时，应首先对事件的潜在影响与风险进行全面评估，包括事件的规模、持续时间、参与者的情绪状态以及可能产生的社会影响等。在此基础上，建立有效的预警机制，以便及时发现并评估潜在的聚集性事件。这包括收集和分析相关情报信息，对可能影响社会稳定的问题和群体性事件苗头进行早期预警。同时，制定详细的应急响应流程，包括预警触发、应急调度、指挥协调、紧急处置等环节，确保流程的科学性、灵活性和可操作性。

此外，还需明确应对聚集性事件所需的各项资源，如人力、物力、财力等，并制定合理的资源调配计划，确保资源的及时、有效供给。同时，建立高效的沟通与协调机制，促进各层级和部门之间的信息共享与协作配合，形成应对聚集性事件的强大合力。

针对不同类型的聚集性事件，应制定相应的处置策略和方法，以确保处置工作的针对性和有效性。同时，制定定期的培训与演练计划，提升相关人员应对聚集性事件的能力和水平，进一步增强应急预案的实用性和可操作性。

（二）示例范本

×××公司药品聚集性事件处理处置管理规程

1　目的

为了有效预防和正确处置药品聚集性安全事件。

2　依据

《中华人民共和国药品管理法》（2019 修订，中华人民共和国主席令第 31 号）

《药品不良反应报告和监测管理办法》（中华人民共和国卫生部令 81 号）

《药品生产质量管理规范》（2010 修订，中华人民共和国卫生部令 79 号）

《关于药品上市许可持有人直接报告不良反应事宜的公告》（国家药监局 2018 年第 66 号）

《药物警戒质量管理规范》（国家药监局 2021 年第 65 号）

《药物警戒检查指导原则》（国家药监局〔2022〕17 号）

3　范围

所有怀疑因本公司产品使用出现的药品不良反应聚集性事件。

4　术语

药品不良反应聚集性事件：是指同一批号（或相邻批号）的同一药品在短期内集中出现多例临床表现相似的疑似不良反应，呈现聚集性特点，且怀疑与质量相关或可能存在其他安全风险的事件。

5　内容

5.1　事件等级

根据药品突发事件的性质、危害程度、涉及范围，可能或已经对社会造成的不良影响，将突发事件分为二个等级。

一级事件：发生3例以上死亡、出现人数超过50人或者其他特别严重后果的事件。

二级事件：发生死亡病例、出现人数超过30人或者其他严重后果的事件。

5.2　事件的发现、上报、确认

5.2.1　事件发现

按照有关管理规程规定，公司各级业务经理应立即将收集到的用户投诉及ADR信息反馈给公司药物警戒部门。

公司药物警戒部门在处理用户投诉或ADR信息的外部调查过程中，当发现死亡病例，或同批次药品在相对集中的时间、区域内出现有类似不良反应或事件的发生，对一定数量人群的身体健康或者生命安全造成损害或者威胁的，应高度警惕，做好外部每个病例调查和内部自查。

5.2.2　事件上报、确认

公司药物警戒部门立即将信息上报质量负责人及公司药品安全委员会。事件处理过程中应及时通报质量受权人。

公司总经理立即召开相关人员开会，对事件的外部调查及内部自查结果进行系统的分析和评价。如果确认为药品安全事件，则确认事件级别，并启动应急预案。

公司药物警戒部门做好会议记录，并填写投诉药品资料收集及评价表、药品安全隐患调查评估报告。同时，应立即通过电话告知省药品监督管理部门。必要时可越级报告。

5.3　事件应急处置

药物警戒专员填写药品群体不良事件基本信息表，并登录国家药品不良反应监测系统，按药品不良反应上报流程，上报每一例药品不良反应。事件结束后，打印所有报告表，转交产品售后管理员存档并长期保存。

产品售后管理员负责反馈外部信息及跟踪内部的自查结果。

公司总经理下达药品一级召回指令，各部门按照《药品召回操作规程》各司其职。

5.3.1 一级事件处置

公司质量负责人在12小时内带领质量管理部门、技术中心、销售部门等相关人员赶赴现场，立即组织协调有关部门开展以下工作：采取紧急措施控制事态发展，查明事件原因；对质量可疑的药品进行取样检验；对仍在市场流通的同批次产品立即采取紧急控制措施，执行药品一级召回工作。

现场处理工作实行动态报告制度，每4小时向公司总经理和药品监督管理部门汇报一次事件处理情况，以便及时采取有效措施控制事态发展。

5.3.2 二级事件处置

公司销售负责人在24小时内带领公司药物警戒部门经理等相关人员赶赴现场，立即组织协调有关部门开展以下工作：采取紧急措施控制事态发展，查明事件原因；对质量可疑的药品进行取样检验；对仍在市场流通的同批次产品立即采取紧急控制措施，执行药品一级召回工作。

现场处理工作实行动态报告制度，每8小时向公司总经理和药品监督管理部门汇报一次事件处理情况，以便及时采取有效措施控制事态发展。

5.3.3 调查报告撰写

公司药物警戒部门在7日内完成药品聚集性事件调查报告，经公司药品安全委员会审核后，报送给省级药品监督管理部门和药品不良反应监测机构。

药品聚集性事件调查报告内容包括不良事件的发生、药品使用、患者诊治以及药品生产、储存、流通、既往类似不良事件等情况；公司内部自查情况；事件发生的原因；生产销售所采取的处理方法等。

5.4 事件应急结束

突发事件得到有效控制或消除后，药物警戒部门会同质量管理部门形成全面的总结材料，向公司安全委员会报告。并在3日内将初步总结报告提交给省级药品监督管理部门和药品不良反应监测机构。

十六、严重（死亡）药品不良反应/事件管理规程

（一）撰写技术要点

作为药品安全的重要环节，严重（死亡）药品不良反应/事件的管理对持有人而言至关重要。GVP、《药品不良反应报告和监测管理办法》（2022）、

《关于药品上市许可持有人直接报告不良反应事宜的公告》等明确规定，严重不良反应应在获知信息后的15天内尽快报告，其中死亡病例须立即报告。生产企业还需对死亡病例进行调查，并在15日内完成调查报告；对于临床试验中的致死或危及生命的非预期严重不良反应，申办者应在首次获知后7天内报告，并在随后的8天内完善随访信息；对于境外发生的严重药品不良反应，持有人也需在规定时限内报送相关信息，并配合相关调查工作。对于不配合调查工作的持有人，监管部门将给予相应的处罚。这些规定体现了对严重不良反应的高度重视，要求持有人及时、准确、完整地报告相关信息，以便快速应对，减少危害。

持有人应深入理解并遵循相关法规中关于严重（死亡）不良反应的报告、调查、处理等方面的规定。这些规定不仅明确了报告的时限、内容，还强调了持有人对不良反应信息的收集和随访责任。持有人应将这些要求内化于管理规程之中，确保每一项操作都符合法规要求。

管理规程的制定应紧密结合持有人的实际情况，包括其组织结构、业务流程、信息系统等。规程应明确各部门、各岗位的职责和操作流程，确保在发现严重（死亡）不良反应时，能够迅速、准确地响应。同时，规程还应考虑到信息的安全性和保密性，防止敏感信息的泄露。在内容方面，管理规程应涵盖严重（死亡）不良反应的识别、报告、调查、处理及记录保存等各个环节。识别部分应明确判断标准和方法；报告部分应规定报告的时限、途径和格式；调查部分应详述调查流程、责任人及调查结果的处置；处理部分应包含风险评估、风险控制措施及后续跟进措施；记录保存部分应确保相关信息的完整性和可追溯性。管理规程的制定应具有前瞻性和灵活性，随着药品市场的变化和法规的更新，持有人应及时对规程进行审查和修订，确保其始终符合最新的监管要求。同时，规程也应考虑到可能出现的特殊情况，制定相应的应急预案。

（二）示例范本

×××公司严重（死亡）药品不良反应/事件管理规程

1 目的

本文件旨在规范对严重（死亡）不良反应/事件的管理，确保高效处置严重（死亡）不良反应/事件，降低药品使用风险，保障公众用药安全。

2 依据

《中华人民共和国药品管理法》（2019修订，中华人民共和国主席令第31号）

《药品不良反应报告和监测管理办法》（中华人民共和国卫生部令第 81 号）

《药品生产质量管理规范》（2010 修订，中华人民共和国卫生部令第 79 号）

《关于药品上市许可持有人直接报告不良反应事宜的公告》（国家药监局 2018 年第 66 号）

《药物警戒质量管理规范》（国家药监局 2021 年第 65 号）

《药物警戒检查指导原则》（国家药监局〔2022〕17 号）

3 适用范围

本文件适用于对严重（死亡）不良反应的识别、报告、调查、处理及记录保存等全过程管理。

4 术语

严重不良反应，是指因使用药品引起以下损害情形之一的反应：

导致死亡；

危及生命（指发生药品不良反应的当时，患者存在死亡风险，并不是指药品不良反应进一步恶化才可能出现死亡）；

导致住院或住院时间延长；

导致永久或显著的残疾/功能丧失；

先天性异常/出生缺陷；

导致其他重要医学事件，如不进行治疗可能出现上述所列情况的。

5 内容

5.1 识别与报告

药物警戒部门负责收集、整理、分析、报告、调查严重（死亡）不良反应/事件信息，确保信息的准确性和完整性。

公司任何员工在获知严重不良反应/事件后，应在 24 小时内报告至药物警戒部门，其中死亡事件要立即上报。

药物警戒部门在获知严重不良反应/事件信息后的 15 天内，报至所在地省级药品不良反应监测机构，并定期向药品安全委员会报告严重不良反应/事件的情况。

药物警戒部门在获知死亡病例后，须立即报告药品安全委员会和所在地省级药品不良反应监测机构，并按规定对死亡病例进行调查，在 15 日内将调查报告提交给药品安全委员会和所在地省级药品不良反应监测机构。

药品安全委员会、药物警戒部门要积极配合监测机构和监管部门对严重（死亡）药品不良反应/事件的相关调查。

5.2 调查与处理

药品安全委员会应组织专业团队对严重（死亡）不良反应进行深入调查，分析原因，并根据调查结果制定风险控制措施，确保药品使用的安全性。

5.3 记录与文档管理

药物警戒部门应建立严重（死亡）不良反应/事件的记录与文档管理制度，确保相关信息的可追溯性和完整性。

所有与严重（死亡）不良反应相关的记录、报告、调查资料等应妥善保存，以备查阅。

5.4 培训与宣传

药物警戒部门应加强对员工在严重（死亡）不良反应/事件管理方面的培训，提高员工的药物警戒意识和能力。

药物警戒部门应积极通过各种有效途径将药品不良反应、合理用药信息及时告知医务人员、患者和公众，提高公众对严重（死亡）不良反应的认识和重视程度。

十七、MedDRA 医学术语管理规程

（一）撰写技术要点

随着药品监管体系的不断完善，对持有人在医学术语管理方面的要求也日益严格。食品药品监管总局关于适用国际人用药品注册技术协调会二级指导原则的公告（2018 年第 10 号）指出，自 2019 年 7 月 1 日起，报告上市后药品不良反应可适用《M1：监管活动医学词典》和《E2B（R3）：临床安全数据的管理：个例安全报告传输的数据元素》的要求。自 2022 年 7 月 1 日起，报告上市后药品不良反应适用以上技术指导原则。另外，GVP、《药品上市许可持有人 MedDRA 编码指南》等法规文件要求持有人建立并维护一套科学、规范的监管活动医学词典（MedDRA）医学术语管理规程。这些法规要求持有人在药品上市后的安全性监测中，必须使用 MedDRA 这一国际通行的医学术语标准，以确保医学信息的准确性、一致性和可比较性。同时，持有人还需定期更新 MedDRA 术语库，以适应医学知识的不断进步和监管要求的变化。

在具体实践中，持有人应深入理解并遵循这些法规要求，将 MedDRA

医学术语管理规程融入企业的质量管理体系，确保从源头上控制医学术语的使用风险。此外，持有人还应加强内部培训，提升员工对 MedDRA 术语的掌握和应用能力，确保医学术语的准确使用。

在制定规程时，持有人应注意以下几点：一是要确保规程与国家法律法规和监管要求保持一致，及时跟进并更新相关法规和标准；二是要加强内部沟通和协作，确保各部门在医学术语使用上的协同一致；三是要建立完善的培训和考核机制，提升员工对 MedDRA 术语的掌握和应用能力。

在撰写规程时，持有人应抓住要点，简明扼要地阐述管理要求、责任分工等内容，注重文档的规范性和完整性，便于监管部门的审查和企业的自查自纠。

（二）示例范本

×××公司 MedDRA 医学术语管理规程

1 目的

本规程旨在规范持有人在药品安全性监测中 MedDRA 医学术语的使用和管理，确保医学信息的准确性、一致性和可比性。

2 依据

《中华人民共和国药品管理法》（2019 修订，中华人民共和国主席令第 31 号）

《药品不良反应报告和监测管理办法》（中华人民共和国卫生部令第 81 号）

《药品生产质量管理规范》（2010 修订，中华人民共和国卫生部令第 79 号）

《关于药品上市许可持有人直接报告不良反应事宜的公告》（国家药监局 2018 年第 66 号）

《药物警戒质量管理规范》（国家药监局 2021 年第 65 号）

《药物警戒检查指导原则》（国家药监局〔2022〕17 号）

《药品上市许可持有人 MedDRA 编码指南》（2022 年）

3 适用范围

本规程适用于持有人及其委托的研究机构、生产企业在药品上市后的安全性监测等环节中涉及的 MedDRA 医学术语的使用和管理活动。

4 术语

MedDRA：全称是 Medical Dictionary for Regulatory Activities，即监管活动医学词典。它是由国际人用药品注册技术协调会（ICH）开发的一个标准化医疗术语集，旨在促进国际范围内共享人类使用的医疗产品的监管信息。MedDRA 由 ICH 创建，并由维护和支持服务组织（MSSO）维护、开发和分发。该术语仅供药品监督管理部门与生物制药工业管理临床试验和药物警戒使用，在药品从上市前到上市后的整个监管过程中，用于数据输入、检索、评价和展示。

5 内容

药物警戒部门为医学术语管理部门，负责 MedDRA 医学术语的管理工作，包括但不限于术语库的建立、更新、维护和使用培训。

定期更新和维护术语库，确保其与最新版本的 MedDRA 术语库保持一致。

加强对 MedDRA 术语库的保密管理，防止未经授权的访问和泄露，并确保术语库的完整性和可用性，防止数据丢失或损坏。

定期对相关使用部门人员进行 MedDRA 医学术语的培训，明确术语的选择、使用场景、注意事项等，确保所有使用人员熟悉并掌握相关术语的使用方法和要求，确保医学信息的准确性和一致性。

定期对术语库的使用情况进行检查和评估，对于发现的问题和不足，应督促使用人员及时进行改进和完善，不断提高 MedDRA 医学术语管理的水平和质量。

本规程自发布之日起实施，由药物警戒部门（或药品研发部门等）负责解释和修订。在执行过程中，如果有任何疑问或建议，应及时与相关部门进行沟通和咨询，以确保本规程的有效实施和不断完善。

十八、药物警戒记录填写与保存管理规程

（一）撰写技术要点

GVP 第一百零七条要求：“持有人应当规范记录药物警戒活动的过程和结果，妥善管理药物警戒活动产生的记录与数据。记录与数据应当真实、准确、完整，保证药物警戒活动可追溯。关键的药物警戒活动相关记录和数据应当进行确认与复核。”

药物警戒记录填写与保存工作旨在通过记录和保存药物使用过程中的各种信息，包括药物的副作用、相互作用、适应症和禁忌症等。这有助于医生和患者更全面地了解药物的信息，从而避免或减少药物使用过程中的风险，确保患者的用药安全。药物警戒记录中的数据可以为药物研发和改进提供重要参考。通过对药物警戒记录的分析，可以发现药物使用过程中存在的问题

和潜在风险，为药物研发和改进指明方向。药物警戒记录填写与保存工作也是履行法律责任的需要。根据相关法律法规，药品生产、经营和使用单位需要建立药物警戒制度，记录药物使用过程中出现的不良反应和不良事件，并及时报告。这既是保护患者权益的需要，也是维护药品市场秩序的必要举措。

在撰写药物警戒记录填写与保存管理规程时，①需要明确药物警戒记录填写与保存管理规程的目的，即规范药物警戒记录的管理，确保患者用药安全。②需要明确规程的适用范围，如适用于医疗机构的各类临床科室，包括门诊、住院等。③在规程中应详细规定药物警戒记录的填写要求，包括填写人员（应为接受过相应培训的医务人员）、填写时间（准确，不能有模糊不清或者填写错误的情况）、填写内容、填写方式（应规范，使用统一的符号和缩写等）。④规程应明确规定药物警戒记录的保存与归档要求，包括保存时间、保存地点、保存方式等。例如，药物警戒记录应按照规定时间顺序进行保存，应存档并归入病案资料，保存时间为患者出院或治愈后一定时间，具体根据相关规定和政策执行。⑤规程应明确规定药物警戒记录的使用与查询要求，包括使用权限、查询方式、数据保密等。例如，当患者再次来院就诊时，医务人员应查阅患者的历史警戒记录，使用时应按照标准程序操作，确保数据的准确性和及时性。⑥规程应明确规定药物警戒记录填写与保存的监督与考核要求，包括对填写人员、保存人员等进行考核，确保规程的贯彻执行。

在撰写药物警戒记录填写与保存管理规程时，需要注重细节，确保规程的全面性、科学性和可操作性。同时，要根据实际情况，不断完善和优化规程，以适应药物警戒工作的需要。

（二）示例范本

×××公司药物警戒记录填写与保存管理规程

1　目的

本规程旨在建立药物警戒数据管理操作规程，规范记录药物警戒活动的过程和结果，便于药品安全信息历史数据溯源，为药品安全性评价提供支持。

2　依据

《中华人民共和国药品管理法》（2019 修订，中华人民共和国主席令第 31 号）

《药品不良反应报告和监测管理办法》(中华人民共和国卫生部令第81号)

《药品生产质量管理规范》(2010修订，中华人民共和国卫生部令第79号)

《关于药品上市许可持有人直接报告不良反应事宜的公告》(国家药监局2018年第66号)

《药物警戒质量管理规范》(国家药监局2021年第65号)

《药物警戒检查指导原则》(国家药监局〔2022〕17号)

《药品记录与数据管理要求(试行)》(国家药监局2020年第74号)

3 适用范围

本规程适用于药物警戒活动产生的记录与数据的管理。

4 术语

数据：指在药品研制、生产、经营、使用活动中产生的反映活动执行情况的信息，包括文字、数值、符号、影像、音频、图片、图谱、条码等。

记录：指在上述活动中通过一个或多个数据记载形成的，反映相关活动执行过程与结果的凭证。

原始数据：指初次或源头采集的、未经处理的数据。

电子记录：指一种数字格式的记录，由文本、图表、数据、声音、图示或其他数字信息构成。其创建、修改、维护、归档、读取、发放和使用均由计算机(化)系统实现。

电子签名：指电子记录中以电子形式所含、所附用于识别签名人身份并表明签名人认可其中内容的数据。

元数据：用来定义和描述数据的数据，通过定义和描述数据，可支持对其所描述的数据对象的定位、查询、交换、追踪、访问控制、评价和保存等诸多管理工作。

5 内容

药物警戒活动参与人员应按照要求规范记录药物警戒活动的过程和结果，并妥善管理药物警戒活动产生的记录和数据。

数据管理应贯穿整个数据的生命周期，从数据的采集、记录、传递、处理、审核、报告、保存到销毁，应坚持真实、准确、完整、安全、可追溯的管理原则，以确保药物警戒活动的可追溯性。关键药物警戒活动的相关记录和数据应当经过确认与复核。

记录应当及时填写，根据数据载体的不同，分为电子数据和纸质数据。载体为纸质的，应当字迹清晰、易读、不易擦除；载体为电子的，应当设定访问权限，每月定期备份，每季度交由质保部门由专人保存。

任何记录的更改都应当签注修改人姓名和修改日期，并保持原有信息清晰可辨。必要时，应当提供更改理由。

纸质记录应整理至文件袋、文件夹或文件盒，并贴上标签进行归档，保证文件的完整性。归档资料应按时间顺序排列，同类文件或资料集中放置，并建立目录，方便查阅。查阅已归档资料时，一般不得带离档案室，确需带离的，应当填写借阅记录。

药物警戒活动所产生的药物警戒记录和数据由药物警戒部门负责归档保存，保存期至少为药品注册证书注销后的十年。

保存期间应当采取有效措施防止损毁、丢失，纸质记录应有确保安全的存储空间，必要时可扫描转化为电子数据；电子数据应在每月底进行备份，保存于性能良好的存储介质中。原始数据及备份数据仅经过授权的人员才能进行访问，确保药物警戒数据的安全性、保密性。

如果药物警戒活动委托给其他方执行，所产生的文件、记录和数据也应当符合此规程要求。

持有人受让药品上市许可的，应当同时移交药物警戒的所有相关记录和数据，并确保在移交过程中不遗失。

第四章　药物警戒操作规程文件

对药物警戒相关工作的要求越来越具体化和流程化，而为了保持药物警戒合规，需要持续掌握最新的药物警戒法规。因此，药物警戒法规监测显得尤为必要。药物警戒团队工作人员需要在日常的药物警戒工作中进行法规监测，并对监测内容进行解读、差距分析，最终转化为企业内部的制度和流程文件。

标准操作规程是持有人为规范开展药物警戒活动所建立的程序性文件，应覆盖疑似药品不良反应信息的监测与收集、药品不良反应报告的评价与处置上报、聚集性事件与安全突发事件的处置、药品安全性信号的检测与评价、安全风险评估、上市后安全性研究、监管部门要求的相关工作（如定期安全性评价报告、药物警戒年度报告及对药品监管机构提出问题的回复报告的撰写与提交等）、药品风险控制与沟通以及信息化系统管理、质量管理、文件记录管理等活动。其中，信息化系统管理、质量管理、文件记录管理的操作规程可以单独存在，也可与其他质量体系文件（如GMP）共用，但需要体现药物警戒的相关内容。同时，应制定对受托方或其他第三方实施管理的操作规程。

一、个例药品不良反应收集操作规程

（一）撰写技术要点

个例药品不良事件的收集和报告是药品不良反应监测工作的基础，也是持有人应履行的基本法律责任。

《药品不良反应报告和监测管理办法》（2011）第十九条指出："药品生产、经营企业和医疗机构应当主动收集药品不良反应，获知或者发现药品不良反应后应当详细记录、分析和处理"。GVP、《E2D：上市后安全数据的管理：快速报告的定义和标准》（以下简称"ICH E2D"）、《个例药品不良反应收集和报告指导原则》（以下简称“131 号”）中均对个例的收集途径、报告范围、报告时限等给出指导要求。

GVP 指出：持有人应当主动开展药品上市后监测，建立并不断完善信息收集途径，主动、全面、有效地收集药品使用过程中的疑似药品不良反应信息，包括来源于自发报告、上市后相关研究及其他有组织的数据收集项目、学术文献和相关网站等涉及的信息。可采用电话、传真等多种方式收集疑似不良反应信息，并通过药品说明书、包装标签、门户网站公示不良反应收集联系电话或邮箱等途径收集患者和其他个人报告的疑似药品不良反应信息。确保收集途径畅通。

定期开展文献检索，制定合理的检索策略，根据品种安全性特征等确定检索频率，检索时间范围应具有连续性。由持有人主动发起或自主的上市后相关研究或其他有组织的数据收集项目，持有人应当确保相关合作方知晓并履行药品不良反应报告责任。境内外均上市的药品，应当同时收集在境外发生的疑似药品不良反应的信息。

需要注意的是，持有人是药物警戒的责任主体，任何员工均具有关注并及时告知与本公司药品相关疑似药品不良反应信息的权利和义务。当任何途径获知安全性信息时均应反馈至公司的药物警戒部门。如果在实际开展工作存在委托开展的情况，相应的法律责任仍由持有人承担。

（二）示例范本

×××公司个例药品不良反应收集操作规程

1　目的

建立本规程，使公司相关人员和药物警戒专职人员掌握公司已上市产品疑似药品不良反应信息收集的途径、流程和要求，以提高信息收集的准确性、完整性和可追溯性，从而为药物警戒活动奠定基础。

2　依据

《药品不良反应报告和监测管理办法》（中华人民共和国卫生部令第 81 号）

《药物警戒质量管理规范》（国家药监局公告 2021 年第 65 号）

《个例药品不良反应收集和报告指导原则》（国家药监局通告 2018 年第 131 号）

3　适用范围

本规程适用于我公司所有上市后药品在使用中或使用后出现的疑似药品不良反应个案信息的收集工作。

4 术语

不良事件（Adverse Event，AE）：是指在用药病人中发生的任何不利的医学事件，它并不一定与用药有因果关系。因此，不良事件可以是在时间上与使用药品有关联的任何不利的和非预期的体征（如异常实验室结果）、症状或疾病，无论是否与该药品有因果关系。

药品不良反应（Adverse Drug Reaction，ADR）：是指合格药品在正常用法用量下出现的与用药目的无关的有害反应。

5 流程

5.1 基本要求

公司内任何员工均具有关注并及时告知与我公司产品相关的疑似药品不良反应信息的权利和义务。获知信息后，应立即反馈至公司内的药物警戒部门，联系电话：*****。

对于各种途径获知的个案信息，如电子邮件、信函、电话、医生面访等均应有原始记录。原始记录应当真实、准确、客观。

首次获知个案时，应尽可能确认：可识别的患者、可识别的报告者、怀疑药品、不良反应。

个案信息在获知后，应赋予企业病例编码，编码应当有连续性，并可追溯到原始记录。

需进行病例随访时，应当在不延误首次报告的前提下尽快完成。

5.2 个例报告来源

5.2.1 医疗机构

可采用销售人员日常拜访，电子邮件、电话、传真等方式，定期向医务人员收集临床发生的药品不良反应信息，并进行详细记录，建立和保存药品不良反应信息档案。

5.2.2 药品经营企业

在与药品经营企业签署委托协议时，应约定经销商在获知个案时直接反馈至公司药物警戒部门或区域销售人员。

公司应定期对驻店药师或其他人员进行培训，使其了解信息收集的目标、方式、方法、内容、保存和记录要求等，以提高不良反应信息的准确性、完整性和可追溯性。

5.2.3 电话和投诉

患者或其他个人（如医生、药师、律师）可直接通过药品说明书、标签和我公司门户网站公布的联系电话直接向我公司任何部门或个人反馈疑似药品不良反应信息。接收人均应立即反馈至公司药物警戒部门。由药物警戒部门专职人员负责填写《疑似药品不良反应信息收集单》，并妥善保存该个案电子邮件、信函、电话记录等原始记录。确认为有效报告后进行上报。

如为疫苗生产企业，药物警戒专职人员应在获知疑似预防接种异常反应（AEFI）后48小时内填写《疑似预防接种异常反应个案报告卡》，以电话或纸质版信函形式向受种者所在地的县级疾病预防控制机构报告。

5.2.4　学术文献

药物警戒专职人员应定期通过检索相关文献、报道发现并获取我公司产品相关安全性信息。对于新获得注册文号的药品或风险较高的品种，文献检索应每两周检索1次。对于上市时间较长，风险较低的品种可延长至每月检索1次。检索的时间范围应具有连续性，不能间断。

国内外文献在检索时均要求至少要同时检索两个数据库。可检索包含但不限于中国知网（CNKI）、维普网（VIP）、万方数据库等国内文献数据库和PubMed、Embase、Ovid等国外文献数据库。

5.2.5　互联网及相关途径

应在公司官网建立药品不良反应报告的专门路径，并明确报告方式、报告表和报告内容指导，确保产品说明书为最新版并且完整。至少每天1次浏览确认该路径是否获知到不良反应信息。

5.2.6　上市后研究和项目

由本公司发起的上市后研究（包括在境外开展的研究）或组织的数据收集项目（如临床试验、非干预性流行病学研究、药品重点监测、患者支持项目、市场调研或其他市场推广项目等）也是上市后不良反应信息的收集途径之一，发现的个例不良反应也需要按照要求进行报告。

上市后研究或项目中发现的不良反应，应由持有人向监管部门报告。

5.2.7 监管部门来源

监管部门通过药品上市许可持有人药品直接报告系统（以下简称“直报系统”）反馈的药品不良反应也是我公司获知不良反应个案的重要途径之一。为了保证监管部门对于我公司已上市药品不良反应的顺利反馈，需要药物警戒专员在取得药品注册批准证明的30日内在“直报系统”中完成信息注册。当注册的用户信息和产品信息发生变更时，药物警戒专员应当自变更之日起30日内完成更新。

药物警戒专职人员应对反馈的报告进行包括但不限于术语规整、严重性和预期性评价、关联性评价等处理，并按照个例药品不良反应的报告范围和时限要求完成上报工作。

对于出口至境外的上市后药品，在接收到境外监管部门或经营企业反馈的药品不良反应报告后，若药物警戒专员核实后确认符合境外报告的要求，则应按境外报告处理流程向我国监管部门提交报告。

对于疫苗持有人，还应每季度首月通过“直报系统”-“疫苗数据”反馈模块，下载上一季度疫苗 AEFI 数据。

如为 PQ 疫苗企业，应按照《关于向乌普萨拉监测中心提供疫苗严重不良反应监测数据的工作方案》(药监综药管函〔2021〕135 号）要求：“持有人应当于每年 12 月底前完成对上一年度严重 AEFI 报告的 MedDRA 编码。”

5.3　病例编码

药物警戒专职人员在首次获得自主收集（销售人员定期回访、学术文献检索等）的疑似不良反应信息后，应在一个工作日内填写《疑似药品不良反应信息收集单》，对该个案信息进行编码。编码可由产品代码、获知日期和年流水号三元素构成。

对于疫苗持有人，每季度首月通过“直报系统”-“疫苗数据”反馈模块下载的 AEFI 数据，在分析之前，也应对每个个案进行病例编码。编码格式可采用“产品代码＋年＋季度代码（或月）＋流水号”。

临床研究中发现的疑似药品不良反应信息，可按照临床研究的相关规定进行管理，不再另行编码。

5.4　病例随访

药物警戒专员在首次获知疑似药品不良反应个案时，如果无法全面准确地获得该个案的有效信息，或患者症状尚未转归，则需对该个案进行病例随访。随访可通过信函、电子邮件、电话、面访等方式进行。随访应有完整记录，包括随访和被访者、时间、地点、方式、内容、结果等。

如果药品警戒专员通过常规途径无法全面准确地获取个案的有效信息，或严重个案的患者症状尚未转归，可以委托事发地销售部门人员或当地经销商人员进行现场病例随访，并在填写《随访记录表》后同个案相关资料一并转交药物警戒专员。

有以下情形之一的，可以终止随访：

已从报告者处获取充分信息；

报告者明确表示没有进一步信息或拒绝随访；

在两次随访之后没有新的信息，并且继续随访也无法获得更多信息；

不同日期三次以上均无法联系上报告者；

邮件、信函被退回且没有其他可用的联系方式。

二、上市后个例药品不良反应报告处置操作规程

（一）撰写技术要点

个例药品不良事件的收集和报告是药品不良反应监测工作的基础，也是持有人应履行的基本法律责任。持有人应采取适当的措施收集和核对上市药品相关的所有非征集（自发报告、文献报告、非医学来源的报告以及来自互联网或数字媒体的报告）和征集（临床试验、非干预性研究、登记、上市后指定患者用药项目或有效性及患者依从性等的信息收集）来源的可疑药品不良反应报告。对于通过各种途径获得的不良反应信息，如电子邮件、信函、电话、医生面访等，均应有原始记录并妥善保存。这些记录可以是纸质形式，也可以是电子文档、录音或网站截屏等。电话记录、医生面访等常规收集途径应制定原始记录表格。

只有有效的个例安全性报告（ICSR）才需要递交。ICH - E2D 指南指出："所有可疑药品不良反应，都应该在递交前进行确认，确保这些报告达到了最低报告标准。即一位或多位可识别身份的报告者、可识别身份的患者、一种或多种怀疑的药品和一个或多个可疑不良事件"，这与《个例药品不良反应收集和报告指导原则》中的"四要素"以及 GVP 第四十六条的要求一致。

在初次收到可疑药品不良反应报告时，报告中的信息可能不完整。必要时应针对这些报告进行随访。GVP 第四十二条规定，持有人应当对严重以及非预期不良反应报告中缺失的信息进行随访。且应在不延误首次报告的前提下尽快完成。如果随访信息无法在首次报告时限内获得，则可先行提交首次报告，在获得后续信息后再提交跟踪报告。需要注意的是，任何为了获取随访信息所做的工作都应被记录并存档。

患者使用药物后发生与用药目的无关的有害反应，只要无法排除其与药品存在相关性，均应按照"可疑即报"的原则进行报告。报告范围应包括药品在正常用法用量下出现的不良反应，也包括超说明书用药情况下发生的有害反应（如超适应症用药、超剂量用药、禁忌证用药等），以及怀疑因药品质量问题引起的有害反应等。

需要注意的是，在妊娠暴露后产生的与药品相关的异常结果（通常指胎儿或儿童先天畸形或发育迟缓、胎儿死亡和自然流产，以及新生儿发生的可

疑不良反应等）的个例报告依据 EU GVP，要求应被归为严重报告。缺乏疗效的报告一般不作为 ICSR 递交，但应在 PSUR 中进行讨论。

ICSR 提交的时间参照 GVP 的要求时限，“严重不良反应尽快报告，不迟于获知信息后的 15 日，非严重不良反应不迟于获知后的 30 日。”持有人首次获知该个案药品不良反应且符合最低报告要求的日期被视为第 0 天。对于未按照个例药品不良反应报告提交的疑似药品不良反应信息，持有人应如实记录不予提交的原因，并保存原始记录，不得随意删除。

（二）示例范本

×××公司上市后个例药品不良反应报告处置操作规程

1　目的

本规程旨在制定药品不良反应报告处置流程。

2　依据

《药品不良反应报告和监测管理办法》（中华人民共和国卫生部令第 81 号）

《药物警戒质量管理规范》（国家药监局 2021 年第 65 号）

《个例药品不良反应收集和报告指导原则》（国家药监局 2018 年 131 号）

3　适用范围

本规程适用于本公司生产药品引起的不良反应的记录、核实、确认、评价以及提交处置。

4　术语

境外报告：指不良反应发生在中国大陆以外（含港澳台）国家/地区的报告。

首次报告：持有人首次在报告系统中提交的有效报告。

有效报告四要素：可识别的患者、可识别的报告者、怀疑药品、不良反应。

跟踪报告：指首次报告以后，获取的包含随访信息的其他相关报告。

5　流程

5.1　记录

公司内员工或委托经销商第一位知晓个例药品不良反应的人员为第一接收人，第一接收人应尽可能全面地获取不良反应信息，包括患者情况、报告者情况、怀疑和并用药品情况、不良反应发生情况等。原始记录应明确记录第一接收人获取药品不良反应的日期、接收人的姓名及其联系方式。文献检索应记录检索日期、执行人员、检索策略等，并保存检索获得的相关原始文献；即使未检索到相关信息也应予以记录。

监管部门反馈的数据，药物警戒专员应及时下载，并记录下载时间、数量、操作人员等信息。

5.2 传递

第一接收人在获知个例药品不良反应信息后，应在24小时内将原始记录以纸质或电子形式传递给药物警戒专员。药物警戒专员在获知原始记录后，应保持记录的真实性和完整性，除非必要，不得删减。如需修改原始数据，应进行备注说明。

5.3 核实

药物警戒专员应对个例不良反应信息的真实性和准确性进行评估。当对患者和报告者的真实性和准确性存疑时，应尽可能对信息进行核实。对于来自监管部门的报告，默认其真实性，但如果药物警戒专员认为该报告可能影响药品的整体安全性评估，则应对其进行核实。

如药品不良反应收集工作委托给第三方时，需要在双方委托协议中对此进行约束，以确保委托方收集的信息真实、准确。药物警戒专员在获知该途径信息时，应进行全面审核，以保证提交给监管部门的报告是真实、准确的。

5.4 确认

药物警戒专员通过各种途径收集的个例药品不良反应均需对以下信息进行确认。

5.4.1 有效报告

一份有效的报告应包括以下四个元素（以下简称四要素）：可识别的患者、可识别的报告者、怀疑药品、不良反应。如果四要素不全，视为无效报告，应补充完整后再报。

“可识别”是指能够确认患者和报告者的身份。患者可识别，一般指其姓名或姓名缩写、性别、年龄（或年龄组，如青少年、成年、老年）、出生日期或其他识别代码。提供病例资料的初始报告人或因获取病例资料而联系的相关人员应当是可识别的。对于来自互联网的病例报告，报告者的可识别性取决于能否核实患者和报告者的身份，如提供有效的电子邮箱或者其他联系方式。

5.4.2 报告范围

患者使用药品发生与用药目的无关的有害反应，当无法排除反应与药品的相关性时，应按照“可疑即报”的原则进行上报。

报告的范围包括药品在正常用法用量下出现的不良反应，也包括在超说明书用药情况下发生的有害反应（如超适应症用药、超剂量用药、禁忌证用药等），以及怀疑因药品质量问题引起的有害反应等。药物警戒专员还应关注药物警戒过量的信息，并在定期安全性报告中进行分析。如果出现导致不良反应的药物过量，应按照个例药品不良反应进行报告。

出口至境外的药品（含港澳台）以及进口药品在境外发生的严重不良反应，无论患者的人种，均属于个例报告的范围。非严重不良反应无须按个例报告提交，应在定期安全性更新报告中汇总。

对于来自上市后研究或有组织的数据收集项目中的不良反应，经报告者或持有人判断与药品存在可能的因果关系，应该向监管部门报告。其他来源的不良反应，包括监管部门反馈的报告，无论持有人是否认为存在因果关系，均应向监管部门报告。

文献报告的不良反应，如果可疑药品确定为本持有人的产品，无论持有人是否认为存在因果关系，均应报告；如果确定非本持有人的产品，则无须报告。如果不能确定是否为本持有人的产品，应在定期安全性更新报告中进行讨论，可不作为个例不良反应报告。

如果文献中提到多种药品，则应报告怀疑药品，由怀疑药品的持有人进行报告。怀疑药品由文献作者确定，作者通常会在标题或者结论中提及怀疑药品与不良反应之间的因果关系。如果报告人认为怀疑药品与文献作者确定的不同，可在报告的备注中说明。

5.4.3　重复和未提交的报告

药物警戒专员应对获知的报告进行查重，主要对比潜在重复报告中的其他变量，如药品不良反应的发生时间、严重程度及相关文本资料等。如果根据报告内容不能确定是否为重复报告，则需要同报告人联系获取更多信息，以确定是否为重复报告。对于不能确定是否重复的报告，应及时上报。

未按照个例药品不良反应报告提交的疑似药品不良反应信息，持有人应如实记录不提交的原因，并保存原始记录，不得随意删除。

5.5　评价

药物警戒部门在收到个例药品不良反应报告后（包括监管部门反馈的报告），应及时对报告进行评价，包括对新的不良反应和严重不良反应进行判定，以及开展药品与不良反应的关联性评价。

5.5.1　新的药品不良反应的判定

当不良反应的性质、严重程度、特性或结果与本持有人说明书中的术语或描述不符时，应当被视作新的不良反应（或称非预期不良反应）。持有人不能确定不良反应是新的或已知的，应当按照新的来处理。

导致死亡的不良反应应当被视作新的不良反应，除非说明书中已明确该不良反应可能导致死亡。

同一类药品可能存在某个或某些相同的不良反应，称为“类反应”。只有当在说明书中已有明确描述时，类反应才能被视作已知的不良反应，例如，“与同类其他药品一样，药品××也会发生以下不良反应。”或“同类药品，包括药品××会引起……”如果药品××至今没有发生该不良反应的记录，说明书中可能会出现如下描述：“已有报告同类其他药品会引起……”或“有报告同类药品会引起……但至今尚未收到药品××的报告。”在这种情况下，不应当认为该不良反应对于药品××是已知的不良反应。

5.5.2　严重药品不良反应的判定

药物警戒专员应当对药品不良反应的严重性进行评价。符合以下情形之一的应当评价为严重药品不良反应：

导致死亡；

危及生命（指发生药品不良反应的当时，患者存在死亡风险，并不是指药品不良反应进一步恶化才可能出现死亡）；

导致住院或住院时间延长；

导致永久或显著的残疾或功能丧失；

导致先天性异常或出生缺陷；

导致其他重要医学事件，若不进行治疗可能出现上述所列情况的。

此处的严重药品不良反应以患者/时间的结局或所采取的措施为标准，通常与造成危及生命或功能受损的事件有关，称为“严重性”不同于描述某一特定事件的程度（如轻度、中度或重度）的“严重程度”。

死亡病例应理解为怀疑因药品不良反应（如室颤）导致死亡的病例，而不仅仅是看病例结局本身。在病例判定时，如果发现死亡病例的不良反应仅表现为轻度皮疹或腹痛，并不能导致死亡，患者死亡原因可能是原患疾病（如癌症）进展，则不能判定为严重药品不良反应，也不能归为死亡病例。

5.5.3　因果关系的判定

药物警戒专员在对获知的个案与药品相关性判定时，可以参照世界卫生组织的关联性评价的六级原则执行。

肯定：用药与不良反应的发生存在合理的时间关系；停药后反应消失或迅速减轻及好转（即去激发阳性）；再次用药不良反应再次出现（即再激发阳性），并可能明显加重；同时有说明书或文献资料佐证并已排除原患疾病等其他混杂因素影响。

很可能：无重复用药史，其余同“肯定”，或虽然有合并用药，但基本可排除合并用药导致不良反应发生的可能性。

可能：用药与反应发生时间关系密切，同时有文献资料佐证；但引发不良反应的药品不止一种，或不能排除原患疾病病情进展的因素。

可能无关：不良反应与用药时间相关性不密切，临床表现与该药已知的不良反应不相吻合，原患疾病病情进展同样可能有类似的临床表现。

待评价：报表内容填写不齐全，需等待补充后再评价，或因果关系难以定论，缺乏文献资料佐证。

无法评价：报表缺项太多，因果关系难以定论，资料又无法获得。

以上六级评价可通过下表表示：

关联性评价	时间相关性	是否已知	去激发	再激发	其他解释
肯定	+	+	+	+	-
很可能	+	+	+	?	-
可能	+	±	±?	?	±?
可能无关	-	-	±?	?	±?
待评价	需要补充材料才能评价				
无法评价	评价的必要资料无法获得				

①+表示肯定或阳性；-表示否定或阴性；±表示难以判断；?表示不明。

②时间相关性：用药与不良反应的出现是否有合理的时间关系。

③是否已知：不良反应是否符合该药已知的不良反应类型。

④去激发：停药或减量后，不良反应是否消失或减轻。

⑤再激发：再次使用可疑药品是否再次出现同样的不良反应。

⑥其他解释：不良反应是否可用并用药品的作用、患者病情的进展、其他治疗的影响来解释。

5.6 提交

5.6.1 报告时限

报告时限开始日期为第一接收人首次获知该个案不良反应，且达到最低报告要求的日期为第0天。第0天需要被记录在个案原始记录中，以评估报告是否及时提交。文献报告的第0天为药物警戒专员检索到该文献的日期。

境内严重不良反应需在15日内报告，其中死亡病例应立即报告；其他不良反应需在30日内报告。境外严重不良反应需在15日内报告。

如为持有人委托开展的不良反应收集，则受托方获知即认为持有人获知；

对于境外报告，应从境外持有人获知不良反应信息开始启动计时；

当收到报告的随访信息，需要提交随访报告时，应重新启动报告时限计时。根据收到的随访信息，报告的类别可能发生变化，如非严重报告变为严重报告，随访报告应按变化后的报告类别时限提交。

5.6.2 信息填录

自主收集个案信息的填录

填录人应根据个案原始记录判定评价后的结果，通过国家药品不良反应监测系统进行在线填录。具体流程详见下图：

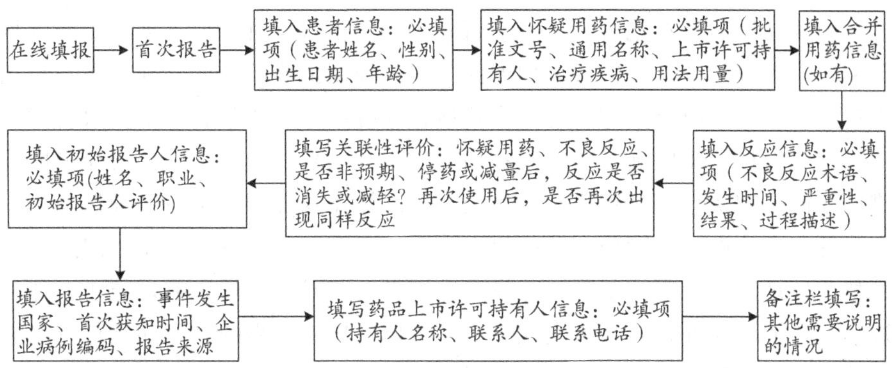

经由药监管理部门通过“直报系统”日常反馈的个案信息，经由药物警戒专员完成怀疑药品信息核实、个案评价后，通过“直报系统”（https://daers.adrs.org.cn/）参照《“直报系统”反馈药品不良反应数据处理操作规程》进行在线填录。

药物警戒专员录入人员应按照原始资料内容，参照《**公司药品不良反应/事件报告表填报标准操作规程》填报要求，逐一录入报告中患者信息、药物信息、报告者信息以及事件信息。在个例录入的过程中，需要借助MedDRA词典对医学术语进行编码。完成以上操作后点击保存待复核人员审核。

复核人员依据原始记录进行全面审核，审核无误后在线点击提交（此处复核人员依据各企业设置不同，预期非严重可以为主管、预期严重或非预期个案为部门负责人，死亡个案呈报药物警戒负责人和安委会）；如在审核过程中发现差错，则要求录入人员填录修订，纸质审核无误后完成提交。

提交至“直报系统”的个案应转换为PDF格式，并统一保存至药物警戒纸质版文件库中。

三、药品聚集性事件处理标准操作规程

（一）撰写技术要点

GVP 第六十一条要求：“持有人获知或发现同一批号（或相邻批号）的同一药品在短期内集中出现多例临床表现相似的疑似不良反应，呈现聚集性特点的，应当及时开展病例分析和情况调查。”

GVP 第八十九条要求：“持有人发现或获知药品不良反应聚集性事件的，应当立即组织开展调查和处置，必要时应当采取有效的风险控制措施，并将相关情况向所在地省级药品监督管理部门报告。有重要进展应当跟踪报告，采取暂停生产、销售及召回产品等风险控制措施的应当立即报告。委托生产的，持有人应当同时向生产企业所在地省级药品监督管理部门报告。”

此规定进一步明确了持有人在面对聚集性信号和聚集性事件时应采取的措施。制定和执行药品聚集性事件处理标准操作规程的意义在于确保药品的安全性和有效性，保障公众的健康和安全。通过这些规程，可以及时发现、评估和处理药品聚集性事件，减少药品不良反应对患者的影响，防止事件的进一步扩大。此外，药品聚集性事件处理标准操作规程的制定和执行可以提高药品安全监管的水平和效率，促进药品监管的科学化、规范化和法治化。通过对药品聚集性事件的调查和处理，可以发现药品生产、流通、使用等环节中存在的问题和缺陷，从而促进药品质量的提升。药品聚集性事件处理标准操作规程的实施还可以减少药品安全事件对社会稳定和经济发展的影响，保障人民群众的身体健康和生命安全，促进经济的健康发展。

在撰写药品聚集性事件处理标准操作规程时，应首先设定药品聚集性事件的预警规则，通常涉及同品种、同企业、同批号或相邻批号药品在短时间内发生的集中不良反应。需要考虑的因素包括产品特征、不良反应报告特征以及一定时间范围内的报告数据，如一周、半个月或一个月。报告类型包括一般、严重、死亡等，同时还应关注用药情况和药品批次。持有人在获知药品聚集性事件后，应立即开展调查。调查内容包括药品使用情况、患者诊治情况、药品生产、储存、流通情况以及既往类似不良事件等。应在 7 日内完成调查报告，并提交给所在地省级药品监督管理部门和药品不良反应监测机构。当确认发现或获知药品聚集性事件时，应立即暂停相关药品的生产、销售和使用，并通知所有经销商停止该批药品的销售使用。若涉及多个批次，

则所有相关批次均应暂停销售使用。同时，积极救治患者，迅速开展临床调查，分析事件发生的原因，必要时采取暂停药品使用等紧急措施。持有人应通过多种渠道收集药品不良反应信息，包括医药代表收集、与经销商的合同收集、直接从药品零售企业收集、电话和投诉收集以及互联网和其他途径收集等。收集的信息应包括患者基本情况、药品使用情况、不良反应情况等，并及时向相关部门报告。对收集到的药品不良反应信息进行分析和评估，以确定是否存在药品聚集性事件。评估内容包括不良反应病例来源、病例间的关联性、不良反应特征、严重程度、不良反应结果等。必要时进行随访，以确认是否为聚集性事件。根据分析和评估的结果，采取相应的后续处理措施。如果确认存在药品聚集性事件，应及时向相关部门报告，并采取暂停生产、销售、使用或召回药品等控制措施。同时，对事件原因进行深入调查和分析，制定改进措施，防止类似事件再次发生。

药品聚集性事件处理标准操作规程的技术要点包括预警规则设定、事件调查、应急处理措施、信息收集与报告、分析与评估以及后续处理等方面。有效执行这些要点将有助于及时发现和处理药品聚集性事件，保障公众用药安全。

（二）示例范本

×××公司药品聚集性事件处理标准操作规程

1　目的

本规程旨在规范上市后药品不良反应聚集性事件处置的操作规程及应急预案的制定。

2　依据

《药物警戒质量管理规范》（国家药监局 2021 年第 65 号）

《关于药品上市许可持有人直接报告不良反应事宜的公告》（国家药监局 2018 年第 66 号）

3　适用范围

本规程适用于企业上市后药品不良反应聚集性事件的处置操作。

4　术语

药品不良反应聚集性事件：指同一批号（或相邻批号）的同一药品，在短期内集中出现多例临床表现相似的疑似不良反应，呈现聚集性特点，且怀疑这些事件可能与质量有关或存在其他安全风险的情况。

同一药品：指出同一生产企业生产的具有相同药品名称、剂型、规格的药品。

5 流程

5.1 事件报告

在药物警戒部门监测药品不良反应过程中，或当药品监督管理部门通报，发现药品群体不良事件时，应立即报告给药物警戒负责人，并于24小时内组织召开公司药品安全委员会会议。

5.2 事件调查

药物警戒部门应立即填写《信号反馈评估表》，并向质量管理部门反馈以便自查。质量管理部门应在4小时内将相关批次产品的生产、检验及销售情况反馈给药物警戒部门。如需检验，检验结果应按照检验时限及时反馈。

药物警戒部门应通知销售服务部在4小时内落实事发单位的购进量、购进渠道，以及所在地级市的购销情况，并调取事发单位样品，交由质量管理部门安排检验。

药物警戒部门应对每份病例进行分析评价。

5.3 基本信息填报

除自主发现的三级事件外，其他事件应在1日内填写《药品群体不良事件基本信息表》，报药物警戒负责人审核，经公司药品安全委员会主任批准后，上报国家药品不良反应监测中心。

5.4 制定应急方案并实施

药品安全委员会应召开会议，根据事件的调查情况，评估事件的严重性、分析事件发生原因，确定事件等级，制定应急方案并实施，应急方案应包含但不限于以下内容。

5.4.1 药物警戒部门应急响应

药物警戒部门负责向省药品监督管理局和省ADR监测中心报告。

• 及时报告事件发生的时间、地点、单位、危害人数及程度、涉及产品、事件报告单位、联系人及联系方式、已采取的措施等。

• 在24小时内报告以下信息：

相关批次药品的生产情况；

相关批次药品的销售情况（一级事件报告全国销售情况，二级事件报告事件发生地所在省份销售情况）；

事情发生、发展、处理等相关情况；

药品说明书；

质量检验报告及执行标准；

是否在监测期内；

注册、再注册时间及药品生产批件；

国内外药品安全性研究情况、国内外药品不良反应发生情况，包括文献报道；

典型病例的《药品不良反应/事件报告表》；

报告人及联系电话。

• 每日向省药品监督管理局和省 ADR 监测中心报告事件的发展与变化、采取的措施及控制情况等。

• PV 专员登录平台，按照《个例药品不良反应/事件处置操作规程》上报事件整个过程中每一例药品不良反应。

• 在 7 日内完成药品群体不良事件调查报告，经药物警戒负责人审核、药品安全委员会主任批准后上报。调查报告内容包括：

事件发生的原因，与产品质量的关联性；

事件的发生情况、药品使用及患者诊治情况；

药品生产、储存、流通、既往类似不良事件等情况；

药品召回方案及群体不良事件处置方案等。

5.4.2 销售部门应急响应

销售服务部负责 24 小时内通知经营企业、医疗机构暂停销售、使用相关批次药品。

一级事件：通知全国相关批次涉及的所有经营企业、医疗机构。

二级事件：通知发生地所在省份相关批次涉及的各经营企业、医疗机构。

5.4.3 药物警戒部门协同销售服务部开展现场调查

组织协调有关部门开展以下工作：安抚患者；对事件的发生、药品使用、患者诊治、药品储存流通情况进行调查核实。

一级事件：药物警戒负责人、发生地销售经理赶赴现场，每 4 小时向公司药品安全委员会汇报一次事件进展。

二级事件：药物警戒部门经理、发生地销售经理赶赴现场，每 8 小时向公司药品安全委员会汇报一次事件进展。

5.4.4 质量管理部门应急响应

质量管理部门负责跟踪药品质量检验，必要时组织实施药品召回工作。

5.4.5 其他应急保障

办公室负责媒体接待、厂区治安及其他后勤保障。

企业发展部负责法务纠纷处理。

通信保障：启动应急措施后，各相关部门员工需保持手机 24 小时开机，药物警戒部门与办公室24小时值班。

新闻发布：药物警戒部门负责人组织相关部门撰写公告及声明，并经药品安全委员会讨论决定其发布形式。

技术保障：积极寻求省级监测机构、三甲医院相关专业医生协助调查、分析事件原因。

5.5　应急结束

当聚集性事件得到有效控制或消除后，药物警戒部门需撰写药品群体不良事件总结报告。该报告需经药物警戒负责人审核、药品安全委员会主任批准后，上报至省药品监督管理局及省ADR监测中心。药品群体不良事件总结报告应包括以下内容：

事件发生的原因、产生的后果、采取的措施等处理情况；

国内外药品安全性研究情况及国内外药品不良反应发生情况，包括文献报道；

今后的预防措施；

产品说明书、批准证明文件、执行标准、质量检验报告、是否处于监测期内等信息；

如果同时进行药品召回，还需包括药品召回工作的进程、召回结果评估等内容。

5.6　药品安全性问题应急预案培训及演练

药品安全委员会定期组织对参与上市后药品发生聚集性事件调查的部门进行培训，并记录培训情况。药品安全委员会定期组织应急预案的演练，并记录演练情况。

四、安全性信息文献检索标准操作流程

（一）撰写技术要点

医学科学文献是安全性信息的重要来源。通过文献监测，可以识别个例不良反应报告，纳入汇总报告分析，并识别潜在的风险信号，及时对已存在的风险信号采取措施。这为产品上市后的风险管理提供了支持，为药品安全性问题提供了预警，并为进一步评估获益与风险提供了依据。此外，文献检索得到的不良反应报告通常比自发报告拥有更专业的分析和评价，所包含的患者信息、原患疾病、用药情况、不良反应信息等通常更为准确详细。因

此，文献监测应具备完整的流程和规则来提高文献检索的质量。

GVP第二十九条规定，持有人应当配备满足药物警戒活动所需的设备与资源，包括办公区域和设施、安全稳定的网络环境、纸质和电子资料存储空间和设备、文献资源、医学词典、信息化工具或系统等。第三十二条规定，持有人应当主动开展药品上市后监测，建立并不断完善信息收集途径，主动、全面、有效地收集药品使用过程中的疑似药品不良反应信息，包括来源于自发报告、上市后相关研究及其他有组织的数据收集项目、学术文献和相关网站等涉及的信息。第三十六条规定，持有人应当定期对学术文献进行检索，制定合理的检索策略，根据品种安全性特征等确定检索频率，检索的时间范围应当具有连续性。第五十条规定，文献报道的药品不良反应，可疑药品为本持有人产品的，应当按个例药品不良反应报告。如果不能确定是否为本持有人产品的，应当在PSUR中进行分析，可不作为个例药品不良反应报告。由文献检索得到的不良反应，如产品为本持有人的产品，应当进行报告；如产品不能确定为本持有人的产品，应该在PSUR中分析。如持有人有数据库，可将信息存入药物警戒数据库中，便于后续汇总分析。《指导原则》规定，在检查时会查看文献检索资源配备情况和信息收集途径是否包括学术文献。由此可见，文献检索在检查中也是检查人员着重检查的内容。

文献作为安全性信息收集的重要途径之一，因其本身具有更为专业的事件描述和不良反应分析的属性，所以学术文献属于高质量的安全性数据来源。持有人更应关注和收集这些信息，充实自身的安全数据库，及时发现新的安全风险，了解产品的前沿研究和成果，切实承担起持有人药品安全的责任。

持有人应当配备文献资源库，且在国内至少同时检索两个数据库。同时，不能因为产品未出口而忽视国外文献检索的必要性。有些关于产品的安全性研究可能会在国外的文献数据库被发表，也应至少同时检索国外不少于两个数据库，以便更好地了解产品属性。检索频率应根据产品的安全属性来制定，但对于新药，出于安全性考虑，检索频率不能太低。另外，检索日期应具有连续性，对于新获批的仿制药和新药，建议从国际诞生日起开始检索，并按照相应频次进行连续检索。检索要确保查全率和查准率。检索范围应包含公司已上市的所有品种。

在撰写该份文件时，应规定文献处理的流程和关键节点。明确文献的检索频次；规定文献评价和质控的要求，详细规定文献后续处置的流程如保存、使用等。

（二）示例范本

×××公司安全性信息文献检索标准操作流程

1　目的

本文件旨在规范公司药物警戒文献监测包括文献检索和评价流程，以发现公司产品的安全性信息。

2　依据

《关于药品上市许可持有人直接报告不良反应事宜的公告》（国家药监局 2018 年第 66 号）

《药物警戒质量管理规范》（国家药监局 2021 年第 65 号）

《个例药品不良反应收集和报告指导原则》（国家药监局 2018 年第 131 号）

《上市药品临床安全性文献评价指导原则》（国家药监局 2019 年第 27 号）

3　适用范围

本文件适用于药物警戒部门通过文献监测用于识别个例安全性报告、纳入定期安全性汇总报告，以及开展信号管理等药物警戒活动。

本文件适用于公司所有已获批的产品。

4　术语

文献监测：包含文献的检索和评价两个环节，以发现产品的安全性信息。

文献检索：通过一定的检索条件，在文献数据库中筛选发现目标文献的过程。

文献评价：通过对文献摘要和/或全文的审阅，识别安全性信息，判断是否建立个例安全性报告或纳入 PSUR 或作为潜在信号的过程。

文献检索策略：为实现药物警戒文献检索目的而制定的文献检索计划。由产品信息和检索词组成。包括的要素为：根据产品特征确定检索的数据库/期刊；检索式；执行检索的频率。

检索式：检索用词与各运算符的组配成的表达式是狭义上的检索策略。

检索范围：狭义的检索范围指执行检索式的数据范围。常用的检索范围包括主题、标题、摘要、全文、作者等。ti＝标题；ky＝关键词；ab＝摘要；su＝主题。药物警戒文献检索采用全文检索，文章中任何部分出现目标字词都会被检索出来。

试检索：基于产品的安全特性和市场销售情况设定合适的检索方式。通过试检索确定使用的文献检索工具与检索方式。一开始使用药品名称或活性物质的名称（如药品通用名、商品名称、别名、活性成分）在数据库中进行“模糊”检索，并逐步调整检索式至查全率和查准率合适。

5 流程

5.1 产品列表

药物警戒团队负责所有已上市产品在其所有上市区域内的文献监测。

5.2 文献监测工具

使用××、××作为公司的中文文献数据库。

使用××、××作为公司的外文文献数据库。

5.3 文献检索策略

5.3.1 检索起止时间

仿制药：从产品获批上市日起开始文献监测。

创新药：自国际诞生日起开始文献监测。

在上市许可有效期内，无论产品是否仍在销售，均按本文件要求进行文献检索。

5.3.2 检索频次

根据公司产品的风险设定文献检索频率，如每2周/每月一次。

如遇节假日，则顺延至节后的第一个工作日。

5.3.3 检索持续性

检索时间范围使用“发表日期”字段进行检索，为避免漏检（即已发表但未及时录入数据库的文献），检索的发表时间从上一年度1月1日开始，截至当前时间。由此确保检索的持续性。

5.3.4 试检索确定检索策略

试检索的目的是确定最终的检索方式，确保查全率和查准率平衡。

从查全率角度：确保涉及产品安全性信息的文献无遗漏；

从查准率角度：确保涉及产品安全性信息的文献命中率高。

按产品活性成分或通用名作为检索式，构建检索策略，进行试检索。

按产品活性成分或通用名＋其他检索词，构建检索式，进行试检索。

最终确定的检索策略记录于《检索策略模板》中。

5.3.5 检索策略签批和更新

确定的检索策略进行审阅签署后存档。

文献检索策略需按年度进行回顾，评估是否需要更新。

5.4 一般要求

文献检索的过程与检索结果均应进行记录。

针对文献检索结果进行评价，识别个例报告，判断是否纳入 PSUR 及是否存在安全性信号。

文献监测包括检索和评价过程。

检索过程的细分流程节点包括：

- 检索策略配置
- 检索执行

评价过程的细分流程节点包括：

- 判断下载全文
- 文献全文评价
- 评价结果处理
- 评价质控

5.5　文献检索流程

药物警戒专员根据确定的检索式按检索的时间段在文献数据库进行检索，并对检索结果进行初步审核，根据标题、摘要等内容判断是否需要下载全文。

5.6　文献评价流程

药物警戒专员应对检出的文献进行审阅和评价。

同时判断是否需下载文献、评价文献内容及评价结果处理（创建个例或纳入信号范围和/或汇总分析）。

5.6.1　判断下载全文

摘要审阅：点击文献标题，打开摘要进行阅读和评判。

- 无须下载全文

对于与本公司产品明显无关或与药物安全、疗效明显无关的文献则无须下载。此类文献可能包含动物实验、体外研究但不涉及安全性发现；也可能包含药物的化学、物理性质分析、含量测定、溶出度、制备方法等；或者包含药物相关的新闻报道，但不涉及安全性发现。

- 需要下载全文

凡包含本公司产品或同类产品的文献均需进行下载。

5.6.2　判断是否为本公司产品

根据产品名称、销售区域及文献信息等判断是否为本公司产品。如通过随访确认，仍无法确定排除，则默认为本公司产品。

5.6.3　判断是否含有 AE

如果包含不良事件，无论是否可识别出个例，都判断为“是”。如针对研究项目的总结中提到不良事件发生率，此项均判断为是。

5.6.4 判断是否含有ICSR

根据有效报告的最低标准（"四要素"）来判断是否存在可识别的个例报告。

文献报告中的可识别患者：当患者的下列一项或几项可获得时，即认为患者可识别：姓名或姓名缩写、性别、年龄（或年龄组，如青少年、成年、老年）、出生日期、患者编号/病历号等其他识别代码或表述为"3位接种者发生皮疹"（识别为3个可识别接种者）。文献作者即可识别的报告者。如确定含有个例ICSR，应按照个例不良反应进行上报。

如果一篇文献中涉及多名可识别的患者，应填写相应数量的报告表。文献的过程描述部分也应尽量包括患者特征、疾病和病史、治疗经过、临床过程、诊断以及不良反应相关信息。报告表中应提供文献的出版信息，将原始文献作为报告表的附件上传。

5.6.5 判断是否涉及其他安全性信息

包含ICSR之外的其他药品安全性信息。如涉及其他安全性信息，需进一步评判是否包含信号。如包含信号，应新建信号。

5.6.6 作者相关性判断

文献中对于事件与药物相关性的判断。如无明确表示不相关，则判断为相关。

5.6.7 判断是否需要随访

判断进行随访的可能性。如从文献原文中无法明确是否为本公司产品，文献检索执行人员可通过电话或邮件等方式随访文献的通信作者明确是否为本公司产品。

5.6.8 评价结果处理

有效个例报告创建：判断需要创建个例时，首先进入"个例报告"页面查重，确定是否已有该病例报告。

对于新建文献个例报告，按照本公司《文献个例报告报告处理流程》进行处理。

5.6.8.1 创建信号纳入后续评价

创建的文献个例报告将自动纳入信号检测环节。

当文献不满足创建个例报告时，应将文献中涉及药品安全性的信号作为潜在信号进行后续验证和分析评估。

信号的后续处理，按照本公司《安全性信号管理流程》进行相应处理。

5.6.8.2　纳入安全性报告撰写

当无法创建文献个例报告，且不能确定是否为本持有人产品的，应在定期安全性更新报告（如 PSUR，DSUR，PBRER）中进行分析讨论。

5.7　文献评价结论记录

记录整体的评价结论。

5.8　文献监测流程图

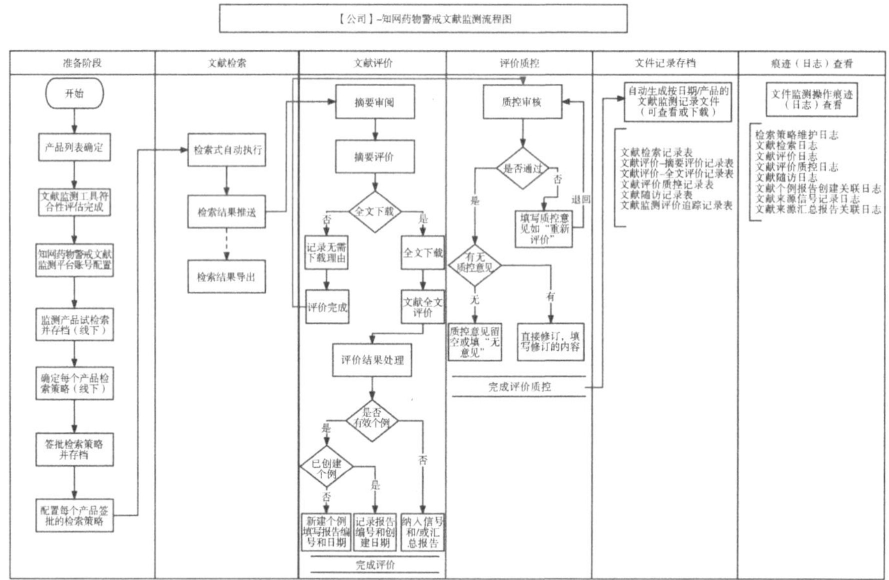

6　附件

《文献检索登记台账》见下表。

＊＊安全性文献检索记录								
检索日期	文献编号	文献作者	来源	网址	文献名称	在线出版日期	检索人员	备注

本书内容以未使用药物警戒系统的企业为蓝本进行设计和编排，使用药物警戒系统的企业可按照其供应商提供的步骤和流程对文件相应位置进行更改后使用。

五、药品定期安全性更新报告撰写及上报操作规程

（一）撰写技术要点

《药品不良反应报告和监测管理办法》（2011）于 2010 年 12 月 13 日经卫生部部务会议审议通过，并于 2011 年 5 月 4 日在国家药监局网站发布，于 2011 年 7 月 1 日正式实施。该办法第五节对 PSUR 作出了明确规定，PSUR 即生产企业应当对本企业生产药品的不良反应报告和监测资料进行定期汇总分析，汇总国内外的安全性信息，并进行风险和效益评估的报告。同时，《药品不良反应报告和监测管理办法》（2011）还对 PSUR 的提交时间和生产企业的法律责任等作出了相应规定。

针对 PSUR 撰写过程中存在的问题，采取了相应的措施，如按照《中华人民共和国药品管理法》（2019 修订）、《药品不良反应报告和监测管理办法》（2011）等法律法规的要求，对持有人药物警戒工作进行常态化检查，督促持有人建立专门机构，明确职责，并配备专职人员负责日常药物警戒工作；加强对持有人管理层及相关人员的培训，进一步提高他们对药物警戒工作的认识和重视，推动药物警戒工作的顺利开展，对 PSUR 撰写中的常见问题进行及时沟通，提升相关人员的 PSUR 撰写能力和水平；按照《药品注册管理办法》（2020）的要求，做好 PSUR 审核与药品再注册工作的衔接，切实履行《药品注册管理办法》的要求，提高持有人定期评价产品安全性的能力。

《药品不良反应报告和监测管理办法》（2011）中第三十七条对新药监测期内药品、首次进口药品等药品的 PSUR 时限及汇总时间作出了明确规定，并要求以取得药品批准证明文件的日期为起点计算，上报日期应当在汇总数据截止日期后 60 日内完成；在 2021 年 12 月 1 日实施生效的 GVP 第七十九条对创新药、改良型新药和其他类别的药品的数据起点、提交时限、递交要求及审批意见处理等又做了新的要求。然而 PSUR 的撰写内容仍遵循《药品定期安全性更新报告撰写规范》（国食药监安〔2012〕264 号）的规定。

PSUR 是生产企业定期向药品监管部门汇总某一药品上市后某一时间段内全球安全性信息的一种报告形式，用于评估上市药品的风险或效益，是药物警戒工作的重要组成部分，是持有人落实药品安全主体责任和开展药物警戒的重要内容，也是药品监督管理部门对持有人药物警戒工作检查的一项重

要内容。近年来，国家对药物警戒工作的重视程度不断提高，持有人对PSUR工作的认知和落实显著增强。为了提高持有人PSUR的撰写能力，2012年9月6日，国家药监局发布了《药品定期安全性更新报告撰写规范》，于2012年9月6日正式实施。

《药品定期安全性更新报告撰写规范》中明确生产企业可以遵循化学药和生物制品按照相同活性成分、中成药按照相同处方组成来报告PSUR。在一份PSUR内，可以根据药物的不同给药途径、适应症（功能主治）或目标用药人群进行分层撰写。做好PSUR撰写工作对于回顾药品安全性和潜在风险具有重要意义，是持有人实现自身健康发展和保障群众用药安全的有效途径。

（二）示例范本

×××公司药品定期安全性更新报告撰写及上报操作规程

1　目的

本文件旨在规范公司已获批上市药品PSUR的撰写流程与内容，并使PSUR能够及时有效地递交到国家监测系统，使其符合国家法规和药品监管部门的要求。

2　依据

《药物警戒质量管理规范》（国家药监局2021年第65号）

《药品定期安全性更新报告撰写规范》（国食药监安〔2012〕264号）

《药品不良反应报告和监测管理办法》（中华人民共和国卫生部令第81号）

3　适用范围

本文件适用于本公司所有已获批上市药品的PSUR的撰写与递交，如果本部分工作外包给合同研究组织，则本文件同样适用于该合同研究组织。

4　术语

国际诞生日（IBD）：药品在任何国家首次获准上市的日期。

数据锁定点（DLP）：纳入《定期安全性更新报告》汇总数据的截止日期。通常以药品再注册截止日前一年为数据锁定点。

PSUR：是一份药物警戒文件，要求公司在药品上市后的指定时间锁定点提供报告，对所申报的某种药品的风险-获益平衡进行评估。

报告期：上一期与本期PSUR数据截止日期之间的时间段为本期PSUR的报告期。

5 流程

5.1 职责

5.1.1 药物警戒部门

按年度制定 PSUR 的撰写计划，与 PSUR 撰写人沟通协商以完成 PSUR 撰写计划；

撰写及分发所有产品的定期安全性更新报告，确保所撰写的 PSUR 符合相应的法规要求；

完成 PSUR 提交表，确保及时向监管部门提交 PSUR 报告；

在报告提交后，依照监管部门的审阅意见对 PSUR 中的相应内容进行解释，必要时进行更正及补充；

管理递交后的 PSUR 文件。

5.1.2 药物警戒负责人

审核及签署 PSUR 的撰写计划；

审核及签署 PSUR，如报告的完整性及报告中产品风险及安全性的总结；

5.1.3 相关部门负责人

按 PSUR 撰写模板要求提供撰写所需的信息，审核撰写和修改后的 PSUR 并提供审阅意见；所需信息收集内容包括但不限于附件中表格的内容。

签署 PSUR。

5.2 撰写与审阅

5.2.1 准备工作

PSUR 撰写人应在 DLP－14 天前发送撰写通知及 PSUR 模板给相关部门负责人，如有必要，召开 PSUR 撰写沟通会议，讨论各章节撰写过程中可能遇到的问题。

PSUR 各相关部门应在 DLP＋10 天之前，按照药物警戒部门的要求提供 PSUR 各章节的内容；

5.2.2 定期安全性更新报告的撰写

PSUR 撰写人负责在 DLP＋20 天内审核各章节作者提供内容的完整性，确保符合撰写要求；如有缺失，PSUR 撰写人应通过电话或邮件与相应章节作者联系，保证材料的完整性；

PSUR 撰写人负责在 DLP＋20 天内按照 PSUR 撰写模板完成第一稿，并发送至各章节作者审阅；

5.2.3 定期安全性更新报告的修订与审阅

PSUR 各章节作者在 DLP＋30 天内，完成第一稿的审核与修订意见；

PSUR 撰写人在 DLP+35 天内根据第一稿的审核与修订意见完成第二稿，并发送至各章节作者；

PSUR 各相关部门作者在 DLP+45 天内完成第二稿的审核与修订意见；

PSUR 撰写人在 DLP+55 天内完成终稿，并发送至药物警戒负责人；

药物警戒负责人在 DLP+56 至 59 天内完成最终审批。

5.2.4　定期安全性更新报告在线递交

PSUR 撰写人在 DLP+55 天内完成 PSUR 终稿和附件；

药物警戒部门在 DLP+56 至 59 天内完成 PSUR 的递交。

5.2.5　定期安全性更新报告存档

药物警戒部门将审核通过的 PSUR 的所有资料及不良反应监测中心评价后的《药品定期安全性更新报告表》进行存档。

5.2.6　定期安全性更新报告递交后的修改

如果收到药品监督管理部门有关 PSUR 的问题，PSUR 撰写人应及时回复；如需修改 PSUR，应联系相应章节作者进行修改、再次审批及递交。

5.3　定期安全性更新报告汇总表及年度计划

药物警戒部门建立《药品定期安全性更新报告汇总表及撰写计划》，对完成的药品 PSUR 进行汇总更新。每年 12 月前，根据汇总表中 PSUR 报告期限制定次年需要撰写的药品 PSUR 计划，并于每月月初对数据截止日期进行确认，对本月及下月需要撰写 PSUR 的品种进行确认，对确认出的药品启动 PSUR 准备工作，保证在规定期限内进行再次报告，避免出现延报情况；

PSUR 计划制定期间应与 PSUR 撰写人员保持密切沟通，以了解计划的可行性，评估后续执行过程中是否有不能及时完成的风险，若有，及时将此类风险上报至药物警戒负责人；

当有新产品取得批准文号时，或有产品决定不再维护其注册许可时，应在两个月内启动 PSUR 计划的回顾、更新以及审核。

6　注意事项

6.1　报告递交时限

创新药和改良型新药应当自取得批准证明文件之日起每满 1 年提交一次 PSUR，直至首次再注册，之后每 5 年报告一次。其他类别的药品，一般应当自取得批准证明文件之日起每 5 年报告一次；

数据汇总时间以取得药品批准证明文件的日期为起点计算，上报日期应当在汇总数据截止日期后 60 日内。可以提交以国际诞生日为起点计算的

《定期安全性更新报告》，但如果上述报告的数据截止日期早于我国要求的截止日期，则必须补充并分析这段时期的数据。

6.2 撰写准备及审阅时限

根据5.2项下所述的持有人产品情况、撰写数量、递交时限等因素，可以为不同品种制定不同的撰写与审阅时间，保证PSUR报告的质量符合法规要求且按时提交。

7 附件

PSUR撰写所需信息收集包括但不限于如下内容：

PSUR撰写人	审阅产品安全性报告汇总信息等文件，准备撰写PSUR所需的信息； 向相关部门请求与PSUR撰写有关的所有信息； 审阅收集的与PSUR撰写有关的信息，评估其完整性，如有必要，则向相关部门请求更多信息
销售部门	提供与产品销售有关的信息，如是否为基本药物或医保药物等； 产品的销售情况，应按患者最终使用的最小单位进行统计，以估算患者的暴露量； 应提供接近销售终端的数据，即患者使用产品的真实数量； 报告期内产品市场供应、销售情况中的重大事件（如暂停销售、撤市、重新上市等）
质量部门和生产部门	提供与产品生产及质量有关的信息，如产品的生产情况，提供的数量与产品销售情况数据采用同一计量方法； 报告期内是否有因产品质量原因进行的产品召回或未能放行等情况
注册部门	提供最新版本的产品说明书； 报告期内产品说明书的变更情况（包括目前仍处于过程中的说明书变更）； 报告期内产品注册状态是否有变更； 报告期内是否因安全性原因变更说明书及对产品销售进行限制； 报告期内监管部门是否有要求对产品的说明书进行修改，包括是否要求对同类产品说明书进行修改
临床医学部和临床运营部	提供与临床研究有关的信息，如报告期内是否有新的临床研究使用该产品，若有，则提供相关信息（包括研究标题、研究目的、方案摘要、申办方、预计完成时间、目前进展状态）； 报告期内是否有新完成的使用该产品的临床研究，若有，则提供相关信息（包括研究标题、研究目的、方案摘要、研究完成时间）； 报告期内已完成的临床研究； 临床研究涉及的受试者总数； 临床研究中发现的新的、严重的安全性信息； 临床研究中发现的安全性信号
合作外包公司或合作制药企业	根据药物警戒协议要求，在必要时提供PSUR撰写所需的信息

六、药品定期获益-风险评估报告撰写及上报操作规程

（一）撰写技术要点

为加强药品全生命周期管理，推动药品监管技术标准与国际接轨，国家药监局于2020年7月21日发布了持有人可以提交PSUR可适用PBRER的国际人用药品注册技术协调会三级指导原则。持有人可以选择提交PBRER，也可按照《药品不良反应报告和监测管理办法》（2011）的要求提交报告。递交PBRER的撰写格式和期限遵循ICH《E2C（R2）：定期获益-风险评估报告》的规定。

PSUR是制药企业定期向药品监管部门汇总某药品上市后某一时间段内全球安全性信息的一种报告形式，是药物警戒的重要工具。随着国家药监局2020年7月21日发布的PBRER，PBRER的撰写也正式成为药物警戒的工作之一。它是由PSUR发展而来，实现了从获批后药品定期更新报告到定期受益-风险综合评估报告的转变，根据累积的信息对批准上市产品做出最新的受益-风险评价。PBRER在原有PSUR的基础上增加了很多内容。PBRER的出现体现了药物警戒工作的未来趋势，不再仅仅着眼于药品安全性，更强调对疗效收益和安全风险的综合评价，以更全面的眼光认识药品。

持有人可以使用PBRER代替PSUR进行提交。尽管在操作层面，如包含的章节数、纳入报告的数据类型、数据呈现形式、上报时限等方面PSUR与PBRE有所区别，但对于PBRER撰写中存在的问题，监管部门或持有人应采取的措施与处理PSUR时并无差别。例如，按照《中华人民共和国药品管理法》（2019修订）、《药品不良反应报告和监测管理办法》（2011）等相关法律法规的要求，对持有人的药物警戒工作进行常态化检查，督促持有人建立专门机构，明确职责，配备专职人员负责日常药物警戒工作；加强持有人管理层及相关人员的培训，提高他们对药物警戒工作的认识和重视，推动药物警戒工作顺利开展，对PBRER常见问题及时进行沟通以提升相关人员撰写PBRER的能力；按照《药品注册管理办法》（2020）的要求，做好PBRER审核与药品再注册工作的衔接，切实履行《药品注册管理办法》（2020）的要求，提高持有人定期评价产品安全性的能力。

所有 PBRER 应使用完整的 ICH 指南 E2C（R2）格式。当没有相关信息或者 PBRER 章节不适用时，应予以说明。PBRER 的特定章节可以与其他监管报告共享内容，如 ICH E2E 和 E2F（DSUR）中描述的文件。报告提交频率通常取决于产品在市场上存在的时间以及对其风险-效益特性的了解程度。若产品已上市多年且风险较低，则可适当延长报告期，减少报告频率。但当上述产品的临床使用发生变化时（如新增适应症），则应该依情况增加报告频率。对于新批准上市的产品，通常规定在上市后至少 2 年内采用 6 个月的报告期；报告应基于累积性数据，采用 6 个月或其倍数时间段内的数据；每份 PBRER 中提供阶段性信息的部分需要进行更新，在适当的情况下，之前 PBRER 中没有相应新信息的部分可在下一次报告中再次使用。报告周期为 1 年或更短的 PBRER，应在数据锁定点（DLP）后的 70 天内递交，报告周期超过 1 年的应在 90 天内提交。

（二）示例范本

×××公司药品定期获益-风险评估报告
撰写及上报操作规程

1 目的

本文件旨在规范公司已获批上市药品的 PBRER 的撰写流程与内容，并使 PBRER 能够及时有效地递交到国家监测系统，使其符合国家法规和药品监管部门的要求。

2 依据

《药物警戒质量管理规范》（国家药监局 2021 年第 65 号）

《E2C（R2）：定期获益-风险评估报告》（国家药监局 2020 年第 86 号公告）

3 适用范围

本文件适用于本公司所有已获批上市药品的 PBRER 的撰写与递交，如本部分工作外包给合同研究组织，则本文件也适用于该合同研究组织。

4 术语

国际诞生日（IBD）：药品在任何国家首次获准上市的日期。

数据锁定点（DLP）：纳入《PSUR/PBRER》中汇总数据的截止日期。以药品再注册截止日前一年为数据锁定点。

PSUR：是一份药物警戒文件，其目的是要求公司在药品上市后的指定时间锁定点提供报告，对所申报的某种药品的风险-获益平衡进行评估。

PBRER：主要目的是对关于药品风险的新的或新出现的信息及其对已

批准的适应症的益处进行全面、简明和批判性的分析，以便对产品的总体利益-风险特征进行评估。PBRER 并非 PSUR 的补充，而是 PSUR 的更新升级，在内容结构和评估方法方面增加了新的要求。

报告期：上一期与本期 PBRER 数据截止日之间的时间段为本期 PBRER 的报告期。

5　流程

5.1　职责

5.1.1　药物警戒部门

按年度制定药品 PBRER 的撰写计划，与 PBRER 撰写人沟通协商完成 PBRER 撰写计划；

撰写及分发所有产品的定期安全性更新报告，确保所撰写的 PBRER 符合相应的法规要求；

完成 PBRER 提交表，确保及时向监管部门提交 PBRER 报告；

在报告提交后，依照监管部门的审阅意见对 PBRER 中的相应内容进行解释、必要时进行更正及补充；

管理递交后的 PBRER 文件。

5.1.2　药物警戒负责人

审核及签署 PBRER 的撰写计划；确保报告的完整性和对产品风险及安全性总结的准确性。

5.1.3　相关部门负责人

按 PBRER 撰写模板的要求提供撰写所需信息，审核撰写和修改后的 PBRER 并提供审阅意见，并签署 PBRER；所需信息收集内容包括但不限于附件中的表格内容。

5.2　撰写与审阅

5.2.1　准备工作

PBRER 的撰写人应在 DLP－14 天前发送撰写通知及 PBRER 模板给相关部门负责人，并根据需要召开 PBRER 撰写沟通会讨论各章节撰写过程中可能遇到的问题。

PBRER 各相关部门应在 DLP＋10 天之前，按照药物警戒部门的要求提供 PBRER 各章节的内容；

5.2.2　定期获益-风险评估报告的撰写

PBRER 撰写人负责在 DLP＋20 天内审核各章节作者提供的内容是否完整且符合撰写要求；如有缺失，PBRER 撰写人应通过电话或邮件与相应章节作者联系，以确保材料的完整性；

PBRER 撰写人负责在 DLP＋35 天内按照 PBRER 撰写模板完成第一稿，并发送至各章节作者进行审阅；

5.2.3　定期获益-风险评估报告的修订与审阅

PBRER 各章节作者应在 DLP＋45 天内完成第一稿的审阅并提出修订意见；

PBRER 撰写人则应在 DLP＋50 天内根据这些意见完成第二稿，并发送至各章节作者；

PBRER 各相关部门的作者应在 DLP＋55 天内完成第二稿的审阅并提出修订意见；

PBRER 撰写人应在 DLP＋60 天完成终稿，并发送至药物警戒负责人；

药物警戒负责人应在 DLP＋66 至 69 天完成最终审批。

5.2.4　定期获益-风险评估报告在线递交

PBRER 撰写人应在 DLP＋65 天完成 PBRER 终稿及其附件；

药物警戒部门应在 DLP＋66 至 69 天完成 PBRER 递交。

5.2.5　定期获益-风险评估报告存档

药物警戒部门将审核通过的 PSUR 所有资料及不良反应监测中心评价后的《药品定期获益-风险评估报告》进行存档。

5.2.6　定期获益-风险评估报告递交后的修改

PBRER 撰写人如收到药品监督管理部门有关 PBRER 的问题，应及时回复。如需修改 PBRER，应联系相应章节作者进行修改，并再次审批及递交。

5.3　定期获益-风险评估报告汇总表及年度计划

药物警戒部门建立《药品定期获益-风险评估报告汇总表及撰写计划》，对已完成的药品 PBRER 进行汇总更新。每年 12 月前，根据汇总表中的 PBRER 报告期限制定次年需要撰写的药品 PBRER 计划，并于每月月初对数据截止日期进行确认，确定本月及下月需要撰写 PBRER 的品种，以确保在规定期限内完成再次报告，避免出现延报；

PBRER 计划制定期间应与 PBRER 撰写人员保持密切沟通，评估计划的可行性，识别任何可能导致无法及时完成的风险，并及时上报至药物警戒负责人；

当新产品取得批准文号，或有产品决定不再维护其注册许可时，应在 2 个月内启动 PBRER 计划的回顾、更新以及审核流程。

6　注意事项

6.1　报告递交时限

向监管机构提交 PBRER 报告的频率需要遵守国家或地区的监管要求。这通常取决于药品的批准日期、上市时间及其对产品的利益-风险特征的了解程度等因素。PBRER 格式和内容适用于报告期为 6 个月或正常的定期报告。对于已上市多年的药品，国家或地区的法规可能会允许延长提交频率；

数据锁定时间：对于新批准的产品，一般区域要求 6 个月的周期（至少在批准后的前 2 年）；对于常规/定期提交的 PBRER，报告应基于累积数据，间隔数据集为 6 个月或其倍数；

数据锁定点与提交之间的时间间隔：对于 6 个月或 12 个月的期限，应在 70 个日历日内提交报告；如果数据间隔时间超过 12 个月，则应在 90 个日历日内提交。

持有人可以使用 PBRER 代替 PSUR 进行递交。

6.2　撰写准备及审阅时限

第 5.2 项所述的撰写与审阅时限可根据持有人的产品情况、撰写数量及递交时限等情况制定不同品种的撰写与审阅时间，保证各品种 PBRER 报告的质量和递交时限满足法规要求。

7　附件

PBRER 撰写所需信息收集包括但不限于如下内容：

PBRER 撰写人	审阅产品安全性报告汇总信息等文件，准备 PBRER 撰写所需的信息； 向相关部门请求与 PBRER 撰写有关的所有信息； 审阅收集到的与 PBRER 撰写有关的信息，评估其完整性，必要时向相关部门请求更多信息
销售部门	提供与产品销售有关的信息： 提供产品相关信息（如是否为基本药物，是否为医保药物等）； 产品的销售情况应按患者最终使用的最小单位进行统计，以估算患者的暴露量； 应提供尽可能接近终端销售的数据，即患者使用产品的真实数量； 报告期内产品的市场供应、销售情况是否有重大事件（如暂停销售、撤市、重新上市等）
质量部门和生产部门	提供与产品生产及质量有关的信息： 产品的生产情况，提供的数量与产品销售情况数据采用同一计量方法； 报告期内是否有因产品质量原因进行过产品的召回或未能放行等情况

续表

注册部门	最新版本的产品说明书； 报告期内产品说明书变更情况（包括目前仍处于过程中的说明书变更）； 报告期内产品注册状态是否有变更； 报告期内是否因安全性原因变更说明书及对产品销售进行限制； 报告期内监管部门是否有要求对产品的说明书进行修改，包括是否要求对同类产品说明书进行修改
临床医学部门和临床运营部门	提供与临床研究有关的信息： 报告期内是否有使用该产品的新的临床研究，如有，提供该研究的相关信息（包括研究标题、研究目的、方案摘要、申办方、预计完成时间、目前进展状态）； 报告期内是否有新完成的使用该产品的临床研究，如有，提供该研究的相关信息（包括研究标题、研究目的、方案摘要、研究完成时间）； 报告期内已完成的临床研究； 临床研究涉及的受试者总数； 临床研究中发现的新的、严重的产品安全性信息； 临床研究中发现的安全性信号
合作外包公司或合作制药企业	需要时，按照药物警戒协议要求提供 PBRER 撰写所需的信息

七、药品不良反应/事件报告表填报标准操作规程

（一）撰写技术要点

药品不良反应/事件报告表的填报是指导企业通过“直报系统”在线填报的必要工具。GVP 第四十八条提出：个例药品不良反应报告的填写应当真实、准确、完整、规范，符合相关填写要求。报告的填写应当符合填写要求。境内报告应按照个例药品不良反应报告进行提交。境外发生的严重不良反应，持有人应当按照个例药品不良反应报告的要求提交。

《个例药品不良反应收集和报告指导原则》中指出，持有人应确保报告内容真实、完整、准确。应真实记录所获知的个例药品不良反应，不篡改、不主观臆测，严禁虚假报告。个例报告表中各项目尽可能填写完整。该指导原则同时也对药品名称、疾病名称、不良反应名称提出了具体要求：药品通用名称和商品名称应准确填写，避免混淆颠倒。不良反应名称和疾病、诊

断、症状名称应参照《WHO药品不良反应术语集》（WHOART）或《监管活动医学词典》（MedDRA）及其配套指南（如《MedDRA术语选择：考虑要点》）来确定。体征指标、实验室检查结果应与原始记录无偏差。在报告填报中应确保原始报告术语的事件编码 MedDRA LLT 及其上层结构（PT、HLT、HLGT、SOC）与事件描述一致，并准确反映临床发生的事件。如果一个病例中有多例事件，所有事件均应被正确排序。

《指导原则》要求报告表填写真实、完整、准确、规范，符合相关填写要求。此要求作为一个主要缺陷项。持有人在报告填写时应注意按规范要求填写。同时对药品不良反应的严重性、预期性、关联性评价进行了要求，应当科学、合规地进行评价。检查时会抽查不同类别（一般、严重、死亡）的疑似药品不良反应报告表，查看报告表填写和评价情况；追溯原始记录和随访记录，检查报告内容是否与原始记录一致；检查报告时限是否合规。

需要注意的是，个案填报应根据法规提交时限排列优先级，对时限紧迫的报告进行优先录入，保证各报告数据录入在法规提交时限前完成。上报系统的报告要确保四要素齐全（即患者信息、报告来源、可疑药品、不良反应）。因药品质量问题引起的或可能与超适应症用药、超剂量用药等相关的有害反应，药物无效的报告也应进行报告。要控制报告递交的时限，可在法规要求的范围内适当收紧作为内控的标准。报告的评价也很重要，严重性、预期性、相关性要严格按照法规要求和文件规定进行评价。填报时应确保不良反应/事件真实、完整、准确、规范，对上报过程中易出错的内容在制定操作规程文件时应明确规定，确保填报信息的准确。

（二）示例范本

×××公司药品不良反应/事件报告表填报标准操作规程

1　目的

本文件旨在规范持有人不良反应直接报告系统中不良反应/事件报告表的填报流程及填报要求。

2　依据

《药物警戒质量管理规范》（国家药监局2021年第65号）

《个例药品不良反应收集和报告指导原则》（国家药监局131号）

《药物警戒检查指导原则》（国药监药管〔2022〕17号）

3　适用范围

本文件适用于境内外药品不良反应的在线填报。

4　术语

MedDRA 编码：MedDRA 编码是指利用 MedDRA 术语集将收集到的疑似药品不良反应个案信息中的医学术语进行标准化的过程。MedDRA 用语编码由 8 位数字组成。

5　流程

5.1　系统登录

在浏览器地址栏中输入“http：//daers. adrs. org. cn”，并按回车键结束。如下图所示。

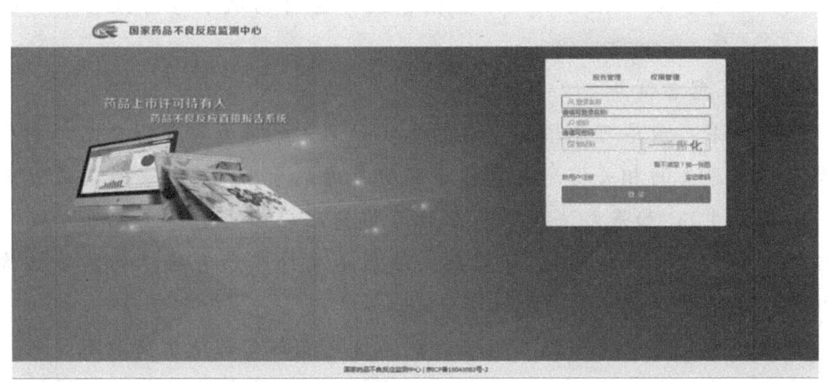

登录成功后，境内药品不良反应选择“在线填报”，境外报告则选择“境外报告”项。

5.2　首次报告数据录入

根据各报告提交时限排列优先级，按照时间顺序录入，确保各报告数据录入在内控提交时限前完成。

登陆“直报系统”进行在线数据录入，主要分为以下几个部分：报告基本情况、患者信息、用药信息（包括怀疑用药和合并用药）、不良反应信息、关联性评价、相关实验室检查信息、妊娠报告有关信息、初始报告人信息、报告信息、持有人信息、备注。“直报系统”每个部分的录入原则如下：

5.2.1　报告基本情况

严重报告：符合以下情形之一的即定义为严重药品不良反应：①导致死亡；②危及生命（指发生药品不良反应时患者存在死亡风险，并不是指药品不良反应进一步恶化才可能出现死亡）；③导致住院或住院时间延长；④导致永久或显著的残疾或功能丧失；⑤导致先天性异常或出生缺陷；⑥导致其他重要医学事件，如果不进行治疗可能出现上述所列情况的。

境外报告：指不良反应发生在除中国大陆以外的国家/地区（包括港澳台）的报告。

快速报告：根据《关于药品上市许可持有人直接报告不良反应事宜的公告》中对于不良反应报告时限的要求，严重不良反应和死亡病例属于快速报告类别。

首次报告：指持有人首次在“直报系统”中提交的包含四要素（可识别的患者、可识别的报告者、怀疑药品、不良反应）的有效报告。

跟踪报告：指首次报告以后收到的包含随访信息的补充报告。

病例编号：首次报告时，“直报系统”会自动赋予每份报告唯一的识别码。

5.2.2　患者信息

患者姓名：应尽可能填写患者的真实姓名。如果无法获得全名，则尽量填写可识别患者的相关信息（如临床实验患者编号、姓名拼音缩写或患者姓氏，如张先生）；如果无法获取患者姓名信息，应如实选择“未知”或“询问过但未知”或“未询问”。如果相关法规不允许或患者拒绝向监管机构提供相关信息，则选择“屏蔽”。

当发现患儿有出生缺陷且报告者认为这可能与父母使用药品有关时，应填写患儿姓名（也可填写×之子或×之女），父母信息填写在“妊娠报告有关信息”项下。如果出现胎儿畸形、死胎、孕妇早产、流产等不良妊娠结果，而报告者认为这些可能与孕妇或其配偶使用药品有关，则在此处填写孕妇的姓名，配偶信息填写在“妊娠报告有关信息”项下。如果母亲使用药品后，患儿和母亲均发生了不良反应，应分别填写两张报告表，并且在备注中注明两张报告表的相关性。

性别：填写“男”或“女”。

出生日期/年龄：出生日期的填写格式为“年/月/日”。如果患者的出生日期不详，也可填写不良反应发生时的年龄。年龄以“岁”为单位，对于1岁以下的婴儿，填写月龄；对于新生儿，填写日龄。如果相关法规不允许或患者拒绝向监管机构提供相关信息，则选择“屏蔽”。

国家/地区：填写不良反应发生时患者的国籍。

民族：根据实际情况填写。此信息仅适用于中国籍病例，外籍病例无须填写。

种族：填写不良反应发生时患者的种族。

身高：填写不良反应发生时患者的身高，单位为厘米。如果无法得知准确的身高，则做出最佳估计。

体重：填写不良反应发生时患者的体重，单位为千克。如果无法得知准确的体重，则做出最佳估计。

联系电话：填写可用于联系患者进行随访的电话号码，可以是手机号码或固定电话号码，固定电话需要填写区号。

医疗机构名称：填写患者发生或治疗不良反应的医院名称，如果初始报告人为医务人员，可填写其所在医院名称。

病历号/门诊号：根据实际情况填写。如果未知，可填写“不详”。如果相关法规不允许或患者拒绝向监管机构提供相关信息，则选择“屏蔽”。

相关重要信息：

①吸烟史：尽可能填写日均吸烟支数及吸烟年数。

②饮酒史：尽可能填写日均饮酒量及饮酒年数。

③过敏史：填写除药物过敏史以外的其他过敏史，如食物、花粉等。

④其他史（如肝病史、肾病史、家族史）：填写其他家族性遗传病、传染病，以及影响药物代谢的肝病或肾病史。如有，应在“相关疾病信息”处填写详细信息。

既往药品不良反应：指患者既往发生的和使用某种或几种药物有关的不良反应，如药物性肝损伤、药物过敏反应等。如有，应具体列出相关药物及其不良反应名称等。

相关疾病信息：包含既往病史和现病史，应填写完整的现病史，以及怀疑对此次不良反应发生有影响的既往病史。需要注明疾病开始时间和报告时疾病是否仍存在，如已结束需填写结束时间。

5.2.3　用药信息（包括怀疑用药和合并用药）

怀疑用药是指可能与不良反应发生有关的药品。对于多个怀疑用药者，应按照与不良反应关联性从强到弱的顺序填写。如果患儿的不良反应被认为与其父母使用药品有关，此处应填写父母的用药信息。

合并用药是指不良反应发生时患者同时使用的其他药品（不包括治疗不良反应的药品）。

批准文号：应完整、准确填写最近一次批准证明文件上的药品批准文号。对于本持有人/生产企业的药品，必须填写批准文号；对于其他持有人/生产企业的怀疑用药，应尽量填写此项，无法获知时可填写“不详”。

商品名：根据实际情况填写。

通用名称：准确完整填写药品标准中收载的药品名称。不得使用简称。

规格：填写药品规格。

持有人：应完整填写药品包装或说明书中标明的名称。不得使用简称。

失效日期：填写药品包装上的失效日期。本持有人的药品如获得了批号信息，应填写该批次药品的失效日期。

治疗疾病：填写使用药品治疗的适应症，并将疾病名称进行 MedDRA 编码。

用药起止日期：指同一剂量药品开始和结束时间。如果用药过程中改变剂量，应另行填写该剂量的用药起止时间，尽量按“×年×月×日—×年×月×日”格式填写。应根据用药情况如实选择“可填写”或“屏蔽”或“询问过但未知”或“未询问”。如果无法获知准确的停药时间，用药截止日期可以填写不良反应发生时间，并选择相应的“对药品采取的措施”。

给药持续时间：填写总的给药持续时间。此处填写的是总的给药持续时间，包括所有间断给药持续时间，间断给药的详细信息可以在“不良反应过程描述”项下记录。

批号：填写药品包装上的生产批号，请勿填写批准文号。

用法用量：填写每次用药剂量数值和单位。

剂型：按照批准证明文件中的剂型填写。对于本持有人的药品，不能填写“不详”。

给药途径：根据实际情况填写。对于非直接暴露的情况（如哺乳暴露等），此处应填写具体暴露途径。

是否存在以下情况：根据实际情况填写，可多选。

假药：依据《中华人民共和国药品管理法》（2019 修订）的定义进行判断。

用药过量：指超过说明书推荐的给药剂量。

父源暴露：仅适用于妊娠报告，药品为父亲使用。

使用了超出有效期的药品：按照药品失效日期判断。

检测并合格的批号/检测并不合格的批号：如患者使用的药品因不良反应进行了检测，应根据检测结果选择。

用药错误：指临床使用中可以防范的导致患者发生潜在或直接损害的用药疏失，不包括滥用、超说明书使用、误用。

误用：指患者或消费者出于治疗目的故意不遵医嘱或不按药品说明书使用药品。

滥用：指出于非医疗目的反复、大量地使用具有依赖性的药品。

职业暴露：指由于职业关系而暴露于药品，不包括在药品生产过程中对相关活性成分的暴露。

超说明书使用：指医务人员出于治疗目的未按照药品说明书使用药品，主要涉及适应症、给药途径、用法用量、用药人群等方面。

对药物采取的措施：该项描述了因不良反应对药品采取的措施。应结合“用药起止日期”项内容填写。

相关器械：可能与不良反应相关的器械信息，如注射器、输液器的名称、生产企业、批号等。

5.2.4　不良反应信息

如果患者出现了多个不良反应，应对怀疑药品与每一个不良反应分别填写相关信息。

不良反应术语：应使用 MedDRA（LLT）（《监管活动医学词典》（低位语））报告不良反应。如果同时有疾病诊断或相关症状，应将疾病诊断作为不良反应术语报告，相关症状可以在“不良反应过程描述”部分进行详细描述。

发生时间：填写不良反应发生时间或疾病明确诊断时间。如不良反应表现为检验检查异常，此处填写检查日期。对于出生缺陷，不良反应发生时间为患儿出生日期。对于早产或流产，不良反应发生时间为妊娠终止日期。

结束时间：应结合不良反应结果综合考虑。如为死亡，则填写死亡时间；如为治愈或好转，填写治愈或好转时间；如有后遗症，则填写后遗症诊断时间。

持续时间：如无法准确获知不良反应发生时间或截至报告时不良反应仍在持续，可以填写持续时间。

严重性：需选择所有适用的严重性标准。不符合任何一项严重性标准时，选择“非严重”。严重性并非指严重程度。例如，头痛可以程度很重，但不是严重事件。

如果持有人和初始报告人对不良反应的严重性判断不一致，此处应填写持有人的评判。初始报告者的评判可以在“不良反应过程描述”中说明。

结果：填写不良反应的结果信息，而非原患疾病的结果。

痊愈：指不良反应消失。

好转：不良反应明显减轻或缓解，在报告时尚未痊愈。

未好转：至报告时不良反应仍未减轻或缓解。

不详：不良反应结果不详。

有后遗症：不良反应导致长期的或永久的生理机能障碍。后遗症临床表现应填写在“不良反应过程描述”部分。注意不应将恢复期或恢复阶段的某些症状视为后遗症。

死亡：指患者因该不良反应导致死亡。如果患者同时报告有多个不良反应，其中一个不良反应导致死亡，那么其他未导致死亡的不良反应发生的结果不应选择“死亡”。

死亡相关信息：包括死亡时间、直接死因，是否进行尸检，尸检结果。

不良反应过程描述（包括发生场所、症状、体征、临床检验等）及处理情况。用于详细描述不良反应发生和处理情况，填写时应尽量体现“三个时间、三个项目和二个尽可能”。

三个时间：①不良反应发生的时间；②采取措施干预不良反应的时间；③不良反应结束的时间。

三个项目：①第一次药品不良反应出现时的相关症状、体征和相关检验检查结果；②药品不良反应动态变化的相关症状、体征和相关检验检查结果；③发生药品不良反应后采取的干预措施及结果。

二个尽可能：①不良反应的表现填写时要尽可能明确、具体；②与可疑不良反应有关的辅助检查结果要尽可能填写。

5.2.5　关联性评价

怀疑用药：根据“用药信息”，此处将自动生成怀疑用药信息。当有多个怀疑药品时，每个怀疑药品应单独填写关联性评价情况。

不良反应：根据“不良反应信息”，此处将自动生成怀疑用药信息。当有多个不良反应时，应每个不良反应单独填写关联性评价情况。

是否非预期：按照该药品获批的说明书进行判断。

停药或减量后，反应是否消失或减轻：按实际情况填写。不良反应发生后，未停药或减量的情况，选择“不适用”；患者发生猝死，没有对药品采取措施，这种情况也可以选择“不适用”。

再次使用可疑药品后是否再次出现同样反应：按实际情况填写。未停药/减量的情况，或停药后未再次使用的情况，选择“不适用”；患者发生猝死，没有再次使用药品，这种情况也可以选择“不适用”。

持有人评价：根据《个例药品不良反应收集和报告指导原则》进行关联性评判。若无确凿医学证据，原则上持有人不应降级初始报告人的关联性评价。对于自发报告，如果报告者未提供关联性评价，报告的因果关系默认为“可能相关”。

肯定：用药与不良反应的发生存在合理的时间关系；停药后反应消失或迅速减轻及好转（即去激发阳性）；再次用药不良反应再次出现（即再激发阳性），并可能明显加重；同时有文献资料佐证，并已排除原患疾病等其他混杂因素影响。

很可能：无重复用药史，其余同“肯定”，或虽然有合并用药，但基本可排除合并用药导致不良反应发生的可能性。

可能：用药与反应发生时间关系密切，同时有文献资料佐证；但引发不良反应的药品不止一种，或不能排除原患疾病病情进展因素。

可能无关：不良反应与用药时间相关性不密切，临床表现与该药已知的不良反应不相吻合，原患疾病发展同样可能有类似的临床表现。

无法评价：报表缺项太多，因果关系难以定论，资料又无法补充。

5.2.6　相关实验室检查信息

此处用于填写用来诊断或确定不良反应的实验室检查信息，包括那些用于排除诊断的检查信息（如针对疑似药物性肝损害进行的感染性肝炎的血清学检查）。

5.2.7　妊娠报告有关信息

当报告患者为有出生缺陷的患儿时，这种缺陷可能与父/母使用药品有关，填写父/母信息。当报告患者为出现胎儿畸形、死胎、早产、流产等不良妊娠的孕妇时，若怀疑与父/母用药有关，填写父/母信息。

父/母姓名：尽可能填写真实姓名。如无法获得全名，则尽可能填写可识别的相关信息（如姓名拼音缩写或姓氏，如张先生）；如果无法获得患者姓名信息，则填写“不详”，如果相关法规不允许或患者拒绝向药监机构提供相关信息，则填写“隐藏”。

性别：填写“男”或“女”。

父/母出生日期：出生日期填写格式为“年/月/日”。如出生日期不详，也可填写不良反应发生时的年龄。

身高：单位为厘米。如果不知道准确的身高，请做一个最佳的估计。

体重：单位为千克。如果不知道准确的体重，请做一个最佳的估计。

母亲末次月经时间：末次月经开始时间。此处只需填写母亲的相关信息。

妊娠相关描述项：可报告既往妊娠史、本次妊娠为单胎或多胎、妊娠结局、生产方式、胎儿结局等。此处只需填写母亲的相关信息。

相关疾病信息：此处提供与出生缺陷或不良妊娠结局有关的父/母相关疾病信息，导致不良妊娠结局的风险因素。

既往药品史：填写妊娠期间除怀疑药品和合并用药外的其他用药信息。

5.2.8　初始报告人信息

初始报告人姓名：指首次报告该不良反应的人员。尽可能填写真实姓名。如无法获得全名，则尽可能填写可识别的相关信息（如姓名拼音缩写或姓氏，如张先生）；如果无法获得姓名信息，则填写“不详”，如果相关法规不允许或患者拒绝向监管机构提供相关信息，则填写“隐藏”。

所在单位、联系电话、电子邮箱：根据实际情况填写。

职业：按实际情况勾选。

初始报告人评价：按实际情况勾选。

5.2.9　报告信息

事件发生国家/地区：指不良反应发生的国家或地区。

首次获知时间：首次获知时间为持有人首次获知包含四个基本要素（可识别的患者、可识别的报告者、怀疑药品、不良反应）的不良反应报告的日期，即第0天。

企业病例编码：企业内部数据库分配编码，应确保为同一病例的唯一标识。详见《药品不良反应信息的收集管理规程》。

报告来源：填写持有人获得不良反应的来源。研究指不良反应报告来源于上市后研究；项目指不良反应报告来源于面向患者或医生的市场项目等。若报告来源为文献，则需附上全文。

5.2.10　持有人信息

持有人名称：填写持有人的名称。

联系人、电话、地址：提供本报告填写人的相关信息。

5.2.11　备注

对于无法在上述表格中填写但需要补充的内容，可填写于备注栏。对于分别报告了患儿和母亲的不良反应报告，相关编码应填写至备注栏。对于境内监管部门向持有人反馈的药品不良反应报告，已有的反馈信息会自动映射到相应位置，在录入过程中，应检查反馈数据并对相应字段进行更新，包括对明显错误项（如商品名拼写、剂型的填写、是否有超适应症用药等）进行修改并在备注中加以说明；对已有的医学术语重新编码规整。

5.3　随访报告

个例报告的随访报告，在“直报系统”中查询到首次报告后，通过【跟踪报告】模块进入跟踪报告“在线填报”页面，对需要更新的字段、编码、描述等进行依次更新，完成跟踪报告。各字段录入标准同首次报告。根据收到的随访信息，报告的类别可能发生变化（如非严重报告变为严重报告），随访报告应按变化后的报告类别时限提交。

5.4 质量审核

药物警戒专员根据报告的优先级和截止日期，在规定的时限内对录入的报告内容的完整性、准确性等进行质量检查。检查内容包括但不限于以下内容：

各字段信息是否有缺失或错误；

编码和医学评估是否准确；

确保描述内容在医学上合理、清晰、按时间顺序排列，且无语法、印刷或事实错误；

需要上传的附件已上传（如文献报告）。

药物警戒专员应对报告中的错误或缺失信息进行更新。如果需要进行大量的数据更正/更新，可以将报告返回给数据录入工作流程状态，由相关人员进行更正/更新。

5.5 提交

个例报告经过审核后，点击“提交”键进行提交。注意提交时系统会自动提示执行数据必填项和逻辑检查，需按照提示逐条修改直至成功提交。还应在规定时限内依据当地监管部门的要求提交死亡调查报告。

5.6 存档、反馈监测与处理

“直报系统”提交的相关报告、记录均应长期存档。监管机构的反馈途径通常有电话和邮箱。应确保在监管机构登记的提交联系人联系方式通畅。上市后报告的反馈还可通过“直报系统”接收，因此，应至少每 3 天登录一次“直报系统”监测监管机构对递交报告的评价意见。无论以哪种方式收到反馈，都应做好记录，并采取相应措施，对所有问询进行跟踪和存档。

6 附件

本书内容以未使用药物警戒系统的企业为蓝本进行设计和编排，使用药物警戒系统企业可按照药物警戒系统供应商提供的步骤和流程对文件相应部分进行更改后使用。

八、药品安全性信号检测及处理操作规程

（一）撰写技术要点

信号检测这一概念最初由 CIOMS 在欧盟相关文件中首次提出，是指持有人通过主动收集临床使用、临床研究、市场项目、学术文献以及持有人相

关网站或论坛涉及的不良反应信息后，对收集到的信息进行医学审查，或使用统计学方法对信号强度进行判断，判定相关信息是否构成新的药品风险的过程。

GVP 第五十六条要求，持有人应当根据自身情况及产品特点选择适当、科学、有效的信号检测方法。监测频率根据药品上市时间、药品特性、风险特征等合理确定。持有人开展信号检测时，应当重点关注以下方面：

药品说明书中未提及的药品不良反应，特别是严重的药品不良反应；

药品说明书中已提及的药品不良反应，但发生频率、严重程度等明显增加的；

疑似新的药品与药品、药品与器械、药品与食品间相互作用导致的药品不良反应；

疑似新的特殊人群用药或已知特殊人群用药的变化；

疑似不良反应呈现聚集性特点，不能排除与药品质量存在相关性的。

药品安全性信号检测及处理操作规程使药物警戒专员及相关人员能全面掌握产品安全性风险信号检测、分析评价的流程。为风险识别及处理提供依据。

信号检测是药品安全风险识别与评估的基础和重要手段，持有人在撰写信号检测及处理操作规程中应结合品种上市时间、品种特征、风险特征以及软件资源等其他因素，重点规定信号检测方法和频率。

计算机辅助信号检测持有人可结合第三方平台及软件等详细描述相关操作流程，但通过计算机辅助信号检测发现的药品-事件组合，仅代表药品和不良事件之间具有统计关联性，仍然需要经过人工审阅分析来评估不良事件和药品的关联性。

安全性信号大多来自上市后的安全性信息以及临床试验数据，但是还需要关注动物实验的结果也可能触发一次信号分析（例如某一药品适应症针对A，在做B适应症开发时，动物实验证明其可能引发肝损伤，该发现可能触发一次安全性信号。此时需要全面分析该药品已上市使用的人群和其他正在进行的临床试验中，肝损伤是否和该药品有相关性）。

（二）示例范本

×××公司药品安全性信号检测及处理操作规程

1 目的

本文件旨在规范公司药品安全性信号检测的处理流程。

2　适用范围

本文件适用于公司内所有上市产品的药品安全风险信号的检测。

3　依据

《药物警戒质量管理规范》（国家药监局2021年第65号）

4　术语

信号验证：是对检测到的异常安全性数据进行初步分析，以识别是否有证据证实新的潜在关联性或已知关联性的新特性，以便进一步分析。此评估应考虑信号既往认知情况、关联强度、临床背景等。

5　流程

5.1　信号来源

信号来自临床试验、上市后自发报告和文献中的ADR个案报告和PSUR，也有大量的信号来源于药理学毒理学研究结果、同类药物核心安全性信息、临床研究汇总数据结果、观察性研究/流行病学研究资料等。

药物警戒专员需对公司内的产品安全信息数据库进行监测，也需要对收集到的其他研究资料进行分析评价，以便及时发现异常信号。

5.2　信号检测

信号检测应重点确定信号检测频率和信号检测方法。信号检测频率应当根据药品上市时间、药品特点、风险特征等相关因素合理确定。对于新上市的创新药、改良型新药、省级及以上药品监督管理部门或药品不良反应监测机构要求关注的其他品种等，应当增加信号检测频率。信号检测方法一般分为人工信号检测和计算机辅助数据挖掘两种。信号检测关键操作安排可如下表：

品种	检测方法	检测方法设定依据	检测频率	检测频率设定依据	检测人员
左氧氟沙星氯化钠注射液	病例报告汇总分析；计算机辅助信号检测（如ROR、PRR等）	该品种上市时间较早，临床应用广泛，安全警示信息内容较多，不良反应数据量较大，适合定量信号检测方法，必要时结合计算机辅助信号检测方法	每半年一次	该品种不良反应报告数据量较多，临床应用广泛尤其安全性警示较多，风险严重程度较高，但品种上市时间较早，因此建议每半年对积累的数据进行全面检测	×××
……					

注：仅作为示例，具体结合品种上市时间、品种特征、风险特征以及如持有人配备资源等其他因素制定。

5.2.1　人工信号检测

5.2.1.1　个例报告审阅

个例报告审阅是指对单个药品不良反应病例报告进行的审阅和评价。报告审阅人员主要根据以下两种方法进行关联性评价：

• 审阅含“特定医学事件”的报告

报告审阅人员在对最初收到个案报告做评价时，应关注“特定医学事件”(Designated Medical Event，DME)。该类事件可能是罕见的、严重的、在多个不同的药理/治疗类药物中均具有高度药源性风险的不良事件，如再生障碍性贫血。目前尚无权威的DME列表，可参考信息包括：

WHO乌普萨拉监测中心的药品不良反应“关键术语”列表；

美国FDA的“应关注的首选术语”列表；

欧洲药品管理局的DME列表等。

• 捕捉报告中的显著信息

报告提供的显著临床信息可为评价人员“捕捉”信号提供线索，如

患者使用药物后快速发生严重的不良事件；

去激发/再激发呈阳性；

具有显著的剂量相关特征；

出现3例以上的罕见不良反应，而该反应在普通人群中的背景发生率很低；

特定医学事件等。

5.2.1.2　病例系列评价

病例系列评价是指在一个相对较短的周期内（如月、季度），对一组相同或类似药品不良反应/事件病例报告的集合（即病例系列）进行描述和分析。

该方法不需要严格的设计；更贴近药物警戒工作的实际情况；并能准确且透明地反映不良反应/事件的具体情况。

基于个例报告的审阅，病例系列评价没有病例报告汇总分析那样复杂全面。因此，持有人应设计较为简单明确的病例系列评价方案，以便于经常性、常规化地执行。

5.2.1.3　病例报告汇总分析

个例报告或病例系列的评价可能会发现一些罕见的、非预期的不良反应，但对于报告量相对较大的药品，或单个病例报告信息不足以支持评价的情况，尤其是那些以聚集性为特征的安全信号，通过对病例报告的汇总分析

来发现信号则更为可行。

定期（如每半年或每年等）开展汇总分析，并根据相关法规的要求定期撰写 PSUR/PBRER，通过对这些数据进行汇总分析及时发现信号。

5.2.2 计算机辅助数据挖掘

5.2.2.1 单品种信号检测

单品种信号检测方法主要基于比值失衡分析原理，如 ROR、PRR、MHRA 等频率法，计算简单且实用性强，其原理及公式如下。

药品不良反应四格表

	目标不良反应	其他不良反应
目标药物	a	b
其他药物	c	d

常用频数法公式及信号生成标准

频数法	公式	信号生成标准
报告比值比（ROR）	$\mathrm{ROR}=\frac{A/C}{B/D}=\frac{AD}{BC}$ $\mathrm{SE}\ (\ln\mathrm{ROR})=\sqrt{\left(\frac{1}{A}+\frac{1}{B}+\frac{1}{C}+\frac{1}{D}\right)}$ $\mathrm{ROR}\ 95\%\mathrm{CI}=e^{\ln(\mathrm{ROR})\pm 1.96=\sqrt{\left(\frac{1}{A}+\frac{1}{B}+\frac{1}{C}+\frac{1}{D}\right)}}$	A≥3、ROR95%CI 下限>1
比例报告比（PRR）	$\mathrm{PRR}=\frac{A/(A+B)}{C/(C+D)}$ $\mathrm{SE}\ (\ln\mathrm{PRR})=\sqrt{\frac{1}{A}-\frac{1}{A+B}+\frac{1}{C}-\frac{1}{C+D}}$ $\mathrm{PRR}\ 95\%\mathrm{CI}=e^{(\ln\mathrm{PRR})\pm 1.96=\sqrt{\frac{1}{A}-\frac{1}{A+B}+\frac{1}{C}-\frac{1}{C+D}}}$	A≥3、PRR95%CI 下限>1
综合标准法（MHRA）	同 PRR 方法 $\chi^2=\frac{N\times(\lvert A\times D-B\times C\rvert-N/2)^2)}{(A+B)\times(A+C)\times(C+D)(B+D)}$	A≥3，PRR≥2，χ^2≥4

5.2.2.2 联合作用信号检测

联合作用信号检测包括卡方检测方法、Ω 收缩测量法、基线模型等。由于计算机辅助信号检测方法对于本企业的可操作性和可实现性不强，因此用人工信号检测进行联合作用分析（参见人工信号检测方法描述）。

5.2.2.3 聚集性信号检测

依据各企业药物警戒系统的实际情况（如有），以及产品特点设置药品不良事件聚集性信号风险预警规则后，利用系统对数据进行检测。具体流程不做赘述，各生产企业可根据系统购置情况自行描述。

事件级别	规则名称	预警规则
A	A1	30天内，同品种、同企业、同批号，大于等于50
	A2	30天内，同品种、同企业、同批号、严重病例，大于等于10例
	A3	30天内，同品种、同企业、同批号、死亡病例，大于等于3例
B	B1	30天内，同品种、同企业、同批号，大于等于30例
	B2	30天内，同品种、同企业、同批号、严重病例，大于等于5例
	B3	30天内，同品种、同企业、同批号、死亡病例，大于等于2例
C	C1	30天内，同品种、同企业、同批号，大于等于20例
	C2	30天内，同品种、同企业、同批号、严重病例，大于等于3例
D	D1	30天内，同品种、同企业、同批号，大于等于10例
	D2	30天内，同品种、同企业、同批号、严重病例，大于等于2例
E	E	30天内，同批号、同品种、同企业，不良反应术语包括寒战、寒颤、发热、高热、发烧、输液反应、心悸、呼吸困难、过敏、过敏反应、过敏性休克、过敏样反应、休克，大于等于5例

预警计算周期设置为12小时，每天可通过系统进行两次计算，产生信号时间点为0点和12点。

对于中成药品种（或生物制品，或创新药，或警戒委托情形等），还应考虑以下情况：

对于疫苗产品，可根据其安全性特点决定信号检测条件及分析频次，如每季度1次。对于药品监督管理部门/药品不良反应监测机构要求关注的疫苗，应当增加信号检测频率。

5.3 信号验证

5.3.1 意义

在对信号开展深入评价之前，通过信号验证来初步排除大部分假阳性信号，以减少后续信号评价的工作量。对检测到的信号以及支持信号产生的原始数据进行人工审阅，依靠经验或辅以简单信息查询来排除明确的假阳性信号。

5.3.2 参考信息

5.3.2.1 既往认知情况

查阅同品种或其他同类产品（考虑是类反应）的药品说明书，确认该信息是否已经在其说明书中提示；

检索持有人既往的信号检测和评价记录、PSUR/PBRER、风险管理计划/药物警戒计划等文件，以确认是否处理过相同或类似的信号。

5.3.2.2 判断关联强度

有助于判断因果关联的病例，如具有合理时间相关性的病例、去激发或再激发试验为阳性的病例；

暴露患者中的病例数量；

所有病例证据的一致性（如一致的发病时间）；

数据及文档记录的质量；

符合国际公认病例定义的病例；

剂量-效应关系；

基于生物学和药理学合理性的可能机制；

报告的比例失衡。

5.3.2.3 结合临床背景

反应的严重性和严重程度；

反应的结局及其可逆性；

已知不良反应的更多信息，如严重程度、持续时间、结局、发生率或处理措施；

在药物相互作用中出现的反应；

在易感人群（如孕妇、儿童或老年人群）或已有风险因素的患者中发生的反应；

采用不同使用方式时发生的反应（如药物过量、滥用、误用、标示外使用、用药错误、伪造产品）。

5.3.2.4 其他信息来源

临床试验数据；

关于科学文献中的类似病例的发现，包括同类药品成分的信息；

关于不良反应或基础疾病的流行病学信息；

实验和/或非临床发现；

从国家或上市许可持有人专用数据库中检测到的信号；

医疗保健数据库信息；

来自全球其他监管机构的信息。

5.3.3 信号验证结果

5.3.3.1 已验证信号

已验证信号是指经信号验证过程后确认现有数据中有足够的证据表明存在新的潜在因果关系或已知相关性的新特征，因此需要进一步分析的信号。

该类信号称为安全性信号，需要进一步分析评价并形成完整的信号评价文件。

5.3.3.2　未验证信号

未验证信号是指经信号验证过程后确认现有的数据中没有足够的证据表明存在新的潜在因果关系或已知相关性的新特征，无须进一步分析的信号。该类信号只需记录未通过验证的原因，无须撰写信号评价文件。

九、药品安全性信号评估标准操作规程

（一）撰写技术要点

作为药物警戒系统的一部分，持有人应综合汇总相关药品信息，对检测出的信号开展评估，综合判断信号是否构成了严重或新的药品安全风险。持有人要对药品安全风险进行全面、科学、合理的评估并记录及报告评估意见。

根据 GVP 第五章第二节第六十二条至第六十五条规定，持有人应当及时对新的药品安全风险开展评估，分析影响因素，描述风险特征，判定风险类型，评估是否需要采取风险控制措施等。评估应当综合考虑药品的获益-风险平衡。

第六十六条至第六十八条规定，持有人应当根据风险评估结果，对已识别风险、潜在风险等采取适当的风险管理措施。风险评估贯穿产品的整个生命周期，包括早期识别潜在产品、上市前开发过程，以及获得批准后药品上市的过程。持有人应对其持有产品所产生的相关风险的性质、频率和严重程度进行识别和描述。持有人在进行风险评估时应当及时记录，对于新的已确认风险应及时报告，进行风险沟通，衡量风险的危害性。对于可能严重危害患者生命安全或公众健康的风险，应当立即采取相应风险控制措施，以最大限度地降低药品安全风险，保护和促进患者和公众健康。

需要注意的是，通过计算机基辅助信号检测或者人工信号检测，在部分数据中观察到药品和不良事件可能存在关联性，但这并不能确定其关联性。这时就需要通过扩大数据来源，找出不良事件所有来源的数据，进一步汇总分析。

高质量且信息完整的个例药品不良反应报告是信号评估的基础。完整的信息应包括患者的既往史和现病史、不良事件和用药的时间关系、并用药品、不良事件的进展及转归、不良事件是否需要治疗，以及去激发/再激发的情况等。

（二）示例范本

范本 1：对于使用药物警戒系统开展药品安全性信号评估的企业，示例范本如下：

×××公司药品安全性信号评估标准操作规程

1　目的

本文件旨在规范对确认信号的优先级排序、分析、评估。

2　依据

《药物警戒质量管理规范》（国家药监局 2021 年第 65 号）

3　适用范围

本文件适用于所有检出的医学信号（药物-事件组合）与质量信号（批次质量问题）。

4　术语

优先级排序：在整个信号管理过程中持续进行，旨在识别提示可能对患者或公众健康有重大影响的信号，或者可能显著影响该药品的获益—风险平衡的信号，因此需要紧急关注和处理，不能延误。

5　流程

5.1　优先级排序考虑

当某次信号检测检出多个信号，或目前已有较多待分析/评估的信号时，需确定安全性信号的优先级，以确定需优先进行评估的信号：

药品不良反应的严重性、严重程度、转归、可逆性及可预防性；

患者暴露情况及不良反应的预期发生频率；

对特定人群的影响（如儿童、老人、孕妇或其他存在危险因素的人群）；

预期可采取的风险控制措施（如增加表现现象、注意事项、警告、禁忌症、额外的风险最小化措施、暂停、撤销）；

该信号是否可能适用于同类药品的其他成分；

媒体、一般人群或监管机构是否对该产品或不良事件高度关注。

由信号医学评估人负责对信号进行排序，将信号的优先级设定为高、中、低。随着信号相关资料的变化，信号优先级可能会随之变化。

5.2　医学信号分析

基于已有的产品信息，调查药品-信号的特征，分析与检出信号相关的各种资料，对信号作出评估，包括评估该信号是否需优先处理、是否将该信号定义为风险、是否采取监管管理措施。

对分析过程及结果进行记录，以支持得出的结论。

5.2.1 原则要求

按照优先级从高至低，对每一信号相关的资料进行审阅，完成对信号的调查、分析与评估。

由信号医学评估人对信号进行分析、评估，当无法做出决策时，组织信号分析、评估会议，对信号进行讨论与决策。

5.2.2 时间要求

不同信号的分析、评估所需时间不同。每半年应对已检出的信号进行一次分析、评估，并做出决策。高风险信号应在开始信号检测之日起的 30 天内完成分析与评估，中风险信号在 60 天内完成，低风险信号在 90 天内完成。

即使在此时间内未能做出最终决策，也需对信号分析与评估结果进行回顾并记录。

5.2.3 信号分析所需资料

围绕“药物/事件”组合，收集并整理信号分析所需的资料，并上传至指定系统。这些资料包括但不限于：

5.2.3.1 产品安全性信息

当前信号涉及的活性成分及其对应产品的列表。重点关注已知的药品不良反应、药物相互作用、剂量与给药途径、特殊人群（如儿童、老年人、孕妇或其他存在危险因素的人群）的安全性信息等。对这些数据进行深入分析，包括风险的发生机制、频率、严重程度、可预防性、可控性、对患者或公众健康的影响范围，以及风险证据的强度和局限性等。查阅与该信号相关的不良反应，并结合药物的药理学特性分析其是否存在合理的因果关系。

5.2.3.2 临床试验项目开展情况

如果该活性成分药物曾开展或正在开展临床试验，则需深入了解并评估其临床试验情况。包括临床试验结果、试验设计、安全性数据等。

5.2.3.3 信号审阅记录

需审阅既往检出的药物安全性信号与审阅记录。

所有相关的历史信号及其检出记录均应被审阅，根据信号检出记录审阅信号的变化历程。

仔细审查既往信号检出方法，包括所用的数据源、信号检测的统计方法、信号检测方案等。

无论信号是否完成验证，均在被审阅的范围内。

5.2.3.4 个例报告

对于所有涉及该信号的个例报告进行逐一审阅。

信号相关的每一次检出记录，以及检出时对应的个例报告，均在被审阅的范围。

审阅所有涉及的个例报告的最新信息。

5.2.3.5 个例报告分析

利用已有数据分析工具，对个例报告数据进行分析，以分析该信号的特征。

5.2.3.5.1 分析事件发生的人群特征

人口统计特征：包括年龄、性别、种族和地理位置等，这些因素可能影响药物反应的发生率和类型。

病史和共病情况：患者的既往医疗史和共存疾病，这些因素可能与药物反应的风险和严重性有关。

生活方式和环境因素：例如吸烟、饮酒习惯和职业暴露等，这些因素可能对药物反应有影响。

5.2.3.5.2 分析药物使用特征

药物使用历史：包括正在使用或之前使用的药物，特别是可能与新药物相互作用的药物。

剂量和治疗持续时间：药物溶媒、药物剂量、给药频率和治疗持续时间，这些因素可能影响不良反应的发生。

药物的储存条件：按照《中华人民共和国药典》规定的储藏要求进行储存。

5.2.3.5.3 分析事件的临床特征

事件的不良反应报告类型和严重性：详细描述不良反应的类型及表现（如皮疹、心脏问题等）已知风险、未知风险等和严重性（如轻度、中度、重度或致命）。

时间关系：分析事件药物给药的时间、事件发生的时间、事件好转或结束的时间关系，以评估可能的因果关系。

剂量-反应关系：研究不良反应发生的可能性是否随着剂量的改变而改变。

去激发与再激发：分析当药物停用后事件是否好转或消失，以及在再次给药时是否复发。

5.2.3.5.4 外源数据：FAERS

以关注的信号（“药物/事件”组合）在FAERS数据库中进行药物安全

性信号分析。通过计算机信息化系统（如有）中嵌入的、已经过清洗的FAERS数据进行分析，以作当前信号分析、评估的参考。

5.2.3.5.5 外源数据：文献资料

以关注的信号（“药物/事件”组合）在文献检索平台，进行文献检索与药物安全性信号分析。

通过药物警戒系统中嵌入的药物警戒文献检索平台，检索当前关注药物的相关文献，以辅助当前信号分析、评估的参考。

5.2.3.5.6 资料管理

信号分析、评估过程中收集到的资料，均上传至信号管理中心的相关附件中，以供后续查阅。

5.3 分析评估

基于上述资料，进行信号的分析、评估，确定该信号对公共卫生的影响、是否需要优先进行分析评估、是否确定为信号以及是否需要采取管理措施。

5.3.1 公共卫生影响范围

在药物安全性信号分析评估过程中，评估信号对公共卫生的影响范围，需要综合考虑以下几个关键点：

人群普遍性：考虑药物在整个人群中的使用频率。广泛使用的药物可能影响更大范围的人群。不同地区或文化背景的人群可能因用药习惯、健康状况等因素在不良反应上有所不同。

事件的发生率：估计在使用该药物的人群中，不良事件的发生率。较高的发生率表明更广泛的公共卫生影响。

健康资源分配：药物不良事件可能对不同地区的健康资源分配产生影响，尤其是在资源有限的地区。

替代治疗的可用性：如果存在安全有效的替代药物，药物安全性问题对公共卫生的影响可能较小。缺乏替代方案可能增加不良事件的公共卫生影响。

公众信心：该不良事件是否会影响公众对药物和整个医疗系统的信心，包括媒体报道和公共卫生警报。

5.3.2 严重性

影响程度涉及药物不良事件对个体健康和社会的深度影响，包括：

临床后果的严重性：考虑不良事件的严重性，包括是否有生命威胁、需要住院治疗、长期残疾或死亡。

健康资源使用的增加：不良事件可能导致额外的医疗干预、长期治疗或医疗资源的大量使用。

生活质量的影响：评估不良事件对患者日常生活、工作能力和生活质量的影响。

经济负担：包括对患者、家庭和整个医疗系统的经济影响，如治疗费用、失业和保险成本。

5.3.3　是否影响特定人群

评估特定人群（如儿童、老年人、孕妇、特定疾病或其他存在危险因素的人群）是否对该药物的不良事件更为敏感。

5.3.4　信号优先级

根据风险可能对患者生命安全或公众健康造成的严重影响，确定该信号的优先级。

5.3.5　信号分析小结

记录在信号分析评估过程中的审阅资料意见，对资料内容进行总结，以便支持最终结论。例如，某图表显示该信号人群中老年男性占比超过 80%，需对该特定人群数据进行进一步分析。

5.4　信号结论

5.4.1　是否为信号

得出信号结论，判断是否为信号：

已拒绝信号：通过分析认为，不存在潜在的药物与事件间的相关性，考虑为已拒绝的信号；

已确认的信号：通过分析认为，存在确定或潜在的药物与事件间的相关性，考虑为已确认的信号。

5.4.2　是否为风险

得出信号结论，判定是否为风险：

已识别风险：确定是否是重要已识别风险，需推荐相应的风险最小化行动措施；

潜在风险：确定是否为重要潜在风险，根据具体情况，需推荐相应的风险最小化行动措施或持续关注；

缺失信息：确定是否为重要缺失信息，根据具体情况，需推荐相应的风险最小化行动措施或持续关注；

非风险：无须采取行动，对信号活动产生的数据进行记录存档；

无法定论：根据具体情况，可能作为特别关注话题定期检测或持续关注。

5.4.3　是否需监管行动

针对确定的风险或潜在风险，判定是否需采取监管行动。标识需要采取的监管行动的内容。

范本2：对于未使用药物警戒系统开展药品安全性信号评估的企业，示例范本如下：

×××公司药品安全性信号评估标准操作规程

1　目的

本文件旨在规范公司上市后药品安全风险信号检测、分析处理、评价控制的流程及要求。

2　依据

《药物警戒质量管理规范》（国家药监局2021年第65号）

3　适用范围

本文件适用于本公司所持有产品的药品安全风险信号的分析评价处理流程。

4　流程

4.1　信号分析

药物警戒专员将人工识别或者电子系统产生的信号进行分级，按照风险优先次序进行处理。优先处理证据强度很强、医学上认为有显著意义（如严重的、不可逆的、带来后遗症的）及对公众健康有潜在影响的安全性问题。

经初筛后保留下来的药品—事件组合（Drug-Event Combination，DEC）将被视为有价值的信号或可疑因果关系信号，药物警戒专员将对有价值的信号做进一步深入评价，通常采用的方法有：

查询安全数据库中所有相关报告并逐一进行临床评估，例如，逐例查看聚集性信号涉及的个例报告，了解药品不良事件的基本情况，包括报告来源、地区分布、患者年龄及性别分布、合并用药、不良反应表现、不良反应结果等，并比较个例报告之间是否相似或雷同，排除重复报告。

分析已有的临床试验相关数据，查看相关事件，文献检索和回顾：查看聚集性信号中涉及品种同批号产品的其他聚集性信号情况，检索该品种同批号产品产生的不良反应/事件。必要时需要查询该品种其他批号产品的聚集性信号情况。

药物流行病学观察性研究。

设计和开展新的临床试验予以验证。

其他类型的研究和不同来源的数据。

其他信息核实：包括其真实性（是否为虚假报告）、准确性（药品名称、批号、企业信息等），以及完整性（不良反应发生情况、名称、结果、患者既往史等）的核实。

4.2 信号评价

4.2.1 信号评价考虑因素

（一）案例报告中的信号	停药后 AE 消退（不是由于对 AE 的治疗）、再用药后 AE 重现； 已知的作用机制（同类药物的已知不良反应）； 用药与发生 AE 之间时间上的合理性； 症状模式的一致性； 没有明显的混杂因素； 提供了鉴别诊断，报告客观体征而非主观症状； 发生在年轻人群中的假想信号； 亚组已知的特定风险； 存在量效关系； 报告频度高； 在接受治疗的人群中具有较低的自然背景发生率； 没有其他可解释原因
（二）临床试验数据	治疗组与安慰剂组比较，差异有统计学意义； 结果一致性好，特别是在研究药物与不良事件之间关系的试验中； 存在有量效关系； 交互作用有药代动力学证据； 相对危险度升高； 不同研究中呈现一致的趋势； 从上市后观察性研究中收集的证据
（三）设计良好的临床前研究数据	动物实验中有相似的发现； 体内体外试验结果阳性
（四）产品质量数据	—

4.2.2 信号处理意见

药物警戒专员结合信号评价考虑因素，对信号进行评价，并得出以下处理意见：

4.2.2.1 忽略

对于现有信息评估，出现同一病例多次报告的信号；不良反应表现无集中趋势的信号；已监测到的不良反应与药理作用相关，与质量风险关联性较小的信号；经分析判断与现场调查，与质量风险关联性小的信号；其他无需进一步处理的信号，无需进一步处理。

4.2.2.2 继续监测

经评估与药品质量问题可能存在关联性，但聚集性信号所涉及的报告数量较少，需要进一步监测病例报告数量变化情况的信号。

4.2.2.3 关注

• 涉及个例报告中全部报告或多例报告不良反应表现相似，且以药理作用难以进行解释的信号；

• 不良反应表现用药理作用可以解释，但报告数量快速增加的信号；

• 日常监测中已经重点关注的品种，既往已经确认质量风险的药品及企业，出现多例不良反应表现类似报告的信号；

• 涉及植物提取药及多组分生化药等，同批次产品相似不良反应表现报告数量明显增加的信号；

• 注射制剂出现多例寒战、发热报告，或本次信号中寒战、发热病例较少但同批号查询另有多例寒战、发热报告的信号；

• 虽为并用药品，但不良反应表现类似，且表现可能与药品质量相关的信号；

• 其他需要关注的信号。

4.2.2.4 其他

怀疑报告信息真实性或报告信息存在雷同等需要核实情况，处理意见选择“其他”。经核实确认为虚假报告，预警信息的处理意见维持“其他”，并如实填写文本内容；若病例报告真实准确，须按照上述标准重新选择“忽略、继续监测或关注”的处理意见。

4.2.3 定性结果

药物警戒专员对信号评价处理后，记录初步结果并上报药品不良反应负责人，药品不良反应负责人对信号评价意见进行审核，必要时上报药品安全委员会进行讨论，或者请医学专家支持评价。每项处理意见均应有定性结果，作为处理的依据：

• 质量问题：药品检验结果不合格；

• 已知不良反应：说明书中载明的不良反应；

• 新的不良反应：说明书中未载明的不良反应；

• 偶合：是指患者正处于某种疾病的潜伏期，或存在尚未发现的基础疾病，用药后巧合发病，其发生与药品本身及使用无关；

• 不合理用药：未按照药品说明书使用；

• 医疗差错：违反治疗原则和规定；

• 其他问题：若在检验报告定性之前，怀疑药品质量问题的信息，可选择此项，并在文本框中注明怀疑质量问题。但应在检验报告定性之后，及时更新审核意见。

4.3 风险控制措施

药物警戒专员应根据信号提示的风险，向药品不良反应监测负责人及药品安全委员会报告，并讨论适当的风险控制措施。相关部门应提供必要的支持。对于确认的信号，应考虑以下风险控制措施：

对已确认发生严重不良反应的药品，应通过各种有效途径将药品不良反应信息及合理用药指导及时告知医务人员、患者和公众；采取修改标签和说明书、暂停生产、销售、使用和召回等措施；对不良反应较大或其他原因危害人体健康的药品，应当主动申请注销其批准证明文件。

4.4 记录要求

药物警戒专员应记录信号分析、评价、审核及控制的全过程，包括但不限于记录同批号查询结果；不良反应是否已知；不良反应表现相似病例报告的数量；是否进行核实或现场调查及调查结果；是否建议进行抽检及抽检结果；正在采取或已经采取的措施；是否通过电话报告给监管部门或国家中心；其他需要记录的情况。

4.5 信号处置

信号评价是一个往复的过程，结论可能存在不确定性。对于处理意见为“关注”及“继续监测”的信号，应进行后续处置：

4.5.1 “关注”信号

定期（每周/次）对“关注”信号进行跟踪，包括病例数量、严重程度、预警级别及事件处置的进展等，并及时进行再次审核，更新预警事件的进展情况。若药品检验报告已定性且事件得到妥善处理，应及时更新审核意见。若检验报告显示为药品质量问题，则定性结果应选择“质量问题”。

4.5.2 “继续监测”信号

定期（每2周/次）跟踪“继续监测”聚集性信号中涉及品种的报告数量或预警级别进展。若1个月内事件无进展，处理意见应更新为“忽略”。若病例数量持续增加且符合“关注”标准，处理意见应更新为“关注”。

十、药物警戒资料存档操作规程

（一）撰写技术要点

药物警戒活动的所有文档应当设立一个记录管理体系，该体系应支持对药物警戒数据的质量管理（包括数据的完整性、准确性和统一性），便于及时查阅所有记录，促进有效的内外部沟通等。企业内部建立药物警戒资料存档规程，旨在规范药物警戒相关记录的填写、审核、保存和数据的备份、保存等工作，确保药物警戒记录和数据的真实、准确、完整、安全和保密，保证药物警戒活动的可追溯性。

根据 GVP 第七章文件、记录与数据管理第一节制度和规程文件的相关要求：

第一百零一条要求，制度和规程文件应当按照文件管理操作规程进行起草、修订、审核、批准、分发、替换或撤销、复制、保管和销毁等，并有相应的分发、撤销、复制和销毁记录。制度和规程文件应当分类存放、条理分明，便于查阅。第一百零七条要求，持有人应当规范记录药物警戒活动的过程和结果，妥善管理药物警戒活动产生的记录与数据。记录与数据应当真实、准确、完整，保证药物警戒活动可追溯。关键的药物警戒活动相关记录和数据应当进行确认与复核。第一百零八条要求，记录应当及时填写，载体为纸质的，应当字迹清晰、易读、不易擦除；载体为电子的，应当设定录入权限，定期备份，不得随意更改。第一百零九条要求，电子记录系统应当具备记录的创建、审核、批准、版本控制，以及数据的采集与处理、记录的生成、复核、报告、存储及检索等功能。第一百一十条要求，对电子记录系统应当针对不同的药物警戒活动和操作人员设置不同的权限，保证原始数据的创建、更改和删除可追溯。第一百一十一条要求，使用电子记录系统，应当建立业务操作规程，规定系统安装、设置、权限分配、用户管理、变更控制、数据备份、数据恢复、日常维护与定期回顾的要求。第一百一十二条要求，在保存和处理药物警戒记录和数据的各个阶段应当采取特定的措施，确保记录和数据的安全性和保密性。第一百一十三条要求，药物警戒记录和数据至少保存至药品注册证书注销后十年，并应当采取有效措施防止记录和数据在保存期间损毁、丢失。第一百一十四条要求，委托开展药物警戒活动所产生的文件、记录和数据，应当符合本规范要求。第一百一十五条要求，持有人转让药品上市许可的，应当同时移交药物警戒的所有相关记录和数据，确保移交过程中记录和数据不被遗失。

EU GVP 要求药物警戒数据应完整、准确和统一，设置适用的留存期限。在保存和处理药物警戒数据的各个阶段，都应采取特定的措施以确保数据的安全性和保密性。应配备适当的结构和流程，以确保药物警戒数据和记录在留存期间免受损毁。

（二）示例范本

×××公司药物警戒资料存档操作规程

1 目的

本文件（SOP）旨在规范本公司在执行药物警戒活动过程中产生的相关文件的管理流程，并在药物警戒文件存档管理中严格执行本文件。

2 依据

《药物警戒质量管理规范》（国家药监局 2021 年第 65 号）

欧盟《药物警戒质量管理规范》

《药品不良反应监测和管理办法》（中华人民共和国卫生部令第 81 号）

3 适用范围

本文件适用于本公司药物警戒纸质和电子文件档案的管理控制，以及本公司从事药物警戒纸质和电子文件档案的管理人员。

4 术语

原始数据：指初次或源头采集的、未经处理的数据。包括文字、数值、符号、影像、音频、图片、图谱等。

记录：指在药品研制、生产、经营、使用活动中通过一个或多个数据记载形成的，反映相关活动执行过程与结果的凭证。记录可以根据用途分为台账、日志、标识、流程、报告等不同类型。载体可以是纸质或电子的。

归档：指保护记录不被进一步修改或删除，需要在固定文件管理员的控制下储存这些记录。

备份：创建一个或多个电子数据的副本，作为原始数据丢失或不可用时的替代（如在发生系统崩溃或磁盘损坏等灾难事件时）。备份不同于归档，电子记录的备份副本是临时的，仅为灾难恢复目的存储，这些数据可能会被定期覆盖。

5 流程

5.1 药物警戒活动文件

药物警戒活动相关文件由药物警戒部门制定归档标准并监督执行，包括但不限于：

• 培训文件：培训签到表、培训测试问卷。

• 个例安全性报告处理相关文件：包括原始资料（含有药物安全性信息的邮件、电话记录、传真等）、上报记录、随访记录（如有）等。

• 文献检索相关文件：文献检索列表、下载的文献全文、相关的跟踪记录表（如有）等。

• 电话和投诉相关文件：医学咨询记录单、产品投诉记录单、不良事件记录单等。

• 汇总性安全性报告相关文件：签字版PSUR、签字版DSUR、PSUR/DSUR提交记录、对于监测部门审核意见的处理/回应记录（如有）等。

• 风险管理计划（RMP）相关文件，如签字版风险管理计划、跨部门的沟通邮件（如适用）等。

• 信号检测相关文件：如用于信号检测的原始数据、安全性信号检测汇总表、信号评估报告等。

• 监管机构反馈数据分析及风险管理措施报告。

• 上市后监测相关文件：如研究过程中产生的项目文件（如研究方案、总结报告、向药品监督管理部门报告的信息等）。

5.2 文档的分类

药物警戒资料可分为电子文件和纸质文件。

5.3 文档的存储方式

每天定时将电子文件存档，每周或每月定期将纸质文件归档。药物警戒资料管理人员需收集原始数据（包括邮件、传真、扫描件等）。

5.4 药物警戒资料管理人员

应当接受必要的培训，掌握相应的药物警戒记录与数据管理要求与操作技能。做好纸质记录分类和归纳整理，及时填写《药物警戒资料存档记录》，以便于实现药物警戒记录与数据的识别、查找、沟通和统计分析。

5.5 纸质归档文件

5.5.1 存放要求

所有药物警戒资料储存应具备适宜的防虫、防潮、防火、防盗措施，以防止记录和数据在保存期间损毁、丢失或损坏。由专人负责和管理文件夹权限，负责记录的保管和借阅。同时建立档案索引，便于查找。

若纸质文件盒中存档多份文件，应将目录置于记录最上方，目录应至少包括记录名称、记录数量、归档时间、归档人等信息。文件按照时间由近及远的顺序存放。

5.5.2 资料借阅

档案资料一般不得外借，确因工作需要借出时，须经药物警戒负责人批准，履行借阅手续，填写《药物警戒档案借阅表》，并按时归还。借出的档案不得涂改或丢失。

如归档资料需要借出至公司外部，则仅提供复印件，不得提供原件，同时需获得药物警戒负责人的批准。

5.6 电子数据归档

电子数据应贯穿整个数据的生命周期，从数据的收集、传递、处理、审核、上报、保存到销毁，均应保证真实、完整、可追溯和安全性。药物警戒过程中产生的资料，如原始病历、个案报告信息等纸质记录，可以通过拍照、扫描等方式转换成电子记录，并统一上传至电子数据库中进行保存。

5.6.1 访问控制

对于储存药物警戒资料的电脑和电子备份，应设置访问密码，实行严格的访问控制，确保仅有经过授权的人员才能够访问。

5.6.2 数据备份

药物警戒电子数据应定期备份，通常情况下每月备份一次，并保存在性能良好的移动硬盘或其他存储介质中。

5.7 资料保存期限

药物警戒资料至少保存至药品注册证书注销后十年。达到保存期限的资料，药物警戒资料管理人员确认后提出销毁申请，经药物警戒负责人审核批准后，在药物警戒专员的监督下销毁，并填写销毁记录。

6 附件

《药物警戒资料存档记录》

记录名称	记录编号	存储位置	产品名称	年份	归档日期	归档人

《药物警档案借阅表》

借阅日期	借阅人	借阅记录名称	用途	批准人	归还日期	归还确认

《药物警戒资料销毁记录》

记录编号	记录名称	版本号	份数

销毁记录概要：			
销毁原因：			
销毁人：			
药物警戒负责人意见：			
监督人		销毁日期	

十一、药物警戒体系主文件撰写操作规程

（一）撰写技术要点

PSMF 是对持有人已建立的药物警戒体系及活动情况的描述，应全面如实反映持有人出于合规目的和获益风险评估需求而开展的药物警戒活动情况及其体系质量评估结果。PSMF 最早由欧盟提出，《关于欧洲共同体内人用医药产品规范的指令》定义了 PSMF 是对持有人为一种或多种医药产品建立的药物警戒体系的详细描述并指出持有人是创建和维护 PSMF 的责任主体，明确了持有人涉及 PSMF 的工作要求。

我国药品监督管理局于 2021 年 5 月 13 日正式发布了 GVP，首次对 PSMF 创建、维护、撰写内容作出规定。GVP 第一零四条规定，“持有人应当创建并维护 PSMF，用以描述药物警戒体系及活动情况。”首次提出持有人应创建 PSMF。第一零五条“持有人应当及时更新 PSMF，确保与现行药物警戒体系及活动情况保持一致，并持续满足相关法律法规和实际工作需要”对 PSMF 的更新做出规定；第一百零六条规定了 PSMF 至少包括组织机构、药物警戒负责人的基本信息、专职人员配备情况、药品不良反应信息来源、信息化工具或系统、管理制度和操作规程、药物警戒体系运行情况、

药物警戒活动委托、质量管理、附录等十项内容。这十个项目涵盖了GVP中总则、质量管理、机构人员与资源、监测与报告、风险识别与评估、风险控制以及文件、记录与数据管理六个章节的内容，可以全面反映持有人依据GVP要求开展药物警戒活动的各个方面。2022年2月25日，国家药品不良反应监测中心发布了《药物警戒体系主文件撰写指南》，细化和明确了PSMF更新、格式、内容要求，指导持有人创建和维护PSMF。

持有人撰写PSMF除了满足法律规定和指南要求，还有利于持有人和药物警戒负责人监测评估药物警戒体系运行状态、国家监管机构开展检查或其他合规验证等，也能进一步保障用药合理及安全。持有人撰写PSMF时首先要考虑全面性，应能涵盖持有人为满足当地法律法规对于药物警戒体系建设的基础要求采取的所有行动，例如组织构建、人员招聘等支撑药物警戒活动开展的资源配置情况等；其次是要考虑真实性，PSMF是对已有药物警戒体系真实运行情况的概述，持有人应当结合自身实际情况如实撰写，尤其当发现影响药物警戒体系运行的重大问题时，更需要在主文件中如实记录，充分发挥其工具性作用。

（二）示例范本

×××公司药物警戒体系主文件撰写操作规程

1　目的

本文件旨在规范药物警戒体系主文件的撰写、审批、更新程序，保证主文件合规、全面、真实，能够准确反映药物警戒体系运行状态。

2　依据

《药物警戒质量管理规范》（国家药监局2021年第65号）

《药物警戒体系主文件撰写指南》（2022年）

3　适用范围

本文件适用于药物警戒体系主文件（以下简称“主文件”）的建立、更新维护工作。

4　职责

药物警戒部门：负责创建、更新主文件，并定期整理以下资料：

• 药物警戒负责人在国家药品不良反应监测系统中登记的证明材料；

• 药物警戒委托合同/协议或其他书面证明材料列表，包含合同/协议名称、编号等；

• 现行版药物警戒制度和规程列表，包含制度或规程文件名称、编号、版本号；

• 个例药品不良反应报告数字或图表，包含首次获知时间、报告提交时间以及未提交报告的原因；

• 定期安全性更新报告列表，包含报告覆盖期、提交时间、提交频率；

• 已完成和计划开展的药物警戒相关培训列表，包含培训时间、形式、内容、参加部门或人员等，已完成的培训还应提供培训效果评估方法和评估结果；

• 已完成和计划开展的内部审核列表，包含内部审核日期、审核内容、审核结果、纠正和预防措施及其落实情况和日期。

人力资源部：负责及时告知药物警戒部门公司组织结构、部门负责人、公司高级管理人员变更情况；提供药物警戒负责人、药物警戒专职人员以及其他药物警戒相关人员的简历、聘任证明、岗位职责材料。

质保部门/注册部门：负责及时向药物警戒部门提供持有人持有的产品注册信息变更、上市情况变更信息；定期提供正在开展的上市后安全性研究或其他数据收集项目的列表，包含产品名称、研究或项目名称、目的、开展地区。

5　撰写前准备

药物警戒部门负责向相关部门索取撰写主文件需要的资料，明确资料内容、格式，提交时限等要求；

规定主文件版本号管理，保证主文件可追溯；

规定主文件格式，统一页面、表格、页码设置要求，保证主文件整洁美观。

6　主文件撰写

主文件包含封面、目录、正文、附录四部分内容。

6.1　封面

封面包括持有人名称、药物警戒负责人姓名及联系方式、审核批准人员姓名、主文件版本号、生效日期等。

6.2　目录

目录应尽可能详细，一般包含三级目录。

6.3　正文

包括组织机构、药物警戒负责人的基本信息、专职人员配备情况、疑似药品不良反应信息来源、信息化工具或系统、管理制度和操作规程、药物警戒体系运行情况、药物警戒活动委托、质量管理。

6.3.1　组织机构

概述与药物警戒活动有关的组织机构、职责及相互关系等。组织机构包括药品安全委员会、药物警戒部门与其他相关部门，并提供组织架构图。当委托开展药物警戒相关工作时，概述委托活动及受托方。概述药品安全委员会的职责、组成、工作机制和工作程序等相关信息。

6.3.2　药物警戒负责人的基本信息

联系方式：包含姓名、职务、手机、办公电话、电子邮箱、居住地所在省市；

简历：包含教育背景、技术职称、工作经历、培训情况等；

工作职责；

缺位保障机制。

6.3.3　专职人员配备情况

概述药物警戒部门的岗位设置、岗位需求、岗位职责、各岗位专职人员数量。其他与持有人的药物警戒活动密切相关的部门，也应当描述其岗位设置与人员配备情况。

6.3.4　疑似药品不良反应信息来源

概述收集疑似药品不良反应信息的主要途径，包括来源于自发报告、上市后安全性研究及其他有关组织的数据收集项目、学术文献和相关网站等。

概述不同途径收集疑似药品不良反应信息的责任部门、收集方法与流程、信息传递时限等内容，可以以列表形式呈现相关内容；

对于委托开展疑似药品不良反应信息收集的，描述相关内容。

对于境内外均上市的药品，概述在境外发生的疑似药品不良反应信息的获取途径。

6.3.5　信息化工具或系统

概述信息化工具或系统在设计、安装、配置、验证、测试、培训、使用、维护等环节的要求及对上述内容的记录管理规程。

概述信息化工具或系统、数据库的部署地点、功能及运营责任。

概述信息化工具或系统的安全管理级别及根据相应的安全管理级别选取访问控制、权限分配、审计追踪、授权更改、电子签名等控制手段。

6.3.6　管理制度和操作规程

概述药物警戒关键活动的流程，包括但不限于疑似药品不良反应信息的收集、处置与报告，药品安全风险识别、评估与控制，安全性信息沟通，重要药物警戒文件的撰写、审核与提交。注明流程对应制度或规程文件的名称、编号、版本号，并指明属于受托方或其他第三方的管理制度和操作规程。

6.3.7 药物警戒体系运行情况

概述评估药物警戒体系运行情况的性能指标、考核方法、考核结果，包括：

个例药品不良反应报告按规定时限要求提交的评估结果；

提交定期安全性更新报告的及时性；

用于监测提交材料质量的指标，例如个例药品不良反应报告符合《上市许可持有人药品不良反应报告表（试行）》填表说明相关要求、定期安全性更新报告符合《药品定期安全性更新报告撰写规范》相关要求等，以及监管机构对上述提交材料反馈的质量信息；

药物警戒计划及其实施情况。

6.3.8 药物警戒活动委托

对于委托开展药物警戒相关工作的，概述委托内容、受托单位、合同/协议期限与双方职责。

6.3.9 质量管理

概述对药物警戒体系及活动情况的质量管理要求及质量保证系统运行情况，包括：

药物警戒质量目标、质量体系文件、质量管理流程、质量控制指标等。

适用于药物警戒体系主文件及其他文件的文件管理操作规程。

培训计划制定的依据以及制定、审核、执行、效果评估等培训计划管理流程和要求。

内部审核制度，包含审核方案的制定和实施、审核结果的报告、纠正和预防措施的制定、跟踪和评估等。如在内部审核中发现重大问题，在药物警戒体系主文件中对该问题的发现日期、简要情况、纠正和预防措施、预计解决日期进行描述。在纠正和预防措施全部落实并评估后，可在主文件中删除相关内容。

6.4 附录

附录部分可以根据撰写需要增加附录数量与内容，包含但不限于以下内容：

- 主文件所覆盖的药品列表，包含产品名称、批准文号、已上市的国家或地区。

• 药品安全委员会组成人员列表，包括姓名、职务及所属部门。

• 指定药物警戒负责人的证明材料，包括药物警戒负责人简历信息的证明材料及其在国家药品不良反应监测系统中登记的证明材料。

• 药物警戒部门专职人员信息，包括姓名、相关专业背景和培训情况。人员变动无须立即更新，可随每年度定期更新时一并更新。

• 正在开展的上市后安全性研究或其他数据收集项目的列表，包含产品名称、研究或项目名称、目的及开展地区。

• 现行药物警戒制度和规程列表，包含制度或规程文件的名称、编号、版本号。

• 药物警戒体系性能指标的考核结果，提供个例药品不良反应报告的数字或图表（可以是两次更新期间的数据），说明15日和30日报告的及时性；提供定期安全性更新报告列表，说明报告的覆盖期、提交时间和提交频率的合规性。

• 委托合同/协议或其他书面证明材料列表，包括合同/协议名称、编号。

• 已完成和计划开展的培训列表，包括培训时间、形式、内容及参加部门或人员等；已完成的培训还应包含培训效果评估的方法及结果。

• 已完成和计划开展的内部审核列表（至少是本年度数据），包括内部审核日期、审核内容、审核结果、纠正和预防措施及其落实情况和日期。

• 主文件修订日志，包括修订发起部门、修订内容、修订日期及修订前后版本号。修订日志可以分为正文修订日志、附录修订日志，以减少主文件版本号的更新次数。

7　主文件审批

药物警戒部门完成主文件的建立或更新后，应及时提交给药物警戒负责人审核，并经签章生效。

8　主文件更新

药物警戒部门负责至少每年对主文件进行一次更新维护。当药物警戒组织机构、药物警戒负责人、药物警戒活动委托等发生重大变化时，或因监管部门检查、公司内部审核等工作需要的，药物警戒应及时更新主文件。

9　主文件保存

已签章生效的主文件，应及时扫描成电子版备存。

十二、药物警戒计划撰写操作规程

（一）撰写技术要点

药品上市前的研究并不能暴露其所有风险，随着药品上市后的广泛使用，新的安全性问题可能出现。为了保护患者的用药权益和身体健康，监管部门和持有人逐渐重视药品上市后的风险管理计划的制定。2004 年，ICH 发布了 E2E。通常情况下，该指导原则适用于申请人在提出药品上市许可申请时，或持有人在提出新增适应症、扩大用药人群申请时，根据各国要求向监管部门提供药物警戒计划；同样，该指导原则也适用于在药品上市后发现新的重要安全性问题时，持有人制定药物警戒计划的情况。

针对 ICH E2E，国家药监局药品审评中心于 2021 年 12 月发布了《临床风险管理计划撰写指导原则（试行)》。该指导原则以 ICH E2E 的要求和建议为基准，结合中国上市许可申请的审评经验，提供了一份风险管理计划的撰写模板，为申请人在药品审评审批阶段撰写药品风险管理计划提供了详细的指导。同时，该指导原则也充分考虑了持有人在药品上市后制定“药物警戒计划”或“上市后风险管理计划”等情况，指出持有人在药品上市后形成相关文件时，应参考上市申请获批时经药品审评中心确认的“临床风险管理计划”，并保持相关内容的一致性和衔接性。

GVP 要求：“持有人应制定药物警戒计划并落实其执行。”并由“药物警戒部门履行撰写药物警戒计划的职责”。“药物警戒计划应当报持有人药品安全委员会审核。”同时，GVP 第六章第九十六条也提出药物警戒计划作为药品上市后风险管理计划的一部分，是描述上市后药品安全性特征以及如何管理药品安全风险的书面文件。明确指出药物警戒计划是重要的书面文件，它是药品上市后风险管理计划的一部分，因此可以理解为它可以单独存在，也可以作为药品上市后风险管理计划中的一部分。第九十七条提出，持有人应当根据风险评估结果，对发现存在重要风险的已上市药品，制定并实施药物警戒计划，并根据风险认知的变化及时更新。并非要求对所有已上市药品都制定药物警戒计划，药物警戒计划应当依风险实际情况制定。第九十八条提出，药物警戒计划包括药品安全性概述、药物警戒活动，并对拟采取的风险控制措施、实施时间周期等进行描述。以上均明确了药物警戒计划应当包含的内容。

综上所述，持有人应当根据 GVP 的要求制定并实施药物警戒计划。制定药物警戒计划时，需要严格遵守法规要求，明确制定和实施药物警戒计划的目标是确保药品的安全性，预防和降低药品的风险；应确保基于真实准确的数据和信息，对药品进行全面的风险评估，并针对评估出的风险，制定有效的风险管理措施。对于重要的已识别风险、重要的潜在风险或重要缺失信息的产品，药物警戒计划中应该制定额外（区别于常规的药物警戒活动）的措施来处理。药物警戒计划应该是一个动态的过程，需要随着药品使用情况的变化和安全性信息的出现而不断更新和改进。持有人应定期评估计划的实施效果，并根据需要进行修订完善。

（二）示例范本

×××公司药物警戒计划撰写操作规程

1 目的

本文件旨在规范药物警戒计划的制定，有效控制药品安全风险。

2 依据

《药物警戒质量管理规范》（国家药监局 2021 年第 65 号）

《“临床风险管理计划”撰写指导原则》（2022 年）

3 适用范围

本文件适用于已上市药品安全性风险中药物警戒计划的撰写和更新工作。

4 术语

重要风险：指风险发生时导致死亡、残疾、先天性异常或出生缺陷等严重后果，或者因为后遗症严重影响患者的社会/生活功能或生活质量；需要对高比例的患者进行临床干预以应对风险发生后产生的临床症状、体征异常；由于缺乏针对风险的预防或治疗手段，或与当前普遍应用的预防/诊疗手段发生冲突，而给当前的临床实践带来重大挑战。

已识别风险：指有充分证据表明与关注药品相关的风险。具体包括：在临床治疗过程中确实观察到风险相关的不良事件；有充足证据表明风险与用药之间存在因果关系。这里的“充足证据”一般是指：在非临床和临床研究中都观察到的不良反应；在设计良好的临床试验或流行病学研究中观察到与对照治疗相比存在差异的不良反应，或与对照治疗的“已识别风险”不良反应发生率相似；一定数量且记录完整的不良反应，其发生与用药存在明确的时间关系和生物学合理性（如严重的过敏反应）。

潜在风险：指有依据怀疑与关注药品相关，但这种相关性尚未得到证实的风险。

重要缺失信息：若对药品某方面的安全性特征或某特定人群使用该药品的风险获益信息存在缺失，且缺失信息是临床所关注的，则应考虑将其列为重要缺失信息。例如，儿童、老年人、妊娠/哺乳期妇女、肝/肾功能受损者、临床研究中因特殊安全性原因排除的人群等。

5　流程

5.1　职责

药品安全委员会：负责药物警戒计划的审核工作。

药物警戒部门：负责药物警戒计划的撰写工作，与各职能部门一起确保计划的有效执行。

5.2　撰写原则

该文件撰写的主要目的是识别和描述药物的重要已识别风险、重要潜在风险和重要缺失风险，进而提出与风险相匹配的药物警戒活动和风险控制措施，以确保药品上市后在适用人群的用药过程中保持获益大于风险。主要包括三大核心内容：安全性概述、药物警戒活动以及风险控制措施。

5.2.1　安全性概述

安全性概述是对目标适应症的流行病学信息加以总结。该部分的主体内容是对重要风险的分析和评价，无论其涉及何种使用证和目标人群，在确定风险是否重要时，应考虑以下因素：风险的医学严重性，包括对个体患者的影响；发生频率、可预测性、可预防性和可逆性；对公众健康的潜在影响（基于发生频率、治疗人群的大小等综合判断），包括因治疗期间可能需要避免使用某种/类预防产品带来的公共风险。

在撰写过程中，如果发现风险具有以下特征之一（但不排除其他可能），应考虑将其列为重要风险：

风险发生时导致死亡、残疾、先天性异常或出生缺陷等严重后果，或者由于后遗症严重影响患者的社会/生活功能或生活质量（如导致患者重度抑郁）；

需要对高比例的患者进行临床干预（如停药或接受输血等支持治疗）以应对/治疗风险发生后产生的临床症状/体征异常；

由于缺乏针对风险的预防或治疗手段，或与当前普遍应用的预防/诊疗手段发生冲突，而给当前的临床实践带来重大挑战。

重要风险被区分为“已识别风险”、“潜在风险”和“缺失信息”。这些风险可能并不影响所有用药人群，而仅高发于具有某些特征的用药者。持有人在撰写时应对风险的危险因素、可预防性及其对获益风险平衡的影响进行评估，并作为制定风险控制措施的重要参考。

5.2.2 药物警戒活动

药物警戒活动包括常规药物警戒活动和额外的药物警戒活动。所有药品在上市后必须执行常规药物警戒活动。当常规药物警戒活动不能满足需求时需要开展额外的药物警戒活动，包括但不限于当重要的已确认风险中存在影响风险认知的不确定因素（例如高危人群、预防/降低已识别风险的方法）时，或者需要针对某些重要的潜在风险或重要的缺失信息进行系统性研究时。

5.2.3 风险控制措施

风险控制措施包括常规措施和特殊措施，旨在预防/降低重要风险的发生。常规风险控制措施包括修订药品说明书、标签、包装，更改药品包装规格，调整药品管理状态等。

通过药品在销售、处方和使用过程中必须配备的材料或环节来实现的风险控制措施，应被列为常规措施；国家针对特殊药物（如麻醉药品、血液制品、精神疾病用药等）的处方和销售限制也属此类。药品说明书是最重要的常规风险控制工具；为了预防用药错误，在包装上进行特殊的提醒，或者不同规格的产品采用不同颜色或外形的包装设计，也属于常规风险控制措施。

当常规措施不足以将风险降低到可接受水平时，应采取特殊风险控制措施。特殊措施通常包括医患教育材料、用药指南、处方/流通渠道管理、用药登记、妊娠预防计划等。在撰写特殊措施时，应该围绕具体措施展开，对各项措施的名称、拟控制风险和目标、实施计划表和有效性评价计划进行摘要。

5.3 更新要求

在出现以下情况之一时，需要更新药物警戒计划：

新的重要临床试验暴露数据；

新的严重不良反应聚集事件和（或）经确认与该产品直接相关的群体、死亡事件；

出现新的安全性问题或已有安全性问题被重新分类时。

5.4 撰写

药物警戒计划通常由签名页、摘要和正文组成。

5.4.1 签名页

签名页需要包含至少以下信息：版本、生效时间、企业名称、药物警戒负责人（姓名、职务及签名）、公司代表联系方式、公司地址，以及现行版生效时间（格式为年/月/日）。

5.4.2 摘要

在撰写时，若正文内容较少，可省略摘要部分。

5.4.3 正文

在正文前可根据需要插入最新版本相较于上一版本的修订说明、总目录、表目录、图目录、英文缩略词列表等内容。正文一般包括药品概述、安全性概述、药物警戒活动计划、上市后有效性研究计划及风险控制措施等部分。

5.4.3.1 药品概述

药品概述需要包含：中国注册申请获批时间、批准文号、商品名称/品名（中/英文）（如适用）、活性成分（中/英文）（如适用）、规格与剂型、适应症、用量用法、中国是否附条件批准、活性成分全球首次获批时间、本次风险管理计划的数据库锁定时间点和备注。

需要注意，若药品有多个适应症，且各适应症下的药品信息不完全相同，持有人可根据实际情况分别列表。适应症、用量用法等项目，应与说明书内容相同。

5.4.3.2 安全性概述

安全性概述构成药物警戒活动计划和风险控制措施的基础。

5.4.3.2.1 安全性概述汇总

对药物的安全性特征进行说明，包括药物的重要已识别风险、重要潜在风险和确实信息的综述。如果现有证据表明应重新分类、删减或增补安全性特征，应在修订时说明理由。

5.4.3.2.2 目标适应症流行病学

应提供人群的基本流行病学数据和特征、自然病程特征、人群重要的合并疾病及合并用药，以及目前可用的治疗手段等相关信息的摘要。同时，还应关注中国人群是否与其他国家/区域的人群之间存在差异，并作出适当的陈述和总结。

5.4.3.2.3 重要的已识别风险

应分别描述各项重要的已识别风险，每项风险应单独列表。列表中的风险名称应尽量使用 MedDRA 编码术语，建议使用 MedDRA 首选术语（PT）或标准 MedDRA 分析查询（SMQ）。应注明该风险名称的定义来源。

在“认定为重要的已识别风险的原因”中应涵盖：

风险机制：分析导致该风险的药物作用机制和/或病例生理基础。

非临床数据：提供与此风险相关的重要的非临床安全性结果，应为高度概括的摘要，包括毒理学、生殖/发育毒性、遗传毒性、致癌性研究结果药理学数据（如心血管系统的QT间期延长），并应讨论非临床安全性发现与临床的相关性。

临床：目标适应症在不使用本药品时发生相应风险的背景信息；临床数据；识别和分析相关危险因素。

可预防性：简述风险因素，是否可辨识出高危人群并进行风险预测；风险发生时的早期征象和诊断方法；风险发生时应采取的处理方法。

对获益风险平衡/公共卫生健康的影响：对本风险列为“重要的已识别风险”的结论性陈述。综合不良反应的严重性、频率和级别，评价该风险对获益风险/公共卫生健康的影响。例如，可引起导致死亡、残疾、先天性异常或出生缺陷的严重不良反应；可导致严重影响患者的社会/生活功能或生活质量的后遗症；目前缺乏针对风险的预防或治疗手段；超过一定比例的患者因相关不良反应停药，对长期有效性产生影响等。

5.4.3.2.4　重要的潜在风险

需要描述各项重要的潜在风险，每项风险单独列表。列表中的风险名称应尽量使用MedDRA编码术语，建议使用（PT）或（SMQ）。应注明该风险名称的定义来源。

在“认定为重要的潜在风险的原因”中也需要从风险机制、非临床数据和临床（包括风险的流行病学信息、临床安全数据、识别和分析相关风险因素）三个方面进行讨论。但是需要注意在“获益风险平衡/公共卫生健康的影响”中应对本风险列为“重要的潜在风险”综合性陈述。综合非临床、临床研究结果和同类产品安全性信息，陈述本风险被判断为“潜在”而非“已确认”风险的原因。结合潜在风险的严重性评价该风险可能对获益风险平衡/公共卫生健康产生的影响；或预估该风险后续被评价为“已确认风险”将对获益风险平衡/公共卫生健康产生的影响。

5.4.3.2.5　重要的缺失风险

需要重点讨论在批准上市前尚未研究过的人群，或现有临床信息有限的人群。明确缺失信息对预测药品安全性的影响。需要考虑包括但不限于下述人群，说明未开展研究的原因或现有暴露数据，讨论信息的缺失对安全性的影响。

儿童：通常定义为＜18 周岁人群，可再细分年龄段。

老年患者：通常定义为≥60 周岁人群，可再细分年龄段。

妊娠期或哺乳期妇女。

存在相关合并症的患者（如肝功能损害者、肾功能损害者、新功能不全患者、免疫功能低下患者、临床研究中排除的其他患者等）。

有已知的和相关的基因多态性的亚组人群：如适用，讨论信息的缺失对药品安全性的影响。

不同民族和/或种族的病人：如适用，讨论信息的缺失对药品安全性的影响。

超适应症使用的其他人群：如适用，讨论信息的缺失对药品安全性的影响。

5.4.3.3　药物警戒活动计划

本章节以安全性概述为基础，制定与药物风险相匹配的药物活动计划。药物警戒活动的目的是进一步描述和量化风险特征、确认或消除潜在风险、识别新的风险、收集缺失信息领域的信息以及评估风险控制措施的有效性。描述包括常规药物警戒活动和额外的药物警戒活动两个内容。

5.4.3.3.1　常规药物警戒活动

应撰写在合规的前提下，开展常规药物警戒活动的情况，包括建立收集、报告不良反应的系统和程序；向监管部门报告药物不良反应；定期安全性更新报告；持续性监测收集安全信号；更新说明书；以及药品监管机构规定的其他要求。

5.4.3.3.2　额外的药物警戒活动

在常规药物警戒活动不能满足需求时，需要开展额外的药物警戒活动。可以是非临床研究或以安全性为目的临床试验和/或非干预性研究等。若现有常规药物警戒活动能满足需求时，在本部分直接声明即可。

如需开展额外的药物警戒活动，在本部分需要以活动类型而非风险为中心撰写：

计划中或正在进行的额外的药物警戒活动（内容可以包含额外的药物警戒活动名称、实施目的和必要性、实施计划关键节点和完成日期，且应明确该活动是监管机构批件要求强制性开展或持有人自主行为开展）；

已完成/终止的额外的药物警戒活动（应包含活动名称、完成/终止时间、已解决问题核对计划的调整）语言应尽量精简，可使用表格展示。

5.4.3.4　上市后有效性研究计划

注册批件中，监管机构对持有人提出的上市后有效性研究要求，或持有人主动承诺开展的上市后有效性研究。无论是计划中或正在进行的上市后有效性研究都应该在药物警戒计划中予以呈现。在完成后可以从本计划或其他相关文件中移除。

本部分内容需要包括上市后有效性研究名称、实施目的、实施计划、完成日期信息。同样，需要注明研究来源，如注册审批时附条件要求、监管机构强制性要求，抑或持有人主动开展。语言应尽量精简，可使用表格展示。

5.4.3.5　风险控制措施

该部分内容描述以安全性概述为基础，制定与药物风险相匹配的风险控制措施，包括常规风险控制措施和特殊风险控制措施。

5.4.3.5.1　常规风险控制措施

本部分内容包括科学制定和修订药品说明书、标签、包装，更改药品包装规格，调整药品管理状态等。可以在一个列表中逐一展示，并描述常规风险控制措施的举措，例如，在说明书中的用法用量、禁忌、警告、注意事项、不良反应章节进行强调)。

5.4.3.5.2　特殊风险控制措施

当常规风险控制措施无法达到预期效果时，需要实施特殊风险控制措施，包括但不限于开展医务人员和患者的沟通教育、限制药品使用环节、患者登记、处方限制、受控分销、疾病/药物登记招募计划、避孕计划等。

需要注意的是，只有通过特殊风险控制措施可以使获益大于风险时，风险控制措施才有意义。如果无论如何控制措施都不能使获益大于风险，则该药品不宜继续使用。另外，当特殊风险控制措施已成为标准医疗实践的一部分时，则应将其从药物警戒计划中移除。如该药品不需要特殊风险控制措施，则应直接声明。

如果开展特殊的风险控制措施应该围绕活动类型而非安全性问题来撰写，内容应包含风险控制措施名称、相关风险及实施目的、实施时限（最晚启动时间）以及措施有效性评估时间节点。

6　附录

附录部分可能包含一系列与药物警戒活动相关的额外信息、详细指导或支持文档，例如，计划所覆盖的药品信息列表、数据收集项目列表、现行版药物警戒制度和规程列表、风险评估方法或指南以及与医疗机构或公众沟通策略的模板或示例等。

十三、境外严重药品不良反应处理操作规程

（一）撰写技术要点

对于境内外均上市的产品，持有人应当建立境外发生的个例安全性信息的收集和报告流程。GVP 第三十八条规定，对于境内外均上市的药品，持有人应当收集在境外发生的疑似药品不良反应信息。需要注意的是，这里的“境外发生”是指出口至境外（含港澳台）的药品以及进口药品在境外发生的个例安全性信息，均需收集[①]。这些信息不仅限于不良反应，还包括用药错误、药物过量、药物滥用、药物误用、职业暴露、超说明书用药、药物缺乏疗效、妊娠暴露、哺乳期暴露和感染性病原体疑似通过产品传播等情况。

GVP 第五十一条规定，境外发生的严重不良反应，持有人应当按照个例药品不良反应报告的要求提交。《个例药品不良反应收集和报告指导原则》中第 5.2 项明确境外严重不良反应报告应在 15 个日历日内完成。此外，《关于药品上市许可持有人直接报告不良反应事宜的公告》也与此保持一致。GVP 第五十一条与《药品不良反应报告和监测管理办法》（2011）第三十五条明确指出，因药品不良反应原因被境外药品监督管理部门要求暂停销售、使用或撤市的，持有人应当在获知相关信息后 24 小时内报告国家药品监督管理部门和药品不良反应监测机构。

持有人在制定相关规程文件时，可以直接开展境外个例安全性信息的收集工作，无论是自主还是委托第三方，在已获得上市许可的境外国家或地区建立信息收集途径，并在 PSMF 中概述已建立自主收集途径的国家/地区、负责收集方、收集方联系方式、收集方法、数据反馈方式等；也可委托收集，但应明确受托方信息以及建立收集途径的国家/地区、数据反馈的方式等[②]。需要注意的是，在境外开展药物警戒业务时，除了考虑国内法律法规的要求，还需要符合境外当地国家/区域的相关法律法规，依据当地法律法规的要求开展药物警戒业务。

---

① 王艺 . GVP 逐条谈 | 38. 你可能遗漏了境外疑似不良反应信息［EB/OL］.（2021－08－05）［2024－01－20］. http：//www.cnpharm.com/c/2021—08—05/798735.shtml

② 国家药品监督管理局药品评价中心 . 药品 GVP 指南　药物警戒体系与质量管理［M］. 北京：中国医药科技出版社，2022：117.

持有人接收到境外个例安全性信息后，应判断报告的有效性，对于有效报告，应在规定时限内转发至报告处理团队，并注明报告的第 0 天。在完成信息录入、数据质控、医学审评、随访等步骤后，若符合严重不良反应报告标准，应在翻译后按照个例药品不良反应报告的要求通过“药品上市许可持有人药品不良反应直接报告系统”（以下简称“直报系统”）进行提交。其他不良反应纳入药品定期安全性报告。

对于符合 GVP 第五十一条的情况，应在制定规程文件时，充分考虑合适的实践措施以满足 24 小时报告的及时性、准确性及全面性。

在获知境外被暂停或撤市等信息后需要收集相关资料，24 小时内报告是一个巨大的挑战，在撰写该份文件时可以在该部分明确通过邮件及口头形式与国家药品监督管理部门和药品不良反应监测机构进行报告，确保监管部门第一时间获知并采取措施。

（二）示例范本

×××公司境外严重药品不良反应处理操作规程

1　目的

本文件旨在规范处置上市药品在境外流通期间发生的药品安全性信息，当发生疑似不良反应/事件时能迅速、及时、全面地收集公司销售药品在使用后发生严重药品不良反应信息，按本规程有效处理事件，保护公司产品信誉并及时发现产品中可能存在的潜在危险。

2　依据

《中华人民共和国药品管理法》（2019 修订，中华人民共和国主席令第 31 号）

《药品不良反应报告和监测管理办法》（中华人民共和国卫生部令第 81 号）

《药物警戒质量管理规范》（国家药监局 2021 年第 65 号）

《关于药品上市许可持有人直接报告不良反应事宜的公告》（国家药监局 2018 年第 66 号）

《个例药品不良反应收集和报告指导原则》（国家药监局 2018 年第 131 号）

3　适用范围

本文件适用于境外上市销售药品发生的严重药品不良反应/事件处置。

4　术语

境外严重不良反应：指出口至境外的药品（含港澳台）以及进口药品在境外发生严重不良反应；与患者人种无直接相关性。

5　流程

5.1　信息收集要求

5.1.1　时限要求

我公司出口的药品由境外经销商收集和记录到药品在境外发生的严重不良事件时，应在获知信息后48小时内将信息反馈至药物警戒部门。

5.1.2　信息反馈的要求及内容

反馈方式可以是电话、邮件等形式收集的信息，来源包括医疗机构、医学咨询、个人投诉、文献、网站、监管部门反馈、上市后研究等。

收集的内容包括但不限于以下方面：不良反应的名称、发生的时间及地点；患者的性别、年龄；使用的怀疑用药信息（用法用量、用药病因、用药时间）；患者的健康状况（有无既往药品不良反应病史、有无其他病史）；合并用药情况；不良反应过程（发生时间、症状、治疗过程、不良反应结果）。

当药物警戒部门对严重个案存疑时，可委托境外经销商负责个案的跟进和解答，以及执行必要的随访。

5.2　病例处理

药物警戒部门在收到境外药品安全性信息后，可安排内部员工或者委托给翻译公司在规定时限内进行翻译（如需）、信息录入、数据质控、医学审评、随访等。

如果涉及产品质量问题，将相关批次的药品质量信息上报质量部门经理，安排复查留样样品及批记录；视情况应向用户索要样品，必要时专程取样，并核对和确认样品包装完好、封口严密。

5.3　境外严重不良反应的上报

登录“药品上市许可持有人药品不良反应直接报告系统”（以下简称“直报系统”），点击“报告管理”，输入账户名、密码，进入“直报系统”，选择“境外报告”栏，如下图所示。

点击“报告表新增”选择弹出对话框对应药品后，按照数据获知情况，可选择“批量导入”，选择“模板下载”，填报以下内容。

进口药品在境外发生的不良反应/事件报告表

病例编号	不良反应/事件名称	不良反应/事件发生时间	不良反应结果	用药开始时间	用药结束时间	用法用量	用药原因	性别	年龄	初始/跟踪报告	报告来源	来源国家	国内接收日期	备注

备注：病例编号：本单位的病例编号；不良反应结果：痊愈、好转、未好转、有后遗症、死亡、不详；报告来源：自发报告、研究、文献

单位名称：　　联系人：　　联系电话：

填写说明：1. 每个病例一行，如果一个病例存在多个不良反应，则需填写多行，每个不良反应一行。

2. 当病例中涉及的日期为‘不详’或 空白 时，请将日期填写为‘1900-1-1’。

3. 病例编号长度不能超过60个字节，不良反应名称不能超过400字节，不良反应结果不能超过200字节，用法用量不能超过80字节，用药原因不能超过60字节，性别不能超过10个字节。

或点击“单条添加”。填报信息后，经双人确认无误后点击“提交”完成在线上报，如下图所示。

药品上市许可持有人药品不良反应直接报告系统

首页　在线填报　反馈数据　报告查询　产品信息维护　疫苗数据　PSUR报告　境外报告　群体报告　中国药物警戒　我问题反馈

境外报告 > 报告表新增

商品名称：无　商品名称(英文)：无　通用名称：

通用名称(英文)：无　剂型：注射剂

批量导入　单条添加　模板下载

病历...	不良...	不良反应发生时间	不良...	用药...	用药...	用法...	用药...	性别	年龄	初始/原始报告	报告来源	来源国家	国内接收日期	备注	操作

暂无数据

报告单位：　联系人：　联系电话：

报告日期：

提交　重置

5.4　境外安全性信息的上报要求

对于在国内获批上市的药品在境外发生的个例严重不良反应报告，公司药物警戒部门人员应在发现或获知严重不良反应之日起 15 日内，按照个例不良反应报告的要求通过“直报系统”上报国家药品不良反应监测中心；其他不良反应纳入 PSUR 中；如果国家药品不良反应监测中心要求提供原始报表及相关信息，公司药物警戒部门应当在 5 日内提交。

在境外因药品不良反应原因被境外药品监督管理部门要求暂停销售、使用或撤市的，公司任何员工在获知后应立即报告给药物警戒部门，由药物警戒负责人或指定人员撰写书面报告，经药物警戒负责人批准后，在公司首次获知相关信息后24小时内报告国家药品监督管理部门和药品不良反应监测机构。

5.5 文件存档

依据公司内部质量文件的存档和记录要求，对以上产生的纸质文件和电子文件进行管理，确保信息的可追溯性和完整性。

十四、药品说明书更新操作规程

（一）撰写技术要点

药品说明书是载明药品重要信息的法定文件，在药品风险管理中至关重要。药品说明书是药品信息重要来源之一，也是医师、药师、护师和患者治疗用药时的科学依据，还是药品生产、供应部门向医务人员、患者和公众介绍药品特性、指导合理安全用药和普及医药知识的主要参考。

尽管各国家和地区对说明书的要求和内容存在差异，但对其所要达到的目标是一致的，即确保药品相关信息准确传达给患者、医师等利益相关方，从而保障其良好医学决策的权益。我国将说明书的完善视作重要的上市后监管工作，《药品说明书和标签管理规定》（2006）要求生产企业应当主动跟踪药品上市后的安全性以及有效性情况，需要对药品说明书进行修改的，应当及时提出申请；《药品不良反应报告和监测管理办法》（2011）规定，生产企业对已确认发生严重不良反应的药品，应当通过各种有效途径将药品不良反应、合理用药信息及时告知医务人员、患者和公众并采取修改标签和说明书，暂停生产、销售、使用和召回等措施，减少和防止药品不良反应的重复发生；GVP提出修订药品说明书属于常规风险控制措施。

说明书安全性信息上市后修订是一项系统工程，持有人需要建立说明书中安全性信息更新流程，确保按照法律法规要求，及时、主动完善说明书，更好地保障公众用药安全。说明书中与安全性相关的项目主要涉及警示语、不良反应、禁忌、注意事项、药物相互作用、药物过量等。因安全性原因修订说明书，主要是对这些项目的相关信息进行补充、更新及规范，以实现对用药风险的有效控制，达到防范和减轻风险、提高临床安全合理用药的目的。在修订药品说明书时需要注意，所有信息都需要有科学数据作为支撑。

药品上市后，药物警戒部门对来源于临床研究、安全性研究、自发报告、文献等的安全性信息进行持续监测。对于已识别的安全风险，有针对性地选择说明书的修订项目和内容。药品风险大致可归为三类：①基本可接受的风险。此类风险是可接受的，不需要更多的提醒或采取其他风险控制措施。例如，用药后发生的轻微或一过性的不良反应，不足以对人体造成伤害，因此仅在不良反应项进行提示。②可合理降低的风险。风险需要特殊提醒，包括提醒患者采取适当方法控制风险，使风险降低到可接受的水平。此类风险一般要在说明书的注意事项、儿童用药、老年用药等项目中进行提醒。(3) 需要严格管理的风险。此类风险较为严重，发生风险时对患者可能造成不可逆甚至危及生命的严重伤害，必须进行强烈警告，或限制药品的使用，或需要采取有效的风险控制措施预防风险的发生。例如包括警示语、禁忌项的警告。很多情况下，针对某风险修订说明书可能涉及多个项目，例如同时修订警示语、不良反应、注意事项等。

（二）示例范本

×××公司药品说明书更新操作规程

1　目的

本文件旨在规范公司药品说明书中安全性信息更新流程，保证说明书合规，促进药品安全性信息有效传递。

2　依据

《药物警戒质量管理规范》（国家药监局 2021 年第 65 号）

《药品说明书和标签管理规定》（中华人民共和国国家市场监督管理局令第 24 号）

《药品上市后变更管理办法（试行）》（国家药监局 2021 年第 8 号）

《已上市化学药品和生物制品临床变更技术指导原则》（国家药监局药审中心通告 2021 年第 16 号）

《已上市中药说明书安全信息项内容修订技术指导原则（试行）》（国家药监局〔2022〕1 号）

3　适用范围

本文件适用于公司药品说明书中安全性信息更新工作。

4　术语

药品说明书：载明药品重要信息的法定文件，是安全用药风险管理的重要组成部分，也是控制药品风险的重要工具。

5 流程

5.1 职责

注册部门：负责关注药品监管部门说明书修订公告，按照公告要求及时更新；负责根据公司自主更新建议，按照药品监管部门对说明书文本、符号及格式的要求，起草说明书内容，并组织审批；负责向药品监管部门递交说明书更新申报资料；获得药品监督管理部门批准的药品说明书之后，负责及时发送给药物警戒部门、质量管理部门。

药物警戒部门：负责对收集到的不良反应进行风险评价，若发现新的安全性风险需要更新说明书的，应向药物警戒负责人提出说明书更新请示；负责公司自主更新说明书的审核；在接收到更新后的说明书后，负责持有人药品不良反应直接报告系统产品信息的维护工作。

质量管理部门：负责说明书更新后的内部变更工作；负责撰写说明书更新告知函。

公司药品安全委员会：负责评估和决策公司自主更新说明书的提案，批准说明书的修订稿。

5.2 说明书更新需求的提出

注册部门按国家药监局公告的要求提出说明书更新需求。

药物警戒部门通过药品不良反应监测、文献检索、医学咨询、上市后研究以及其他厂家相同品种说明书等方式，发现新的药品风险。如果认为需要更新说明书安全性信息的，则应书面请示药物警戒负责人。

5.3 说明书更新主要内容

说明书修订一般包括警示语、不良反应、禁忌、注意事项、特殊人群用药以及药物相互作用等，各项修订的重点如下：

5.3.1 警示语

当发现已上市药品存在严重不良反应或潜在重要安全性问题需要警示用药时，应当在说明书标题下以加粗的黑体字注明相关警示语。警示语用于强调特别重要的警告信息，应综合分析药品风险后决定是否需要增加警示语。警示语的类型有包括与成分、剂量、疗程有关；与特殊用药人群有关；与不良反应有关；与注意事项有关。

5.3.2 不良反应

若监测数据显示不良反应报告频次较同期明显增长，或在不良反应报告中占比明显增加；或新的临床研究数据、文献资料显示发生率较前期明显增加；或目前数据显示其严重程度较前期明显增加，则应根据风险情况对相应内容进行修订。撰写上市后不良反应信息时，可按照以下原则进行表述：

按照器官系统、严重性、报告频率的顺序或分类列出，由于上市后监测到的不良反应/事件通常不能准确判断其发生率，一般只列出不良反应/事件名称（选取 MedDRA 的首选语），不对发生率进行表述；

对于涉及多个系统的一组症状的不良反应，通常应当将相关症状组合在一起表述。以过敏或过敏样反应为示例，可表述为：皮肤潮红或苍白、皮疹、瘙痒、呼吸困难、心悸、发绀、口唇肿胀、喉头水肿、血压下降甚至休克等。以不同术语报告但医学意义相同时，建议将这些术语进行合并，如心悸、心慌可合并为心悸。但对于同一医学现象的不同类型，建议使用特定的术语，例如，不同类型的皮疹（全身皮疹、斑丘疹、丘疹样皮疹、脓疱疹等）无须合并，各自保留；

可依据药理毒理作用，综合评判不良反应/事件与病因病机、药品功能主治的关联性，判断是否需要在“不良反应”项中作出风险提示；

对于仅有个案报告的严重不良反应/事件，也可以作风险提示。

5.3.3　禁忌

该项修订主要基于现有安全性数据、资料的分析结果，在“禁忌”项中对可能产生严重伤害的情形进行限定，例如，年龄、性别、生理状态、疾病状态、伴随治疗等。

5.3.4　注意事项

该项修订主要基于药理知识、现有安全性数据、资料的分析结果。如果结果显示药品使用时涉及上述问题，而该问题在现行说明书中尚未提示，则应对“注意事项”内容进行修订补充。修订补充可以从以下方面考虑：

当基础研究或监测发现药品的安全性事件可能与所含辅料相关时；

当安全性数据显示存在的用药风险可能与给药途径相关时；

当安全性数据显示用法用量不当可能产生用药风险时，或可能涉及滥用或药物依赖性风险时；

当需要对潜在用药风险的监护措施进行提示，或对用药期间出现的不良事件进行提示时；

因病机、体质等因素需要慎用药者；

当临床观察发现，使用已上市中药后，患者的相关实验室检测指标发生变化，且该变化提示药品可能存在用药风险时；

贮藏方法不当可能会影响药品有效性、安全性时；

对特殊工种（如驾驶员、高空作业人员等）、运动员等的操作或行为有影响时。

5.3.5　特殊人群用药

经不良反应监测或上市后评价，如果发现已上市中药可能会给孕妇、哺乳期妇女、儿童、老年患者带来用药风险，则可在说明书“特殊人群用药”部分予以说明、提示。

5.3.6　药物相互作用

当与其他药品联合用药可能存在用药风险时，当在“药物相互作用”部分予以说明。

5.4　说明书更新评估

根据国家药监局公告要求统一修订说明书的情况，可不进行评估，由注册部门按照要求进行起草修订草案，并提交公司药品安全委员会批准。

公司自主更新说明书时，由药物警戒负责人召集公司药品安全委员会会议，对修订内容及其依据等进行评估和决策。必要时，可召开专家会议。如果否决或暂缓修订，需注明理由；如果同意修订，注册部门负责根据修订建议及药品监管部门对说明书文本，符号及格式的要求，及时起草说明书，经药物警戒部门审核后，提交公司药品安全委员会批准。

5.5　说明书更新申报

说明书经公司药品安全委员会批准后，由注册部门负责向药品监管部门提出说明书更新申报，并跟踪审批进度。

注册部门负责收集药品监管部门提出的问题，并反馈给相应部门寻求回复，之后对更改后的版本再次审核、批准和递交。

如果申报未获批准，注册部门应及时将结果及原因报公司药品安全委员会。

如果申报获得批准，注册部门应及时将获批的说明书发送给质量管理部门和药物警戒部门。自取得批准或备案文件/通知之日起，不得超过20日。

5.6　说明书更新后使用推广

药物警戒部门应在收到药品说明书后的30日内，在“直报系统”中进行更新。自新版说明书获得批准之日起，药物警戒部门在处理安全性信息过程中应以新版说明书为准。

质量管理部门负责启动新版说明书的启用程序，并撰写说明书更新告知函，通过官网函告公众。

6　修订历史

已修订说明书版本号，修订原因及生效日期。

十五、对于药品监管机构提出问题的回复流程

（一）撰写技术要点

持有人与监管机构之间关于药品安全性信息的沟通是非常必要的。在药物警戒活动中，监管机构可能会提出一系列问题以确保药物的安全性和有效性。这些问题可能涉及药物警戒体系的各个方面，比如可能包括对 PSUR/PERER/RMP 等其他总结性报告的评估报告、要求撰写特定产品的总结性报告、要求更新说明书以及监管机构官网上发布的任何与持有人产品相关的安全性问题。持有人应该认真对待监管机构提出的问题，规范回复操作，确保信息准确传递和问题及时解决。

《药品不良反应报告和监测管理办法》（2011）第十七条指出，药品生产、经营企业和医疗机构应当配合药品监督管理部门、卫生行政部门和药品不良反应监测机构对药品不良反应或者群体不良事件的调查，并提供调查所需的资料。第五十条规定，省级以上药品不良反应监测机构根据分析评价工作需要，可以要求药品生产、经营企业和医疗机构提供相关资料，相关单位应当积极配合。GVP 第七十六条规定，对于药品监督管理部门要求开展的药品上市后安全性研究，研究方案和报告应当按照药品监督管理部门的要求提交。第八十三条规定，对 PSUR 的审核意见，持有人应当及时处理并予以回应；其中针对特定安全性问题的分析评估要求，除按药品监督管理部门或药品不良反应监测机构要求单独提交外，还应当在下一次的 PSUR 中进行分析评价。

持有人对监管机构提出问题的回复应当是一个详细且系统的过程。为此，确保监管部门提出问题的处理流程化，是为了确保问题能够得到及时、科学、规范的回复，避免因制度原因导致的延误或错误回复。首先，应确定接收问题的部门，明确监管机构所提问题的要求，及时将要求转化为各部门需要提供的资料清单；其次，确定各部门提供资料的时限要求，在各部门完成初稿后及时汇总结果到协调员处，协调员负责汇总后给相关负责人审核，审核意见也将由协调员反馈至相关撰写人员，由相关撰写人员根据审核意见完善后再次发送至协调员处，直至审核无意见后，在截止日期前将回复资料通过相应渠道传递给监管机构。需要注意的是，回复流程中应明确各部门在信息收集整理中的责任划分，明确资料传递流程和审核流程，做好时限控

制，避免超期等问题的发生。

（二）示例范本

×××公司对于药品监管机构提出问题的回复流程

1 目的

本文件旨在规范和指导我公司处理监管机构提出的安全性问题和要求，确保监管机构提出的问题能够及时、科学、规范地得到回复。

2 依据

《药品不良反应报告和监测管理办法》（中华人民共和国卫生部令第81号）

《药物警戒质量管理规范》（国家药监局2021年第65号）

3 适用范围

本文件适用于监管机构提出的安全性问题的回复；涉及回复人员，包括但不限于药物警戒部门、法规部门、质量管理部门和临床研究部门。

4 流程

4.1 职责

药物警戒部门、法规部门、质量管理部门和临床研究部门的任何员工：负责接收、记录安全性问题，并发送至药物警戒部门负责人。

药物警戒部门负责人：任命安全性问题回复的协调员；统筹协调相关人员工作，确保问题可及时回复并通过审核。

协调员：根据问题内容，制定安全性问题回复的计划、步骤和所有涉及的人员。

所有参与者：按照监管机构提出的安全性问题回复计划执行具体内容。

4.2 一般原则

持有人和监管机构间关于安全性信息的沟通是非常重要的，特别是在产品风险-获益平衡发生变化时。因此，需要建立及时、有效的沟通回复机制以满足监管机构的要求。

药物警戒部门负责人需确保来自监管机构提出的安全性问题和要求得到全面迅速的响应。

4.3 问题的接收和分发

药物警戒部门、质量管理部门、法规部门和临床研究部门的人员都有可能接收到来自监管机构提出的安全性问题和要求。

在获知后的一个工作日内，应通过邮件通知药物警戒部门负责人，邮件中需注明监管机构的名称、问题发起人及其联系方式；

若监管机构对于回复设有截止日期，应在邮件中高亮显示；

4.4　问题的记录

药物警戒部门负责人指定人员作为回复问题的协调员，协调员将问题记录至监管机构问题追踪表中，问题追踪表内容包括但不限于以下内容：编号（自定义编号规则）；收到问题的时间；涉及的产品名称；监管机构名称；监管机构联系人姓名及其联系方式；问题的主题或内容；问题回复的截止日期（如有）。

4.5　制定问题回复计划

协调员任命后，需根据问题的内容，确定参与问题回复的部门和人员（主要起草者、其他协作者、审核者、批准者）。如果需要，可联系监管机构问题的发起人获取更多信息或要求，或就问题内容进行讨论。

如果协调员不是首位获知问题的员工，协调员需联系首位获知问题的员工获取初始问题的原始资料或详细信息；

制定问题回复计划，包括具体步骤、每个步骤的执行人员和截止日期，并发送给参与问题回复的所有部门和人员（包括问题的首位获悉人）。

4.6　起草问题的回复

组织内部启动会议，在启动会上就问题回复计划和参与人员的职责进行讨论并达成一致。

主要起草者和其他协作者应撰写其所负责部分的草稿，如果需要额外的数据，则主要起草人负责联系获取数据，确保内容在截止日期内完成。完成的回复草稿应尽快发送给协调员。

4.7　回复的整合

协调员在收到主要起草者和其他协作者完成的回复草稿后，应尽快整合接收到的回复草稿，检查整合后的回复草稿一致性，完成整合后，发送回复草稿至审核者。

4.8　回复的审核和批准

审核者和批准者一般为药物警戒部门负责人。根据问题的性质，也可寻求其他人员参与审核（如质量部门或法规部门）。

4.9　回复的质控

协调员确认所有来自监管机构的问题或要求均已适当回复，并验证最终版的一致性及审核者和批准者在审阅过程中提出的意见和/或建议均已修正。

4.10　最终版回复的签字

协调员将最终版回复通过邮件或传真发送至药物警戒部门负责人、法规部负责人、质量管理部门负责人及其他相关人员。

签署监管机构问题回复审批表。协调员确保回复内容的起草者、审核者、批准者均在该表格上签字。

4.11 向监管机构递交回复

药物警戒部门负责人须在截止日期前，通过监管机构的指定渠道或向相关人员递交回复内容。

若监管机构未限定截止日期，也应在获知问题的60个日历日内回复。

协调员将递交日期记录至监管部门问题回复追踪表。

4.12 回复的存档及追踪

协调者将所有关于此安全性问题接收、回复、审批相关的文件存档，内容包括：来自监管机构问题的原始资料、问题回复过程中产生的文件（如问题回复计划，草稿，往来沟通邮件，监管机构问题回复追踪表和审批表等）、回复监管机构的资料、来自监管机构的反馈（如适用）等。

协调员还需持续追踪监管部门收到回复报告后的意见与要求，并及时告知药物警戒部门负责人；如有需要再次提交或更新针对安全性问题的回复，必要时，重复上述流程。

5 版本历史

文件历史版本号，修订原因及生效日期。

十六、药物警戒培训操作流程

（一）撰写技术要点

GVP、《指导原则》对药物警戒培训提出了明确的要求，包括药物警戒培训应覆盖全员，以及培训应涉及的内容、方式和目标。药物警戒培训操作流程旨在规范药物警戒培训流程，确保培训工作符合药物警戒法律法规和《药物警戒质量管理规范》的要求，保障药物警戒培训的适宜性、充分性和有效性。药物警戒工作人员应持续学习药物警戒知识、产品知识和疾病领域知识，以适应不断变化的药物警戒需求。

持有人除进行年度常规培训外，还应根据需要进行不定期培训，以应对突发的药物警戒问题或新的法律法规要求。培训内容、培训形式、培训效果评估等是药物警戒培训操作流程的重点关注部分。此外，培训计划、记录和档案（包括培训通知、签到表、培训材料、考核记录、培训照片等）也是必不可少的。

规范药物警戒培训操作流程，确保药物警戒培训活动的系统性、规范性和有效性，从而全面提升相关人员的药物警戒意识和能力。在撰写时应遵循以下要点：制定明确的培训操作流程，包括培训前的准备、培训过程中的实施、培训后的评估与反馈等环节。确保每个环节都有明确的操作标准和要求，避免操作的随意性和不规范性。同时，建立培训档案管理制度，对培训活动进行记录和归档，便于后续跟踪和评估。

（二）示例范本

×××公司药物警戒培训操作流程

1　目的

本文件旨在规范药物警戒相关内容的培训流程，确保药物警戒培训活动的系统性、规范性和有效性，全面提升相关人员的药物警戒意识和能力。

2　依据

《中华人民共和国药品管理法》（2019 修订，中华人民共和国主席令第 31 号）

《药品不良反应报告和监测管理办法》（中华人民共和国卫生部令第 81 号）

《药物警戒质量管理规范》（国家药监局 2021 年第 65 号）

《药物警戒检查指导原则》（国药监药管〔2022〕17 号）

3　适用范围

本文件适用于本公司参与药物警戒活动的所有员工，包括负责药物警戒活动的药物警戒部门员工，以及药物警戒相关部门的其他员工。

4　流程

4.1　培训计划

培训分为全年计划和单次计划。

药物警戒管理部门应每年初制定年度培训计划，明确培训目标、内容、时间、地点和参训人员、预算等。培训计划应充分考虑药物警戒工作的实际需求，结合最新的药物警戒法律法规、政策文件和技术标准、监管需求，确保培训内容的时效性和前瞻性。培训计划应经审批后执行，确保相关人员了解并遵守。

单次培训计划应明确单次培训的内容、授课老师、培训形式、时间、地点、参训人员、考核方式及培训预算等。应针对特定的主题或问题进行深入讲解，确保员工能够掌握相关知识和技能。培训内容应具有针对性和实用性，能够直接应用于实际工作中，根据内容的多少和难易程度进行合理安排，确保员工有足够的时间学习和交流，同时避免时间过长导致疲劳和效果下降。

4.2 培训前准备

在培训开始前，培训组织者需要做好充分准备，包括培训材料的准备、场地的布置、发放通知、师资邀请、课程制定、培训记录、设备的调试等。同时，需要向参训人员发送培训通知，明确培训的时间、地点、内容等事项，确保参训人员能够按时参加培训。外部培训包括预算和费用、特殊事项或应急事项处置（如疫情防控等）、报销管理等。

4.3 培训实施

在培训实施阶段，培训讲师应按照培训计划进行授课，确保培训内容全面、准确、易于理解。参训人员应积极参与培训活动，认真听讲、做好笔记，并在培训过程中积极提问、交流。同时，培训组织者应做好培训过程的记录和管理，确保培训活动顺利进行。培训过程中应设置互动环节，如案例分析、小组讨论等，以提高参训人员的参与度和学习效果。培训完成后，收集签到表及现场会议照片等资料。

4.4 总结与改进

培训结束后，药物警戒管理部门应组织参训人员进行总结交流，收集参训人员的反馈意见，对培训效果进行评估。根据评估结果，药物警戒管理部门应及时调整培训计划，优化培训内容和方法，以提高培训质量。对于培训中发现的不足和问题，药物警戒管理部门应制定改进措施，并跟进实施情况，确保问题得到及时解决。

药物警戒管理部门还应建立培训档案，记录每次培训活动的详细信息，包括培训主题、参训人员、培训内容、培训效果等，以便后续查阅和参考。

十七、药物警戒内审操作规程

（一）撰写技术要点

持有人有效推进药物警戒内审，是促进持有人药物警戒体系及活动持续合规的基础保障之一。GVP 明确规定了药物警戒内审范围和程序，要求持有人制定详细的审核方案，记录内审过程，调查发现的问题原因，采取纠正预防措施，并对纠正预防措施进行跟踪评估。药物警戒全面内审每年至少开展一次，可以和公司其他质量体系工作审核合并开展，也可单独开展，以评价药物警戒体系的适宜性、充分性、有效性。

当药物警戒体系出现重大变化，如药物警戒相关法律法规、规范性文件变更；持有人发生重组、合并等；药物警戒关键人员变更或药物警戒工作职责变化，应及时开展内审。《指导原则》进一步为持有人提供了详细的内审项目、方法、内容，明确了缺项风险等级以及结果评定标准。《药品检查管理办法（试行）》（2023 修订）则对整改报告内容作出规定，要求整改报告至少包含缺陷描述、缺陷调查分析、风险评估、风险控制、整改审核、整改效果评价等内容，并针对缺陷成因及风险评估情况逐项描述风险控制措施及实施结果。

为保证药物警戒内审全面、高质量、程序畅通、记录报告统一，持有人可制定药物警戒内审操作规程，使药物警戒内审工作标准化、常态化。在制定该文件时，持有人需要充分考虑企业规模和风险程度等因素，注意以下几点：第一，统筹设计内审计划，保证内审所需的资源与人员。持有人可以根据企业规模开展不同级别的内审活动，建立内审计划。内审计划需要在公司内部进行充分的沟通，以协调相关部门的活动，确保内审工作能够全面、系统地覆盖药物警戒体系的各个方面。第二，制定切实可行的内审方案，有效提高内审效率，保证内审质量。内审方案至少包含审查目标和范围、审核方法及标准、审核人员及分工、审核记录和审核报告要求。制定方案时还需考虑药物警戒的关键活动、关键岗位及既往审核结果等。审核记录可以提前设计，并规范填写要求，审查范围、方法、标准可以参照《指导原则》制定。内审实施前，可以对内审员进行内审方案培训，保证内审员能准确掌握审查内容、标准，并规范书写内审记录。第三，内审结果的整改与跟踪。对于发现的问题项，需要制定具体的整改措施和时间表，在《药品检查管理办法（试行）》（2023 修订）规定的时限内完成整改报告。并指定专人负责跟踪整改进度和效果，确保问题得到有效解决并避免再次发生。

（二）示例范本

×××公司药物警戒内审操作规程

1　目的

本文件旨在规范药物警戒体系内审流程，确保内审活动的合规性、有效性，保证药物警戒体系持续、合规、有效运行。

2 依据

《药物警戒质量管理规范》(国家药监局2021年第65号)

《药物警戒检查指导原则》(国药监药管〔2022〕17号)

《药品检查管理办法(试行)》(2023修订,国药监药管〔2023〕26号)

3 适用范围

本文件适用于持有人药物警戒体系内审活动。

4 流程

4.1 制定内审计划

药物警戒内审小组依据法规要求和公司的实际情况,在每年底(或其他规定的时限内)制定下一年度的内审计划,并经内审小组组长批准。内审计划包括内审类型、方式和时间表等。在下一年度中,药物警戒内审小组需按照该计划执行内审工作。

4.2 制定内审方案

内审方案由内审员制定,经内审小组组长批准后实施。内审方案包含审查目标、范围、方法、标准、审核人员、审核记录和报告要求。在制定方案时,需考虑药物警戒的关键活动、关键岗位及既往审核结果等。审查范围、方法、标准参照《药物警戒检查指导原则》。

4.3 内审准备

在内审实施前,所有内审员均需接受内审方案的培训,以确保能准确掌握审查内容、标准,并规范记录内审过程。

4.4 实施内审

4.4.1 首次会议

内审组长组织召开首次会议,参会人员至少包括内审小组成员、药物警戒负责人及药物警戒部门人员等。所有参加首次会议的人员需签到。

内审组长需向内审小组成员和相关人员介绍内审的目的、范围、程序、要求及注意事项等,以确保大家了解内审的重要性和具体的操作方法。

4.4.2 开展现场审核

内审员按照内审方案对药物警戒体系进行审查,详细记录审核过程中发现的问题和不符合项,包括问题的性质、影响范围及整改建议等。审查方式包括与药物警戒部门人员及相关人员沟通、查阅药物警戒文件和记录、观察实际操作等。

药物警戒部门及相关部门应积极配合检查,按内审员的要求提供真实完整的文件、记录、数据、档案及证明材料等,并如实回答检查人员的提问。

在内审过程中，如果发现不符合项，药物警戒部门可以提出异议，并提供相应的证明材料或做出合理的解释。

4.4.3　末次会议

内审结束后，内审员对检查中发现的不符合项进行汇总，并填写《药物警戒检查问题清单》。

内审组长组织召开末次会议，参会人员至少包括内审小组成员、药物警戒负责人及药物警戒部门人员等。所有参加末次会议人员需签到。

内审组长向药物警戒部门通报内审发现的不符合项及风险等级，并提出预防纠正措施的建议。内审小组成员、药物警戒负责人及药物警戒部门负责人应在《药物警戒检查问题清单》上签字确认。

内审小组根据审核结果，在5个工作日内完成撰写内审报告的撰写，并经内审小组组长审核签批。报告内容包括审核的基本情况、内容和结果、相关证据、检查结论及整改建议等。检查结论分为符合要求、基本符合要求和不符合要求，评定标准参见《药物警戒检查指导原则》。

4.5　整改缺陷

4.5.1　制定整改计划并实施

药物警戒部门收到《药物警戒内审问题清单》后，3个工作日内制定整改计划，并经药物警戒部门负责人审核、药物警戒负责人批准。药物警戒部门需督促相关部门按照整改计划在15个工作日内实施整改。

4.5.2　撰写整改报告

药物警戒部门收到《药物警戒内审问题清单》后，20个工作日内完成整改报告的撰写，并经药物警戒部门负责人、药物警戒负责人审核。整改报告应当至少包含缺陷描述、缺陷调查分析、风险评估、风险控制、整改审核、整改效果评价等内容。若20个工作日内无法完成整改，则将整改计划作为对应问题的整改完成情况列入整改报告，并在按照整改计划完成整改后的10个工作日内提交补充整改报告，供药物警戒部门负责人、药物警戒负责人审核。

4.5.3　整改效果跟踪评估

待整改全部完成后，药物警戒部门需将整改报告及补充整改报告提交给内审小组。内审小组需在1个月内对整改情况进行跟踪，评估纠正和预防措施的合理性、有效性和充分性。

4.6　内审资料归档

药物警戒部门收集内审计划、方案、记录、报告及整改计划、报告、效果评估结果等资料，并归档保存。

5 附件

药物警戒内审记录。

十八、“直报系统”反馈药品不良反应数据处理操作规程

（一）撰写技术要点

GVP、《个例药品不良反应收集和报告指导原则》均规定，持有人应对药品监管部门反馈的药品不良反应报告进行分析评价，并提交上报。《个例药品不良反应收集和报告指导原则》详细描述了个例药品不良反应报告的严重性、预期性、关联性的分析评价标准，并提出持有人应对术语进行规整。《药品上市许可持有人 MedDRA 编码指南》规定了术语规整和术语选择的原则，进一步规范了持有人对个例药品不良反应报告的分析评价要求。药品监管部门反馈的药品不良反应报告，其提交范围和时限与个例药品不良反应报告一致。提交时限的起始日期为药品监管部门反馈的日期。对于未提交的报告，持有人应当记录不提交的原因，并保存原始记录，不得随意删除。

“直报系统”作为药品监管部门向持有人反馈药品不良反应的主要渠道，提供了大量且具有时效性的不良反应数据。持有人对报告的评价结果直接影响产品安全性评价的结果。因此，持有人应当及时对“直报系统”反馈报告进行客观、科学的分析和评价，对可能影响产品安全性评价的报告进行核实和调查，甄选有效数据，以确保药品安全性评估结果的有效性和真实性。持有人需制定规范的“直报系统”反馈药品不良反应数据处理操作规程，确保反馈报告的评价工作标准、合规、科学。制定该文件时需注意以下几点：第一，反馈报告原始数据下载的及时性和完整性。持有人需明确指定原始数据的下载保存人员，规定数据下载的时限（超过 90 天将不能从“直报系统”下载）和保存要求。第二，报告规整标准统一，评价结果客观、科学、准确。持有人需制定统一的个例药品不良反应报告表填写及规整标准，保证药物警戒专员能够正确填写个例药品不良反应报告表，对需要规整的项目，有统一的规整标准，有利于评价结果的客观性。第三，规范报告提交管理。持有人可以根据自身报告的数量、产品风险等因素，制定报告提交前的复核标准，规定需要复核的情形以及复核人。例如，严重报告及新上市品种报告均需药物警戒负责人复核；死亡报告需由药物警戒负责人复核，并上报药品安

全委员会；在报告数量多的情况下，可以考虑预期一般报告无须复核或仅需其他药物警戒专员复核。持有人需要做好报告提交结果记录，避免遗漏或超时限提交。未提交的报告不得删除，并应记录不提交的原因。持有人应慎重制定清晰、明确的报告不提交标准。第四，重视数据利用，定期开展数据再评价。比如，每月或每季度开展一次病例系列评价或者汇总分析。持有人不仅可以通过定期数据再评价发现潜在风险，还可以评估反馈报告评价质量（在预期一般报告不复核的情况下，再评价可以作为国家反馈报告处理工作的考核方式），及时改进报告表规整标准。

（二）示例范本

×××公司“直报系统”反馈药品不良反应数据处理操作规程

1　目的

本文件旨在规范“直报系统”反馈药品不良反应数据下载、分析、评价、提交流程。

2　依据

《药物警戒质量管理规范》（国家药监局 2021 年第 65 号）

《个例药品不良反应收集和报告指导原则》（国家药监局 2018 年第 131 号）

《药品上市许可持有人 MedDRA 编码指南》（2022 年）

3　适用范围

本文件适用于持有人药品不良反应直接报告系统反馈数据的处理工作。

4　术语

报告时限：以国家中心反馈之日为第 0 天，严重报告需在 15 日内提交报告；死亡报告需立即提交；其他报告需在 30 日内提交。

非预期药品不良反应：当不良反应的性质、严重程度、特性或结果与本持有人说明书中的术语或描述不符，则视为新的（或非预期）不良反应。持有人不能确定不良反应是否为新的或已知的，应当按照新的处理。导致死亡的不良反应，除非说明书中已明确指出该不良反应可能导致死亡，否则均视为新的不良反应。对于同一类药品可能存在相同不良反应的情况（即“类反应”），只有当说明书中已有明确描述时，才视为是已知的不良反应。例如，“与同类其他药品一样，药品××也会发生以下不良反应”或“同类药品，包括药品××会引起……”如果药品××至今没有发生该不良反应的记录，说明书中可能会出现如下描述：“已有报告同类其他药品会引起……”或“有报告同类药品会引起……，但至今尚未收到药品××的报告”。在这种情况下，不应当认为该不良反应对于药品是已知的不良反应。

严重药品不良反应：存在以下情形之一的不良反应应当被判定为严重药品不良反应：导致死亡；危及生命；导致住院或延长住院时间；导致永久或显著的残疾/功能丧失；先天性异常/出生缺陷；导致其他重要医学事件，如不进行治疗可能出现上述所列情况的。对于不良反应来说，“严重程度”和“严重性”并非同义词。“严重程度”一词常用于描述某一特定事件的程度（如轻度、中度或重度心肌梗死），然而事件本身可能医学意义较小（如严重头痛）；而“严重性”则不同，是以患者/事件的结局或所采取的措施为标准，该标准通常与造成危及生命或功能受损的事件有关。严重药品不良反应是指其“严重性”而非“严重程度”。

死亡病例：死亡病例应理解为怀疑因药品不良反应（如室颤）导致死亡的病例，而非仅仅依据病例结局。如果死亡病例的不良反应仅表现为轻度皮疹或腹痛，并不能导致死亡，患者死亡原因可能是原患疾病（如癌症）进展，则不能判定为严重药品不良反应，也不能归为死亡病例。

关联性评价：关联性评价是评价怀疑药品与患者发生的不良反应/事件之间关系的过程。根据世界卫生组织的相关指导原则，关联性评价分为肯定、很可能、可能、可能无关、待评价、无法评价六个等级，参考标准如下：

肯定：用药与不良反应的发生存在合理的时间关系；停药后反应消失或迅速减轻及好转（即去激发阳性）；再次用药不良反应再次出现（即再激发阳性），且症状明显加重；同时有说明书或文献资料佐证；已排除原患疾病等其他混杂因素影响。

很可能：无重复用药史，其余同“肯定”，或虽然有合并用药，但基本可排除合并用药导致不良反应发生的可能性。

可能：用药与反应发生时间关系密切，同时有文献资料佐证；但引发不良反应的药品不止一种，或不能排除原患疾病病情进展的因素。

可能无关：不良反应与用药时间关系不密切，临床表现与该药已知的不良反应不符，原患疾病进展同样可能有类似的临床表现。

待评价：报表内容填写不齐全，等待补充信息后再评价，或因果关系难以定论，缺乏文献资料佐证。

无法评价：报表缺项太多，因果关系难以定论，资料又无法获得。

5　流程

5.1　反馈报告下载

药物警戒专员每日登录“直报系统”（网址：https：//daers. adrs. org.

cn/）报告管理账户，下载前一天的数据（鉴于死亡报告的时限要求，必须每日执行）。依次点击“反馈数据”→“全部”，填写反馈时间，点击“查询”→“导出”，保存至规定位置。导出文件名称统一命名为年月日＋反馈×例次×份，如20240225反馈10例次9份。下载数据汇总到《“直报系统”反馈药品不良反应数据台账》。

5.2 反馈报告规整

药物警戒专员登录“直报系统”报告管理账户，点击“反馈数据”→“待上报”，对已下载且未上报的数据点击“上报”，弹出新的报告填报界面，逐项补充完整。

5.2.1 报告规整原则

带有“*”标记的为必填项，其他项目尽可能填写。

不良反应报告各填写项目按照反馈报告填写，如有明确证据证明反馈项目填写错误的，可以修改。

报告填写项目与不良反应过程描述不符的，按照不良反应过程描述修改。

疾病名称、不良反应名称、用药原因按照ICD、MedDRA选择与反馈报告一致的低位术语，若无，则选择意思最接近的术语，并在备注进行说明。低位术语选择标准按照《药品上市许可持有人MedDRA编码指南》执行。

5.2.2 报告各项信息规整标准

患者信息：反馈数据有提示，则补充完整，无提示，则选择“未知”或“屏蔽的”。患者出生日期、年龄需互相对应，如果出生日期不详，则年份按照年龄推算，日期写不良反应发生的日期。如果反馈报告中年龄出生日期均未提及，则根据不良反应报告估计一个最佳年龄段，随机填写年份，如不能估算年龄段，年份填写“1900年”。疾病信息需核对药品不良反应过程，包括完整的现病史以及怀疑对此次不良反应发生有影响的既往病史。

用药信息：按照反馈数据填写，以下情况可进行修改：药品批准文号、药品通用名称、规格互相不对应，按照不良反应过程描述修改。“用药剂量”单位填写，片剂填写“片”，胶囊剂填写“粒”，注射剂按照药品说明书“规格”项下填写“克”或“毫克”等单位。批号与持有人批号不一致，或未填写，统一填写为“00000000”。“是否存在以下情况”“对药物采取的措施”根据实际情况勾选。怀疑用药有多个，点击“新增怀疑用药”进行增加。如果同一企业同一规格药品，在不同时间段使用，录入了多条信息，则合并为一条信息。若某合并用药与不良反应发生有时间关联，则转为怀疑用药。怀疑用药不能转为合并用药。

不良反应：不良反应过程描述以持有人为第一人称，以事件发生先后顺序逐步描述；持有人药品名称不全的，补充完整；出现的时间应尽量按“×年×月×日×时×分”的格式填写，无法获取具体时刻时，应至少具体到日；可适当删减与本次不良反应无关的描述。

不良反应术语根据不良反应过程描述如实填写；不良反应结果若为“痊愈”，则不良反应结束时间必填，若无法确定，则以国家中心反馈日期为结束日期；不良反应结果若为其他项，则不良反应结束时间有则填，没有可不填。对于不规范、有明显错误的不良反应术语，应在依据充分的前提下，基于医学判断进行规整，规整过程中不应降低术语的严重性。若降低术语严重性，则在备注中说明判断依据。

关联评价：可根据分析情况填写，若与初始报告的关联评价不同，则需在备注中作出说明，并上传相关佐证材料。

相关检查：按照反馈数据进行填写。

妊娠报告：按照反馈数据进行填写。

初始报告人信息：按照反馈数据进行填写，若不详，可填写“不详”或“未知”。初始报告人未进行关联性评价，则选择“可能”。

报告信息：首次获知时间为监管部门反馈日期。企业病例编码按照持有人编码原则手动录入。

持有人信息：填写持有人上报人员信息。

备注：所有对反馈数据的改动均应说明。

5.3　反馈报告提交

5.3.1　提交前复核

特殊品种复核标准：首次上市销售品种、连续五年未生产销售又重新生产销售的品种，所有报告经药物警戒部门负责人复核后提交。后续根据报告严重程度、预期性等风险分析结果，可以按照其他品种复核标准开展复核。

其他品种复核标准：初始报告人评价为严重报告，以及持有人评价为严重报告的，经药物警戒部门负责人复核后提交；死亡报告，经药物警戒负责人复核上报药品安全委员会知悉后提交；其他报告由药物警戒专员评价后直接提交。

5.3.2　无需提交标准

存在以下情形之一的，可不提交，但需在《“直报系统”反馈药品不良反应数据台账》中记录原因。

• 非本企业报告

判断标准：怀疑药品非公司注册品种，或怀疑药品公司常年未生产。

· 重复报告

判断标准：患者姓名（病历号）、患者性别、第一怀疑药品、不良反应名称、不良反应发生时间五个因素均一致[①]。重复报告和已经提交的报告，二者之间需要互相记录报告编码，便于互相追踪。

5.3.3 记录提交结果

报告经过规整、评价、复核后，应及时填写《“直报系统”反馈药品不良反应数据台账》，避免漏报或超时限报告。国家中心反馈之日计为第0天，严重报告需在15日内提交；死亡报告需立即提交；其他报告需在30日内提交。对于死亡病例，应在15日内开展调查，并完成调查报告上报当地省级药品不良反应监测中心。死亡调查报告需经药物警戒负责人及药品安全委员会审批。

5.4 跟踪报告

如果不良反应报告影响了安全性评估，或严重药品不良反应报告、非预期不良反应报告中的信息缺失影响了关联性评价，药物警戒部门应启动随访。若能在反馈报告提交时限前完成随访，则将获取的新信息录入不良反应过程描述，并一同提交。若不能在反馈报告提交时限内完成随访，则先提交报告，并在随访完成后及时填写跟踪报告。登录“直报系统”，点击“报告查询”，输入企业病例编码，点击“查询”，然后在相应的报告后点击“跟踪报告”，在新弹出的界面中填写信息。

5.5 报告存档

数据上报成功后，点击报告查询，查看已上报的报告，在线打印纸质报告，并按照品种或企业病例编码进行归档保存。

5.6 定期再评价

药物警戒部门根据国家反馈报告情况，制定药品不良反应年度定期分析评价计划，并经药物警戒负责人批准。评价计划内容至少包括分析评价报告的名称、撰写原因或目的、数据起止日期、撰写人、预计完成日期。根据不良反应报告数量、产品安全性特征等，定期评价报告可以分为月度/季度分析评价报告、单品种分析评价报告以及专题分析评价报告。

6 附件

《“直报系统”反馈药品不良反应数据台账》可在下载的反馈报告汇总表

---

① 国家药品监督管理局药品评价中心．药品GVP指南 风险识别、评估与控制［M］．北京：中国医药科技出版社，2022：43．

项目基础上，增加报告反馈日期、下载日期、报告份数、下载人、企业病例编码、持有人评价人、持有人评价后报告类型、持有人复核人、是否二次提交、提交日期/未提交原因、备注等项目。

十九、受让品种药物警戒资料传递操作规程

（一）撰写技术要点

GVP 规定持有人转让药品上市许可时，应当同时移交药物警戒的所有相关记录和数据，确保移交过程中记录和数据不被遗失。《药品记录与数据管理要求（试行）》对记录和数据进行了定义：记录是指在上述活动中通过一个或多个数据记载形成的，反映相关活动执行过程与结果的凭证；数据是指在药品研制、生产、经营、使用活动中产生的反映活动执行情况的信息，包括文字、数值、符号、影像、音频、图片、图谱、条码等。药物警戒活动产生的记录与数据种类包括但不限于医学咨询和投诉，个例药品不良反应收集、评价、提交、随访，药品风险分析，药物警戒培训等。药物警戒是药品生命全周期内应当开展的活动，持有人应当妥善保管药物警戒活动产生的记录和数据，保证记录和数据的可追溯性、清晰、同步、原始、准确、完整、一致、持久、可获得[①]。药物警戒记录和数据至少保存至药品注册证书注销后十年，并应当采取有效措施防止记录和数据在保存期间损毁、丢失。

品种持有人发生转移时，涉及双方公司内部多个部门，交接时间长、资料多、人员沟通不畅等因素可能导致药物警戒资料传递不完整，传递过程中泄密甚至遗失，导致药物警戒资料完整性、可追溯性受损。因此持有人应建立受让品种药物警戒资料传递操作规程，明确资料内容，资料传递要求，以确保在品种受让期间药物警戒资料传递的安全性、真实性、完整性及连续性，满足 GVP 对药物警戒活动记录和数据的相关要求。持有人制定该文件时需注意以下几点：第一，品种受让信息应及时交互，并制定详细的药物警戒资料目录，保证资料全面性。受让工作一般由持有人药品注册部门主导，并负责资料传递。药物警戒部门负责审核受让品种药物警戒资料的完整性、准确性。因此药品注册部门需在受让品种初期，告知药物警戒部门对受让过

① 国家药品监督管理局药品评价中心．药品 GVP 指南　药物警戒体系与质量管理［M］．北京：中国医药科技出版社，2022：97.

程中涉及的药物警戒资料进行统计。药物警戒部门制定需要传递的药物警戒资料列表，包括资料名称、资料起止时间、资料格式等内容，以确保转入品种药物警戒资料的完整性和连续性。药物警戒资料至少应包含自主收集个例报告的原始记录、评价上报记录、报告表；国家反馈数据的原始报告、提交报告；PSUR 或 PBRER 等。药物警戒部门还需详细了解该品种注册历史，对资料的时间跨度完整性提出要求。第二，制定资料审批过程及标准。药物警戒部门负责药物警戒资料审核，审核后药物警戒部门出具审核报告，经药物警戒负责人批准。审核时应按照资料列表逐项审核资料数量是否与列表一致，特别是个例药品不良反应报告的纸质资料，电子数据数量；纸质资料印制是否清晰、完整；缺少的药物警戒资料是否作出说明。第三，转出品种药物警戒资料的保存。转入品种资料按照持有人相关药物警戒资料保存规定执行即可。转出品种时，药物警戒部门应注意药物警戒资料还应当继续留档保存十年。

（二）示例范本

×××公司受让品种药物警戒资料传递操作规程

1　目的

本文件旨在规范受让品种药物警戒资料传递，保证资料的真实、完整、准确、可追溯。

2　依据

《药物警戒质量管理规范》（国家药监局 2021 年第 65 号）

3　适用范围

本文件适用于持有人转入或转出品种时，其药物警戒资料的传递工作。

4　术语

无。

5　流程

5.1　品种转入药物警戒资料传递程序

5.1.1　制定《药物警戒资料清单》

药品注册部门拟转入品种时，应提前告知药物警戒部门，并按照药物警戒部门出具的《药物警戒资料清单》向拟转出持有人索取相关资料。《药物警戒资料清单》需经药物警戒部门负责人审核，至少包含以下内容：

- 拟转入品种信息：如药品通用名称、批准文号、规格。
- 自主收集个例药品不良反应处置资料：从首次注册至转入时，原始记录或台账、处理评价记录、报告递交记录，并列表说明各年度自主收集数量，提交数量、未提交数量，注明纸质记录数量。数据、记录缺失时应予以说明原因。

• 国家反馈报告处置资料：从首次注册至转入时，原始反馈数据、规整审核后提交数据、未提交数据及未提交原因，并列表说明各年度反馈数量，二次提交数量、未提交数量，如有随访记录一并登记，涉及纸质记录注明数量。数据、记录缺失时应予以说明原因。

• PSUR/PBRER：从首次注册至转入时，历次 PSUR/PBRER；报告缺失时应予以说明原因。

• 药品产销量资料：按包装规格统计，逐年说明近五年的产量、国内销量、出口地区及数量，单位以最小包装计；数据缺失时应予以说明原因。

• 药品说明书变更情况：列表说明近五年药品说明书变更时间、变更项目、变更原因以及变更前后内容。

• 文献资料：从首次注册至转入时，文献检索台账、文献。台账、文献缺失时应予以说明原因。

• 药品风险管理资料：风险信号台账、评价处置记录或报告、药物警戒计划；如实施过风险控制措施，其相关资料和证据一并注明；记录、报告缺失时应予以说明原因。

• 其他与药物警戒相关的资料：如有，则提供。

5.1.2　审核拟转入品种药物警戒资料

• 转出方确认《药物警戒资料清单》后，按照清单准备资料，并将清单内容补充完整后加盖公章，随资料交付转入方。

• 药物警戒部门收到拟转入品种药物警戒资料后，按照《药物警戒资料清单》逐条复核电子资料、纸质资料的完整性、准确性。注意不良反应报告电子数据数量与列表中数量、PSUR/PBRER 是否一致；纸质档案是否字迹清晰、易读、不易擦除，修改是否符合规定，报告是否缺页，公章加盖是否完整。对存在异议的资料应及时与转出方书面沟通。

• 药物警戒部门完成拟转入品种药物警戒资料审核后，出具审核报告，报药物警戒负责人批准。

5.1.3　资料存档

因资料传递与持有人转移批件签发存在时间差，药物警戒资料转移可以分两次进行，首次资料截止日期可视实际情况设计，末次资料截止日期可为持有人转移批件签发之日。资料齐备后，药物警戒部门负责存档。

5.1.4　信息维护

自持有人转移批件签发之日起30日内，药物警戒部门在持有人药品不良反应直接报告系统完成品种信息维护。

5.2　品种转出药物警戒资料传递程序

5.2.1　药品注册部门拟转出品种时，应提前告知药物警戒部门，药物警戒部门根据转入方要求，结合公司实际情况，出具拟转出品种《药物警戒资料清单》。

5.2.2　拟转出品种《药物警戒资料清单》经双方确认后，及时完成资料整理，一式两份。

5.2.3　资料经药物警戒负责人审批后，一份交给药品注册部门，另一份由药物警戒部门存档十年。

5.2.4　品种转出后10日内，药物警戒部门在持有人药品不良反应直接报告系统完成品种停用。

6　附件

×××（通用名称）药物警戒资料清单（示例）

药品批准文号	
药品规格	
首次注册时间	
最近一次再注册时间	
转出方持有人名称	
联系人	
联系电话	
邮箱	
转入方持有人名称	
联系人	
联系电话	
邮箱	

机密公告

一、自主收集个例药品不良反应资料

该产品××年××资料缺失，原因是××。2006年1月1日至2023年12月1日，该产品自主收集个例药品不良反应数量详见下表：

年份	自主收集数量	上报数量	未上报数量
2006	4	3	1
2007	8	6	2
……	……	……	……

资料明细

年份	纸质资料	电子资料
2006	台账 有□共____页 无□ 处理记录 有□共____页 无□ 个例报告表 有□共____页 无□ 其他资料 有□共____页 无□	台账 有□ 无□ 其他资料 有□________________ ________________ 无□________________
2007		
……	……	……

注：纸质资料每年度成册，加盖骑缝章。

二、国家反馈报告处置资料

该产品××年××资料缺失，原因是××。2009 年 1 月 1 日至 2023 年 12 月 1 日，该产品国家反馈报告数量详见下表：

年份	反馈数量	二次提交数量	未提交数量	未提交原因
2009	12	0	12	××
2010	8	0	8	
……				
2019	20	18	2	详见未提交报告电子台账
……	……	……	……	……

资料明细

年份	纸质资料	电子资料
2009	有□ 资料概述________________共____页 无□	反馈数据 有□ 无□ 二次提交数据 有□ 无□ 未提交数据 有□ 无□ 其他资料 有□ 无□
2010		
……		

注：纸质资料每年度成册，加盖骑缝章。

三、药品定期安全性更新报告/定期获益-风险评估报告

该品种自首次注册至2023年12月31日，PSUR□ PBRER□ 共提交____次。____份PSUR□ PBRER□ 见附件。××年PSUR□ PBRER□缺失，原因是：________________。

注：公章加盖位置每份报告封面页、骑缝章。

四、药品产销量资料

2019年药品产销量资料见下表：

包装规格：15粒/盒					
年份	产量（万盒）	国内销量（万盒）	出口地区	出口销量（万盒）	备注
2019年	6	4	越南	0.8	
			新加坡	1.2	
……					
包装规格：30粒/盒					
年份	产量（万盒）	国内销量（万盒）	出口地区	出口销量（万盒）	备注
2019年	3	2.5	泰国	0.5	
……					

五、药品说明书变更情况

2019年1月1日至2023年12月31日该产品说明书修订情况详见下表：

变更时间	变更项目	变更前	变更后	变更原因

六、文献资料

该产品××年××资料缺失，原因是××。

资料明细见下表

年份	纸质资料	电子资料
2023	有□ 资料概述________________共____页 无□	检索台账 有□ 无□ 文献 有□共____篇 无□ 其他资料 有□ 无□

七、药品风险管理资料

注：纸质资料每年度，按类别成册，公章加盖位置封面页或落款处，及骑缝章。

若有，则提供；若无，则写明无。

八、其他与药物警戒相关的资料

注：纸质资料每年度，按类别成册，公章加盖位置封面页或落款处，及骑缝章。

如有，则提供；如无，则写明无。

二十、药物警戒风险沟通操作规程

（一）撰写技术要点

《中华人民共和国药品管理法》（2019 修订）规定国家实行药品安全信息统一公布制度。国家药品安全总体情况、药品安全风险警示信息、重大药品安全事件及其调查处理信息和国务院确定需要统一公布的其他信息由国务院药品监督管理部门统一公布。药品安全风险警示信息和重大药品安全事件及其调查处理信息的影响限于特定区域的，也可以由有关省、自治区、直辖市人民政府药品监督管理部门公布。未经授权不得发布上述信息。公布药品安全信息，应当及时、准确、全面，并进行必要的说明，避免误导。任何单位和个人不得编造、散布虚假药品安全信息。

目前药品监管部门采取的风险沟通方式包括公开药品说明书、发布药品说明书修订公告、药品不良反应信息通报及药物警戒快讯等。持有人作为药品安全责任主体，应当开展药品上市后不良反应监测，主动收集、跟踪分析疑似药品不良反应信息，对已识别风险的药品及时采取风险控制措施。风险沟通作为一种风险控制措施，GVP 对其目的、对象、内容、工具进行了明确规定，使持有人开展风险沟通工作有法可依，有据可循。持有人应当在开展风险沟通前，主动与药品监管部门进行沟通，保证沟通内容不违反《中华人民共和国药品管理法》（2019 修订）规定。

GVP 提出风险沟通的目的是传递药品安全性信息。沟通的内容基于当前获批的信息，不得包含任何广告或产品推广性质的内容。沟通工具包括致医务人员的函、患者安全用药提示卡、发布公告、召开发布会等。

风险沟通工作涉及药品监管部门、持有人、经营单位、使用单位、患者、媒体以及公众。公众的阅读能力、是否具有与风险相关的知识及其水平、情绪状态等因素直接影响沟通风险的高效运行①。因此，持有人可制定

① 卫付茜，张威，杨悦．药品监管机构与公众药品风险沟通的研究［J］．中国药物警戒，2021，18（10）：949－952.

药物警戒风险沟通操作规程，明确风险沟通过程，以及各个环节需要注意的事项和应急措施因素，以确保药品风险沟通工作高效开展。制定该文件时需注意以下几点：第一，重视风险沟通前各方协商交流，明确沟通内容是否合规。风险沟通工作涉及社会众多部门、行业、人员，大众风险认知水平参差不齐，草率地进行风险沟通可能引起不必要的负面效应。因此，持有人在开展风险沟通前，应就沟通内容征求多方意见及建议，确保沟通内容合规，且沟通文字语言清晰、明了，不会误导公众或引起恐慌。第二，制定详细的风险沟通方案，增加风险沟通过程和结果的可控性。方案应当描述风险沟通的目的、对象、方式、内容；风险沟通的时间、责任部门及职责；风险沟通效果评估时间及方法；以及可能出现的负面舆情的紧急处置措施。第三，统一规定风险沟通工具的格式及撰写内容、审批流程。对致医务人员的函、患者用药提示卡格式、内容进行具体规定。比如，格式方面字数不宜过多，重点内容突出显示；内容至少包含标题、风险沟通原因、建议采取的措施以及持有人联系方式等。对致医务人员的函、患者用药提示卡发送前应当经过严格审批。

（二）示例范本

×××公司药物警戒风险沟通操作规程

1　目的

本文件旨在指导药物警戒风险沟通有序开展。

2　依据

《药物警戒质量管理规范》（国家药监局2021年第65号）

3　适用范围

本文件适用于持有人开展药物警戒风险沟通活动。

4　流程

4.1　发起风险沟通计划申请

药物警戒部门负责提出风险沟通计划申请，内容至少包括药品名称、风险信息、佐证资料、建议采取的措施、计划开展的风险沟通对象、风险沟通内容、风险沟通方式，以及预期达到的风险沟通效果等内容。

4.2　风险沟通计划评估

药物警戒负责人召集风险沟通小组人员讨论开展风险沟通的必要性，以及风险沟通计划的可行性。企业负责人拥有是否开展风险沟通最终决策权。如果不开展风险沟通，应记录原因。如果开展风险沟通，应启动以下程序。

4.3　制定风险沟通方案

药物警戒负责人负责组织风险沟通小组成员制定风险沟通方案。如果是复杂的安全性问题，需要咨询药品监管部门、医务人员和相关专家的意见。风险沟通方案应至少包括以下内容：

4.3.1 风险沟通的目的

阐述药品发现的风险及预期的风险沟通目的。

4.3.2 风险沟通的对象

风险沟通对象包括医务人员、患者和公众，应根据药品管理状态和风险信息确定风险沟通对象。例如，对于处方药，沟通对象侧重于医务人员；而对于非处方药，则侧重于患者和公众。

4.3.3 风险沟通的方式

致医务人员的函可以通过正式信函发送至医务人员，或通过相关医疗机构、药品经营企业或行业协会发送，必要时可同时通过医药学专业期刊或报纸、具有互联网医药服务资质的网站等专业媒体发布。

患者安全用药提示可随药品发送至患者，或通过大众媒体进行发布。

4.3.4 风险沟通的内容

4.3.4.1 致医务人员的函

格式要求：总页数不超过4页，字体采用黑体，行距2倍，重点内容（风险描述、控制措施）加粗显示，页眉居中标注“致医务人员的函”。

内容科学严谨，使用医学术语，项目要求如下：①编号，编号格式为药物警戒函＋〔年份〕＋三位序号＋号，如“药物警戒函〔2024〕001号”；②日期，如“2024年4月6日”；③标题，以使医务人员迅速准确获取关键信息为命名原则，可以参考药物警戒快讯命名方式；④收件人，信函发送的对象，如“尊敬的医务人员”或“尊敬的呼吸内科医务人员”；⑤关键内容摘要，概述来函目的、重要的风险及风险控制措施；⑥具体内容，描述具体的风险和已经采取或建议采取的风险控制措施；⑦鼓励报告不良反应；⑧持有人药物警戒部门联系方式；⑨附件，如参考文献、新旧说明书对比。[①]

4.3.4.2 患者安全用药提示

格式要求：总页数不超过2页，字体采用黑体，行距2倍，项目标题加粗显示，合适位置放置电子文档二维码。

内容简洁清晰，通俗易懂，项目要求如下：①标题，格式为药品通用名称＋患者安全用药提示；②此卡片的用途为介绍与用药有关的重要安全性信

---

① 国家药品监督管理局药品评价中心．药品GVP指南 风险识别、评估与控制［M］．北京：中国医药科技出版社，2022：169.

息；③患者应当做什么，建议患者随身携带药品并向医务人员出示；④用药后可能出现的症状；⑤用药过程中（包括用药前后）应当注意的事项；⑥鼓励报告不良反应，以及持有人药物警戒部门联系方式。[①]

4.3.5　风险沟通的时间

根据风险沟通难易程度估计一个合理的时间范围。

4.3.6　风险沟通实施责任部门及职责

销售部门负责通过药品经营企业向医疗机构发送致医务人员的函。

质量、生产部门负责确保每个最小包装内附有患者安全用药提示。

药物警戒部门负责统一对外答复，处理风险沟通过程中社会各界的咨询以及舆情监控。

网络部门负责将致医务人员的函、患者安全用药提示发布到公司官方网站。

4.3.7　风险沟通效果评估时间及方法

选择评估时间时，应考虑风险控制措施实施所需时间、衡量指标获取的难易程度、药品的使用情况、风险严重程度或利益相关方对风险的关注度等。

根据风险控制措施不同，采取不同的评估方法。例如，风险控制措施是向医务人员提供教育手册、培训，指标可以是医师接收并阅读该教育资料、接受培训的处方医师占全部处方医师的比例，阈值可以是最低知晓率。如果达到，则表明风险沟通有效；反之，则风险沟通仍需进一步加强。

4.3.8　负面舆情紧急处置措施

当出现负面舆情时，应及时与药品监管部门沟通，请求检测药品质量、通报产品安全信息；联系三甲医疗机构、医药协会开展专业讲座等；邀请主流媒体参观、访谈，减弱负面舆论，争取舆论逆转。

4.4　批准风险沟通方案

风险沟通方案制定后，提交企业负责人批准，并向当地省级药品监管部门进行报备。如果是复杂的安全性问题，必要时可以联合医疗机构、医药协会、患者小范围进行预测试，评估风险沟通方案的可行性之后，再实施大范围的风险沟通。

4.5　实施风险沟通方案

风险沟通方案批准后，药物警戒部门负责人负责跟踪相关部门风险沟通执行情况，及时汇报药物警戒负责人，如有异常及时组织风险沟通小组会

---

①　韩阳，田丽娟．欧美患者定向的药品风险沟通工具研究及启示［J］．沈阳药科大学学报，2023，40（10）：1382－1386.

议，商议应对措施。

4.6　评估风险沟通效果

风险沟通完成后，按照既定时间点，药物警戒负责人组织风险沟通效果评估。药物警戒部门负责人撰写风险沟通效果评估报告，经药物警戒负责人审核后，提交给企业负责人审批。

如果达到预期风险的沟通目的，则关闭风险沟通程序，并由药物警戒部门收集在风险沟通过程产生的记录、报告等资料，将其归档保存。

如果未达到预期风险沟通目的，但对风险控制仍有一定效果，可以延长风险沟通时间并再次评估。

如果风险沟通没有任何效果，则需重新发起风险沟通计划申请，改变风险沟通方式或重新评估风险—获益情况。

二十一、MedDRA 医学术语使用操作规程

（一）撰写技术要点

在全球药品监管的大背景下，MedDRA 医学术语的规范使用显得尤为重要。国际人用药品注册技术协调会（ICH）以及我国药品监管部门发布的一系列法规，如 GVP、《指导原则》、《药品上市许可持有人 MedDRA 编码指南》等，均对 MedDRA 医学术语的使用提出了明确要求。这些法规要求持有人在使用 MedDRA 医学术语时，应遵循国际标准和规范，确保术语的准确性和一致性。《药品上市许可持有人 MedDRA 编码指南》指出，在我国《上市许可持有人药品不良反应报告表》中的“疾病名称”“治疗疾病”“不良反应术语”“检查项目”等相关医学术语可采用 MedDRA 术语进行编码。持有人应当制定详细的 MedDRA 医学术语使用规范，明确术语的选择、使用场景和注意事项，以指导员工正确、规范地使用术语。这些法规要求不仅明确了 MedDRA 医学术语的使用规范，还是保障药品安全性和有效性的重要措施之一。通过遵循这些法规要求，持有人可以确保医学信息的准确传递，提高药品研发、注册、生产和销售等环节的信息交流效率，为公众用药安全提供有力保障。

MedDRA 医学术语使用操作规程在持有人制度体系中扮演着至关重要的角色，它是确保 MedDRA 医学术语规范使用的具体行动指南。制定 MedDRA 医学术语使用操作规程的目的在于规范持有人及其员工在药品研发、

注册、生产、销售以及安全性监测等环节中医学术语的使用行为，确保信息的准确性和一致性。

在制定操作规程时，应明确术语的选择原则、使用场景、注意事项等，为员工提供清晰的指导。应规定术语库的建立、更新和维护流程，确保术语库的准确性和时效性。此外，还要确保规程的内容符合相关法规的要求，简洁明了，具有可操作性和实用性，能够真正指导员工的实际工作。通过制定和执行 MedDRA 医学术语使用操作规程，持有人可以规范员工的术语使用行为，提高信息交流的效率和质量，降低因术语使用不当而带来的风险。同时，这也有助于提升企业的整体形象和竞争力，为企业的可持续发展奠定坚实基础。

（二）示例范本

×××公司 MedDRA 医学术语使用操作规程

1　目的

本文件旨在规范药品不良反应报告、收集、分析、评估等工作中 MedDRA 术语的使用。

2　依据

《药物警戒检查指导原则》（国药监药管〔2022〕17 号）

《药品上市许可持有人 MedDRA 编码指南》（2022 年）

《ICH MedDRA 术语选择：考虑要点》（与 MedDRA 同步更新版本）

3　适用范围

本文件适用于药物警戒部门在药品上市后不良反应报告、收集、分析、评估等工作中使用 MedDRA 医学术语的所有活动。

4　术语

MedDRA：全称为 Medical Dictionary for Regulatory Activities，即监管活动医学词典。它是由人用药品技术要求国际协调理事会（ICH）开发的一个标准化医学术语集，旨在促进人用医疗产品国际监管信息的共享。MedDRA 由 ICH 创建，并由 MSSO（维护和支持服务组织）维护、开发和分发。该术语仅供监管机构和受监管的生物制药行业管理临床试验和药物警戒使用，在药品从上市前到上市后的整个监管过程中，用于数据的录入、检索、评价和展示。

5　流程

5.1　一般要求

药品不良反应报告中的“疾病名称”“治疗疾病”“不良反应术语”“检

查项目”等相关医学术语可采用 MedDRA 术语进行编码。

对于数据的要求：清晰、准确且完整的数据是开展编码工作的重要基础。对于存在歧义、易混淆或难以理解的数据，应进一步核实并明确。

对于编码人员的要求：编码人员应当具备所需的知识和技能，并接受过 MedDRA 相关的培训，熟练使用 MedDRA，对于将此项工作委托外单位的持有人，应当考虑受托方的条件和能力是否符合要求。

5.2　下载登录浏览器

登录 MedDRA 官方网址 www.meddra.org，下载 MedDRA 桌面浏览器（MedDRA Desktop Browser，MDB），或直接登录网页浏览器 https://tools.meddra.org/wbb/。

5.3　数据规整

MedDRA 编码指将原始报告信息转化为 MedDRA 标准化术语的过程。持有人获取的个例报告包括自主收集的报告和国家药品不良反应监测系统反馈的报告，其中存在相关医学术语不规范等情况，在编码前需对相关数据项进行规整。应结合药品不良反应的过程描述，整理出需要编码的“原始报告用语”，再根据《MedDRA 术语选择：考虑要点》选择恰当的低位语（Lowest Level Term，LLT）进行标准化。

5.3.1　疾病信息规整

疾病信息主要包括“疾病名称”“治疗疾病”“直接死因”等。“疾病名称”应包含“完整的现病史以及怀疑对此次不良反应发生有影响的既往病史”。“治疗疾病”是指使用药品治疗的适应症。对于填写不规范或不全面的情况，应对照不良反应过程描述，整理出“原始报告用语”。

示例：

疾病名称	不良反应过程描述	整理原始报告用语
脑干出血、高血压Ⅱ、应激性溃疡伴出血	患者因脑干出血、吸入性肺炎、应激性溃疡出血入院治疗。给予注射剂 A 治疗肺炎，注射剂 B 治疗应激性溃疡出血……	脑干出血、高血压Ⅱ、应激性溃疡伴出血、吸入性肺炎

说明：①原始报告中的“疾病名称”一栏填写为“脑干出血、高血压Ⅱ、应激性溃疡伴出血”。结合不良反应过程描述，患者因脑干出血、吸入性肺炎、应激性溃疡出血给予治疗，表明患者的现病史包括脑干出血、吸入性肺炎、应激性溃疡出血。鉴于“疾病名称”应包含完整的现病史以及怀疑对此次不良反应发生有影响的既往病史，需补充吸入性肺炎。②由于“疾病名

称”应记录患者完整的现病史（可能不是本次入院治疗的原因），如果没有明确的证据反驳，则默认原始报告的意见。而本例不良反应过程描述未提及高血压，但原始报告“疾病名称”一栏中包含高血压，所以该病例“疾病名称”的原始报告用语应规整成“脑干出血、高血压Ⅱ、应激性溃疡伴出血、吸入性肺炎”，之后再进行 MedDRA 编码。

5.3.2　不良反应术语规整

对于持有人自主收集报告中的“不良反应术语”，应依据收集的信息，基于医学判断，提取恰当的术语，同时遵循《MedDRA 术语选择：考虑要点》的相关要求进行编码，避免出现遗漏、不规范、错误等情况。

对于来源于医疗机构的报告，视同已经过医生的诊断。建议使用医疗机构填写的不良反应名称作为原始报告用语。如有遗漏，应按照不良反应过程描述，通过医学判断补充恰当的术语；若不规范、有明显的错误，应在依据充分的前提下，基于医学判断进行规整，规整过程中不应降低术语的严重性。对术语规整的相关情况应在上市许可持有人药品不良反应报告表“备注”一栏中记录和说明。

示例：

不良反应术语	不良反应过程描述	整理原始报告用语
肝功能异常	患者用药后出现皮疹，肝功能异常	皮疹、肝功能异常

5.3.3　“检查项目”规整

相关实验室检查信息指“用来诊断或确定不良反应的实验室检查信息，包括那些用于排除诊断的检查信息（例如，针对疑似药物性肝损害进行的感染性肝炎的血清学检查）”。“检查项目”一栏推荐使用 MedDRA 编码，该项目只用于记录检查名称，而非检查结果。应在编码前规整成检查项目的名称，在术语选择时选择各类检查这一系统器官分类（System Organ Class，SOC）中不带限定词的术语。

示例：

原始报告不良反应过程描述为“患者用药后出现白细胞减低，白细胞结果 3.0＊109/L”。在“检查项目”一栏应该规整为“白细胞计数”（检查名称术语），其定量数值（3.0＊109/L）应填写在右侧“结果（单位）”一栏；该例在“不良反应术语”一栏，应编码为“白细胞计数降低”（检查结果术语）。

5.4　MedDRA 的层级结构

MedDRA 是一个标准术语集，具有预先界定的术语层级结构，具备多轴性的分类特点，即允许一个术语可能出现在多个SOC中，并根据不同的类别进行分组。尽管一个PT可属于多个SOC分类，但其中只有一个被指定为主SOC，其他的为次SOC。特别指出，在27个SOC中，有3个没有多轴性，即“各类检查”“各种手术及医疗操作”“社会环境”。用户不得对MedDRA进行临时的结构改动，包括变更主SOC的分配，这样做会损害该标准的完整性。如果发现术语在MedDRA结构中的位置不正确或当前没有一个MedDRA术语足以反映报告的信息，应向MSSO提交变更申请。MedDRA词典中各术语之间通过五层级的结构进行归属和关联。随着版本更新，被淘汰的LLT术语不会被删除，但会被标记为“非现行”（红框显示），目前在用的LLT则标记为“现行”。MedDRA的层级结构如下：

表　MedDRA的层级结构

分级	名称	中译名称	用途
1	SOC（System Organ Class）	系统器官分类	最高层级，报告，分析，查询
2	HLGT（High Level Group Term）	高位组语	组术语，报告，分析，查询
3	HLT（High Level Term）	高位语	组术语，报告，分析，查询
4	PT（Preferred Term）	首选语	独立医学概念层级，报告，分析查询
5	LLT（Lowest Level Term）	低位语	编码层级，编码

5.5　术语选择

5.5.1　基本原则

术语选择应遵循MedDRA维护和支持服务组织（MSSO）发布的最新版本的《MedDRA术语选择：考虑要点》相关要求，其介绍了术语选择的原则，包括不良反应/不良事件（AR/AE）、器械相关事件、产品质量问题、用药错误、暴露、病史、社会史、各类检查、误用和滥用、超说明书使用以及适应症。遵照《MedDRA术语选择：考虑要点》，保持原始报告信息的质量，才能保证数据输出的质量，确保其中的所有术语均与输出目的相关。

5.5.2　使用浏览器搜索

可以使用MSSO提供的三种浏览器，包括桌面浏览器、网页浏览器和移动端浏览器。为提高编码的准确性，建议使用MedDRA桌面浏览器或网页浏览器进行搜索。

药品上市许可持有人直接报告药品不良反应系统嵌入的MedDRA的LLT级别的中文术语名称及八位数字代码，仅适用于报告时的辅助录入。

5.5.3 术语选择及考虑要点

5.5.3.1 考虑要点文档

PTC（考虑要点）文档的具体内容见下表：

PTC（考虑要点）文档

PTC 类别	PTC 文档	目的	语种	发布周期
术语选择	《MedDRA 术语选择：考虑要点》	促进 MedDRA 编码的准确性和一致性	英文、中文、日文、俄文等	每年更新一次，与 MedDRA 三月份版本同时发布
	《MedDRA 术语选择：考虑要点-精要版》	针对一般编码原则的精简版本，旨在全球范围内促进 MedDRA 使用的准确性和一致性	所有 MedDRA 语种（除了英文、日文、以及其他已有 MTS：PTC 完整版翻译文档的语种）	按需更新
数据检索和展示	《MedDRA 数据检索和展示：考虑要点》	展示不同数据检索方式如何影响数据输出结果的准确性和一致性	英文、中文、日文、俄文等	每年更新一次，与 MedDRA 三月份版本同时发布
	《MedDRA 数据检索和展示：考虑要点-精要版》	针对一般检索和分析原则的精简版本，旨在全球范围内促进 MedDRA 使用的准确性和一致性译文档的语种	所有 MedDRA 语种（除了英文、日文、以及其他已有 DRP：PTC 完整版翻译文档的语种）	按需更新
综合	《MedDRA 考虑要点的伴随文档》	更多详细信息、示例、以及对监管有重要意义的特定课题的指导意见。旨在作为一份“动态”文档，根据用户需要进行更新。第一版包含“数据质量”和“用药错误”两个课题，于 2020 年 7 月更新至 1.1 版。2020 年 10 月发布的 2.0 版纳入了“产品质量问题”章节。2024 年 9 月发布的 3.0 版纳入了“生产和质量系统问题”章节	英文和日文	按需更新

5.5.3.2　术语选择

5.5.3.2.1　重复中文 LLT 选择

MedDRA 是以英文为主语言的术语集，在中文版本中存在不同 LLT 代码对应相同中文翻译的情况。对于重复中文 LLT 选择，持有人可参照以下建议选择术语，也可根据自身情况制定相应规则。

• 境外报告有英文原词的，按照英文原词匹配；

• 如果其中一个 LLT 与首选语（Preferred Term，PT）代码相同，则选择与 PT 代码相同的 LLT；

• 如果所有 LLT 代码均与 PT 不同，则选择对应常用英文表达的术语或选用现行术语中代码最小的术语。

5.5.3.2.2　查看结构

在编码时，查看术语的层级结构非常重要。《MedDRA 术语选择：考虑要点》中指出，选择一个 LLT 时，应查看该 LLT 之上的层级结构，例如 PT 层级一直向上到高位语（ High Level Term ，HLT）、高位组语（High Level Group Term，HLGT）和系统器官分类（System Organ Class，SOC），以确保能准确反映报告用语的含义。

例如，患者出生 2 天，原始报告填写疾病名称为“宫腔感染，特大婴儿，新生儿黄疸”。经搜索，MedDRA 中没有 LLT“宫腔感染”，有“子宫内感染”和“子宫感染”两个较为接近的 LLT。对于这两个术语的区别，需进一步查看层级结构。LLT“子宫感染”，向上层级对应的 PT 为“子宫感染”，HLT 为“女性生殖道感染”和“子宫感染和炎症（不包括宫颈）”。LLT“子宫内感染”向上层级对应的 PT 为“子宫内感染”，HLT 为“女性生殖道感染”和“孕妇疾病引起的胎儿疾病”。HLT“孕妇疾病引起的胎儿疾病”上层对应的 HLGT 为“各种胎儿并发症”。结合原始报告中疾病名称，该例患儿疾病名称中的“宫腔感染”应选择 LLT“子宫内感染”，详见下图。

- SOC 妊娠期、产褥期及围产期状况
  - HLGT 各种胎儿并发症
    - HLT 孕妇疾病引起的胎儿疾病
      - PT 子宫内感染
        - LLT 子宫内感染
- SOC 感染及侵染类疾病
  - HLGT 感染 - 未指明病原
    - HLT 女性生殖道感染
      - PT 子宫内感染
        - LLT 子宫内感染

- SOC 感染及侵染类疾病
  - HLGT 感染 - 未指明病原
    - HLT 女性生殖道感染
      - PT 子宫感染
        - LLT 子宫感染
- SOC 生殖系统及乳腺疾病
  - HLGT 女性生殖道感染和炎症
    - HLT 子宫感染和炎症（不包括宫颈）
      - PT 子宫感染
        - LLT 子宫感染

5.5.3.2.3 避免遗漏信息

原始报告的任何信息都不应从术语选择过程中排除，应对原始报告用语逐一选择相应的 MedDRA 术语，避免遗漏。

如果药品不良反应已有进展，不应只编码最初的轻度表现。

例如，患者服用某药后，发生了间质性肾炎，之后恶化为肾衰竭。该病例中对“肾衰竭”也要进行编码。

5.5.3.2.4 忌软编码

“软编码”是指与原始报告中不良反应术语或相关过程描述相比，选择了一个精确性和/或严重性都相对较低的 MedDRA 术语，编码过程中切忌软编码。

例如，不应将原报告中不良反应术语“肝衰竭”编码为“肝脏功能检查值升高”。

每个 MedDRA 术语对应一个八位阿拉伯数字代码，即每个术语均有一个唯一的非表达性数字代码，“非表达”表示这些代码本身不含任何信息（如层级结构中的层级等），仅为依次编号，该代码能满足各种电子递交类型（如 E2B）对数据字段的要求。应选择最能准确反映原始报告信息的 MedDRA 现行低位语（LLT），红框显示的非现行 LLT 不应使用。

如果报告信息包含确定诊断及其特征性体征和症状，首选方案是仅编码诊断名称，这种情况不需要选择 MedDRA 组合术语。

如果报告用语包含矛盾、有歧义或含糊的信息，可能很难选择术语来支持适当的数据检索。出现这种情况时，应尽力获取更具体的信息。如果无法获得澄清，那么选择一个最能反映该报告事件含糊特征的 LLT。

如果报告信息包含两个状况，其中一个比另一个更具体，那么编码其中更具体的状况。

如果报告信息包含两个状况或概念，并且可以找到一个能同时代表两者信息的单独 MedDRA 组合术语，则选择这个组合术语。

如果“拆分”报告中的 AR/AE 能提供更多临床信息，则选择多个 MedDRA 术语。

如果报告事件的同时也报告了一个没有发生改变的原有状况，并且在 MedDRA 里没有合适的组合术语，那么仅编码事件。

如果是包含年龄信息的事件，若没有适用的 MedDRA 术语，首选方案是编码事件，将年龄信息记录在适当的人口学信息收集区域，备选方案是选择多个术语来反映患者年龄和事件信息。

如果报告包含涉及身体部位的事件，并且 MedDRA 术语不能同时描述该事件及具体的身体部位则应优先编码事件本身，而非选择描述不够精确的术语来编码身体部位。例如：

报告信息	选择的 LLT	备注
胸部皮疹	皮疹	在这个案例中，没有合适的 LLT 可以同时包括胸部和皮疹

如果事件发生在一处以上的身体部位并且这些 LLT 均连接到同一个 PT，则应优先编码事件本身，并选择最能准确反映事件本身的 LLT 编码。例如：

报告信息	选择的 LLT	备注
脸部、颈部皮疹	皮疹	LLT 脸部皮疹、LLT 颈部皮疹、LLT 皮疹都连接到 PT 皮疹
手部、足部水肿	四肢水肿	LLT 手水肿和 LLT 足水肿都连接到 PT 外周水肿。但是，LLT 四肢水肿最能反映事件本身

5.6　标准 MedDRA 分析查询

标准 MedDRA 分析查询（SMQ）是与特定医学状况或关注领域相关的一组术语，这些术语通常为 PT。所含术语可能涉及体征、症状、诊断、综合征、查体发现、实验室和其他生理检查数据等。SMQ 旨在协助识别和检索可能相关的安全报告。SMQ 中的 LLT 必须是与 SMQ 中的 PT 对应的术语，不包括其他 LLT。一个 SMQ 的检索范围有广义和狭义之分，狭义的检索范围用于确定与所关心问题高度相关的病例，即强调检索的特异性；而广义的检索范围则用于检索所有可能相关的病例，即强调检索的敏感性。

5.6.1　SMQ 应用

SMQ ASCII 文件包含 PT 和 LLT，将 SMQ 加载到分析查询工具后，在数据库中针对 MedDRA 编码的术语运行分析查询，以得到“命中”的病例。

临床试验阶段：当安全性特征尚未完全明确时，使用多个 SMQ 作为常规性的筛查工具，选择性地使用 SMQ 来评估之前发现的问题（如临床前数据或类反应）。

上市后阶段：针对可疑的或已知的安全性问题，选择性地使用 SMQ 来检索病例。使用多个 SMQ 进行信号检测、个例警示、定期报告（针对特定安全性问题和其他问题进行病例汇总）。

5.6.2 分析查询编写技巧

如果对于需要检索的主题没有找到适合的SMQ，需要自行编写定制分析查询。先定义研究主题，然后制定入排标准，根据需要使用组术语，搜索单轴SOC和其他/支持性SOC、“邻居”术语，并包括次级路径，避免使用LLT，最后保存分析查询以备将来使用，并审阅MedDRA版本更新的影响。

在进行更高层级分析时，需要考虑多轴和单轴SOC的影响，尽可能识别出与所关注的特定医学状况相关的术语。搜索过于狭窄（特异性），易排除潜在相关的事件；搜索过于宽泛（敏感性），则难以识别趋势或信号，可能需要进一步分析（包括病例审阅）。

5.7 MedDRA版本更新

MedDRA每年进行两次正式更新，3月1日发布X.0英文版（包括所有层级的变化），9月1日发布X.1英文版（只有LLT和PT层级的变化）；3月15日发布X.0翻译版，9月15日发布X.1翻译版。在数据检索和展示中使用的版本应记录在案。

5.8 MedDRA工具应用

官网网站：www.meddra.org，Email：mssohelp@meddra.org，常见问题：www.meddra.org/faq。

5.8.1 MedDRA浏览器

桌面浏览器：https://www.meddra.org/meddra-desktop-browsers。

网页浏览器：https://tools.meddra.org/wbb/。

移动端浏览器：https://mmb.meddra.org。

MedDRA版本分析工具（MVAT）：https://tools.meddra.org/mvat/，用户可免费使用，可生成版本报告、数据影响报告、搜索术语变更，用户界面和输出报告可选择任意MedDRA语种，可对比已发布版本和补充术语之间的变化，并在报告中纳入次SOC变化。

5.8.2 服务和培训

变更申请提交：https://www.meddra.org/how-to-use/change-requests；

培训日程：https://www.meddra.org/training/schedule；

MedDRA支持性文档：https://www.meddra.org/how-to-use/support-documentation。

二十二、严重（死亡）药品不良反应/事件调查操作规程

（一）撰写技术要点

严重（死亡）药品不良反应/事件调查操作规程是生产企业药物警戒体系中的关键组成部分，旨在规范企业针对严重（死亡）药品不良反应/事件的调查工作，确保信息的准确收集、及时传递和科学分析，进而有效评估药品安全风险并采取相应的风险控制措施。

在撰写此规程时，我们首先需要深入解读相关法规要求，如GVP和《药品不良反应报告和监测管理办法》（2011）等，明确规程的制定目的和应遵循的原则。规程的制定应结合企业的实际情况，考虑药品的特性、使用范围、患者群体以及市场需求等因素，确保规程的实用性和可操作性。

规程的内容应涵盖严重（死亡）药品不良反应/事件调查的全过程，包括信息的接收与核实、调查小组的成立与职责明确、调查工作的具体开展、原因的分析与判断、调查报告的撰写以及信息的报告与沟通等环节。在每个环节中，都应注重科学性和客观性的原则，确保调查结果的准确性和可靠性。此外，规程的制定还需考虑风险控制和改进措施。在调查结束后，应对调查结果进行深入分析，提出针对性的风险控制建议和改进措施，防止类似事件的再次发生。这些建议和措施应基于科学分析，具有可行性和有效性。

综上所述，严重（死亡）药品不良反应调查操作规程的撰写是一项系统性、科学性的工作，需要综合考虑法规要求、企业实际、药品特性以及市场需求等多方面因素。通过制定一份符合规范、具有可操作性的规程，我们能够为企业提供有力的支持，确保药品的安全性和有效性，维护公众用药安全。

（二）示例范本

×××公司严重（死亡）药品不良反应/事件调查操作规程

1　目的

本文件旨在规范公司对严重（死亡）药品不良反应/事件的调查工作，确保及时、准确、完整地收集相关信息，评估药品安全风险，为采取风险控制措施提供依据。

2　依据

《药物警戒质量管理规范》（国药监药管〔2021〕17号）

《药品不良反应报告和监测管理办法》（中华人民共和国卫生部令第81号）

3　适用范围

本文件适用于本公司药品发生的严重（死亡）药品不良反应/事件的调查工作，涉及药品使用、生产、销售等相关环节。

4　术语

严重不良反应，是指因使用药品引起以下损害情形之一的反应：导致死亡；危及生命（指发生反应的当时，患者存在死亡风险，并不是指反应进一步恶化才可能出现死亡）；导致住院或住院时间延长；导致永久或显著的残疾/功能丧失；先天性异常/出生缺陷；导致其他重要医学事件，如不进行治疗可能出现上述所列情况的。

药品安全委员会：持有人内部设立的负责药品安全管理的专门机构，负责重大风险研判、重大或紧急药品安全性事件处置、风险控制决策等工作。

5　流程

5.1　接收信息

药物警戒部门接收到严重（死亡）药品不良反应/事件报告后，应立即核实报告信息的真实性和完整性，启动调查程序。

5.2　成立调查小组

由药物警戒部门牵头，组建由生产、销售等相关部门人员组成的调查小组。明确调查小组的职责和任务，确保调查工作的顺利进行。

5.3　严重（死亡）药品不良反应/事件调查

严重（死亡）病例调查需对病例详细情况进行核实、完善和补充，对医疗机构的相关情况、同批次产品的销售、不良反应发生情况进行调查，并填写《严重（死亡）药品不良反应/事件病例调查表》（见附表），调查内容包括：

5.3.1　患者一般情况

包括姓名、性别、年龄（出生年月）、体重、民族；原患疾病、既往疾病史（肝病史、肾病史等）；既往药品不良反应史、家族药品不良反应史、吸烟史、饮酒史、妊娠期、过敏史（包括食物、花粉等各种过敏史）以及其他可能导致不良反应/事件发生的重要信息。

5.3.2　用药情况

怀疑及并用药品通用名称、商品名称、生产企业、批准文号、规格、生产批号、有效期、用药起止时间、用法用量（给药途径、次剂量、日次数）等。用药起止时间应尽可能精确到分钟。如果存在多种药品混合在同一输液器内的情况，应加以说明。如果静脉途径给药时，多组药品使用同一输液器输入，应了解是否使用中间液体对输液器进行冲洗，了解配液到使用时间间隔。

5.3.3 器械情况

包括器械名称、生产企业、注册证号、规格、生产批号、有效期等。

5.3.4 不良反应/事件情况

以时间为主线，记录不良反应/事件发生时、动态过程中患者的症状体征、相关检查指标及采取的治疗措施。如患者转院治疗，还应对转入医院期间的相关症状体征、相关检查指标和救治措施等情况进行调查。

5.3.5 医疗机构相关情况

基本情况：医疗机构名称、医院级别，医院级别包括：三级（甲、乙、丙）、二级（甲、乙、丙）、一级（甲、乙、丙）、乡镇卫生院（社区卫生服务机构或同级）、村卫生所（室或同级）。如乡镇卫生院已评级应填写相应级别。如患者转院治疗，也应调查相关经治医疗机构的基本情况。

储存条件、配液环境：应对药品从购入到给患者使用前的存放环境进行考察，包括药品库房、药房、配液室等各个环节的湿度、温度、光照、消毒措施等。需冷藏保存的药品应考察冷藏设备情况（如冷藏设备的存在与否、运行状态、温度是否符合药品存放要求等）。

类似不良反应/事件情况：记录近1个月（必要时，可延长）内是否存在其他患者发生与死亡病例类似不良反应/事件，包括怀疑药品发生的类似不良反应/事件和其他药品发生的类似不良反应/事件。记录患者姓名、所在科室、严重程度、发生时间、不良反应/事件名称及转归情况等。

5.3.6 销售企业情况

应对药品的储存放置环节进行考察，了解怀疑药品从购入到给患者使用前的存放环境，包括湿度、温度、光照等。需冷藏保存的药品应考察冷藏设备情况（如冷藏设备的存在与否、运行状态、温度是否符合药品存放要求等）。

5.3.7 同批次产品情况

查询同批次产品的销售流向，了解是否存在其他类似不良反应/事件报告。如有必要，对同批次产品进行留样复检，或对同批次产品进行召回或采取其他风险控制措施。

5.3.8 药品生产情况

收集并审查涉事药品的生产记录、批生产记录、质量控制记录等相关资料。了解药品的原料来源、生产工艺、生产过程中的关键控制点等。评估生产过程中的潜在风险点，如原料质量、生产设备状态、操作人员培训等。

5.3.9 填写严重（死亡）药品不良反应/事件病例调查表

以上调查内容填写严重（死亡）药品不良反应/事件病例调查表（见附表），每个死亡病例填写一份。

除上述调查内容外，应根据实际情况跟踪、收集以下资料：死亡病例原始病历（若涉及转院，则包括转入医院的病历）、专家会会议纪要、尸检报告、药品检验报告、器械检验报告的复印件等。

5.4 分析原因

结合患者情况、用药情况、医疗机构情况（或销售企业情况）、药品生产情况等信息，分析不良反应/事件发生的可能原因，评估药品与不良反应/事件的关联性，确定是否为药品质量问题所致。

5.5 撰写调查报告

汇总调查结果，包括患者使用情况、药品生产销售情况、同批次产品情况、原因分析等，提出风险控制建议和改进措施，防止类似事件的再次发生。

5.6 报告与沟通

将调查报告提交给药品安全委员会，确保信息的及时传递和决策的快速响应。根据需要，与监管部门、医疗机构等相关方进行沟通和报告，共同维护公众用药安全。

5.7 持续改进

对调查过程中发现的问题进行总结和分析，完善公司药物警戒体系及质量控制体系。

6 附表

严重（死亡）药品不良反应/事件病例调查表

（病历报告表编码：__________）

调查人：________电话：________单位：________调查时间：________

一、患者一般情况

患者姓名：	性别：	民族：	年龄：　　出生年月：　　年　月
体重：　　千克	身高：　　cm	病历号/门诊号：	
原患疾病：			
既往疾病史：	①无□　②肝病史□　肾病史□　其他________　③不详□		
吸烟史：	①无□　②有□________　③不详□		
饮酒史：	①无□　②有□________　③不详□		
妊娠期：	①无□　②有□________　③不详□		
过敏史：	①无□　②有□________　③不详□		
既往药品不良反应/事件：	①无□　②有□________　③不详□		
家族药品不良反应/事件：	①无□　②有□________　③不详□		
其他重要信息：	①无□　②有□________　③不详□		

二、怀疑/并用药品使用情况

组别	药品类型	通用名/商品名	批准文号/规格	生产厂家/生产批号	用法用量（途径、次剂量、日剂量）	用药起止时间	用药原因
是否使用过期药品：①无□　②有□＿＿＿＿＿＿＿＿							
药品外观是否正常：①是□　②否□＿＿＿＿＿＿＿＿							
是否存在不合理用药：①无□　②滴速过快□　浓度过高□　配伍禁忌用药□　联合禁忌用药□ 超适应症用药□　超剂量用药□　过敏体质用药□　具体表现：＿＿＿＿＿＿＿＿ 其他：＿＿＿＿＿＿＿＿							
静脉给药时，多组药品使用同一输液器，是否使用中间液体间隔？①无□　②不详□　③有□ 如果有，间隔液体名称：＿＿＿＿＿＿＿＿　间隔液体剂量：＿＿＿＿＿＿＿＿ml 加药注射器：一人一器□　一药一器□　多人一器□ 药品＿＿＿＿＿＿＿＿配液后放置时间：＿＿＿＿分钟□　小时□　天□							

说明：组别是指用药的组数，依次用数字编号，同一输液器内混合给药的多种药品组别相同（药品与稀释液、溶媒组别相同）；药品类型是指药品是怀疑药还是并用药。

三、器械使用情况

器械名称	注册证号/规格	生产厂家/生产批号	有效期

四、不良反应/事件情况

发生时间：____年____月____日____时____分	用____药过程中（后）____分钟（小时）或输液____ml 后发生	持续时间：____分钟（小时）

不良反应/事件发生情况（症状、体征、相关检查指标及治疗措施，以时间顺序记录有关内容）

患者因________给予下述____组（填用药总组数）药品：

第 1 组：____________________第 2 组：____________________

第 3 组：____________________第 4 组：____________________

第 5 组：____________________第 6 组：____________________

在____时____分 第____组用药（过程中□ 给药后□）后发生不良反应/事件。

上述需要说明的用药情况：____

不良反应/事件具体表现如下：

症状体征：

寒战□ 发热□ 皮疹□ 瘙痒□ 黄疸□ 潮红□ 面色苍白□ 紫绀□ 肢冷□

多汗□ 胸闷□ 气促□ 哮喘□ 呼吸困难□ 恶心□ 呕吐□ 心悸□ 脉弱□

心脏停搏□ 烦躁□ 意识模糊□ 昏迷□ 少尿□ 无尿□ 血尿□ 尿色加深□

黑便□ 便血□

上述需要说明的症状体征（如皮疹为重症大疱性皮疹）________________________

____

其他症状体征：____

相关检查（或指标变化情况）：

血压：__________ 体温：__________ 心率：__________ 呼吸频率：__________

谷丙转氨酶：__________ 总胆红素：__________ 直接胆红素：__________

血肌酐（Cr）：__________ 血红蛋白：__________ 白细胞：__________

其他检查指标：____

____

医生诊断：____

不良反应/事件发生后，立即停药（是□ 否□），药品剩余给予下述救治措施：

经治疗，患者转归：死亡□ 其他__________，相关症状体征及检查指标（参照上述症状体征及检查项目）为：

直接死亡原因：____________________死亡时间：____________________

是否尸体检验：否□ 是□ 尸体解剖结论：____________________

续表

<table>
<tr><td rowspan="2">转院治疗情况（未转院则不填此栏）</td><td>医院名称：　　　　　　　　　　科室：　　　　　　　　　　电话：</td></tr>
<tr><td>患者于____月____日____时____分转入我院，入院时患者情况如下：
症状体征：
寒战□　发热□　皮疹□　瘙痒□　黄疸□　潮红□　面色苍白□　紫绀□　肢冷□
多汗□　胸闷□　气促□　哮喘□　呼吸困难□　恶心□　呕吐□　心悸□　脉弱□
心脏停搏□　烦躁□　意识模糊□　昏迷□　少尿□　无尿□　血尿□　尿色加深□
黑便□　便血□
上述需要说明的症状体征（如皮疹为重症大疱性皮疹）：________________
____
其他症状体征：________________
相关检查：
血压：________　体温：________　心率：________　呼吸频率：________
谷丙转氨酶：________　总胆红素：________　直接胆红素：________
血肌酐（Cr）：________　血红蛋白：________　白细胞：________
其他检查指标：________________
____
医生诊断：________________
给予下述救治措施：</td></tr>
<tr><td colspan="2">直接死亡原因：________________　死亡时间：________________</td></tr>
<tr><td colspan="2">是否尸体检验：否□　是□　尸体解剖结论：________________</td></tr>
</table>

五、医疗机构/经营企业相关情况（经营企业仅需填写名称、电话、处方及储存环境）

<table>
<tr><td>医院（经营企业）名称：　　　　　　　　医院级别：　　　　　　　　联系电话：</td></tr>
<tr><td>经治医生执业资格：有□　无□　　　　经治护士执业资格：有□　无□</td></tr>
<tr><td>是否获得处方：　是□　否□　　　　是否获得病历：是□　否□</td></tr>
<tr><td>药品储存及配制环境（包含库房、药房、配液室和治疗室的湿度；温度；光照；冷藏设备及运行情况；消毒设备、药品、频率及最近消毒时间，消毒记录情况等；了解配液剩余药品存放方式等）：说明</td></tr>
<tr><td>近1个月内，类似不良反应/事件发生情况？无□　有□（如选有，请记录患者姓名、所在科室、严重程度、发生时间、不良反应/事件名称及转归情况等）</td></tr>
</table>

<table>
<tr><td rowspan="3">经治医疗机构（未转院不填写）</td><td>医院名称：　　　　　　　　医院级别：　　　　　　　　联系电话：</td></tr>
<tr><td>经治医生执业资格：有□　无□　　　　经治护士执业资格：有□　无□</td></tr>
<tr><td>是否获得处方：　是□　否□　　　　是否获得病历：　是□　否□</td></tr>
</table>

六、其他

怀疑药品包装：有□ 无□	药品说明书：有□ 无□
尸检： 否□ 是□	尸检报告：有□ 无□
专家讨论会： 无□ 有□	会议纪要：有□ 无□
药品检验： 否□ 是□	检验报告：有□ 无□
器械检验： 否□ 是□	检验报告：有□ 无□

二十三、药品信息维护与更新操作规程

（一）撰写技术要点

GVP 第十条指出，持有人应当于取得首个药品批准证明文件后的 30 日内，在国家药品不良反应监测系统中完成信息注册。注册的用户信息和产品信息发生变更的，持有人应当自变更之日起 30 日内完成更新。持有人对药品信息维护与更新是药物警戒工作的基础，应建立药品信息档案，并及时维护更新，确保药品批准文号、通用名称、药品规格、首次注册时间、OTC 标记、药品说明书、药品注册证、再注册批件或其他形式的产品注册相关资料等信息完善、资料完备，并及时更新最新信息，以支持药物警戒工作的顺利开展。

药品信息维护与更新管理文件是持有人质量管理体系的重要组成部分，制定目的是明确持有人在药品信息管理方面的职责和要求，它规范了持有人对药品信息的维护和管理行为，确保药品信息的准确性和完整性，为药物警戒工作提供有力支撑。

在制定药品信息维护与更新管理文件时，要考虑法规要求，确保制度内容符合相关法律法规的规定，要结合持有人自身情况，明确各项职责和要求，确保制度的逻辑性和连贯性，做到切实可行。撰写药品信息维护与更新管理文件时，应明确制度的目的和适用范围、规定持有人在药品信息管理方面的职责和要求、药品信息维护和更新的流程和方法、信息维护和更新的时限和频率以及信息变更的审核和批准程序等。

（二）示例范本

×××公司药品信息维护与更新操作规程

1 目的

本文件旨在规定药品信息维护与更新的制度要求，确保药物警戒工作可以始终基于最新的产品信息进行规划、开展与总结。

2 依据

《药物警戒质量管理规范》（国家药监局2021年第65号）

3 适用范围

本文件适用于药物警戒部门及注册部门，以及本公司已批准上市的药品信息的维护与更新管理，包括子公司负责生产销售的药品。

4 术语

药品信息：药品的产品信息，用于指代药品（如药品类别、商品属性）及表明药品特征的信息，包括标识药品商品属性的商品名，药品类别的通用名，以及不良反应等临床特征信息。已获批准上市的药品，其药品信息体现于说明书、标签及药品注册证、再注册批件或其他形式的产品注册相关资料等。

5 流程

5.1 职责

药物警戒部门职责：负责建立、维护公司药品信息的数据结构，并建立与注册部门的信息共享机制；负责收集公司所有药品的电子版说明书、标签、注册证、再注册批件或其他形式的产品注册相关资料等；新产品获批或注册信息更新后，及时更新和维护公司药品的产品信息；定期与注册团队核对，确保药品信息的完整性、准确性与及时更新。

质量部门职责：提供药品说明书、标签及注册证，包含药品信息的文件。新产品获批或注册信息更新后，及时将信息提供至药物警戒团队；与药物警戒团队共享药品注册的时间计划；审核药物警戒团队提供的药品信息列表，确保药品信息的有效、准确、完整。

5.2 核心要求

公司所有药品应在取得首个药品批准证明文件后的30日内，在国家药品不良反应监测系统中完成信息注册。

当公司信息和产品信息发生变更时，应自变更之日起30日内完成更新。

5.3 药品信息文件的传递

注册团队主动提供已获批产品的信息文件，药品信息如有变更（如获取新的注册证、说明书变更），应于一周内将相关资料提供给药物警戒部门。

药物警戒专员收到产品信息后应进行核对、确认。

5.4 产品信息维护

PV专员通过报告管理账户登录持有人“直报系统”进行信息维护，并填写《产品信息变更台账》。

5.4.1 首次注册维护

PV专员登录持有人"直报系统"，逐步点击"产品信息维护→新增产品信息"，在弹出的界面中逐项填写以下各项内容，带*为必填项。信息维护后审核无误，点击提交。

项目一	*药品类别：○国产 ○进口
填写说明	按实际情况填写。若为进口药品，需填写"境外持有人名称"和"境外持有人所在国家"信息
项目二	*批准文号：国药准字
填写说明	按实际情况填写
项目三	*生产企业名称：
填写说明	填写说明书中生产企业名称，若企业名称变更但说明书未更新，则与现版的生产许可证/营业执照/GMP证书保持一致。若持有人委托其他企业生产，则此处填写被委托生产企业的名称
项目四	*产品类型：○中药 ○化药 ○生物制品
填写说明	根据下拉列表，选择对应的产品类型，与批准文号中"国药准字Z/H/S……"的字母含义相对应
项目五	*药品通用名称：
填写说明	填写说明书中"药品名称"项下的通用名称
项目六	*药品成分：
填写说明	化药：填主要活性成分，如有多个活性成分则全部填入；中成药：所有成分全部填入；所填写内容与说明书中"成分"项信息保持一致。说明书中"成分"项下辅料信息不填
项目七	商品名称：
填写说明	非必填项；按说明书中的标注内容填写
项目八	*药品规格：
填写说明	填写说明书中"规格"项的内容
项目九	*最小包装规格：
填写说明	填写药品说明书中"包装"项的内容；如有多个包装规格，则每个规格均需填入
项目十	*剂型：
填写说明	按说明书中通用名称标识的剂型填写，注射剂型分为注射剂和粉针剂
项目十一	*创新药：○是 ○否
填写说明	若选"是"，需上传相关批准证明文件

续表

项目十二	首次再注册时间：
填写说明	按实际情况填写
项目十三	国际诞生日：
填写说明	若查询不到国际诞生日，此项可暂时不填；待获知国际诞生日后，及时补填，并上传国际诞生日出处等证明文件等
项目十四	* 首次注册时间：
填写说明	填写国内上市首次获得批准证明文件的时间；对于地标升国标品种，则填写首次获得国药准字号的注册时间
项目十五	* 国家基本药状态：○是　否
填写说明	按照国家发布的最新版基本药物目录，药品名称、剂型、规格完全符合选择“是”
项目十六	* 国家医保状态：○是　○否
填写说明	根据国家最新的医保目录，若是国家医保品种，选择“是”
项目十七	* 中药保护品种：○是　○否
填写说明	若选“是”，需上传相关证明文件
项目十八	* 辅料信息：
填写说明	填写说明书中“成分”项下辅料信息，如无辅料，则填写“无”
项目十九	* 新药监测期：○是　○否
填写说明	若选“是”，“监测期截止日期”项填写注册批件上的监测期时间
项目二十	* OTC 标记：○OTC　○非 OTC　○双跨
填写说明	按说明书中标识内容填写，双跨品种需上传相关证明文件
项目二十一	* 是否申请数据反馈：○是　○否
填写说明	对于在产品种，需全部选择“是”；对于非在产品种，选择“否”
项目二十二	* 上传说明书：
填写说明	上传现版产品说明书（PDF 格式），文件名称为：“* * *（产品名称）说明书”
项目二十三	* 上传证明文件：
填写说明	注册证、再注册证、授权委托书等（PDF 格式）；若是代理进口药品，需上传境外持有人的授权委托书。文件名称为“* * *（产品名称）注册证”“* * *（产品名称）再注册证”“* * *（产品名称）授权委托书”

5.4.2　非首次注册维护

PV 专员登录持有人“直报系统”，点击“产品信息维护”，输入批准文号或药品通用名称，调整申请时间，点击“查询”，选择需要维护的药品，点击“版本更新”，在弹出的界面中对需修改内容进行修改。说明书变更、注册批件变更需上传变更后文件的，原文件不得删除。信息维护后审核无误，点击“提交”。

5.5 公司信息维护

PV 专员通过权限管理账户登录持有人“直报系统”进行信息维护，并填写《用户注册信息变更台账》。

5.5.1 用户管理

药物警戒部门人员变动时，需在变动 3 日内完成新增用户或停用用户信息录入。

5.5.2 其他信息变更

公司药物警戒负责人、公司地址、法人、营业执照、生产许可证变更，逐步点击“机构管理→机构操作→修改”，在弹出的界面中修改变更项目。需上传附件的，原附件不得删除。信息维护后审核无误，点击“提交”。

6 附件

产品信息变更台账和用户注册信息变更台账如下表所示。

附件 1：产品信息变更台账　　GVP-SOP-XX-XX-X01

药品通用名	“直报系统”项目名称	变更前内容	变更后内容	在系统中更新时间	变更原因

附件 2：用户注册信息变更台账　　GVP-SOP-XX-XX-X02

“直报系统”项目名称	变更前内容	变更后内容	在系统中更新时间	变更原因

第五章 《药物警戒质量管理规范》解读

一、总则

第一条 为规范药品全生命周期药物警戒活动，根据《中华人民共和国药品管理法》《中华人民共和国疫苗管理法》等有关规定，制定本规范。

【解读】

本条表明了GVP出台的目的及依据，GVP用以规范全生命周期的药物警戒活动。

药品的生命周期从广义上讲，是指从药品的研发开始，到注册评价、上市使用，再评价，直至由于市场等原因退市的整个过程；而狭义上讲则是市场营销阶段，从第一个剂型和适应症的开发、上市销售之后，为了维持和提高销售额、利润，并防御竞争药品的冲击所采取的所有措施。

从广义上而言，药物警戒覆盖药品的全生命周期。但药物警戒的基本逻辑是基于数据发现问题，管理风险。从目前的技术和方法来看，可能还不能很好地覆盖到临床前的实验室阶段，但我们应该具备这种意识和行为。来自实验室的数据同样需要纳入类似DSUR的安全性总结中。真正实现全生命周期药物警戒，甚至可以在化合物筛选阶段即借助药物警戒数据评估哪些化合物结构可能存在风险。

因此，在目前较常见的理解中，药物警戒体系的建立始于药物用于第一个人类受试者，直至药品最终撤市。

第二条 本规范适用于药品上市许可持有人（以下简称“持有人”）和获准开展药物临床试验的药品注册申请人（以下简称“申办者”）开展的药物警戒活动。

药物警戒活动是指对药品不良反应及其他与用药有关的有害反应进行监测、识别、评估和控制的活动。

【解读】

本条表明了 GVP 的适用对象及适用活动，具体解释如下：本条中提到的药品上市许可持有人和临床试验的申办者，未加任何类型的限定。综览 GVP 全文，也未发现有关持有人或申办者类型的相关限关。因此，认为 GVP 适用于所有类型的持有人以及申办者。

适用对象一：药品上市许可持有人

持有人制度，指拥有药品技术的药品研发机构、科研人员、药品生产企业等主体，通过提出药品上市许可申请并获得药品上市许可批件，并对药品质量在其整个生命周期内承担主要责任的制度。

上市许可持有人和生产许可持有人可以是同一主体，也可以是两个相互独立的主体。根据《药品生产监督管理办法》第七十七条，药品生产许可证的分类码含义说明如下：

A 证：A 代表自行生产的持有人，批准文号拥有者和生产企业相同；

B 证：B 代表委托生产的持有人，表示持有人自身不从事药品生产活动，而是将药品生产活动委托给生产企业进行。在中国，持有人也应当按照规定办理药品生产许可 B 证；

C 证：C 代表接受持有人（批准文号拥有者）的委托，生产该品种药品的企业。生产企业在接受委托生产活动时，不论其是否取得了 A 证，都必须取得 C 证，无法用 A 证代替。

D 证：D 代表原料药生产企业。

其中 A 证和 B 证均属于持有人，均应当建立药物警戒体系。

适用对象二：临床试验申办者

临床试验的申办者分为商业性质和非商业性质的申办者，无论是商业性质的申办者还是非商业性质的申办者都需要遵守 GVP。

目前国内商业性质的申办者（企业），在推进 GVP 规范的过程中，可能会面临成本、时间、人才等方面的挑战，但总体相对容易推进。而非商业性质的申办者（如医生、医学组织申办临床试验）推进难度较大，无论是在 GCP 还是 GVP 的符合性方面，与商业机构的表现都存在一定的差异。如果商业机构支持了研究者开展研究，那么该商业机构也需要协助、支持研究者满足 GXP 相关的要求，从而保证受试药品安全性数据的完整性。

适用活动：药物警戒活动

本条款提到的药物警戒活动是指对药品不良反应及其他与用药有关的有害反应进行监测、识别、评估和控制的活动。因此，药物警戒活动的对象是药品不良事件，即药品不良反应及其与用药有关的有害反应。药物警戒活动的过程包含四个关键步骤：监测、识别、评估、控制，这也是预防和控制风险的常规步骤。

第三条　持有人和申办者应当建立药物警戒体系，通过体系的有效运行和维护，监测、识别、评估和控制药品不良反应及其他与用药有关的有害反应。

【解读】

本条应明确两个重点，即药物警戒体系的建立与该体系的有效运行和维护。

GVP 第三条要求申办者和持有人建立体系，并确保其有效运行和维护，以实现药物警戒的目的。建立药物警戒体系的主体可以是申办者或者持有人，相关解读见 GVP 第二条。GVP 第三条的关键在于药物警戒体系的有效运行和维护，可以从以下几方面理解：

1. 能及时提醒，保持警戒

药物警戒目的是发现尽可能多的不良反应吗？设定一个数值，每年发现超过这个数值的不良反应就算有效？答案是否定的，药物警戒是一个体系，这个体系的目标是保护患者安全，使药品的安全能够得以监控、保障。实践过程中无法简单评价是问题多好还是少好，真正的好应该是能够在问题出现时第一时间发现。

2. 有结果也要有过程

药物警戒活动的产出可能包括药品监测信息、安全性问题（新的不良反应、已知不良反应、过量、滥用）、治疗决策及用药建议等。虽然在药物警戒活动开展过程中不能保证一定会发现新的不良反应，但通过有效的系统运作，更有可能发现这类问题。因此，能够按照系统规定的方式、方法持续开展药物警戒活动就是有效性的体现之一。

3. 有效≠高效

类似于地铁站安检逢包必检的做法，虽然从成本收益角度未必高效，但从概率上讲是有效的。药物警戒工作很多时候也是如此，由于无法预告哪个数据最有价值，因此需仔细处理并认真分析所有数据。

4. 量化指标，质量闭环

要保证药物警戒体系的有效运行与维护，需要设定合适的量化指标。这些指标应与所在组织开展药物警戒的目的相关，并依据 PDCA 循环进行执行与持续评估。

第四条　持有人和申办者应当基于药品安全性特征开展药物警戒活动，最大限度地降低药品安全风险，保护和促进公众健康。

【解读】

本条重点在于根据药品安全性特征开展药物警戒活动，即不同药品的安全性特征有所差异，因而采取的药物警戒行动也有所不同。

药品可以根据各种标准分类，如果从药物警戒活动投入的角度来看，可以将药品分为疫苗和一般药品；对于一般药品又可以进一步分为创新药和仿制药。

1. 疫苗

疫苗大多用于健康人群，尤其是儿童，无法容忍出现任何伤害性事件。疫苗是特殊的药品，应针对疫苗的整体安全性来规划药物警戒工作的开展，从安全性监测的角度来说，疫苗的安全监测应该比一般的药品更加严格有效，以便尽早发现潜在风险。

关于疫苗药物警戒的相关内容，可参考 EU GVP 第十七章。同时，根据《中华人民共和国疫苗管理办法》，中国 GVP 的制定强调了药物警戒活动应根据药品和疫苗的安全性特征来进行。

2. 创新药与仿制药

创新药和仿制药在药物警戒活动上的差异性主要体现在以下方面：

（1）药物警戒的投入

创新药因其相对较新，其安全性特征尚未完全明确，因此需要花更多的时间和精力来研究其安全性特征。相比之下，仿制药的安全性特征较为明确，因此在药物警戒上的投入相对较低。

（2）监测识别的方式

在具体的药物警戒活动中，从监测识别药物安全性问题的角度来说，创新药可能会投入更多的资源进行上市后的研究，以更全面、深入地了解其安全性特征。仿制药则可能更多依赖于常规的药物警戒活动，主要等待自发性报告。因此，创新药可能需要更多的主动监测，而仿制药则以被动监测为主。

第五条 持有人和申办者应当与医疗机构、药品生产企业、药品经营企业、药物临床试验机构等协同开展药物警戒活动。鼓励持有人和申办者与科研院所、行业协会等相关方合作，推动药物警戒活动深入开展。

【解读】

本条重点明确了共同参与药物警戒活动的相关方，例如，医疗机构、生产企业、经营企业。此三方与持有人联系密切，在药品的生产、流通和使用环节与持有人产生交集；而申办者则更多地和药物临床试验机构接触、协作，在药物研发阶段产生交集，协同开展药物警戒活动。科研院所及行业协会是另一类间接的相关方，他们也在推动药物警戒的深入开展。

对持有人而言，通过与生产企业、经营企业、医疗机构的协同合作，能够获得药物警戒所需的数据信息，同时也需要将分析评价得出的药品安全性信息及时传递至使用药品的医疗机构。

对申办者而言，其主要协作方是临床试验机构，共同管理药品的安全性。在临床试验中，试验机构的研究者需要将其获知的所有严重不良事件或其他安全性情况（主要为 SAE）按申办者要求（一般为 24 小时）上报。申办者对接收到的 SAE 进行处理，并将最终评价为可疑且非预期严重不良反应（SUSAR）的报告分发至所有涉及该药物研究的临床试验机构，使临床试验机构能够获知药品最新的安全性信息。

在这种协作中，形成了信息的闭环，即从最初的经营企业、医疗机构、临床试验机构获取信息，信息被报告至申办者或持有人的药物警戒团队，药物警戒人员进行数据处理分析，再将重要信息反馈到上述信息来源处。

药物警戒生态

本条更像是一个原则性的倡议，倡导申办者、持有人能够积极地与上述各方进行合作，推动药物警戒活动的深入开展。这里涉及一个新的概念——“药物警戒生态”。生态系统是一个有机的组合，生态系统内的各个角色能够安全地存在、良好地发展。药物警戒的发展需要有药物警戒生态在背后进行支撑，生态中的主要角色包括上述提到的医疗机构、经营企业、生产企业、行业协会、患者、消费者以及临床试验机构及其他各利益相关方。所有参与者围绕一个共同目的——实现药物安全，患者安全，而从不同的角度开展工作。药物警戒生态指的是与药物警戒相关的各方共同参与建立的一个完整的药物警戒信息闭环、流程协作的合作形态。基于这样的生态，数据流动将不再有障碍，通过各方之间的交流协作，药物警戒活动也才能更好地开展。

二、质量管理

（一）基本要求

第六条　药物警戒体系包括与药物警戒活动相关的机构、人员、制度、资源等要素，并应与持有人的类型、规模、持有品种的数量及安全性特征等相适应。

【解读】

本条承上启下，具有概括性，重点指明药物警戒体系需要全面的质量管理和个性化的资源适应。

此处提及药物警戒体系包括药物警戒活动相关的机构、人员、制度、资源等要素，并应当与持有人的类型、规模、品种的数量及安全性特征等相适应。该条款上承第三条、第四条：持有人应当建立药物警戒体系、持有人应当基于药品的特征开展药物治疗活动；下接第三章：机构人员与资源。

1. 全面的质量管理体系

全面的质量管理体系包括机构、人员、制度、资源。换言之，体系就是人（机构/人员）、机（资源）、料（数据资源）、法（制度）、环（虽未提及但在在上述条款第五条中有表述）的集合。

2. 个性化的资源适配

在考虑相关资源是否与持有人的类型相适应时，不仅需要考虑组织内部的人员配置，还需考虑是否有委托第三方，以及受托方的服务事项。持有人需要有合适、合理的评估说明是否配备了恰当的资源。

第七条　持有人应当制定药物警戒质量目标，建立质量保证系统，对药物警戒体系及活动进行质量管理，不断提升药物警戒体系运行效能，确保药物警戒活动持续符合相关法律法规要求。

【解读】

本条应重点明确药物警戒质量目标的概念及设定。

通俗而言，质量目标是指在某个事情中期望达到的质量状态。质量控制指标是对质量目标的具体量化体现。例如，对于客户服务团队，可以将客户满意率作为质量目标，并通过设定具体的质量控制指标来评价和考核这一目标，如客户满意率达到95%或客户满意率较上一年提升五个百分点。制定药物警戒质量目标，并进一步细化为质量控制指标，这一逻辑与ISO 9000中的质量方针和质量目标的逻辑完全一致。

质量目标应重点考虑参与人员和设定频率：

1. 参与人员

根据法规，质量目标应当由药物警戒负责人进行设定，并经由公司法人代表或其他部门主要负责人确认和认可，这些管理者需要为药物警戒目标的达成而努力。

具体执行层面，要求药物警戒以及所有相关部门共同努力，药物警戒工作需要多部门、多角色共同参与。

例如，若质量目标中设定了药物安全委员会的有效运行机制，则需要药物安全委员会的所有成员，包括公司的最高管理者为实现这一目标而努力。

2. 设定频率

质量目标的设定频率如同工作计划，通常按年度设定。年初制定质量目标及具体的控制指标，而后跟踪目标的执行情况，进行年度回顾考核，确认药物警戒质量目标是否达成。通过全面质量管理PDCA循环，不断提升运行效能，以保证质量目标能够达成。在第二年，可以提出更高的质量目标，以螺旋式上升的方式不断提升药物警戒管理效能。

第八条　持有人应当以防控风险为目的，将药物警戒的关键活动纳入质量保证系统中，重点考虑以下内容：

（一）设置合理的组织机构；

（二）配备满足药物警戒活动所需的人员、设备和资源；

（三）制定符合法律法规要求的管理制度；

（四）制定全面、清晰、可操作的操作规程；

（五）建立有效、畅通的疑似药品不良反应信息收集途径；

（六）开展符合法律法规要求的报告与处置活动；

（七）开展有效的风险信号识别和评估活动；

（八）对已识别的风险采取有效的控制措施；

（九）确保药物警戒相关文件和记录可获取、可查阅、可追溯。

【解读】

本条应重点明确质量保证系统的概念及设定。

质量保证系统是为了保证质量目标能够达成的一套体系。实现质量保证的重点在于将质量目标拆解、明确质量角色及分工，并按 PDCA 循环执行。

1. 将质量目标拆解

无论多么宏大的目标，只要能将其拆解成一个个小目标，并逐一实现，最终有可能达成总体目标。

2. 明确质量角色及分工

实现质量保证需要有方法来跟踪目标的执行情况。例如，药品生产线上，QA 和 QC 等角色分别从系统与检测角度来保证产品质量。QA 建立体系，而 QC 负责检查产出物是否符合设定的质量控制指标的要求。

3. 了解运行原理

质量保证体系的运行应以质量计划为主线，以过程管理为重心，按 PDCA 循环进行，通过计划（Plan）—实施（Do）—检查（Check）—处理（Action）的管理循环步骤展开控制，提高保证水平。PDCA 循环具有大环套小环、相互衔接、相互促进、螺旋式上升，形成完整的循环并不断推进等特点。

在 GVP 中提出的九点考虑内容中，指明建立质量保证系统并实现质量目标时应当考虑的维度。尽管 GVP 中列举九个维度，但整体上还是围绕第六条涉及的机构/人员、制度、设备与资源等方面进行：

（1）机构/人员

设置合理的组织机构。关键词在于“合理”，需要衡量组织设立的合理性及其开展的药物警戒活动，最终结果能否达到合理这一要求。

配备满足药物警戒活动所需的人员、设备、资源。关键词在于“满足”，即需要保证组织机构中的人员，无论是数量，还是质量上，都能满足药物警戒活动需求。

（2）设备与资源

设备与资源需要包括办公区域和设备、安全稳定的网络环境、纸质和电子资料存储空间和设备、文献资源、医学词典、信息化工具或系统等。

（3）制度

在进行制度描述时，应基于药物警戒工作的基本逻辑，按照主要动作的制度要求罗列。

合法合规是对公司制定的制度的基本要求。如出现违背，可能被视为严重违反 GVP。

操作流程应全面、清晰、可操作。如何达到“全面、清晰、可操作”？如何评判是否达到？需要有方法进行检查检验。

应确保药物警戒相关文件的记录可获取、可查阅、可追溯。对于文档记录所提出的要求，即“没有记录等于没有发生”，同样适用于药物警戒工作，甚至更严格。同样需要有质量人员进行检查，确认是否达到相关的要求。

第九条　持有人应当制定并适时更新药物警戒质量控制指标，控制指标应当贯穿到药物警戒的关键活动中，并分解落实到具体部门和人员，包括但不限于：

（一）药品不良反应报告合规性；

（二）定期安全性更新报告合规性；

（三）信号检测和评价的及时性；

（四）药物警戒体系主文件更新的及时性；

（五）药物警戒计划的制定和执行情况；

（六）人员培训计划的制定和执行情况。

【解读】

本条应重点明确质量控制指标的概念及设定。

该条内容要求持有人需要设定并及时更新药物警戒质量控制指标，这些质量控制指标需要被分解到各个相关部门，并最终被落地执行。列出的六个指标当中，提到了“两个合规”“两个及时”“两个制定和执行情况”。

1. 两个合规

不良反应报告的合规性、PSUR 的合规性。

这里的合规性包含两层意思，

第一层含义：合规性包括的范围，即应该递交的报告“是否已递交”；

第二层含义：合规性包括的时效性，即将报告及时地按照法规的要求在时限内完成递交。需要一些量化指标来定义合规性，一般用合规率（百分比）来衡量。

2. 两个及时

信号检测与评价的及时性、药物警戒系统主文件更新的及时性。

这里只强调了及时性，说明不存在“做或者不做”的问题，也就是说这两项工作必须做，而且要及时去做。理论上应持续不断地进行。PSMF 发生变化就要更新，每收到新的安全性信息，就开展信号检测。实践中，如何定义及时性，犹如上述合规性，同样需要量化的指标来衡量。如果后续没有更进一步的要求，那么在实践中，在企业层面，至少应制定相关的制度流程予以明确，并确保其能够执行。

3. 两个制定和执行

药物警戒计划及人员培训计划的制定与执行情况。

首先要制定计划，并有指标来考核执行情况是否达到了计划时所期望的目标，进一步反映了“定义明确-可执行-可衡量“的思维。

这一要求与第八条中关于质量目标及相关的指标的设定，并不是药物警戒一个部门就能做到的，需要多个团队共同努力来达成。

第十条　持有人应当于取得首个药品批准证明文件后的30日内在国家药品不良反应监测系统中完成信息注册。注册的用户信息和产品信息发生变更的，持有人应当自变更之日起30日内完成更新。

【解读】

本条明确持有人信息注册及变更操作。

该条引申的含义可以解读为：药物警戒人员变动必须及时更新。药物警戒岗位成为近年来非常炙手可热的职位，因而不得不面对经常出现人员变动的情况。当企业的药物警戒人员发生变动时，应当及时清除该人员在“直报系统”中的账号权限。主要目的在于：其一，保证信息安全；其二，强调账号的安全性。如果企业有多人从事药物警戒工作，应该做到每个人只使用自己的账号，任何情况都不应共享账号。这也是监管机构在进行相关的检查时可能会关注的地方。

强调账号的唯一性和专属性的原因为：如果在检查中发现不当的操作或不合规的报告处理，需要了解问题发生的原因，此时账号就是可用于追溯当时操作的重要依据。因此，不应将个人账号分享给组织内或受托方的任何人员。任何人员需要登录系统开展工作，均应为其配置和开通独立的账号，并要求其妥善保管密码。

产品信息在系统中应及时更新，这样才能收到监管机构企业反馈的安全性数据（即反馈数据），从而更好地反映药物安全工作的开展情况。因此，药物警戒团队应与公司的注册团队保持极为密切的关系，共同制定一套制度和流程，确保任何产品信息的更新都能在第一时间通知到药物警戒团队，使其有足够时间在“直报系统”中完成产品信息的更新。

如果企业拥有自己的药物警戒数据库，上述信息的变更同样需要在药物警戒数据库中更新，且一般要早于国家规定的 30 个工作日的时限要求。因为在使用数据库的情况下，一旦人员和产品信息发生变动（增加或删除或更新），如果不及时变更，将会导致药物警戒工作无法顺利开展。

因此，持有人（含申办者）应当有自己的信息化系统来维护和更新人员及产品信息，而“直报系统”中的信息登记或更新，只是一个为了保持内部的管理信息与国家系统备案信息同步的行为。

（二）内部审核

第十一条　持有人应当定期开展内部审核（以下简称“内审”），审核各项制度、规程及其执行情况，评估药物警戒体系的适宜性、充分性、有效性。当药物警戒体系出现重大变化时，应当及时开展内审。

内审工作可由持有人指定人员独立、系统、全面地进行，也可由外部人员或专家进行。

【解读】

本条对持有人内审工作提出了整体性要求，应当明确内审目的、内审时间、内审人员等。

1. 内审时间

定期内审往往以“年”为单位计算，可以安排为年度内审，或两年一次内审，也可以基于上一次内审的结果决定下一次内审的时间，一般情况下，时间跨度不超过三年一次。

药物警戒体系发生重大变化时，应及时进行内审。这种重大变化包括药物警戒法律法规的重大变更，如《中华人民共和国药品管理法》（2019 修订）和 GVP 的发布；组织结构的变化，如管理药物警戒工作的团队发生变化，在完成工作交接后，应考虑开展内审。

产品范围发生重大变化，如产品从仿制药拓展至创新药研发，或产品从仅在国内开展临床试验或上市销售拓展至海外市场，在药物警戒体系变更完成后需考虑开展内审。

2. 内审人员

（1）内审人员设定

内审工作可以由持有人指定人员独立、系统、全面地进行，也可以由外部专家或人员进行。如果是持有人指定的内部人员，那么需要保证该内部人员的独立性。

（2）内审人员不适用情况

药物警戒负责人的直接下属。一般而言，药物警戒负责人的直接下属不应负责药物警戒的内审，除非有明确的职责或机制保证内审员的独立性。

（3）合适的内审人员标准

首先，作为审计人员，除了需要具备独立性，还需要具备专业性。如果公司层面有专门的审计团队可以审计医学相关的工作、临床试验相关的工作，可以考虑由他们来负责药物警戒的内审。

其次，不一定只有具有药物警戒工作背景的人才能从事药物警戒工作的审计，只要有深厚的质量管理体系的概念以及理解审计要求，就可以开展药物警戒审计。但是，具有药物警戒工作背景的人员作为审计官，将更容易抓住关键问题以及问题的关键。

最后，如果内部没有合适的人选，可以找外部的第三方来开展药物警戒内审。目前阶段，国内尚无太多的专门开展药物警戒审计的团队。

3. 内审相关方

审计药物警戒工作，不仅仅是审计药物警戒团队，在审计过程中还可能涉及销售团队、市场团队、医学团队及公司管理层等多个团队。通过审计形式，检查药物警戒相关的质量，审核各项制度规程的执行情况，评估药物警戒体系的适宜性、充分性和有效性。

第十二条　开展内审前应当制订审核方案。方案应当包括内审的目标、范围、方法、标准、审核人员、审核记录和报告要求等。方案的制定应当考虑药物警戒的关键活动、关键岗位以及既往审核结果等。

【解读】

本条对审核方案制订做出了整体性要求，应重点明确方案制定依据和方案制定内容。

1. 方案制定依据

内审方案制定依据可视作方案中的“标准”，即依据什么来进行审核。可以概括性地表述为以《中华人民共和国药品管理法》（2019 修订）和 GVP 为依据开展本次审核。明确的审计标准，是对审计结果产生认同的根本性前提，审计人员必须以法律、法规、指南为前提，而不是以个人经验或感受作为标准。

2. 审核结果

审核结果除了影响下一次开展审核的时间，如果出现了严重发现项，往往意味着相关药物警戒的工作开展存在重大问题，需要考虑责任人是否足够胜任该工作。如果是针对第三方供应商的审计，在过程中发现了严重发现项，可能导致无法开始合作或必须终止合作。因此，审计官在出具审计报告前，对严重发现项的评定一般非常谨慎。

多数的审计根据结果分为三类：轻微（Minor）、重要（Major）、严重（Critical）。审核中发现的问题称作发现项（Finding），按其对于整个体系的影响程度判断轻重程度。

轻微：如果所发现的内容仅为某些偶然的错误或失误，可以将其视为轻微发现项。

重要：经常包括类似于缺少某一流程或某一流程实际执行存在违背。

严重：非常严重的系统性问题（如根本不知道有 GVP 要求存在、公司无明确的药物警戒负责人）可能导致药物警戒活动无法开展，药物警戒体系在某方面或者整体上无法产生效果，此时应视为严重发现项。

最终结果：最后结果判定是否通过审核，其判断标准往往与公司的质量标准有关。理论而言，所有发现项均应得到解决。

第十三条　内审应当有记录，包括审核的基本情况、内容和结果等，并形成书面报告。

【解读】

本条重点强调内审记录要求。所有的药物警戒活动都需要有记录，GVP 专门用一条独立条款提到“内审应当有记录”，表明这是一种强调，强调内审必须进行并且要有证据。

1. 内审记录的重要性

在实践过程中，内审是否发生、如何发生以及发生的结果均属于企业内部工作，在企业内部自主发生。如果没有记录，将无法确认是否开展了内审，也无法了解开展情况。因此，强调内审需要有记录。

内审的结果往往是外部检查（如监管机构）的一个重要参考依据。检查人员可以要求企业提供过去一段时间内的内审执行情况及结果。如果没有记录，本身就是一个重要发现项。而有了记录，相应记录单中的内容将会引导检查人员重点关注历史上曾经发现的问题是否得到了合适的解决。

基于以上两点，该条款将“内审应当有记录”单独再次强调一遍。而在第十二条“内审方案”中提到内审应当要有审核记录，这也再次提醒行业人员，所有药物警戒活动都应当有记录而不仅仅是内审。

2. 内审报告的要求

内审记录所形成的书面报告应当客观真实，不应为了削弱或掩盖问题发现项而加以修饰。如果所发现的问题不能被真实客观地记录，一方面会疏忽企业药物警戒体系运行中的问题，形成累加效应，可能产生严重的后果；另一方面可能影响企业法人、企业药物警戒负责人的决策，从而不能很好地承担相应的法律责任。因此，只有客观真实地记录内审活动结果，及时发现问题并解决问题才能体现内审活动的有效性。

3. 内审的价值

并不因为内审发现了较多的问题，在外部检查中就一定会被记录有严重发现项。所有的问题，所有内审的目的，都是希望能够发现问题，从而解决问题。对于发现的问题，能够及时地解决，就说明了整个管理体系的有效性。

同时还应明确“没发现≠没问题”。如药物警戒工作本身一样，在监测药品不良反应期间，如果某个企业说从来没有发现过药品的不良反应，并不直接等同于说这个药品是安全的，而是应该让我们思考，是不是发现不良反应的能力存在问题。如果内审从未发现问题，并不足以说明整个体系是完善的，有可能是内审的能力不足以发现相关的问题。

4. 提升组织效能

当我们发现了相关问题时，客观、及时、准确、清晰且真实地记录是提升组织效能、提升药物警戒体系的有效性最有效的方式。

第十四条　针对内审发现的问题，持有人应当调查问题产生的原因，采取相应的纠正和预防措施，并对纠正和预防措施进行跟踪和评估。

【解读】

本条明确了内审结果的处理方式，重点明确应采取相应的纠正和预防措施。

针对审计发现问题，应按以下步骤开展工作：调查问题、查找根本原因、采取措施。应制定纠正措施以及预防措施，以解决当前问题并防止问题再次发生。

1. 根本原因

此处的原因指的是根本原因（Root Cause），即导致事物发生变化的根源或者导致事物发生变化的最本质的原因。在针对发现的问题寻找原因时，应力求找到根本原因，而不仅仅是表面上的回答。例如，如果发现的问题是培训记录缺失，最直接的回答可能是某位同事忘记记录，但这并不是根本原因，需要进一步探究——为什么会忘记，是否因为不够重视，而不够重视的原因又是什么？这最终可能反映出药物警戒体系本身存在问题。

2. 纠正和预防措施

纠正（Correction）：纠正指的是对已经发生的错误进行改正的过程，针对的是既往存在的错误或问题。纠正是“返修”或“返工”，是对现有不合格情况的即时补救措施。例如，发现一份个例报告没有按时递交，立即完成该报告的递交便是一种纠正行为。

纠正措施（Corrective action）：纠正措施指的是系统性地改变之前错误的做法，是在已发生不合格情况下的一种积极反应（事后防范）。它是针对根本原因采取的措施，如修订程序、改进体系等，以从根本上消除问题根源，需要跟踪验证才能看到效果。

以“未及时递交个例”为例，如果根本原因在于错误地理解了报告递交规则（这种情况在某些时候会被定义为严重发现项），则需要修正这种错误的递交规则，确保后续的报告递交不会再受错误规则的影响，这就是纠正的措施。

预防（Prevention）：预防指的是根据分析当前问题得出根本原因后，为了避免将来发生同类错误，主动识别改进机会的过程（事前防范）。

预防措施（Preventional action）：预防措施是针对潜在的不合格或其他潜在不期望情况的原因采取的措施，其效果一般需要较长时期才能显现。例如，接种疫苗是为了在疾病出现前做好更为有效的防护。同样，在药物警戒中，预防措施包括学习法规、参加培训、考核法规掌握程度等，目的是避免未来可能发生但目前尚未出现的问题。

3. CAPA 管理的意义

对于检查或内审过程中发现的问题，需要如实记录。即使在监管机构检查前，内部自查发现了一些问题，最合理的做法应该也是即使改正尚未完成，也要如实记录并及时改正。调查问题、查找根本原因、采取措施这一循环促进了药物警戒体系的有效运行，而良好的 CAPA 管理是重视质量的体现，是体系完善中必不可少的一环。

（三）委托管理

第十五条 持有人是药物警戒的责任主体，根据工作需要委托开展药物警戒相关工作的，相应法律责任由持有人承担。

【解读】

本条明确了药物警戒工作虽然可以委托给第三方但法律责任不会转移。该条款标志着正式进入GVP质量管理中的“委托管理”章节，这也是中国GVP与EU GVP的不同之处，特别将“委托管理”单独列为一节来详细阐述，也足以说明在中国药物警戒快速发展的态势下，药物警戒委托将成为常态。越来越多的药企开始重视药物警戒，并逐步细化相关工作，药物警戒服务商成为这些药企的合作伙伴，携手共同达成药物警戒目标。

1. 成为持有人即需承担责任

责任主体指的是因违反法律、约定或法律规定的事由而承担法律责任的人，包括自然人、法人和其他社会组织。责任主体是法律责任构成的必备条件。“药物警戒”的责任主体，强调的是持有人应承担责任，因此在药品注册审批时，监管机构审批的不仅是药品本身，还审查申请人的资质和责任承担能力。无能力承担主体责任的企业，无法成为持有人，可能只能受托进行药品生产。

2. 持有人的民事与刑事责任

作为责任主体，其边界何在？目前理解，持有人需承担民事侵权责任。如果持有人的过错导致患者的人身伤害，需要承担民事责任。如果定义为故意、严重不作为，可能需要持有人或其中的责任人（在欧洲为QPPV，中国为企业法人）承担刑事责任。

关于持有人在药物警戒上需要承担的具体责任，目前国内的研究相对较少。但随着药物警戒制度的推进，有理由相信持有人在药物警戒工作上的主体责任也会逐渐、更加清晰。

3. 过错责任，但举证可能倒置

按目前理解，持有人需要承担的是过错责任，而非无过错责任，例如，应该在研发、生产、流通、使用环节主动收集信息、主动分析信息、主动明示风险、管理风险，如发生过错，导致伤害发生，需要承担责任。

但在实践中，由于药物警戒的专业性、安全性信息的机密性，在持有人面临指控时，可能需要自证清白，证明已尽到勤勉义务，阐述清楚未能及时警戒，是“技术局限”（当前的认知水平）还是“态度”问题（未能尽到勤勉义务）。

4. 委托工作，保留责任

委托，即把事情托付给他人或其他机构（办理），更多时候，称之为“外包”。有委托或外包，即存在甲乙双方，需使用协议或合同规范、约定双方的职责边界、质量标准及风险应对措施等。

在实践中，需要结合企业发展规划，制定委托计划。委托不仅仅是“预算”问题，更是一个策略问题。同时，从多个角度设定尽职调查表，包括工作量、是否为突发事件引起的工作量的短期增加、工作任务类型、受托方地点、能否接受远程管理、工作语言、发展长期稳定性及口碑、企业资质、团队规模、服务商的药物警戒运营体系等。对委托方而言，委托工作是药物警戒体系的一部分，并不孤立存在，内部执行的质量管理标准对于委托也应一致。

第十六条　持有人委托开展药物警戒相关工作的，双方应当签订委托协议，保证药物警戒活动全过程信息真实、准确、完整和可追溯，且符合相关法律法规要求。

集团内各持有人之间以及总部和各持有人之间可签订药物警戒委托协议，也可书面约定相应职责与工作机制，相应法律责任由持有人承担。

【解读】

本条重点明确了委托方与受托方之间药物警戒委托协议的签订要求，适用于集团和非集团企业情况。

双方应重点明晰药物警戒委托协议中的各自职责，尤其当甲方并不清楚委托的具体工作内容时，容易处于被动地位，乙方可能会利用信息不对称，在合同签订后，依据合同条款，不断要求增加收费项目。

1. 多视角理解药物警戒委托协议

（1）甲方视角

作为甲方，希望所委托的工作能够得到妥善执行，并且能够清晰地了解乙方的工作过程及质量。为保障甲方权益，需通过签订合同，明确委托的内容、执行的标准、交付物要求（记录）、付费的标准以及违约追偿。因此，合同中应详细规定细节，从而便于通过合同约束乙方。

(2) 乙方视角

对应甲方，乙方对合同的关注更在意能否按时收到费用，付出的劳动（质量指标）与收入之间是否对等。负责任的乙方会努力协商清楚工作流程、质量要求，而不仅仅是关注收益。甲方需要承担最终责任，而面对以金钱为第一出发点的乙方，甲方面临的风险巨大。

(3) 监管视角

监管希望看到双方的合作协议，从而确认合作关系的存在，并基于协议评估甲方是否已全面开展药物警戒活动。

2. 常见的委托情况

基于甲方药物警戒体系的完整性不同，常见的委托情形包括全包（0 基础全权委托）、半包、清包（只干活）。

(1) 全包

甲方无流程和标准，也不具备专业人员来建立这些标准，因而由乙方负责建立流程与标准，以满足法规要求，并在合作过程中，甲方将逐渐建立自己的标准。在药物警戒活动中，甲方负责监管。

(2) 半包

当甲方的流程不够完整或者资源不足时，可以选择外包部分工作。在此过程中，应完善甲方的体系并补足资源。乙方应按甲方的标准开展工作。

(3) 清包

甲方提供工作所需的所有资源，并且已有非常清晰的流程和标准。由于人员不足，甲方委托乙方承担部分或全部工作。乙方只负责具体工作的执行。

零基础起步，可以选择全包服务，而后逐渐过渡到半包、清包，直至甲方自身规模足够大时，可能无须外包。在外包过程中，甲方需要考虑自身的体系是否在不断完善。无论何种情况，均需要在合同或协议中明确双方的职责。

3. 集团内部外部

(1) 书面明确

一定要有明确的协议或者由集团层面下达的文件，以界定甲乙双方的职责及合作模式。这一方式的委托，往往与药物警戒体系的整体设计有关。

(2) 可以收费

即使是集团内部的委托，也可以考虑收取费用。收费模式可以更加灵活，如内部结算、预算转移等。建议甲方支付费用，因为经济约束有利于双方更好地遵守合作协议。

第十七条 持有人应当考察、遴选具备相应药物警戒条件和能力的受托方。受托方应当是具备保障相关药物警戒工作有效运行的中国境内企业法人，具备相应的工作能力，具有可承担药物警戒受托事项的专业人员、管理制度、设备资源等工作条件，应当配合持有人接受药品监督管理部门的延伸检查。

【解读】

本条旨在指导持有人应当如何选择受托方，并对受托方的资质提出一定要求。持有人应当考察遴选具备相应药物警戒条件和能力的受托方，且受托方需要具备以下重要资质：

1. 中国境内法人

受托方须为中国境内企业法人，以确保其受中国法律法规的监管，从而保障持有人和受托方的权益。一般而言，受托方应为法人，而非自然人，这一要求与欧盟对警戒负责人（QPPV）的要求类似，QPPV 必须为欧盟的常驻居民。

另外，要求委托方为境内法人也有利于委托方与受托方之间的沟通，并便于监管机构对受托方进行延伸检查。

当然，我们还需考虑国内是否有足够的合格受托方。随着加入 ICH 后标准的统一，有理由相信未来会有越来越多符合高标准的受托方出现。目前，也有一些能满足要求的服务方可供选择。

2. 具备相应能力

受托方应当具备相应的工作能力，并需评估其药物警戒服务能力。服务能力具体体现在专业人员、管理制度、设备资源三个方面。这与持有人建立药物警戒体系时需要考虑机构/人员、制度和资源一致（参考 GVP 第 6 条解读）。受托方除满足机构/人员、制度和资源的要求外，还需要建立质量体系，并开展内部审核等工作。

对于受托方能力的评估，目前没有公认的标准清单。但在考核时，受托方药物警戒体系的完整性可能更加重要。而在体系中，是否有完善的制度流程尤为重要。

3. 通过制度评估能力

受托方往往作为一个团队而非个人为委托方提供服务。鉴于任何组织都可能面临人员变动，因此在人员变动时，管理制度对于维持服务的质量尤为重要。受托方所有的知识、能力应当通过制度进行沉淀与呈现。在考察受托方时，应当更多关注其制度而非某一明星员工（如项目经理）。在签订委托合同时，如果仅关注少数人的能力，则在实际合作中可能无法保证当初约定的人员始终为委托方提供服务，如人员变动或者该人员同时负责其他的委托项目。只关注个别人员的能力，可能导致服务质量的不稳定。

由此，具有良好制度的受托方通常具备以下特征：规模相对较大、分工明确细致、流程与指南文件较多、内部有体系化培训。

4. 延伸检查

受托方应当配合持有人接受药品监督管理部门的延伸检查。一般而言，受托方不会单独接受监管机构的检查。然而，在委托方接受检查时，相关的药物警戒活动也可能被审查或询问。因此，应当在书面合同中约定受托方需积极配合检查，满足相关要求，并且应当考虑受托方在此种情况下开展积极准备的工作量，从而考虑受托方的服务费用，以确保其拥有足够的资源和人员来支持相关的检查工作。

第十八条　持有人应当定期对受托方进行审计，要求受托方充分了解其药物警戒的质量目标，确保药物警戒活动持续符合要求。

【解读】

本条明确了持有人对药物警戒受托方的定期审计工作，如同前文对持有人定期开展内审的要求（参考 GVP 第十一条解读）。定期对受托方进行审计的理解可以保持一致。

可从审计情形、审计人员和审计目的等方面理解该要求：

1. 审计情形

（1）首次审计

一般情况下，在开展合作之前应对委托方进行首次审计，即所谓的“尽职调查”(Due Diligence)。一些公司可能会先通过书面尽职调查表对受托方进行信息收集，随后视情况决定是否开展现场首次审计；而有些公司则直接进行首次现场审计。如果在审计结果中发现问题，则这些将成为后续合作的风险点，委托方需要考虑这些风险是否可以接受。

(2) 跟踪审计

在合作过程中，可按照双方约定定期按一定频率开展审计，这一频率也可以参照持有人自身的审计周期。上一次审计的结果将影响后续的审计频率。作为委托方，也可以基于受托方的工作表现随时决定是否开展审计。

2. 审计人员

审计人员的选择可以由持有人自行开展审计，或者委托第三方进行。

(1) 委托人开展审计

委托人团队开展审计时，一般由持有人的质量团队、药物警戒团队或其他相关团队执行。审计人员所需的资质应与内部审计相同。

(2) 邀请专门的审计机构

由专门的审计机构对受托方进行审计。此时应考虑国内提供此类服务的第三方公司数量相对有限，因此要避免让受托方内部的不同部门互相审计，以保持审计的独立性。

3. 审计目的

审计的目的让受托方了解持有人的质量目标。通过审计和沟通，评估质量目标是否已融入受托方的工作流程中，从而判断其能否持续满足药物警戒相关工作要求。因此，在持有人开展审计的过程中，应当将受托方当作自身组织的一个部门进行审计。

对受托方的审计类似于内部审计。其目的在于尽可能多地发现问题并管理风险，以保证药物警戒工作的高质量。

三、机构人员与资源

（一）组织机构

第十九条　持有人应当建立药品安全委员会，设置专门的药物警戒部门，明确药物警戒部门与其他相关部门的职责，建立良好的沟通和协调机制，保障药物警戒活动的顺利开展。

【解读】

本条重点对药物警戒体系的机构设定做出概括性描述。

为实现“药物警戒活动的顺利开展”，需要首先构建良好的“药物警戒体系架构”。架构设计涉及顶层设计，其中包括药品安全委员会、药物警戒部门以及沟通机制。

1. 机构

(1) 药品安全委员会

在药物警戒体系建设的设计中，首先考虑机构人员。这包括设立药品安全委员会作为决策机构，以及具有明确的药物警戒职责的药物警戒部门及相关部门。

(2) 药物警戒部门

需要设立专门的药物警戒部门及其相关部门。“专门”包含两层含义：

一是部门的名称需要体现出其专业性。该部门应在企业的组织架构中直接体现，其名称应为“药物警戒部”或类似名称，如“药品安全部”“患者安全部”等。

二是部门的位置要体现出其独立性。为此不再使用“独立部门”一词，而是强调“专门的部门”。因此，可以将这个部门理解为专门负责药物警戒工作的部门。其职责只关乎药物警戒，即使只有一人，也可视为一个专门部门。

因此，药物警戒部门在公司一级部门中的位置可以体现其专业性；如果公司质量部负责所有 GXP 工作，药物警戒部门设置在其之下，也能体现其专业性。

(3) 药物警戒相关部门

其他部门包括参与药物警戒活动的各个部门，如市场营销团队涉及信息收集、医学团队涉及信息研判，以及生产质量、市场营销等团队涉及风险管理。组织内的多个部门人员均属于药物警戒相关的其他部门。显而易见，药物警戒部门和其他部门的关系为合作关系，需在各个部门职责描述中予以明确。

2. 制度

在制度层面，需要明确药物警戒部门和其他部门的关系，并建立良好的沟通协调机制。

沟通协调机制还应包括药物警戒质量体系与公司整体质量管理体系、其他质量管理体系（GXP）间的关联与协调。药物警戒的质量体系隶属于整个公司的质量体系，与药品生产（GMP）、药品研发（GCP）、药品经营（GSP）均有关联，需要协调，但在层级上属于同等地位。

第二十条　药品安全委员会负责重大风险研判、重大或紧急药品事件处置、风险控制决策以及其他与药物警戒有关的重大事项。药品安全委员会一般由持有人的法定代表人或主要负责人、药物警戒负责人、药物警戒部门及相关部门负责人等组成。药品安全委员会应当建立相关的工作机制和工作程序。

【解读】

本条对药品安全委员会的职责、组成及其工作机制、工作程序进行了说明。

3. 药品安全委员会职责

药品安全委员会，顾名思义，是为了保障药品安全而设置的专门组织。一般为虚拟团队，由组织中多个角色、部门参与。

该团队的主要职责是对重大事项作出决策，而非处理药物警戒工作中的日常运营问题。药品安全委员会负责的重大事项包括重大药品安全风险的研判，重大或者紧急药品事件的处置。药品安全的评判，有时类似于在急诊科诊治患者，在信息不充分的情况下，也需要快速决策并采取措施。此类决策可能会对企业的产品乃至商业运营产生重大影响。在此情形下，若将决策权交给某一个人，可能会导致决策过程中信息评估得不够全面、难以决策，或在决策时未能将患者安全放在首位。

将决策权交给药品安全委员会，有利于实现科学决策。当然，首要原则是以患者为中心，支持和关注药物警戒的决策。

4. 药品安全委员会组成

药品安全委员会一般由法定代表人或者主要负责人、药物警戒负责人及其他相关人员参与。以此为核心，向外涵盖药物警戒部门负责人以及其他相关部门的负责人。所有参与药品安全委员会的人员必须是其所负责的部门或职能的负责人，以确保各业务团队的观点得以体现，确保在进行重大决策时能够从不同的角度对患者和业务的影响进行评估。

委员会的运行需要有协调人员。药物警戒负责人或药物警戒部门负责人作为协调人。同时，他们又可以作为专业人员，从专业角度给予支持，这有利于在当前药物警戒理念仍需不断强化的环境下推动药物警戒的发展。

5. 工作机制与程序

药品安全委员会应当有一套制度来保证该委员会的运行，使其能够顺利开展工作。

这一机制非常必要，以确保在紧急关头，依然有制度与流程可以遵循。重要的工作机制与程序包括委员会的组建机制、会议机制（定期会议程序、紧急会议程序）、表决决策机制以及结论执行机制。尤其是对于表决机制，需要明确是否按照少数服从多数的原则，或是采纳最高管理者的意见，抑或按照过半数人员的意见决定。

第二十一条　药物警戒部门应当履行以下主要职责：

（一）疑似药品不良反应信息的收集、处置与报告；

（二）识别和评估药品风险，提出风险管理建议，组织或参与开展风险控制、风险沟通等活动；

（三）组织撰写药物警戒体系主文件、定期安全性更新报告、药物警戒计划等；

（四）组织或参与开展药品上市后安全性研究；

（五）组织或协助开展药物警戒相关的交流、教育和培训；

（六）其他与药物警戒相关的工作。

【解读】

本条重点明确了药物警戒部门需要履行的主要职责。

作为一个专门部门，在确定了部门名称（药物警戒部或其他名称）后，需要有相应的部门职责，并在职责描述中体现与其他部门/关键岗位的联系。该条款下的六项内容高度概括了药物警戒部门的职责，体现了药物警戒部门职责的内在逻辑：围绕药物警戒的定义（监测、识别、评估、控制），以风险管理为目标，以体系为支撑点，开展药物警戒工作。

监测：通过收集疑似不良反应信息进行安全性监测，处理安全信息并进行信息的报告、传递；

识别：基于监测识别药品的风险，初步识别出潜在风险。

评估：对识别出的风险进行评估，特别评估是否需要采取风险管理措施。

控制：基于风险评估，提出风险管理建议，并组织或参与风险控制、风险沟通活动。

至此，药物警戒常规工作的监测、识别、评价、控制，形成闭环。如果经评估，需要开展上市后研究以进一步了解药物安全性特征，药物警戒团队应组织或参与开展药品上市后安全性研究（第 4 项）。

为体现药物警戒工作的合规情况并总结药品的安全特征，药物警戒团队需要负责“组织撰写 PSMF、PSUR、药物警戒计划等”。

此外，为构建良好的药物警戒工作氛围，药物警戒团队应“组织或协助开展药物警戒相关的交流、教育和培训”。

为保证合规，持有人需要检查药物警戒部门的职责是否已描述清晰。关于药物警戒部门的职责描述，每家公司依据实际业务情况，基于 GVP 的概括描述，可以适当增删，可以详细，也可以概要。当然，描述得越详细，对人员分工和人员岗位描述更有帮助，更有利于其他部门的人员加深对药物警戒部门的认识和解读，对开展工作有事半功倍之效。

第二十二条　持有人应当明确其他相关部门在药物警戒活动中的职责，如药物研发、注册、生产、质量、销售、市场等部门，确保药物警戒活动顺利开展。

【解读】

本条对药物警戒其他相关部门职责的明确提出了要求。

药物警戒工作的核心之一在于跨部门沟通和协作，需要梳理药物警戒相关部门的职责，并在这些部门人员的岗位描述中予以体现。药物警戒部门需要主动建立跨部门合作以及长期合作关系，达成共识。药物警戒其他相关部门职责可概括如下：

1. 所有人

在药物警戒的安全性信息收集过程中，公司所有员工均有义务在规定的时间之内（一般为 24 小时）向药物警戒部门报告不良事件及其他安全性信息。

2. 研发团队

临床前研发团队负责为药物警戒的相关报告（如 RMP、DSUR 等文件）提供临床前安全性资料；临床开发团队，在开展临床研究过程中，团队中的 CRA 或 PM 负责督促研究者或 CRC 按时报告 SAE，回复质疑、跟进质疑回复，协调 PV 与 DM 开展 SAE 的一致性核查。

同时，需要按照 GCP 要求，在规定的时间内分发 SUSAR 报告；在撰写 DSUR 过程中提供所有的临床试验项目信息。

3. 注册部门

产品上市前，注册团队负责提供临床试验申请的时间计划及相应的上市前产品信息，便于 PV 部门准备相应的体系建设相关资料；产品上市后，需要注册部门持续提供上市后产品信息，同步至 PV 部门；为 PSUR 递交，注册部门负责提供注册批件、产品说明书、质量标准及公司核心数据表（CCDS）（如有）。

4. 生产部门

一线生产团队，虽然看似与 PV 团队并无直接交集，但在进行事件调查时，需要生产部门提供药品生产合格证明、生产过程调查等资料，在 PSUR 撰写时需提供生产量相关数据。

5. 质量部门

结合上文提到的生产部门，我们认为此处的质量部指的是负责公司整体质量体系的部门。药物警戒的质量体系应该属于质量体系的一部分。质量部门有必要指导药物警戒部门按照公司整体的质量体系建立药物警戒质量体系，双方在药物警戒质量管理上进行协作。

6. 销售部门

销售部门的员工作为最前线的人员，与医生、药师、经销商，甚至患者进行沟通。在日常工作中如发现不良事件，需要及时进行上报。同时，也需要协助获得随访信息。销售部门在 PSUR 递交撰写时，负责提供销售数据以便计算患者暴露量。

7. 市场部门

市场部门所发起的各种市场活动中，可能涉及药物安全性信息，比如，在病例征集活动中收到的不良反应处理的讨论，在演讲稿中提及药品的不良反应。市场部门有义务将四要素齐备的不良事件报告传递给药物警戒部门。在市场部门发起的市场调研或开办/支持的一些网站中，也可能有类似的药物安全性信息。市场部门需要与药物警戒部门合作，建立机制，确保安全性信息能够被识别、并汇总到药物警戒部门。

（二）人员与培训

第二十三条　持有人的法定代表人或主要负责人对药物警戒活动全面负责，应当指定药物警戒负责人，配备足够数量且具有适当资质的人员，提供必要的资源并予以合理组织、协调，保证药物警戒体系的有效运行及质量目标的实现。

【解读】

本条明确了持有人法定代表人或主要负责人对药物警戒活动全面负责，并对法定代表人或主要负责人在药物警戒活动中应承担的职责作了详细说明。

1. 法定代表人和主要负责人

法定代表人是法律规定的对外代表公司并对公司全体事项承担责任的人。

主要负责人除了董事长，还包括副董事长、总经理、财务总监等在企业运营中有实际权力的管理层人员。

因此，法人或主要负责人具有足够的权力了解产品的全维度生产和研发信息。

2. 法定代表人或主要负责人的职责

（1）制定药物警戒负责人

作为管理者或最终承担责任的人员，法人代表或主要负责人应当指定专门人员负责药物警戒工作，从而保证不致出现违规，而只需自身承担责任。

因此，法人代表或主要负责人会评估、指定符合条件的药物警戒负责人，指导各项药物警戒具体活动的开展。而谁能成为合适的 QPPV，未来会有不断明确的规定与要求，但最基本的一点是，这个岗位一定得是法人代表或主要负责人信任的。类似于公司的财务、法务，如果其不能做到勤勉尽责，最终大概率需要法人代表来承担责任。

（2）配备足够数量且具有适当资质的人员

足够数量：药物警戒部门配备人员的数量应与持有人的类型、规模、品种数量及安全性特征相适应；合适数量的人员有利于团队的健康发展。人员过少可能导致工作无法全面开展，而人员过多则会无形中增加管理成本。此处条款在于强调，在当前药物警戒还未被足够重视的情况下，企业需要配备足够数量的人员。

适当资质：药物警戒部门的专职人员应具备医学、药学、流行病学或相关专业知识，熟悉我国药物警戒相关法律法规和技术指导原则，并接受相关的培训（岗位知识与技能培训、专业基础知识与法规培训），培训评估合格后上岗。在 GCP、GMP、GVP 等规范中，只有 GVP 的规范对于人员的资质有如此明确的要求。

（3）提供必要的资源并予以合理组织、协调

为药物警戒活动的顺利开展配备满足药物警戒活动所需的设备与资源，

这些软硬件资源包括办公区域和设施、安全稳定的网络环境、纸质和电子资料存储空间和设备、文献资源、医学词典、信息化工具或数据库系统等。

法定代表人或主要负责人有能力也有权力在组织内协调各部门，促进药物警戒活动各环节的沟通与合作，为药物警戒活动的顺利开展提供资源支持与业务配合。

第二十四条　药物警戒负责人应当是具备一定职务的管理人员，应当具有医学、药学、流行病学或相关专业背景，本科及以上学历或中级及以上专业技术职称，3 年以上从事药物警戒相关工作经历，熟悉我国药物警戒相关法律法规和技术指导原则，具备药物警戒管理工作的知识和技能。

药物警戒负责人应当在国家药品不良反应监测系统中登记。相关信息发生变更的，药物警戒负责人应当自变更之日起 30 日内完成更新。

【解读】

本条重点对药物警戒负责人的资质及注册登记做出要求。QPPV 作为 GVP 生效后必须的一个新职位，需要满足多个维度的要求。

1. 职级

QPPV 应当具备一定职务，且需为管理人员。成为管理岗是“负责”的前提条件。药物警戒工作具有高协调性的特点，动辄需要多个部门，甚至全公司人员来进行协调。只有作为管理人员，才能协调药物警戒团队中的医学、药学等不同专业背景的人员。作为管理人员，QPPV 关注的不仅仅是某个报告怎么处理，或多或少需要考虑药物警戒战略相关问题。从职级而言，QPPV 至少也需要是主管、经理以上级别。各公司称谓不同，但肯定不能只是一线主要负责日常运营工作的专员。

当然，并未要求管理岗位的具体级别，从经理到总监至副总裁均有可能成为 QPPV。QPPV 兼具管理与专业，严格执行势必有很多公司无法满足要求。未来是否会像欧盟一样，容许企业聘用第三方公司的 QPPV，可以期待后续的相关指导文件。

2. 专业要求

QPPV 需具有医学、药学、流行病学专业要求，这一表述非常明确，但紧随其后的“或相关专业背景”，需要进一步界定。

3. 工作经历

QPPV 应具有三年以上的药物警戒相关工作经历。一般相关工作经历理解为“职位工作性质或工作内容相关”。

以此理解，既往从事与安全性信息收集、报告处理有关工作（如医生、药师、CRA/CRC）以及不良反应处理（不良反应监测专员）等相关工作的人员与岗位，也可能被认为具有相关工作经历。

第二十五条　药物警戒负责人负责药物警戒体系的运行和持续改进，确保药物警戒体系符合相关法律法规和本规范的要求，承担以下主要职责：

（一）确保药品不良反应监测与报告的合规性；

（二）监督开展药品安全风险识别、评估与控制，确保风险控制措施的有效执行；

（三）负责药品安全性信息沟通的管理，确保沟通及时有效；

（四）确保持有人内部以及与药品监督管理部门和药品不良反应监测机构沟通渠道顺畅；

（五）负责重要药物警戒文件的审核或签发。

【解读】

本条讲述了 QPPV 的职责，结合部分欧盟 QPPV 的职责，以助力理解如何更好地担任 QPPV 一职。

1. 以法规为基石，持续改善 PV 体系

药物警戒体系作为主线，贯穿药物警戒工作始终。通过 PDCA 循环，使 PV 体系有效运行，从而符合法律法规及 GVP 要求。从另一个角度来说，法规是药物警戒工作的基石，体系持续改善是 QPPV 的首要责任。就这点而言，与欧盟 QPPV 的职责一致。

欧盟要求：需要永久持续地指定一名合格人员负责体系，应当具备足够的权力去对质量体系和药物警戒活动的执行施加影响。因此，QPPV 应该拥有管理 PSMF 的权限，并有权确保及验证在 PSMF 中包含的信息准确地反映了其负责的药物警戒体系的最新状态。

2. 确保监测与报告合规性

合规性作为药物警戒质量目标之一，通过设定量化的质量控制指标，来衡量药物警戒体系是否有效运行。如果合规性指标未达标（参考 GVP 第九条解读），需要进行根本原因分析，在哪个环节出现失误，需要考虑是否培训不到位，是否流程不清晰，抑或体系出现漏洞，影响到药物警戒质量目标的达成。

欧盟要求：应确保药物警戒的开展和所有药物警戒相关文档的提交都符合法律和 GVP 要求，确保提交给监管机构的药物警戒数据达到必要的质量要求，包括准确性和完整性。

3. 监督管理，关注过程和结果有效性

药物警戒是基于发现风险、管理风险为主要逻辑的工作，QPPV 应根据其经验、知识和技能等，从更高层面对其所负责的药物警戒体系从过程和结果的有效性进行监管，包括其质量体系和风险管理体系。

欧盟要求：QPPV 应在所有相关方面的功能负有监督责任，包括标准操作流程、合同安排、数据库操作、有关质量的合规数据、定期更新报告、审计报告、快速报告提交的完整性和及时性，为人员提供有关药物警戒的培训及委托管理等。

4. 协调管理，关注信息沟通形成闭环

药物警戒是一门沟通的科学，安全性信息是药物警戒工作的重要输入。QPPV 需确保沟通渠道的通畅和沟通的有效性。

沟通渠道通畅是指建立多渠道的安全性信息上报途径，包括电话、传真、邮件、小程序等，让员工可以任意使用便捷的方式上报不良事件；建立和药品监督管理机构通畅的沟通机制，以使在第一时间联系（可能为 24 小时）到药物警戒负责人（部门），反馈安全性问题或其他工作指示，如开展检查等。

沟通有效是指药物警戒部门与其沟通的相关人员（包括员工、药监、专业医护人员等）提供的与效益风险评估相关的任何其他信息，并做出充分而及时的回复，保持对外沟通信息的一致性，确保沟通有效。

欧盟要求：QPPV 应了解作为上市许可条件的任何情况或义务，以及与药品安全性或安全使用有关的其他承诺；了解风险最小化措施和风险管理计划，并且拥有针对该计划的足够权限，以应对药品的安全状况和任何新出现的安全隐患。QPPV 还应为应对新出现的安全隐患而准备采取的监管行动提供意见和建议（如变更紧急安全限制以及与患者和专业医护人员沟通）。此外，QPPV 还应作为药物警戒联系人供成员国主管机构和欧洲药品管理局联系，保证全天 24 小时可联系，同时担当药物警戒稽查的联系人。

5. 文件签发，关注重要文件

QPPV 需要对重要文件进行审阅和签发。所谓重要文件在 GVP 中特指 PSUR 和上市后安全性研究方案。因此，重要文件的范围可定义为需要向药监机构递交的汇总性文件或报告，包括但不限于 PSMF、DSUR、药物警戒计划、风险管理计划等。但是，个例报告文件通常不包括在内，这些更多是由 PV 人员把关，按照标准执行即可。如果 QPPV 也是该部门的负责人，则可能还需签发药物警戒 SOP 文件。

欧盟要求：了解主管机构要求开展的上市后安全性研究及其结果；参与在欧盟开展的或按欧盟约定的风险管理计划进行的上市后安全性研究方案进行审核与签署。

第二十六条　药物警戒部门应当配备足够数量并具备适当资质的专职人员。专职人员应当具有医学、药学、流行病学或相关专业知识，接受过与药物警戒相关的培训，熟悉我国药物警戒相关法律法规和技术指导原则，具备开展药物警戒活动所需知识和技能。

【解读】

前文讲述了 QPPV 的任职要求。本条就专职人员的任职要求，从知识、技能层面提要求。

1. 知识

（1）医药学知识

药物警戒专职人员需要具备医药学或相关域的知识。医药学主要涵盖研究药物的来源、炮制、性状、作用、分析、鉴定、调配、生产、保管以及寻找（包括合成）新药等方面。医药类学科专业性强，学制至少 4～5 年，课程体系庞大，非科班出身者很难通过自学或业余培训快速掌握系统的知识体系与思维方式。然而，在指导下，药物警戒专职人员有可能学习到工作中所需的医药学知识。

药物警戒的工作逻辑为发现、评价、理解、预防。因此，药物警戒专职人员需具备的医药学知识主要包括：

• 诊断与鉴别诊断学（AE 识别、实验诊断、辅助诊断，医学评审、信号确认、医学编码、报告评价）；

• 产品相关的医学知识（如肿瘤学）；

• 药理学（药物编码）；

• 药物治疗学等。

综合运用上述知识，开展报告评价、品种评价、风险管理等工作。此外，医药学知识有助于药物警戒人员针对特定产品向患者及公众普及安全合理用药的知识。

（2）药物警戒知识

药物警戒专职人员还需要具备建立与维护药物警戒体系所需的药物警戒知识，例如：

• 药物警戒的重要性与药物警戒论；

• 药物警戒法律法规，如涉及境外业务，还需要了解全球其他国家/区域的相关法律法规；

• 药物警戒技术指导原则（主要为 ICH E2 系列）；

• 药物警戒体系构成要素：机构人员、制度、资源及相关细节要求；

• 药物警戒术语；

• 掌握质量管理体系，如全面质量管理理念的相关知识。

2. 技能

（1）药物警戒专业技能

相较于知识，技能更需要通过反复训练而习得，尤其是药物警戒专业技能，更偏重于实操层面。经过持续学习和实践后，可达到精进娴熟。药物警戒专业技能主要包括使用信息化系统的能力，如 PV 数据库及文件管理系统；医学术语（MedDRA）编码技能；药物名称（WHODrug）编码技能；安全性监测文献检索技能；回复患者咨询的技能。

（2）软技能

药物警戒是一项强沟通、重逻辑、有体系的工作，因此需要具备一定的软技能。尤其是演讲与沟通技能。良好的演讲技能有助于开展内外部培训，提升所有员工对药物警戒的认知。

药物警戒人员需要具备良好的沟通技能，以便与公司高管、医疗专业人员、监管机构开展安全性信息的沟通；也需要与患者沟通，从而传递药物安全信息并收集必要的安全性信息。沟通技能还包括情绪管理能力，确保不会因不良事件等负面情绪影响对事件的处理或导致纠纷扩大。

当然，药物警戒人员还需要具备项目管理技能，将每项工作视为一个项目进行管理与跟进，确保有始有终，形成闭环，从而不断提升药物警戒体系的效率与完善度。

第二十七条　持有人应当开展药物警戒培训，根据岗位需求与人员能力制定适宜的药物警戒培训计划，按计划开展培训并评估培训效果。

【解读】

本条明确了持有人的药物警戒人员培训取责。前文中多次强调药物警戒体系的有效运行依赖于公司全员的共同参与和努力，方可达成质量目标。为此，需要培训出足够的、具备相应资质和胜任能力的药物警戒工作人员。

需要针对不同岗位的药物警戒要求，设置相应的培训。对于公司全员的培训，需要有简单可行的方法进行核心支持的培训。进行“全员药物警戒知晓度培训”时，签署《识别与报告不良事件》通知函是一种常用的方式。

1. 开展药物警戒培训的必要性

开展药物警戒培训的必要性体现在以下三个方面：

• 增强全员的药物警戒意识，明确药物警戒的核心价值——保护患者安全。这需要通过不断的宣传培训来确保员工理解这一目标；

• 提升特定岗位人员的报告能力，如医药代表、CRA 及其他非专职药物警戒人员，提高他们识别、上报安全性信息的意识与能力，确保安全性信息及时传递；

• 提升药物警戒专职人员的专业能力工作效率，包括持续的知识和技能培训，从而提升药物警戒工作的质量与效率。

2. 药物警戒培训计划制定考虑要点

(1) 培训对象

参照 EU GVP 的建议，所有参与药物警戒活动的人员都应当接受初级培训和持续教育。因此，持有人或申办者应明确参与药物警戒培训的人员范围，一般分为药物警戒专职人员和非药物警戒专职人员。非药物警戒专职人员是指公司全体人员中除药物警戒专职团队外的人员，包括但不限于：

• 公司法人；

• 前台、保安；

• 非正式员工（如实习生）；

• 承包商（如合作研究组织或代理商）；

• 第三方合作方（如研究者、许可合作伙伴）。

(2) 培训内容

培训内容应与岗位需求相匹配，且随着新法规的颁布而定期更新。主要包括：

• 对普通员工普及“什么是不良反应/不良事件”，以及如何向药物警戒团队报告相关信息；

• 销售人员除了明确上报渠道外，还需配合随访；

• 培训药物安全委员会成员需了解其职责、管理制度和决策机制；

• 对药物警戒专职人员，除基础知识和法规外，还应强化 MedDRA 编码技能、医学知识、文献检索技巧等专业技能的培训。

EU GVP 建议：对于那些没有具体分配的药物警戒任务和职责，但其活动可能影响药物警戒体系或药物警戒的开展的人员，应该考虑提供适当的培训。此类活动包括但不限于临床试验管理、产品技术投诉处理、医学信息服务、医药代表和市场营销、法规事务、法律事务以及审计等领域。

（3）培训组织形式

培训可以通过内部自行组织、邀请行业专家来公司授课或参与外部的专业培训来实现。无论何种方式，均需要考虑培训预算。对于新员工培训，可以与 HR 沟通，在入职培训中增加药物警戒的相关内容。全体员工应每年至少接受一次药物警戒培训。而对于药物警戒专职人员来说，培训的挑战在于形成体系化。

培训形式包括面对面课堂教学、在线视频（音频）课程自学以及阅读专业书籍等。对于非药物警戒人员的培训覆盖率及考核合格率，应在药物警戒质量目标及各部门负责人的业绩指标中予以体现。

（4）培训效果评估

培训效果的评估最直接的体现方式在于考试。根据需要掌握的知识点设计试题，所有参与培训的人员必须通过考试以验证培训效果。

EU GVP 建议：应当妥善保管培训计划和记录，以记载、维护和提高个人的能力。培训计划应该基于对培训需求的评估，并且应该接受监督。

第二十八条　参与药物警戒活动的人员均应当接受培训。培训内容应当包括药物警戒基础知识和法规、岗位知识和技能等，其中岗位知识和技能培训应当与其药物警戒职责和要求相适应。

【解读】

本条款明确了药物警戒培训的人员范围及其内容。

随着药物警戒成为行业的热点话题，相关的培训项目不断推出。这些培训项目从不同维度讲解并传播药物警戒知识。为了全面了解药物警戒，需要建立体系化的 PV 培训框架，让参与药物警戒活动的每个人员都有机会根据其岗位和职责获得相应的 PV 知识和技能。

基于药物警戒的定义构建体系化培训

回顾药物警戒的定义，药物警戒是发现、评价、理解、预防不良反应以及其他与药物安全有关问题的科学研究与活动。按照 DIKW 模型（数据-信息-知识-智慧），药物警戒的工作可以表述为发现（数据）、评价（信息/信号）、理解（知识）、形成预防伤害（智慧）等阶段。在此基础上，要完成药物警戒的工作，必须先具备药物警戒的基础认知。现阶段，报告评价以及对药品的评价非常重要。

由此，药物警戒培训体系划分六个层级，包括：

- 形成认知（警戒体系）：了解药物警戒基础；
- 报告处理（发现数据）：处理发现/收到的药物安全性信息；
- 报告评价（评价信息）：从信息角度评价个例安全报告；
- 品种评价（评价信号）：从品种角度整体评价药品安全；
- 理解安全（形成知识）：通过研究方法理解品种安全机制；
- 风险管理（智慧应用）：基于机制理解产品的风险。

（三）设备与资源

第二十九条　持有人应当配备满足药物警戒活动所需的设备与资源，包括办公区域和设施、安全稳定的网络环境、纸质和电子资料存储空间和设备、文献资源、医学词典、信息化工具或系统等。

【解读】

本条讨论了药物警戒工作开展所需的设备与资源。设备通常是指有实物形态的物品，而资源则包括软件、系统等无形工具。

1. 设备（硬件条件）

药物警戒工作开展所需的硬件条件包括办公场所、办公区域及办公设施。需要为药物警戒人员配备笔记本电脑（而非台式机），以便于携带并支持移动办公；还需要配备专门的移动电话以及文件存储柜。

（1）笔记本电脑

药物警戒工作强调及时性，因此需要使用笔记本电脑而不是台式机，以便于携带并支持移动办公。这些笔记本电脑只能为工作所用，并须接受公司信息安全的管控。在药物警戒工作中，必须有足够的信息安全意识。

（2）专门电话

药物警戒团队需要配备专用电话（移动电话），用于接收来自患者、消费者、医务人员等来源的不良反应报告，或用于随访、核实相关信息。该电话号码应以公司名义注册和申请，以确保即使人员变动，也可随时获取该号码产生的电话记录。

（3）文件存储柜

文件存储分为短期存档和长期存档。

长期存档：长期存档要求颇高，需防火、防盗、防蛀等，因此市场上也有专业的文件存档管理服务供应商来满足此类需求，且配置文件查询追溯功能。很多国际性的制药公司会按固定时间频率或按项目将文件以专用纸箱打包、存储、编号后寄送至供应商管理，在需要时再进行提取。

短期存档：药物警戒日常工作中产生的文件如果仍需随时使用，一般存储在办公区域附近的文件柜中。为了确保药物安全相关资料的保密性，文件柜必须上锁，仅供药物警戒人员使用。对于办公区域，提倡“清洁”原则，打印的药物警戒相关资料应及时取走，任何可能涉及安全性信息的资料不能随意放置在公共区域。可以说，药物警戒工作区域对于信息安全的要求可能比其他区域更高，必须有相应的门禁管理，禁止非公司人员随意进出。

2. 资源

（1）安全可用的网络环境

当前，药物警戒工作大多通过网络开展，因此安全稳定的网络成为工作必需。电子存储已成为现代常用的存储形式。一般公司内部服务器上具有独立开辟的公用存储盘（以下简称“公司公盘”），但公司公盘存储可能存在一定的安全隐患，如无稽查痕迹导致的误操作删除等问题，未及时发现可能导致无法找回。因此，建议使用具有文件存储功能的信息化系统进行电子存储。

（2）医学词典

药物警戒工作的开展必须有医学词典 MedDRA 的支持。MedDRA 词典的购买费用与公司的收入规模有关，可能从每年几千元到几万或几十万元不等。随着 ICH 相关要求的不断推进，购买 MedDRA 成为所有企业遵守法规的必要行为。

（3）药物安全数据库

药物警戒的工作从信息的获悉开始，安全性信息形成报告后，需要存储在一定形式的表格或系统中。过去有些公司将安全性报告登记在 EXCEL 表中，以此表示“正在使用数据库”，但这不利于数据安全、稽查痕迹、数据挖掘及利用。因此，越来越多的公司使用药物安全数据库来管理所有的安全性信息，持续累积数据，进行汇总分析、深度挖掘数据并实现数据价值利用，从而真正达到对药物的安全进行警戒和提示的目的。药物安全数据库已成为开展药物警戒工作必需的基础性资源。

（4）文献数据库

文献是安全性信息的重要来源，文献数据库也是开展药物警戒工作所需购买的资源。文献资源可以通过直接购买数据库的形式获得，也可以只在必要时购买全文。此外，还可以考虑文献数据库提供商的警戒文献检索服务，一站式解决文献检索与安全性报告处理的相关工作。

第三十条　持有人使用信息化系统开展药物警戒活动时，应当满足以下要求：

（一）明确信息化系统在设计、安装、配置、验证、测试、培训、使用、维护等环节的管理要求，并规范记录上述过程；

（二）明确信息化系统的安全管理要求，根据不同的级别选取访问控制、权限分配、审计追踪、授权更改、电子签名等控制手段，确保信息化系统及其数据的安全性；

（三）信息化系统应当具备完善的数据安全及保密功能，确保电子数据不损坏、不丢失、不泄露，应当进行适当的验证或确认，以证明其满足预定用途。

【解读】

本条对适应药物警戒活动开展的信息化系统的设计、安装、配置、测试、培训、使用、维护等环节提出了明确的要求。开展药物警戒活动需要信息化系统（数据库），从而有效、高效、安全地管理安全性信息，发挥数据的价值。

1. 计算机化系统验证

作为规范的信息化系统，必须经过验证，并满足安全管理的要求，同时具备完善的数据安全及保密功能。计算化系统验证是指对系统的性能、特征进行验证，检查信息化系统是否符合 GXP 的要求。具体而言，就是检查系统是否支持 GXP 相关的检查、审计，系统中的签名、痕迹是否可追溯。

2. 进行计算机系统验证的原因

在互联网行业，软件从业者了解软件测试和运维，但对于验证可能了解不多。然而，制药行业作为一个强监管的行业，对数据的准确性、安全性、完整性非常重视。经过验证的系统，其功能可以按照设定（设计）的方式运行，并且功能运行的结果也是稳定的，从而保证最终数据的真实、准确、完整。即，GXP 相关软件必须进行验证，其目的是确保软件功能满足 GXP 的相关要求。例如，GXP 要求所有记录不能物理删除，那么就需要验证证明数据不会被物理删除，始终可以复现。

3. 验证的内容

• 验证需要涵盖的软件开发环节：设计、安装、配置、验证、测试、培训、使用、维护等；

• 验证关注的非功能性需求：安全管理、访问控制、权限分配、审计追踪、授权更改、电子签名等控制手段；

• 电子记录：数据安全、保密、数据不损坏、不丢失、不泄露。

4. 进行计算机系统验证步骤

目前，比较通行的系统验证为遵循 GAMP 5 进行系统验证。系统验证过程贯穿于整个软件项目的实施阶段。系统验证通常称为 3Q 验证，即 IQ、OQ、PQ，配合验证计划、验证报告，形成完整的验证记录。

（1）安装确认（IQ）

证明系统是按照书面的、预先已批准的规范进行安装的。在进行系统安装前，制定安装计划；执行安全过程中，进行记录；最终检查安装结果，确认“软件安装”结果与计划是否一致。如此即完成安装验证。

（2）运行确认（OQ）

证明系统在规定的运行范围内，按照书面的、预先已批准的功能需求进行工作，功能正确运行，能够支持具体业务流程。OQ 验证是验证过程中工作量最大的部分。需要验证所有之前期望的功能是否均已实现，并有正确的结果输出。同样，先有验证计划，而后执行验证用例（如测试用例），判断结果是否满足业务期望。

（3）性能确认（PQ）

证明系统在业务流程和运行环境范围内，能够按照书面的、预先期望的性能开展工作，达到性能要求。比如，期望能一次性导入 1000 条数据，验证系统能否达到相关要求。

5. 云部署软件验证考虑

云部署软件优于本地化部署的点在于其功能、性能的通用性。云部署软件的提供商需要完成通用版本的验证。如果无额外定制化需求，可以考虑不再进行基础功能的验证。

第三十一条　持有人应当对设备与资源进行管理和维护，确保其持续满足使用要求。

【解读】

本条规定了药物警戒活动中涉及的设备与资源需要定期维护，从而保证药物警戒工作可持续进行。这与前文第二十九条提到的药物警戒活动需要足够的设备资源相呼应，不仅要确保拥有必要的设备与资源，还要确保这些设备与资源处于良好的状态，可以被持续使用。

那么，哪些设备资源需要维护和管理呢？具体分为以下三类：

1. 具有使用寿命或空间、容量限制的设备

一般包括内部服务器、电脑、文件存储柜等设备。这些需要定期维护，必要时进行扩容、更换。

对于服务器硬盘存储资源设备，需要定期维护、清理，确保其正常运作。对于文件存储的空间环境同样需要维护其整洁、清洁，保持防火、防潮，并确保有足够的存储空间。此外，还需确保相关人员有访问权限，无关人员的权限已被清除，从而使设备可持续使用。

硬件设备的维护一般由公司整体规划，行政部门或资产管理人员可能会有相应流程开展维护工作，此处不做过多赘述。

2. 需要定期支付费用的资源

一些资源在支付费用后才能获得相应的使用权限。如用于联系患者、消费者、医务人员，甚至监管机构的热线电话。如果热线电话欠费，将可能导致重要信息的缺失。因此，热线电话的可用性需要定期进行测试确保其可以接通且接通及时。

如果使用传真设备，也需要定期检测其功能。值得注意的是，所有这些测试过程和结果均应完整记录，必要时可作为内审或药监部门检查的依据。

对于此类资源，需要始终明确谁是管理员，以及何时需要检查其工作状态是否良好。药物警戒特别强调业务的持续性，甚至需要设置备份方案来保障这一点。

3. 订阅式的工具或软件

如 MedDRA 医学词典等资源，通常采用订阅制，按年付费。一旦订阅到期，若不及时续费，后续将无法使用最新版本。因此，需要关注此类信息的维护，确保即使在人员变动的情况下也能及时管理资源，始终使用最新版本。

药物安全数据库也是如此，越来越多的企业采用订阅方式按年采购药物安全数据库，在期限届满前启动新一轮的续费，从而保证能够持续使用。

四、监测与报告

（一）信息的收集

第三十二条　持有人应当主动开展药品上市后监测，建立并不断完善信息收集途径，主动、全面、有效地收集药品使用过程中的疑似药品不良反应信息，包括来源于自发报告、上市后相关研究及其他有组织的数据收集项目、学术文献和相关网站等涉及的信息。

【解读】

本条强调持有人应主动开展监测，提出主动收集信息的要求以及全面收集信息的途径。

主动监测是持有人承担主体责任的体现。由于药品在审批上市前，临床试验的样本量有限、观察时长有限、入排标准严格、未包含特殊人群等诸多原因，导致对药品的认识存在局限性。因此，需要在上市后主动开展药品安全性监测，收集相关信息，不断加深对药品安全性特征的认识，以确保安全用药，实现药物警戒的目标。

1. 信息收集的要求

主动：持有人对于安全性信息的收集应具有主动性，主动建立并开展疑似不良反应信息的收集工作。

全面：持有人应通过尽可能多的途径、来源和形式收集安全性信息。安全性信息不仅包括不良反应，还应涵盖妊娠、哺乳期暴露、父源暴露、用药过量、超说明书用药、药物无效、药物相互作用等和用药有关的情况，这些均属于药物警戒关注的范畴；这些信息经过评价可能成为疑似不良反应。

有效：持有人建立的信息收集途径应有效且通畅，能够收集到有效信息，并确保信息满足最低上报要求，可用于数据分析。

2. 信息收集途径多样

自发报告：自发报告是指医疗保健专业人士或消费者主动与公司、监管机构沟通，报告患者在接受一种或多种药物后发生的疑似不良反应。此类信息并非来自研究或任何有组织的数据收集计划。

上市后相关研究：持有人有必要开展上市后研究，包括企业自主开展的研究和按监管机构要求开展的研究。上市后的药品在真实世界的使用更为复杂多样，也可能涉及不合理用药的情况，持有人通过研究可以收集更多的安全性信息，从而促进临床合理安全用药。

其他有组织的数据收集项目：如 FDA 的迷你哨点项目，在 FDA、学术界、数据持有者和制药企业等多方合作下，实现了多机构、多数据来源、覆盖大量人群的数据采集。通过建立并使用通用数据模型开展主动监测，开展一系列的药物安全性的研究。在国内，同样可以在保证合规性的前提下，基于 HIS 或院内的 CDR 系统，开展医疗卫生数据的二次利用，增强主动监测，提升药品安全性监测与评价工作的质量。

学术文献：持有人可通过检索文献来获取包含其药品信息的文献中的安全性信息。根据药品的实际销售情况，如上市国家、上市日期等信息，制定适合的文献检索策略，以获取最新的关于药物安全的信息。

相关网站：如果持有人有自己的门户网站或合作网站，那么这些网站可能会收集到安全性信息。特别是那些具有评论区功能（允许自由输入信息）的网站，需重点关注，因为患者/消费者可能会借助该功能报告不良事件。

第三十三条　持有人可采用电话、传真、电子邮件等多种方式从医疗机构收集疑似药品不良反应信息。

【解读】

本条强调了持有人通过医疗机构收集信息的方式。

根据《关于药品上市许可持有人直接报告不良反应事宜的公告》，持有人应当建立面向医生、药师和患者的有效信息收集途径。为保证从医疗机构收集信息的途径畅通，持有人首先需要与医疗机构建立合作关系，这可以通过签订相关协议来实现与医生、药师、护士等的联系。

持有人需要建立相应的制度，确保所有的员工都有收集和报告不良事件的意识。同时，持有人需要认识到，随着药物警戒意识不断增强，医疗机构与企业之间的药物警戒合作也将促进药物警戒生态系统的发展。

医疗机构人员与情况

医生：医生是医疗机构中接触患者最多的群体，通过问诊、查房、开处方、解答等方式与患者交流，从而可能在第一时间获知患者用药后的情况。特别是对于新上市的产品，临床使用经验不足，可能会产生较多的疑问，因而产生不良事件咨询/报告。持有人需始终以"患者安全为中心"，与医生保持紧密沟通，及时发现、收集和传递药品的安全性信息。

临床试验研究者：对于上市前的产品进行临床试验期间，基于合同约束，研究者作为安全性信息（主要是SAE）报告的主要责任人，需要根据申办者的要求（一般为24小时）上报至申办者的药物警戒部门。

药师：药师是医院内药物安全的主要负责人，在药品安全性信息收集过程中承担着重要职责。他们负责发现药品质量问题、包装问题、疑似不良反应等。作为药品管理方面的专家，药师也是链接患者和药企的关键纽带。

护士：护士作为药品使用医嘱的执行方之一，在打针、输液等与患者接触的过程中，可能观察到使用药品期间发生的任何不适。护士往往是第一时间获知信息的人，也是安全性信息收集的重要报告者。

第三十四条　持有人应当通过药品生产企业、药品经营企业收集疑似药品不良反应信息，保证药品生产、经营企业向其报告药品不良反应的途径畅通。

【解读】

本条强调了持有人通过药品生产企业及药品经营企业收集信息的方式。

2019年《中华人民共和国药品管理法》出台后，药品生产方式更加灵活，既可以自行生产，也可以委托他人生产药品。但是，《中华人民共和国药品管理法》（2019修订）要求持有人承担安全性信息的收集与报告责任。为了落实这一主体责任，持有人需要药品生产和经营企业的协助。

1. 生产企业

受托生产产品的厂家，通过保证原料药质量、制剂工艺的合规性，确保药品的质量，从而使持有人能对药物安全有基本的保证。由于药品包装盒上通常含有生产企业的信息，患者、消费者可能会通过此联系并反馈产品情况。此外，生产企业的质量部门可能从产品质量投诉中发现安全性信息，客服部门在为患者、消费者提供服务的过程中也可能发现安全性信息。作为重要的合作伙伴，生产企业与持有人之间关于药品的信息必须保持同步。

2. 经营企业

药品经营企业包括零售药店、批发企业及代理商等。一般而言，经营企业有机会接触到医生、药师、患者和消费者，最有可能获悉药品安全性信息。

3. 签订合同

无论采取何种信息收集方式，作为持有人，都需要与生产企业、经营企业签订书面流程、协议和合同，确保双方信息的同步与一致。持有人会在商业合同中明确规定上述约定，或者单独签署文件，明确生产企业、经营企业向持有人报告的时限和内容要求。

持有人也应应邀/主动至少每年一次为合作的生产企业、经营企业提供“安全性信息上报”的知晓度培训，使对方人员具备上报意识，并在培训中提供全面的报告途径，以实现有效、全面、高效的报告。

4. 定期核对

为了保证信息通畅，持有人应建立信息收集专线。所有与持有人签订了合同的合作方都可以通过专线（如专用的电子邮箱）向持有人传输安全性信息。持有人应确保和生产企业、经营企业间的信息传输完整且无遗漏，并每个月核对信息传递的数量及关键信息的质量。

第三十五条　持有人应当通过药品说明书、包装标签、门户网站公布的联系电话或邮箱等途径收集患者和其他个人报告的疑似药品不良反应信息，保证收集途径畅通。

【解读】

本条强调了患者及其他个人的信息收集途径的重要性。

患者是药品的直接使用者，掌握着第一手的药品使用信息。随着患者用药安全意识的增强，他们可能会第一时间联系药企以解决困惑。因此，法规要求持有人建立相关机制，收集患者及其他个人报告的疑似不良反应信息，并确保信息收集途径的畅通。

1. 设立报告途径

持有人应设置电话或邮箱用于信息的收集。

热线电话：作为信息收集渠道，可以设置固定电话、400 号码和 800 号码。如果电话足够多，可以通过热线中心设置，实现多人同时拨打和接听。

为了保证“移动性”，即确保非工作时间也有接听电话的可能性，可以将呼叫转移到手机上。

专用邮箱：该邮箱应为公司的公共邮箱，而不是个人邮箱，并且需要专人进行监测。

2. 公布报告的途径

持有人应通过药品说明书、包装标签、门户网站清晰地公布联系电话或邮箱，以此表明企业可被联系，并且具有收集各方信息的渠道。一旦联系方式发生变化，如不再使用原电话号码或者邮箱，应及时更新公布，确保说明书、标签和网站上的信息保持一致。

3. 保证途径畅通

对于热线电话的维护，确保电话的畅通，需注意以下事项：

• 呼叫转移至移动电话：如前所述，将来电最终转移到手机上，可保证随时有人接听；

• 设置语音留言：如果无法做到全天候接听，可以设置留言信箱，鼓励来电者语音留言，之后在工作时间进行留言检查与回拨；

• 设置语音提示：如果客户在非工作时间致电公司总机，可在固话的留言中加入提示语，说明企业的工作时间，并建议在工作时间再次拨打，并提供紧急情况下可拨打的手机号码；

• 外包电话服务：一种比较可靠的方式是通过第三方公司管理热线电话，通过排班实现 7×24 全覆盖。当然，这必然会带来成本的增加。目前，真正能做到 7×24 小时有人接听的企业比较少。一些企业在周末也有人接听电话，此种情况一般是第三方公司提供的服务。在工作日的工作时间内，药企通常能保证有人接听电话。

对于公共邮箱的维护，需确保有专人定期检查公共邮箱的内容，并进行归类、存档。需定期对邮箱进行可用性检测，确保邮箱的容量足够，可以持续接收信息。

第三十六条　持有人应当定期对学术文献进行检索，制定合理的检索策略，根据品种安全性特征等确定检索频率，检索的时间范围应当具有连续性。

【解读】

本条强调了通过学术文献获取信息的途径。

文献作为安全性信息的重要来源，是药物警戒中必不可少的环节。在进行文献监测时需要注意以下几方面：

1. 制定合理的检索策略

检索策略：应满足法规要求，检索及时，覆盖全面，根据实际情况平衡查全率与查准率，适应产品和疾病的特点。文献检索策略应包含但不限于以下内容：数据库名称、网址、产品名称、检索条件与流程，检索周期、检索频率、策略制定者与审核者，版本及生效时间等。

检索频率：对于首次上市或首次进口五年内的新药，文献检索至少每两周进行一次；对于其他药品原则上每月进行一次，也可根据品种的风险情况进行调整。检索的时间范围应当具有连续性，不能间断。

策略评估：应每年评估一次检索策略是否需要更新，并记录评估结果。如需更新，应对检索策略进行更新并保留更新记录。

2. 制定鉴别及处理流程

文献识别：需要依次判断是否为本公司产品、是否包含不良事件、作者是否认为不良事件与公司产品有关、是否为有效报告（四要素）等。

报告处理：对于从文献中识别出的不良事件或其他安全性信息，按照个例不良事件处理流程创建相应的个例报告。文献检索当天即应判断该文献是否涉及不良事件及其他安全性信息，当天为公司首次获知日（即第 0 天）。

3. 确定文献病例的随访流程

需要与文献作者（一般为通讯作者或第一作者）确认产品是否为本公司产品，或为获得更多事件信息而随访文献作者。有以下情形之一的，可终止随访：

- 从报告者处获得的信息已足够；
- 报告者明确没有进一步信息或拒绝随访；
- 两次随访之后没有新的信息，并且继续随访也无法获得更多信息；
- 不同日期三次以上均联系不上报告者；
- 邮件、信函被退回且没有其他可用的联系方式。

4. 确定文献检索记录存档范围

文献检索应记录检索日期、人员、检索策略等，保存检索获得的原始文献；如果未检索到相关信息也应记录。所有原始资料、电话录音（电话随访）、往来邮件均应保存，以备核查。有关随访的邮件、快递单、随访信，电子存档，均应做好相应存档。

5. 利用信息化平台提高文献检索效率

基于文献监测的流程，文献数据库提供商通过深度学习算法，精确标引每篇文章的主题特征，通过智能主题检索，以保证检索结果的检全率、检准率和及时性。

通过设置“一键检索”“中英文跨语言检索”“智能标引技术＋人工团队标引”“综合计算精确和模糊的匹配方式”“检索结果按时间排序”等功能，根据不同品种设定检索策略，主动推送药品不良反应相关文献，提高文献监测效率。同时，文献数据库提供商对于检索结果提供认证复核，并给出评价，提高检索结果的准确性，认证结果可作为该项工作完成质量的辅助证据。

第三十七条　由持有人发起或资助的上市后相关研究或其他有组织的数据收集项目，持有人应当确保相关合作方知晓并履行药品不良反应报告责任。

【解读】

本条强调持有人通过上市后安全性研究或其他有组织的数据收集项目获取安全性信息。

持有人应确保其发起或资助的研究或项目中，相关方知晓并履行药品不良反应报告责任。《关于药品上市许可持有人直接报告不良反应事宜的公告》及《个例药品不良反应收集和报告指导原则》中也有针对持有人收集职责的规定，需落实到相关合作方，帮助持有人推进不良反应的收集广度。

1. 上市后研究或项目类型

持有人发起或资助的上市后相关研究或其他有组织的数据收集项目，可收集关于产品安全性、有效性或最佳使用的信息，主要包括以下类型：

根据 ICH-E2D 及 EU GVP 中的定义，上市后研究或其他有组织的数据收集项目包括上市后Ⅳ期研究（如安全性研究）、重点监测、患者支持项目、患者援助项目、市场调研、市场推广项目、上市后指定的患者使用计划、其他患者支持和疾病管理计划、患者或卫生保健提供者问卷或收集的有关疗效或患者依从性的信息等。

对于附条件批准的药品，持有人应当采取相应风险管理措施，并在规定期限内按照要求完成相关研究；如果逾期未按照要求完成研究或者不能证明其获益大于风险的，药监机构可能会依法处理，直至注销药品注册证书。

2. 相关合作方

上市后研究一般由医学部发起，首先考虑与医疗机构合作，医生、药师、护士则可能为相关合作方，需要知晓并履行报告责任。PV 部门需要审核上市后研究方案中的安全性部分，以确保安全性信息报告的责任有所体现。

其他有组织的数据收集项目，一般由市场部门发起，可能的合作方为广告公司、基金会等第三方，PV部门需要告知市场部门相关要求，并参与合同审阅，以确保相关合作方对安全性报告的职责理解并按要求执行。

3. 确保相关方履行责任

可签订书面流程、协议和合同，确保双方信息的同步与一致；或者单独签署文件，明确相关合作方的报告时限和内容要求，如有必要，对漏报、少报给予相关的惩处措施。持有人还需为相关合作方提供安全性信息收集和上报流程培训，让相关人员知晓并履行上报责任。

第三十八条　对于境内外均上市的药品，持有人应当收集在境外发生的疑似药品不良反应信息。

【解读】

本条强调境外疑似药品不良反应信息的收集。持有人需承担主体责任，无论产品进口或出口，都应当建立覆盖全球范围的药物警戒体系，收集所有国家发生的安全性信息。

1. 境外发生的疑似药品不良反应信息

境外指中国边境（国界）以外的所有国家与地区以及中国政府尚未实施行政管辖的地域；境外范围包括港澳台和其他国家和地区。

境外发生指出口至境外的药品（含港澳台）以及进口药品在境外发生的不良反应，无论患者的人种，均需要进行收集。如果患者在境内购买，在境外旅游时发生了不良反应，也属于境外发生。

疑似药品不良反应信息即为不确定是否为不良反应的安全性信息。安全性信息不仅仅包括不良反应，还包括妊娠、哺乳期暴露、父源暴露、用药过量、超说明书用药、药物无效、药物相互作用等和用药有关的情况，均属于药物警戒关注的范畴；这些信息经过评价可能成为疑似不良反应。

2. 境内外均上市药品

持有人应当收集境内外同一活性物质药品的所有疑似药品不良反应信息。

即使为同一活性物质，但境内外产品类型不同（如分别为药品、器械），也应收集相关信息。建议提前与监管部门沟通确认。

3. 境外报告 Day 0 怎么计算?

应从境外持有人/申办者获知不良反应信息开始启动报告计时。

第三十九条　对于创新药、改良型新药、省级及以上药品监督管理部门或药品不良反应监测机构要求关注的品种，持有人应当根据品种安全性特征加强药品上市后监测，在上市早期通过在药品说明书、包装、标签中进行标识等药物警戒活动，强化医疗机构、药品生产企业、药品经营企业和患者对疑似药品不良反应信息的报告意识。

【解读】

本条强调加强药品上市后监测的范围及方式。

1. 为什么需要加强药品上市后的监测?

临床试验由于病例少、试验过程短、试验对象筛选严格和用药条件控制严格，以及试验目的单纯等因素，导致一些发生率低或仅在特殊人群中出现的不良反应难以在试验阶段被发现。因此，加强药品上市后的监测有利于及时发现各种类型的不良反应，特别是严重的和罕见的不良反应及其发生频率。

2. 加强药品上市后监测范围

创新药、改良型新药因其安全性信息积累较少，风险尚未明确，因此除了通过常规的途径收集安全性信息，持有人还应根据品种的安全性特征加强主动监测，以观察药品上市后在广泛人群使用情况下的不良反应。

监管机构要求关注的品种，因监管层面的考虑，除了在 GMP 检查时被重点关注，在今后的 GVP 检查中也可能成为重点检查对象，如是否开展额外的上市后监测活动及相应的活动记录。

3. 加强药品上市后监测的方式

加强监测不仅指建立常规的安全信息收集途径，还要求持有人主动开展一定规模的上市后安全性研究，收集真实世界中的安全性信息，具体方式如下：

• 药品重点监测：是指为进一步了解药品的临床使用和不良反应发生情况，研究不良反应的发生特征、严重程度、发生率等，开展的药品安全性监测活动。根据信息收集形式的不同，可采用住院患者集中监测、登记-回访和问卷调查等方法。

• 处方监测：向开具处方的医生或患者发送随访调查问卷，以获得预后信息。在调查问卷中可以收集人口统计学特征、治疗适应症、治疗持续时间

(包括开始时间)、记录、临床事件，以及中止治疗等信息。处方监测适用于产品上市早期的安全性数据收集，可以从大量医生和（或）患者处收集不良事件的更详细信息。

• 注册登记研究：是指有组织地在特定疾病、病情或暴露群体中，使用观察性方法收集特定结局的数据。患者登记可用于研究特定群体的药品暴露情况，如孕妇。可以长期随访患者，并使用标准化问卷收集不良事件。

4. 提供有效途径，强化报告意识

鉴于目前国内的药物警戒生态，无论是医疗专业人士，还是患者/消费者，对于不良反应的报告意识尚未完全建立，或不知道不良反应可以报告，或对已发生的不良反应不够重视，或无法找到相关的报告途径。因此，持有人可能需要采取以下措施，来强化潜在报告者的报告意识：

• 在药品说明书、包装、标签、门户网站等地方标识联系电话或邮箱等联系方式，提醒医疗机构、药品生产企业、药品经营企业和患者等潜在报告人员，并且确保途径通畅；

• 加强与医疗机构、药品经营企业和药品生产企业的沟通，对于药品经营企业和药品生产企业，亦可采取合同约束的方法；

• 引导医疗专业人士在就诊过程中与患者沟通用药情况，以收集安全性信息。

（二）报告的评价与处置

第四十条　持有人在首次获知疑似药品不良反应信息时，应当尽可能全面收集患者、报告者、怀疑药品以及不良反应发生情况等。收集过程与内容应当有记录，原始记录应当真实、准确、客观。

持有人应当对药品不良反应监测机构反馈的疑似不良反应报告进行分析评价，并按要求上报。

【解读】

本条要求持有人信息收集的全面性和记录的真实性，并重点要求持有人对监测机构反馈数据进行分析评价。

1. 反馈数据定义

根据国家药监局《关于药品上市许可持有人直接报告不良反应事宜的公告》的规定：“国家药品不良反应监测系统将及时向持有人反馈收集到的药

品不良反应信息，持有人应当对反馈的药品不良反应信息进行分析评价，并按个例不良反应的报告范围和时限上报。”

国家药品监管部门转给企业的药品不良反应数据，称为反馈数据。它是持有人收集相关产品不良反应的重要报告类型，也是具有中国特色的报告途径之一。

2. 数据特点

报告来源：反馈数据来自药监机构，通过“直报系统”数据库即“直报系统”反馈。

实时反馈：反馈数据实时发送至“直报系统”，但无自动通知功能。持有人需每天至少一次甚至多次登录“直报系统”，监测并下载反馈数据。

首次获知时间即第 0 天：以国家发送反馈数据至持有人“直报系统”的时间作为持有人首次获知时间。严重报告应在 15 日内上报，一般报告应在 30 日内上报。

报告量大：如持有人产品众多，反馈数据量大，相应的报告处理任务繁重，部分持有人日反馈数据达几百份，持有人有限的人力可能无法规范高效完成反馈数据处理。

数据质量较难控制：因反馈数据大多由医疗机构反馈，对不完整、不清晰及存疑的信息，较难发起质疑，实施跟踪随访，所以相对于其他报告类型，反馈数据的质量较难控制。

3. 处理流程

监测识别即第 0 天：持有人根据预先配置的账号和密码登录“直报系统”，将识别、下载的反馈数据报告导入持有人药物警戒系统（数据库），生成对应的报告，确定首次获知日期。

数据处理：对导入的反馈数据，按照报告处理流程，对原始信息（如不良反应术语、病史、怀疑用药、合并用药、事件描述等部分）进行规整和编码。

质量控制：药物警戒质控角色对报告质量进行核查，避免遗漏和错误。

医学审评：持有人对反馈数据进行关联性、严重性、预期性评价。

递交上报：持有人将处理评价的反馈数据再次通过“直报系统”递交监管机构，建议以 E2B 形式递交，从而减少重复录入。

第四十一条　原始记录传递过程中，应当保持信息的真实、准确、完整、可追溯。为确保个例药品不良反应报告的及时性，持有人应当对传递时限进行要求。

【解读】

本条强调个例不良反应报告的传递过程的质量要求和时限要求。员工作为企业的眼睛和耳朵，当任意一名员工作为第一接收人，获知某个产品的安全性信息，不管是正面的还是负面的反馈，员工应保证该报告真实、准确、完整，并及时传递到药物警戒部门，并保证每份报告的原始来源和传递过程都可追溯。

1. 安全性数据记录的质量要求

(1) 过程有记录

遵循“没有记录，没有发生”的原则，确保收集过程具有相应记录，作为过程文件存档。如不良反应来源于文献检索，需记录每次文献检索的数据库、检索时间、检索策略、检索的结果，并截图保存；文献识别过程包括审阅人、审阅时间及文献识别依据等过程需如实记录，确保信息可追溯。

(2) 记录应当真实、准确、完整

安全性报告的数据应确保不遗漏，记录应真实、准确、完整。

真实：报告者、患者/受试者真实存在，收集过程真实记录；

准确：安全性报告涉及的不良事件，其发生时间、严重性、严重程度、转归，合并/治疗用药信息；报告者相关性判断等重要内容，若未提供或前后矛盾及信息不明确，需发质疑询问直至获得报告者的确认。

完整：报告传递人员尽可能在知悉安全性信息时，仔细询问、收集全面的安全性信息，如使用设计合理的不良事件收集表或语音记录、拍照等方式，以便捷的途径收集完整信息。跟踪随访是获取完整信息的有效方式，如无法跟踪随访到报告者或其拒绝随访，也需如实记录。

(3) 记录应可追溯

可追溯：指的是根据或利用已记录的“标识”(这种标识对每份报告及记录过程都具有唯一性)，确保每份报告及记录过程从记录到传递再到归档每一流程都可以通过该标识进行查询。

2. 安全性报告传递时限要求

(1) 约定内部传递时限

为了确保安全性信息传递的及时性，企业应当约定内部传递时限；通常内部传递时限考虑为 24 小时或 1 个工作日。企业可根据实际情况进行约定，并在公司层面的制度文件中有所体现。

(2) 约定报告处理环节的时限

为了保证报告能够按照期限递交监管部门，企业应当对药物警戒部门参与报告处理的人员（如录入、质控、医学评审等）在各个阶段设定明确时限要求，以确保在递交期限之前完成所有环节的处理。

第四十二条　持有人应当对收集到信息的真实性和准确性进行评估。当信息存疑时，应当核实。

持有人应当对严重药品不良反应报告、非预期不良反应报告中缺失的信息进行随访。随访应当在不延误首次报告的前提下尽快完成。如随访信息无法在首次报告时限内获得，可先提交首次报告，再提交跟踪报告。

【解读】

本条强调个例不良反应报告的核实和随访要求。

1. 核实

核实包含两层含义，即真实性和准确性。

真实性：即报告满足四要素，包括至少一位可以识别身份的报告者，至少一名可以识别身份的患者，至少一种怀疑的物质/药品，以及至少一个不良事件。因此，持有人在接收到一份安全性报告时，尤其是来自网络的病例报告，应对四要素进行评估，确认其是否构成一个真实的病例。

准确性：报告者提供的信息中可能存在某些不准确之外，甚至出现相互矛盾的情况。为了不影响对病例的评估，持有人在接收到报告时，需对报告的准确性进行评估。

当一份报告来源于监管机构时，应该默认其具备真实性和准确性。但对于可能影响药品整体安全性评估的信息，持有人仍需进行核实。例如，针对反馈数据中的产品信息的核实，可能需要根据反馈码定位报告来源，但因缺乏患者信息，一般较难开展此类核实工作。

2. 随访

在首次收到安全性报告时，若信息不完整，持有人应当建立随访流程，并依据流程开展随访工作，以获取用于科学评估病例的重要详细补充信息。

（1）需要随访的报告范围

• 同时符合严重性和非预期条件的报告中存在缺失信息的；

• 满足严重性或非预期条件的报告中存在缺失信息的；

• 对于非严重的报告，若怀疑其有严重可能性，也需要对其缺失的信息进行随访；

• 报告中涉及特别关注的事件；

- 前瞻性的妊娠报告；
- 患者死亡的病例；
- 报告新风险或已知风险变化的病例监测。

（2）如何进行随访

应在不耽误首次报告递交（监管）的前提下，尽快完成随访工作，避免因时间过长而无法获取相关信息。

如果无法在递交期限前获得随访信息，应以递交首次报告优先，后续可建立随访报告再次递交，随访报告也应按照时限要求进行递交。

持有人应使用有针对性的特定表格来预设特定问题，以便锁定缺失信息并对其进行随访，同时避免要求报告者重复提供首次报告中已有的信息。关于随访工作的建议如下：

随访的优先级：非预期且严重不良反应病例＞其他严重不良反应病例＞非预期且非严重不良反应病例。

具有特殊重要性的病例报告，如管理部门要求关注的，以及可能导致说明书修订的任何病例，也应作为优先随访的对象。

随访的记录：任何为了获取随访信息所做的工作都应有记录，包括内容、过程、随访失败的原因，以及口述信息均需进行书面记录。

妊娠病例的随访：对于所有接收到的妊娠暴露病例，持有人应尽可能随访至妊娠终止，并明确记录妊娠结果。

有以下情形之一的，可终止随访：

- 已从报告者处获取充分信息；
- 报告者明确表示没有进一步信息或拒绝随访；
- 在两次随访之后没有新的信息，并且继续随访也无法获得更多信息；
- 不同日期三次以上均无法联系上报告者；
- 邮件、信函被退回且没有其他可用的联系方式。

第四十三条　持有人应当对药品不良反应的预期性进行评价。当药品不良反应的性质、严重程度、特征或结果与持有人药品说明书中的表述不符时，应当判定为非预期不良反应。

【解读】

本条强调药品不良反应的预期性评价。

1. 非预期（新的）不良反应

非预期不良反应是指不良反应的性质、严重程度、特性或结果与说明书中的术语或描述不符的反应。

2. 判断预期性?

因对药品的了解有限，对于未知的、新发现的不良反应，其发生机制、严重程度、是否可控以及风险获益比等因素均不确定，无论从产品的长期发展还是从患者安全的角度出发，企业或监管机构都需重点关注非预期的反应。因此，应广泛收集包括以前未发现或未记录的不良反应，并必须建立标准来定义“非预期”或“预期”。

3. 预期性判断案例

本质上考虑：如果说明书中仅有短暂肝功能异常的描述，则长期肝功能异常即为非预期。

严重程度：如果说明书中仅有肝酶增高或肝炎的描述，则上报的不良事件如肝坏死即为非预期。

特征：如果说明书中仅有脑血管意外的描述，则上报的不良事件如脑血管炎即为非预期。

同类产品的处方说明书或动物试验中的相关数据不应作为预期性判断的参考信息。

特殊情况：

• 相对于说明书而言，发生率显著增加的事件，通常被视作非预期。

• 产品疗效不足通常被视为预期。但是如果对患病人群有显著危险，譬如治疗危重疾病的药物疗效不足或医务人员证实的口服避孕药失效导致怀孕，这些情况都均需快速上报。

• 当持有人不能确定某个不良反应是否为预期时，则应该视作非预期。

• 当不良反应导致致命性结果时，除非在产品安全性参考文件中有特别提及，否则应视为非预期。

4. 预期性判断要求

针对上市后的产品，因各地区、各国家的上市后产品说明书不尽相同，法律法规的要求亦可能存在差别，尤其是对于需要根据预期性来递交监管机构的报告，预期性的判断仍需根据当地说明书来进行。

在临床试验过程中，SAE 的预期性主要由申办者判断，除非另有特别说明，需要由研究者进行判断。

第四十四条　持有人应当对药品不良反应的严重性进行评价。符合以下情形之一的应当评价为严重药品不良反应：

（一）导致死亡；

（二）危及生命（指发生药品不良反应的当时，患者存在死亡风险，并不是指药品不良反应进一步恶化才可能出现死亡）；

（三）导致住院或住院时间延长；

（四）导致永久或显著的残疾或功能丧失；

（五）导致先天性异常或出生缺陷；

（六）导致其他重要医学事件，若不进行治疗可能出现上述所列情况的。

【解读】

本条强调药品不良反应的严重性评价。

当持有人收到安全性报告时，首先要区分该事件是否严重。药物警戒始终以患者为中心，关注患者安全。面对大量的安全性信息，按照“要事第一”原则，需要判断不良事件是否为严重事件。

1. 从概念来区分严重性与严重程度

“严重性（seriousness）”与“严重程度（intensity）”并非同一概念。

“严重性”往往基于患者发生的事件，“导致”可能的结果。其中，“导致”是关键词。例如，导致患者住院或者住院期间延长、危及生命或者导致患者死亡。严重不良事件/反应中的“严重”指的是“严重性”而非“严重程度”。因此，首先要满足不良事件的条件，再来判断是否达到“严重性标准”。可以说，“严重性”为向药品监督管理部门报告的标准之一。

“严重程度（intensity）”用于描述某一特定事件的程度，如轻度、中度或重度，而事件本身可能医学意义较小，如重度的头痛，不一定满足 GVP 中任何一项严重性标准。

2. 需理解严重性标准的含义

（1）导致死亡

“致死”既是严重性标准，又是转归（结局）。在作为严重性标准选项时，指的是因不良事件（如败血症）导致的死亡，而非只看病例结局本身。

Q：一位原患病为“肺癌”的患者，在服用怀疑用药之后，出现了“轻度的恶心”，但随后患者因“肺癌”去世。在这种情况下，判断“恶心”的严重性标准时，是否选择“导致死亡”？

A：若不是因 AE“恶心”导致死亡，则无须将 AE 的严重性判断为

“导致死亡”。只有不良事件直接造成患者死亡时，才需要考虑选择“导致死亡”的严重性标准。

（2）危及生命

指的是患者在不良事件发生时即刻存在死亡风险，并非是指假设将来发展严重时可能导致死亡。

Q：报告中提到“动脉栓塞”，严重性标准为“导致住院”，并在事件描述中说“如果不接受手术治疗可能会危及生命”。在判断严重性标准时，是否需要纳入“危及生命”？

A：只有在事件发生时直接威胁到患者生命安全的情况下，才需要判断为“危及生命”，不需要考虑事件进一步发展的影响。

（3）导致住院或住院时间延长

指的是因不良事件导致的住院或住院时间延长，而非因择期手术、非医疗原因等导致入院。

Q：一名患者在服用怀疑药物之后，发生了“急性胆囊炎”，并根据医生的判断需要住院治疗，但由于该医院没有床位，患者无法办理入院。“急性胆囊炎”是否需要评价为“导致住院”？

A：如果 AE 导致了需要住院治疗，却因为“医疗条件”或“经济状况”无法住院的情况，仍属于满足事件需要住院的条件，需要判断该事件的严重性为“导致住院”。

（4）导致永久或显著的残疾或功能丧失

指的是不良事件结果可能对患者的正常生活和活动造成严重不便或干扰。例如，造成患者视力或听力减弱，严重影响患者生活的情况。在实际工作中，仍然需要根据临床经验来判断所谓的“持续”或“显著”残疾或功能丧失。

（5）导致先天性异常或出生缺陷

指的是患者的后代出现畸形或先天的功能缺陷等。

（6）其他重要的医学事件

必须运用医学和科学的判断决定是否对其他情况加速报告。重要医学事件可能不会立即危及生命、死亡或住院，但如需要采取医学措施来预防如上情形之一的发生，通常也被视为是严重的。

可参考欧盟重要医疗事件（Important Medical Events，IME）列表，作为严重不良事件判断的辅助工具，IME 列表提高了判断的标准化和一致性，减少漏报的可能性。对产品安全性关注方面，确保公司内部理解一致。

EudraVigilance Expert Working Group 的 IME 列表是否可以作为金标准，换言之，该列表能否得到全球各个疾病专业领域专家的普遍认可，并经受住绝大多数药物安全领域专家的检验，这是值得探讨的问题。

第四十五条　持有人应当按照国家药品不良反应监测机构发布的药品不良反应关联性分级评价标准，对药品与疑似不良反应之间的关联性进行科学、客观的评价。

对于自发报告，如果报告者未提供关联性评价意见，应当默认药品与疑似不良反应之间存在关联性。

如果初始报告人进行了关联性评价，若无确凿医学证据，持有人原则上不应降级评价。

【解读】

本条强调药品不良反应的关联性评价。

关联性评价，又称相关性评价或医学评审，用于评价药物-事件组合的相关性，从而判断一个事件是否为不良反应。

根据世界卫生组织的相关指导原则，关联性评价结果分为肯定、很可能、可能、可能无关、待评价、无法评价六个等级。其他国内常用的评判结果包括七分法：肯定、很可能、可能、可疑、不相关、待评价、无法评价/判断；六分法：肯定、很可能、可能、可疑、待评价、无法评价/判断；五分法：肯定相关、很可能相关、可能相关、可能无关、不相关；二分法：相关、不相关。

1. 关联性评价的原则

科学：报告中的多种因素可能会干扰因果关系判断，如原患疾病、并用药品或药品存在可疑质量问题等。评价人员应科学评估，不能盲目将这些因素作为排除药品与不良反应关联性的理由，从而不予上报；

客观：不夸大，不遗漏任何信息，应基于合理的理由及证据判断药物-事件组合的相关性。

从严：报告者作为直接与患者接触的医疗或相关人员，是掌握患者情况的第一来源。因此持有人在评估关联性时，需要充分考虑报告者的意见，在报告者提供的信息和科学的评估方法的基础上，谨慎评估；在缺少必要信息的情况下，需要以尽可能保守的方式从严评估，避免遗漏需要上报的个例报告。

为了满足可疑即报的原则，对于自发来源的报告，在报告中没有对关联性做出评估的情况下，企业应当默认其与怀疑药品有关联。

持有人不应对初始报告人的关联性评价进行降级评价，即持有人对关联性的评价应不低于报告者的评价；如果持有人需要进行降级评价，则需要有充分的医学证据，并在企业意见中予以说明。

2. 关联性评价的应用

通过关联性评价，可以筛选出药物不良反应。持有人应对这些不良反应不断进行评估，以确认是否需要在研究者手册（Investigator's Brochure，IB）、药品说明书或安全性参考信息（Reference Safety Information，RSI）中进行更新或修订，以优化产品的持续安全使用。

（三）报告的提交

第四十六条　持有人向国家药品不良反应监测系统提交的个例药品不良反应报告，应当至少包含可识别的患者、可识别的报告者、怀疑药品和药品不良反应的相关信息。

【解读】

本条强调满足药品不良反应报告提交的基本要求，即四要素信息。对于接受过药物警戒知晓度培训或从事药物警戒工作的人员来说，四要素应该并不陌生，它们是判断一个报告是否有效的关键信息。

1. 可识别的报告者

案例 1：一份报告来自医生 A，医生 A 描述了从医生 B 处听说的一名成人男性患者在服用怀疑药品 X 之后发生了腹泻。那么医生 A 是否符合一个可识别的报告者？

案例 2：一位来自中国的 A 医院的医生报告了一名女性老年患者在服用怀疑药品 X 后发生了恶心的不良事件。那么这位医生是否属于可识别的报告者？

可识别的报告者是指一位或多位身份可识别的报告者。

依据 ICH E2D，"可识别"表示基于现有信息，被告知病例的组织有足够的证据证明存在报告实情的人。

根据 ICH E2B，至少需要一位报告者的资质和国家信息，才能进行不良反应报告的电子传输。

对于来自互联网的病例报告，报告者的可识别性取决于能否核实报告者的存在，如提供有效的电子邮箱或者其他联系方式。

根据上述要求，案例 1 中的医生 B 属于传闻人物，在与医生 B 取得联系之前，其属于不可识别的报告者；案例 2 中的医生满足了所在国家和资格的必要信息，同时提供了所在单位，可以认为可识别的报告者。

2. 可识别的患者

案例 1：一份来自文献的报告，记载了 5 名患者在使用怀疑药品 X 之后发生了高血压。请问这五名患者属于可识别的患者吗？

案例 2：一份来自文献的报告，记载了 5 名老年患者在使用怀疑药品 X 之后发生了高血压。请问这五名患者属于可识别的患者吗？

患者至少通过以下一种合格的描述来识别：

- 姓名或姓名缩写；
- 医疗记录编号；
- 出生日期；
- 年龄或年龄段；
- 妊娠期；
- 性别。

此外，根据 ICH E2D 的相关规定，在没有上述合格描述信息的情况下，涉及确切患者例数的报告视为无效报告。

综上所述，案例 1 的 5 名报告者因为只涉及确切患者数，没有合格的描述信息，所以不属于可识别的患者；案例 2 虽然提到了确切的患者人数，但“老年”的信息满足了合格的患者描述信息，因此案例 2 有 5 个可识别的患者，需要分为 5 个个例报告进行处理。两字之差，处理方式却截然不同。

3. 怀疑药品

包括一种或多种怀疑的物质/药品，相互作用的物质或药品也应该视为怀疑。

案例：一个病例，报告者只提供了怀疑用药的通用名称，但未说明厂家是 A 还是 B 公司，如果 A 公司收到该不良事件报告，是否可以认为该药物为一个可识别的怀疑用药呢？

只要患者服用了该怀疑药物，且该药物与持有人的产品成分相同，持有人在获得证据排除其为其他公司产品之前，都应当将其视作自家的产品进行评价。因此该药物应当被认定为可识别的怀疑用药。

4. 一个或多个可疑的不良事件

案例1：一份报告只记录了一个男性患者在服用怀疑药物之后发生了“不良事件”。请问该事件是否为一个有效的事件？

案例2：一份报告记录了合并疾病包括胆囊结石的患者，在服用怀疑药物之后，住院接受了“碎石术”。请问“住院”及“碎石术”是否满足可疑的不良事件的定义？

不良事件指的是任何发生在患者或受试者用药后出现的不利的医学事件，不一定与药物有因果关系。

如果报告者只提供了患者出现了不明的不良反应，而没有提供有关该不良反应类型的信息，则该报告不构成有效的报告。

如果仅报告了结果（或后果），而没有提供有关临床情况的任何其他信息，也无法确定是否为可疑的不良反应。例如，一份报告只提到了“住院”“外科手术”或“其他医学处置”，此外没有提供任何临床信息，则该报告不应当被视作有效的报告。

综上，案例1和案例2均不满足可识别的不良事件。案例1未提供有关该不良反应类型的信息，所以被认为不满足不良事件的定义；案例2只报告了患者的结果和处置，且进行处置的原因在服用怀疑药物之前就已存在，因此“住院”与“碎石术”均不满足不良事件的定义。

第四十七条　持有人应当报告患者使用药品出现的怀疑与药品存在相关性的有害反应，其中包括可能因药品质量问题引起的或可能与超适应症用药、超剂量用药等相关的有害反应。

【解读】

1. 报告原则

可疑即报：患者使用药品发生与用药目的无关的有害反应，当无法排除反应与药品存在的相关性时，均应按照“可疑即报”的原则报告。此处的“报告”指的是持有人通过“直报系统”上报至ADR中心。

2. 报告范围

常规报告范围：在正常用法用量下出现的不良反应，即常说的ADR。

特殊报告范围：包括可能因药品质量问题引起的或可能与超适应症用药、超剂量用药等相关的有害反应，即特殊情况＋ADR。特殊报告范围具体描述如下：

（1）药品质量问题

药品质量问题一般包括破碎的药片、褪色的药片、可疑的污染、可疑的稳定性、有缺陷的包装、因打印错误/缺失导致的标签问题等。

• 当不良事件伴随产品质量投诉时，持有人应充分收集不良事件和产品质量缺陷的完整信息。

• 当可疑不良反应与可疑或已确认的假冒药品或药品质量缺陷有关时，递交的不良反应报告应包含质量缺陷信息。

• 持有人应该有相关的制度，确保对涉及假药或药品质量缺陷的可疑不良反应报告及时展开调查，并将确定的质量缺陷分别报告至生产商和监管机构。

• 为了保护公众健康，有时需要采取紧急措施，如产品召回。

（2）超剂量用药（药物过量）

指单次或累积使用的药品量超过获批产品信息中建议的最大剂量，且应始终参考临床判断。

• 持有人应当收集所有与现有产品有关的药物过量信息。

• 如果药物过量报告与不良事件结果无关，则无须作为个例反应报告递交，但应收集并在定期安全性报告中进行分析。

• 导致不良反应的药物过量应按个例药品不良反应进行报告，并进行常规随访以保证症状、治疗和结果等资料尽可能完整。

（3）超适应症用药

指超出获批医疗产品信息中的适应症范围而用药的行为。

• 若超适应症用药未引起相关可疑不良反应，则无须作为个例不良反应递交，但在获悉此类报告时应予以记录，并根据情况考虑纳入定期安全性报告。

• 若超适应症用药伴随可疑不良反应，则应按照常规程序进行随访，确保症状、治疗、结果及其背景信息（如处方、给药、剂量、未经批准的适应症等）尽可能完整。

（4）其他情况

• 药物误用：指不按照已获批的产品信息，有意且不恰当地使用医疗产品的情况，如有意按错误的途径使用产品。

• 药物滥用：指持续或间歇地故意过度使用医疗产品，并伴有身体和心理上的有害影响。

• 用药错误：指药物治疗过程中无意识的疏忽，会导致或可能导致患者损害，如药名混淆、药物标签混淆、药房配药错误、非故意漏用药物剂量等。

• 职业暴露：指个体因为专业或非专业的职业原因而暴露于医疗产品的情况，不应包括在成品放行前生产过程中暴露于任一成分。

上述情况如涉及不良反应，也应将完整信息递交至监管机构。

第四十八条　个例药品不良反应报告的填写应当真实、准确、完整、规范，符合相关填写要求。

【解读】

本条中的“填写”，可解读为对安全性报告的收集和处理要求，能够符合递交标准。在收集和处理过程中，应遵循以下原则性要求：真实、准确、完整、规范、符合相关填写要求。

1. 收集和处理过程中应遵循的原则性要求

（1）真实

报告中的信息如报告者、患者应真实存在，不无中生有，记录的信息保持与所收集的原始资料一致，不人为新增或减少信息，从而有利于药物警戒人员后续处理，减少质疑。

（2）准确

不猜测、不主观臆断并变更原始资料中的内容，对于任何数据疑问或缺失的信息，应经过质疑或随访确认。

（3）完整

在安全性信息收集阶段，可设计符合 E2B 标准的信息收集表，呈现需要收集的数据元素，便于记录和查询，不遗漏原始资料的信息。在报告处理阶段，如使用药物警戒信息化系统处理，可以利用系统的校验功能，对于缺少必要的字段元素或矛盾的数据元素，校验提醒后及时完善与修正。

（4）规范

持有人应制定个例录入指南和处理规则，对于不同报告的同一个数据元素，填写规则应保持一致，报告填写涉及的 MedDRA 编码、WHO-drug 编码，也应制定编码规则。

（5）符合相关填写要求

个例安全性报告 E2B（R3）区域实施指南，对个例安全性报告的数据元素进行了描述，并定义如何填写每个 E2B（R3）数据元素的信息。

2. 个例报告递交方式

（1）“直报系统”在线填写递交

即将收集到的药品不良反应信息在“直报系统”中进行在线填写，使用该种方式填写药品不良反应报告时，当持有人需要汇总或分析已上报的不良反应时，不易调动数据。

另外，对于境外严重报告，自 2020 年 1 月 1 日起，可通过网关传输或在线形式按个例提交，也可通过行列表形式提交；自 2022 年 7 月 1 日起，应按个例提交。对于报告量大的企业来说，这是一个不小的挑战。

（2）药物警戒信息化系统电子递交传输

在持有人的药物警戒信息化系统中填写，填写后可以暂存至“直报系统”，而后登录“直报系统”进行递交；亦可完成药物警戒信息化系统与 E2B（R3）电子传输系统的对接，通过网关传输一键递交至监管部门。该种方式递交药品不良反应报告，报告保存在药物警戒信息化系统中，系统内不良反应信息可直接导出用于汇总分析。同时，基于药物警戒信息化系统功能，能有效提高药品不良反应报告的处理效率及保证不良反应报告的完整性。

第四十九条　个例药品不良反应报告应当按规定时限要求提交。严重不良反应尽快报告，不迟于获知信息后的 15 日，非严重不良反应不迟于获知信息后的 30 日。跟踪报告按照个例药品不良反应报告的时限提交。

报告时限的起始日期为持有人首次获知该个例药品不良反应且符合最低报告要求的日期。

【解读】

1. 报告对象

- 要满足递交监管部门的最低要求，即满足有效报告的四要素；
- 不良事件与怀疑用药的关联性无法排除；
- 来自境外的严重不良反应报告也需要提交。

2. 报告时限

（1）我收到了一份死亡报告，但是 GVP 并未对上市后死亡报告做出时限要求，该如何确保期限合规呢？

A：虽然 GVP 对死亡报告的期限没有单独做出要求，但是对死亡报告的报告期限做出“立即报告”要求的《药品不良反应报告和监测管理办法》（2011）仍在生效状态，所以认为需要在对死亡事件按现有信息做出科学的评价之后尽快进行报告，并对与死亡有关的事件在 15 日内完成调查报告。

（2）我收到一份来自境外的严重不良反应报告，报告期限应该怎么算？

A：无论是来自境内的报告，还是来自境外的报告，关联性无法被排除的严重不良反应报告都应当在 15 个日历日内进行提交。

（3）我收到一份非严重的不良反应，非严重的报告也需要报告吗？

A：虽然非严重的不良反应在一些国家（如日本）无须提交，但根据国内的法规要求，只要是来自境内的关联性无法被排除的不良反应，即使是非严重的报告，也需在 30 天内提交。

（4）我收到一份随访报告，报告的严重性由非严重变为严重，报告期限应该怎么算？

A：这次随访报告的报告期限应当按照严重的 15 日期限标准进行报告；

（5）我收到一份随访报告，之前的事件由严重降为非严重，这种情况期限应该怎么算？

A：如果这份报告根据随访的信息变为非严重的病例，降级版本的报告通常仍应该按照严重报告的在 15 日期限进行报告。在此后的随访报告中如果不涉及严重性的变更，则适用非严重报告的 30 日期限。

3. 时限管理

对于报告递交期限的合规率并没有一个统一的标准，诸多因素都可能会导致报告递交的延迟，因此在现实中无法做到 100％达到报告递交期限的合规率。因此持有人在制定递交合规率时需要考虑以下因素：

• 制定原则：可根据企业的报告量，合理设置递交合规率。

• 合规指标：根据欧盟和 MHRA 及药物警戒行业通用规则，以 98％作为递交合规目标，当前中国监管机构尚未对此提出具体的合规性标准。建议使用欧盟或 MHRA 或行业通用标准。

• 警戒提示：部分监管机构在部分指导文件中会提到还会设置一条“警戒线”，如低于 95％ 的警戒线，则可能在检查时被监管机构关注。

第五十条　文献报道的药品不良反应，可疑药品为本持有人产品的，应当按个例药品不良反应报告。如果不能确定是否为本持有人产品的，应当在定期安全性更新报告中进行分析，可不作为个例药品不良反应报告。

【解读】

文献识别是文献监测后的一个重要步骤，持有人应该对文献监测结果进行识别，依次判断是否为本公司产品、是否包含不良事件、作者是否认为不良事件与持有人产品有关、是否为有效报告（四要素）等。对于文献检索出的药品不良反应，应当根据是否为本持有人产品，按个例药品不良反应报告或在 PSUR 中进行分析。

1. 摘要识别

主要是对文献检索得到的文献，根据摘要部分（包括文献标题、关键词和摘要内容）进行判断，是否可能包含安全性信息或潜在的个例安全性报告，从而决定是否需要下载全文后进行全文识别。若无法判断是否含有被检索产品的不良事件信息的文献需要纳入下载范围。

2. 全文识别

下载全文的文献，通过通篇阅读文献全文，对文献中涉及的产品安全性信息进行标注和判断是否为本持有人产品、是否有 AE、是否为潜在个例、是否包含其他安全性信息、是否需要随访作者。

3. 识别要点

（1）确认是本公司产品

如果不含不良事件，或作者认为不良事件与公司产品无关，则作为无效文献记录；

如果包含不良事件，且无法排除不良事件与公司产品相关性，且为有效报告，进入个例报告处理流程，如为无效报告（如无可识别的患者），进行随访，根据随访结果再决定是否按个例报告进行报告，否则，在 PSUR 中进行分析。

（2）无法判断是否为公司产品

如果不含不良事件，或作者认为不良事件与公司产品无关，则作为无效文献记录；

如果包含不良事件，且无法排除不良事件与公司产品相关，则在 PSUR 中进行分析。

4. 识别结果

对文献识别后将判断依据进行记录，并对该文献的用途进行分类：创建个例报告或用于 PSUR 文献分析。

5. 识别注意事项

文献中涉及多种怀疑药品：应报告怀疑药品，由怀疑药品的持有人进行报告。怀疑药品由文献作者确定，通常在标题或者结论中作者会提及怀疑药品与不良反应之间的因果关系。如果报告人认为怀疑药品与文献作者确定的怀疑药品不同，可在报告的备注中说明。

文献中涉及多名患者（可识别）：文献中每一位身份可识别的患者［当患者的下列一项或几项可获得时，即认为患者可识别：姓名或姓名缩写、性别、年龄（或年龄组，如青少年、成年、老年）、出生日期、患者的其他识别代码］，都应该按照单个病例在药物警戒系统中进行录入。因此，如果一篇文献中涉及多名可识别的患者，应建立相应数量的个例报告。

文献中涉及多名患者（不可识别）：如果一篇文献中涉及多名患者，且无法判断患者与不良事件的对应关系，则应标记为无效文献。

从文献中识别出的其他安全性信息，如超适应症用药、药物过量，也需创建相应的个例报告。

第五十一条　境外发生的严重不良反应，持有人应当按照个例药品不良反应报告的要求提交。

因药品不良反应原因被境外药品监督管理部门要求暂停销售、使用或撤市的，持有人应当在获知相关信息后 24 小时内报告国家药品监督管理部门和药品不良反应监测机构。

【解读】

1. 境外个例报告提交的要求

• 语言：原则上均需使用中文进行填写，部分内容可以填写中文或英文——病例叙述（H. 1）、报告者的评论（H. 2）、发送者的评论（H. 4）以及确定的死因（D. 9. 4. r. 2）。

• 形式：此前《个例安全性报告 E2B（R3）区域实施指南问答文件》已明确提出，目前可通过 E2B（R3）网关传输或在线形式按个例提交，也可通过行列表形式提交；自 2022 年 7 月 1 日起，应按个例提交。可以预测，本条款为 2022 年 7 月 1 日起正式取消行列表提交方式在做铺垫。

2. 24 小时报告的挑战

• 及时性：持有人是药物警戒的责任主体，在获知境外被暂停或撤市等信息后可能需要收集相关资料，24 小时内报告的时间可能是一个较大的挑战。建议持有人主动通过邮件及口头形式与国家药品监督管理部门和药品不良反应监测机构进行报告使监管部门第一时间获知并采取措施。

• 准确性：参考国家药监局网站公布的信息，报告内容建议至少包含药品基本信息、境内外上市情况、境外药监局的具体处理措施、境外药监局要求暂停销售或暂停使用或撤市的原因。

• 全面性：可以在邮件及口头报告时向监管部门询问持有人需要提供的资料，再通过邮件将相关资料尽快补充收集后再次报告至国家药品监督管理部门和药品不良反应监测机构。

第五十二条　对于药品上市后相关研究或有组织的数据收集项目中的疑似不良反应，持有人应当进行关联性评价。对可能存在关联性的，应当按照个例药品不良反应报告提交。

【解读】

1. 收集安全性信息

上市后研究或其他有组织收集项目中出现的安全性信息，应同其他报告类型的要求一样。安全性信息不仅仅是不良事件，还包括妊娠、哺乳期暴露、父源暴露、用药过量、超说明书用药、药物无效、药物相互作用等和用药有关的情况，均属于药物警戒关注的范畴。

2. 疑似不良反应的关联性评价

初始报告人会按照约定的要求将患者发生的安全性信息进行报告，持有人需对收集到的所有信息进行关联性评价，判断是否为疑似不良反应。若不存在关联性，则无须按照个例报告提交。

关于持有人如何进行关联性评价，可参考 GVP 第四十五条解读。

3. 关联性评价的关注要点

（1）哪些属于可能存在关联性

包括肯定有关、很可能有关、可能有关、可能无关、无法评价，建议以“直报系统”中设置的关联性评价选项作为可能存在关联性的判断标准。

（2）如果初始报告人与持有人的关联性评价不一致应如何处理

关于此种情况，GVP 与《个例药品不良反应收集和报告指导原则》的定义不一致，推荐以 GVP 为准。不一致的内容供参考：

对于 GVP 中本条款的理解，认为当持有人进行关联性评价后认为可能存在关联性的，才应按照个例报告提交。

根据《个例药品不良反应收集和报告指导原则》，“对于来自上市后研究或有组织的数据收集项目中的不良反应，经报告者或持有人判断与药品存在可能的因果关系，应该向监管部门报告”，也就是说，报告者或持有人任意一方认为存在关联性即需按个例报告提交。

4. 按照个例药品不良反应报告提交

按照个例药品不良反应报告提交的具体方法，可参考 GVP 第四十八条解读。

第五十三条　未按照个例药品不良反应报告提交的疑似药品不良反应信息，持有人应当记录不提交的原因，并保存原始记录，不得随意删除。

【解读】

1. 记录不提交的原因

未按照个例药品不良反应报告提交的情况可能涉及多种原因，需要对每一份报告进行递交性（包括严重性、预期性、相关性）判断，从而明确是否提交至监管机构。

如判断结果为无须递交，则应及时记录不提交的原因，以便未来内审与药监局检查时有足够的材料证明报告提交的合规性。

2. 无须提交按个例报告的情况

• 未满足法规要求提交的条件：例如境外发生的非严重不良反应不满足严重这一条件等。

• 持有人关联性评价为肯定无关的报告：初始报告人认为存在关联性的疑似不良反应，持有人有确凿医学证据将关联性评价降级为肯定无关。

• 部分安全性信息不满足不良反应提交标准：例如未导致不良反应的药品过量事件、文献报告中不确认是否为本持有人产品等。

3. 未按照规定提交报告可能的原因

• 未建立相关 SOP：由于未明确个例报告的提交标准，导致报告提交人对哪些情况无须按个例报告进行提交的定义不够清晰。

• 无递交规则：对报告提交最终结果的呈现没有清晰、明确的要求。

4. 什么时候应当记录不提交的原因

• 当在系统中处理完报告，判断个例报告递交性后提交至完成时，可以记录不提交的原因。

• 当回顾个例报告递交合规性时，在发现漏报后第一时间将报告进行提交，并记录漏报、晚报原因。

5. 如何记录不提交的原因

• 通过药物警戒信息化系统记录，保证原始数据可被追溯；

• 使用纸质文件记录；

• 通过 tracking 表记录；

• 使用 CAPA 表记录晚报或漏报的原因，并按要求进行存档。

6. 未按照规定提交报告结果如何

在药监局检查或 PV 内审时，报告提交如不合规，将被记录发现项，从而影响整个体系的合规指数。

自 2019 年 12 月 1 日起施行的《中华人民共和国药品管理法》中明确规定，持有人未按照规定开展药品不良反应监测或者报告疑似药品不良反应的，责令限期改正，给予警告；逾期不改正的，责令停产停业整顿，并处十万元以上一百万元以下的罚款。

第五十四条　持有人不得以任何理由和手段阻碍报告者的报告行为。

【解读】

之所以会有阻碍报告的行为，根源在于误解不良反应与药品质量问题、不能正确对待药品的风险、无法接受药品有不良反应报告、缺乏对药物警戒的基本解读。这一条内容虽然简洁，但也有几点值得思考：不得阻碍谁进行报告、不得阻碍向谁报告、什么情况下会被视作阻止。

1. 不得阻碍向监管机构报告

这一条款出现在“报告的提交”章节，因此，基于上下文，这里所讲的报告，应该与向监管机构提交报告有关。也就是说，持有人不得阻碍任何人向监管机构递交报告。

2. 持有人有可能阻碍谁向监管机构报告

这一条款中所提到的报告者可能是谁？报告者可能是持有人内部的人，也可能是持有人外部的人。

（1）通过审批阻碍内部人员报告

持有人内部的报告者，如药物警戒人员，他们的报告行为确实有可能受到持有人的影响。当然，在这里我们看到持有人是一个法人的概念。而具体对报告者实施影响的人，可能是持有人的某个代表，比如法人代表、主要负责人或者任何可以代表持有人利益的个人。

在既往的实践中，确实有药物警戒团队提出某一份报告需要向监管机构进行递交。但公司规定在递交前，必须先获得管理审批。如果管理者认为“交这么些报告太多了，我们就交一个吧”，类似这种以非专业性的意见干扰报告递交工作，属于上述的阻碍报告行为。

(2) 施加影响阻碍外部人员报告

医疗机构发现了药品的不良事件/反应，及时通知了持有人进行干预、处理。按照规范，医疗机构需要向监管机构进行可疑不良反应的报告。此时，若持有人通过学术以及非学术的行为影响报告者的判断、利诱甚至通过报告者的上级进行行政要求，都应属于使用“任何理由和手段阻碍报告”的行为。

由此引申，报告者的报告行为是自由的，不应受到阻碍。

这一条款讨论的是针对持有人的要求，但合理引申，也可能包括申办者，申办者也不得阻碍任何人向其或向监管机构报告不良事件/不良反应。

3. 审阅SAE报告草稿，是否属于阻碍报告的行为

在实践中，某些申办者有要求，临床试验发生的SAE，在正式报告至申报者之前，需由指定人员进行报告内容的审核，如认为不符合SAE的定义与标准，则要求取消该报告。此种行为，可能也是某种意义上阻碍报告的行为。应保证研究者可以自由地进行报告，如有不同的学术意见，可以通过质疑、随访，进行澄清、确认，而不是阻碍报告的发生。

五、风险识别与评估

（一）信号检测

第五十五条　持有人应当对各种途径收集的疑似药品不良反应信息开展信号检测，及时发现新的药品安全风险。

【解读】

本条应重点明确“各种途径”和“信号检测”两个关键词，可用于发现信号的数据源常见的见表5-1：

表5-1　常见信号检测数据源及需关注的信号

信息源名称	信息来源	关注的信号
公司药物安全数据库	公司自有药物安全数据（上市后）： 反馈数据； 患者自发报告； 文献中识别的个例报告； 患者支持、患者援助项目； 市场调研	报告例数； 事件列表（事先设定的议题）： a. 致死事件； b. DME事件； c. IME事件； d. 比例失衡的PT事件

续表

信息源名称	信息来源	关注的信号
临床试验数据库	公司自有临床试验项目数据库	事先设定的议题
文献监测	文献数据库平台，如知网文献平台	依据文献检索策略进行信号检测
监管机构网站	公开资料	监管机构发布的风险提示
FAERS 数据库	公开资料	同类产品比例失衡的 PT 事件
竞品产品说明书	公开资料	不良反应差异

信号检测应该基于所有来源的信息进行，及时发现新的药品安全风险。整合不同来源的可疑不良反应报告（如公司自有数据与 FAERS 数据）作为信号检测的数据来源时，需要注意数据可能存在异构性（即数据结构不同）。需要先将异构数据规整统一，确保核心信息“药物—事件”组合的准确性。同时，还需要根据企业的实际状况和发展阶段，确定纳入信号检测的数据范围。

信号并不等同于风险，如将信号升级为风险需要对其发生可能性有合理的理解。一般将信号和风险的关系做如下对应：“不确定”的信号关联“潜在风险”，潜在风险的定义为“有依据怀疑所关注的药品可能有关的不良事件，但关联性尚未确认”。同样，“确认的信号”关联为“已识别的风险”，指的是事件和药物之间的关联性已被确认，且其发生的可能性也得到了合理的确认。

第五十六条　持有人应当根据自身情况及产品特点选择适当、科学、有效的信号检测方法。信号检测方法可以是个例药品不良反应报告审阅、病例系列评价、病例报告汇总分析等人工检测方法，也可以是数据挖掘等计算机辅助检测方法。

【解读】

本条强调持有人应选择合适的信号检测方法。持有人在设定信号检测方法时需要考虑自身情况与产品特点。具体而言，自身情况指的是药物警戒团队的组织架构与数据情况。

组织架构中的人员数量、人员能力，尤其是医学人员的数量与能力，需要能保证高质量地开展信号检测工作，才可称之为恰当。检测方法需要能够基于产品特征和可利用的数据源检测出信号，才可称之为科学。例如，若设定了众多的信号检测策略，但没有信号检出，则难以称其为科学。

科学代表着信号检测的检出率。个例报告被正确处理是检出信号的前提。如果仅利用自有数据无法检出信号，则需要考虑纳入更多数据，如FAERS等公开数据。或在子公司层面无法检出信号，而在集团层面由于同一产品却由不同的公司进行生产时，由集团汇总更多数据进行检测，检测出信号的可能性更大。

而有效的信号更关注信号的准确率，通过调整信号检测策略以减少伪信号。表5-2为几种不同场景适用的检测方法举例。

表5-2　不同场景适用的信号检测方法举例

要素	场景	适用的检测方法	前提/备注
数据范围	集团数据库	信号检测由集团负责	所有产品、子公司数据集中分析，拥有计算机系统，可以开展数据挖掘
产品特征	成熟产品	个例审阅、病例系列评价、汇总分析	侧重重点事件、关注事件分析，如SAE、DME分析
数据量	约每年1万例	数据挖掘方法（纳入FAERS等公开数据）	无法仅基于自有数据进行数据挖掘

信号检测的应用方法可以分为定性和定量两种类型，也可以分为传统方法和数据挖掘方法。这些方法的应用与数据类型、信息技术的现状是分不开的。用于分析自发不良事件报告的传统信号检测方法包括：

• 审查药物警戒数据库或已发表医学或科学文献中的个例报告或一组报告。

• 使用绝对病例计数、简单报告率或校正的暴露报告率对病例报告进行汇总分析。

传统的信号检测方法在评估医学事件（DME）或罕见事件中尤为重要，为此个例病例的临床评价更为关键，并且相对于特异度，灵敏度具有特别高的权重。一旦依据自发不良事件报告的个例或汇总分析的结果检测出信号，则需要通过一系列步骤进行研究，包括信号筛选、分类与早期评估，如果有需要，应使用独立数据集进行正式评估，如进行假设检验研究。此时的信号检测方法还停留在定性和简单的定量分析阶段。

20世纪90年代后期，统计学数据挖掘方法出现，并且很快成为传统信号检测方法在自发不良事件报告常规评估中的有力补充。用于统计学数据挖掘的方法包括：

• 经典或频率方法，即在长期的重复试验或采样机制中的发生频率；

• 贝叶斯方法，贝叶斯学派的概率是根据新的信息对先验概率加以更新而得出的后验分布置信度。

特别需要指出的是，不能仅依据不相称测定的结果推断出因果关系；高于预期的报告频率必须进行进一步评估，包括临床审查。背景数据集的选择会影响不相称分析的结果；数据集的大小及其体现的产品（药品）和不良事件的异质性是影响分析结果的关键因素。

选择不相称测定分析（如数据源、统计方法、筛选阈值）的方法，以及应用药物警戒专业知识和临床判断来解释不相称测定结果，需要一系列的决策过程。对定量信号检测中发现的药品与事件的关联性进行解释和进一步评估，需要一个跨部门的专业团队，包括药物安全专家、流行病学专家、统计学专家、数据分析师和医生。

因此，有必要整合传统方法与统计学数据挖掘方法。每个持有人应当根据自身情况及产品特点选择适当、科学、有效的信号检测方法。统计数据挖掘方法与传统药物警戒信号检测方法整合的关键点在于科学地评价不相称测定分析结果。法无定法，基于产品数据出发，将定量和定性信号检测方法有效、科学地结合才是持有人最适当的选择。

第五十七条　信号检测频率应当根据药品上市时间、药品特点、风险特征等相关因素合理确定。对于新上市的创新药、改良型新药、省级及以上药品监督管理部门或药品不良反应监测机构要求关注的其他品种等，应当增加信号检测频率。

【解读】

本条强调确定信号检测频率的相关因素以及需要加强信号检测频率的情形。

1. 药品上市时间

在产品首次上市后的早期阶段：严重依赖于临床试验的安全数据。如果药物很快得到广泛应用，那么临床试验中未观察到的警示性不良反应案例可能会开始出现。

首次上市之后的几年内，对上市后罕见事件或潜伏期较长事件的安全数据的重视会逐渐增加。长期观察研究也许会被考虑用于结构化或有针对性的数据收集以解决特殊的安全性问题。此时可以根据需要增加信号检测的频率和检测周期。

产品上市许多年后，由于产品的成熟以及安全性概况的确定，检测出新安全信息的概率将降低。到这个阶段，可以适当减少信号检测频率。

2. 药品特点和风险特征

药物的不良反应类型与药品自身的特点息息相关。信号也可借用不良反应分类，按药理作用的关系分型，可以分为：

A 型（量变型异常）是由药物的药理作用增强所致，其特点是可以预测，常与剂量有关，停药或减量后症状很快减轻或消失，发生率高，但死亡率低。副作用、毒性反应、继发反应、后遗效应、首剂效应和撤药反应等均属 A 型不良反应。

B 型（质变型异常）是与正常药理作用完全无关的一种异常反应，发生率低，但死亡率高。过敏反应、特异质反应属于此类。

C 型一般在长期用药后出现，潜伏期较长，没有明确的时间关系，难以预测。

按照产生的症状和对患者重要器官或系统、生命的损害程度，一般分为轻度、中度、重度三级。因此，我们需要基于药品的药理机制、安全数据特点，科学评估患者产生各种不良反应的类型、时间和发生率，来相应地确定信号检测频率。

3. 增加信号检测频率

新上市的创新药和改良型新药，由于国外同类上市产品极少或者没有，可供借鉴的同类药品安全性数据缺乏，仅靠临床试验的不良反应数据远远不能反映出上市后药品的风险。因此，对该类创新药增加信号检测频率是必需且必要的。

另外，省级及以上药品监督管理部门或药品不良反应监测机构要求关注的药物品种，多是基于对药品的特点及发生不良反应的特点（比如对不良反应发生率的忧虑，存在某些重度不良反应或偶发致死情况等）而做出的上市后要求，理应也增加信号检测频率。

第五十八条　持有人在开展信号检测时，应当重点关注以下信号：

（一）药品说明书中未提及的药品不良反应，特别是严重的药品不良反应；

（二）药品说明书中已提及的药品不良反应，但发生频率、严重程度等明显增加的；

（三）疑似新的药品与药品、药品与器械、药品与食品间相互作用导致的药品不良反应；

（四）疑似新的特殊人群用药或已知特殊人群用药的变化；

（五）疑似不良反应呈现聚集性特点，不能排除与药品质量存在相关性的。

【解读】

本条强调持有人在开展信号检测时需要重点关注的信号。药品安全性信息繁杂，尤其是在药物警戒数据库普及、公众对药物安全日益重视的背景之下，持有人对自身产品安全性问题的关注也随之增加，从而收集各种来源的药品安全性信息。

在信号管理中，信号优先排序是关键的第一步。由于许多报告最终被发现并不是真实的（错误的信号警示）或者无须采取行动，因此详细评估全部信号（例如个例报告或汇总报告）的做法主要受限于资源。

风险的关键决定因素包括证据强度，医学意义（如预防的可能性、严重性、严重程度、可逆性和后果），对公众健康的潜在影响（如影响在大多数人群的情况）。并非所有的安全信号都代表着“风险”（即潜在的或可识别的风险），首先需要确定哪些信号是我们需要重视的。

应有针对性地开展信号检测，关注特定的不良反应。需要特别关注的包括：

• 新的不良反应：之前未知的不良反应，未知的严重不良反应。或者虽然既往有提及但频率、严重程度明显增加的不良反应。

• 特定的药物及相互作用：可能与其他药物、器械、食物存在相互作用的药物，以及由此发生的不良反应。

• 特定人群中发生的用药变化：新生儿、婴幼儿、儿童、妊娠期和哺乳期妇女、老年人被称为特殊人群或脆弱人群。因其生理、生化和病理等机制与普通人群存在较大差异，有着不同的药代动力学和药效学特征，用药安全形势更加严峻。

• 质量相关：聚集性事件，提示可能的药品质量问题。即不良事件短时间内集中爆发，在药品不良反应监测工作中，需要密切关注同一企业同一产品在短期内集中出现的相似的不良事件的现象，通常称这种聚集出现的现象为聚集性信号。通过对该聚集性信号进行分析、评价，判断是否构成群体事件。

需要认识到，信号检测不仅限于第五款中的质量问题，还需要关注特定的事件/反应、特定的药品以及特定人群。因此，事件、药品以及人群都可以作为药物不良反应的筛选标准，从而识别信号，需要在药物警戒信号检测策略中确定相应的筛选标准。

第五十九条　持有人应当对信号进行优先级判定。对于其中可能会影响产品的获益-风险平衡，或对公众健康产生影响的信号予以优先评价。信号优先级判定可考虑以下因素：

（一）药品不良反应的严重性、严重程度、转归、可逆性及可预防性；

（二）患者暴露情况及药品不良反应的预期发生频率；

（三）高风险人群及不同用药模式人群中的患者暴露情况；

（四）中断治疗对患者的影响，以及其他治疗方案的可及性；

（五）预期可能采取的风险控制措施；

（六）适用于其他同类药品的信号。

【解读】

本条罗列出信号优先级判定的考虑因素以指导该活动的开展。为了更好地进行信号管理，持有人首先应当对药品的信号进行优先级的判别并评定。从药物的研发直至获批上市，获益和风险是否平衡一直是作为最根本的考量。获益-风险的定义，是评估药物的积极治疗作用与其相关的风险，包括与患者健康或公共健康相关的质量、安全性和疗效相关的风险，以及对公众产生的任何不良影响的风险。

获益-风险平衡，即综合考虑疾病缓解的获益和治疗药物的风险。药品获益-风险平衡的失衡必将增加公众用药风险，影响公众健康。而诸如药物广泛应用，病例数量，显著的超说明书用药，直接导向消费者的项目等，对公众健康产生影响的同时也意味着药品获益-风险平衡的失衡。

因此，出现影响药品获益-风险平衡的信号和对公众健康产生影响的信号均应被给予优先评价。那么，上述两个方面信号的出现取决于哪些因素呢？或者说，在实际操作中，我们应该基于哪些因素考虑信号优先级判定呢？

1. 药品不良反应特征

药品不良反应具有一系列特性。譬如是否严重，轻、中、重度或CTCAE 1—5级严重程度分级。患者不良反应治疗后的转归，如痊愈、好转、未好转、致死。这些药物不良反应类型是“A类”（药理学）还是“B类”（过敏/特异质）。这些因素直接决定了药物的风险和安全性评价，影响着药物的获益-风险平衡。

2. 人群暴露

人群暴露这里有两个概念：

其一是人群暴露数量，相对于使用该产品大规模较多样化的人群，受试者数量既少又经过严格的筛选，很难发现罕见的不良反应。在大规模暴露人群中，不良反应的预期发生频率也可能明显增加。

其二是人群暴露质量，即高风险人群及不同用药模式下患者的暴露情况。与受试者相比，接受上市后药物治疗的患者具有更多的并发症（包括严重的医学病症），可能需要服用更多的合并用药，疾病严重程度不一，甚至可能超说明书（非标签）使用药物。信号检测的一个重要目的就是评估上市前研究结果对于研究人群之外患者人群（如合并用药、存在并发症等）的普适性。无论是人群暴露的数量，还是质量因素，都会同时影响药品的获益-风险平衡和公众健康。

3. 获益可及性和风险管控

在一些罕见病药物的研究中，可供患者选择的治疗药物极少。中断药物治疗后，其他治疗方案的可及性及对患者的影响程度都应纳入药品的获益-风险评估。而在药物的风险管理计划实施过程中，我们应该着重评估预期风险控制措施的有效性。任何单独或共同影响药品获益和风险评价的因素，在进行信号优先级排序时都应予以考虑。

4. 同类药品适用信号

该类信号值得特别关注，因为它们通常基于相同的药理特性而适用于同类药品。由于其普适性和外推性强，对公众健康的影响较大。因此，在确定信号优先级时，这类信号是一个重要的考量因素。

第六十条　持有人应当综合汇总相关信息，对检测出的信号开展评价，综合判断信号是否已构成新的药品安全风险。

相关信息包括：个例药品不良反应报告（包括药品不良反应监测机构反馈的报告）、临床研究数据、文献报道、有关药品不良反应或疾病的流行病学信息、非临床研究信息、医药数据库信息、药品监督管理部门或药品不良反应监测机构发布的相关信息等。必要时，持有人可通过开展药品上市后安全性研究等方式获取更多信息。

【解读】

本条强调持有人开展信号综合评价的考虑依据。

1. 个例药品不良反应报告

个例药品不良反应报告包括任何来源的个例报告，详见 GVP 第三十二条。

2. 临床研究数据

值得注意的是，这里涉及的临床研究数据不应该仅仅理解为 AE/SAE 报告本身。临床研究中的任何安全性信息及其相关的信息，均可能有助于信号评估。例如，研究药物组与安慰剂组中某不良事件发生率的比较，以及某不良事件严重程度与剂量水平之间的量效分析等，均为信号评估提供了强有力的证据。

3. 文献报道

文献按照出版形式可分为图书、连续出版物（如报纸、期刊）、特种文献（如会议文献、学位论文、政府出版物等），它们是药品安全性信息的高质量来源。目前对这些资料开展研究最常用的方法是系统综述和 meta 分析。例如，某项 meta 分析发现，用于治疗糖尿病的药物罗格列酮可能增加心脏病发病率和相关疾病死亡率的风险。

4. 有关药品不良反应或疾病的流行病学信息

流行病学信息对于药品不良反应或疾病的发生特征和发生率等的了解具有重要参考意义。例如，在反应停与短肢畸形这信号分析当中，运用了流行病学研究中的生态趋势研究，从而发现反应停从上市、销售量达到高峰，直到从市场撤除，其两年的销售曲线与短肢畸形发病及其消长情况相一致，并且二者正好相隔一个孕期。

再如，由于大多药品的妊娠期安全性信息缺失，要判断妊娠期使用药物是否会增加流产风险，可以通过流行病学数据了解普通人群以及适应症人群中妊娠群体的流产发生率，进而通过对比在登记研究中观察到的数据来判断风险是否有所增加。

5. 非临床研究信息

非临床研究信息，重点包括毒性（急性或重复剂量毒性、生殖/发育毒性、基因毒性、致癌性确定的关键问题）；安全药理学（如心血管系统，包括 QT 间期延长、神经系统）；其他与毒性有关的资料或数据。非临床研究信息不应该被忽视，尤其是在新药的早期临床研究阶段，非临床研究信息为临床研究的风险控制措施制定提供了有限但极其重要的依据。

6. 医药数据库信息

丰富的医药数据库信息可以增强信号综合评价的证据支持。该信号应在其他安全数据源中被验证，这些安全数据源可以包括药物毒理学或毒物中心数据库、临床前（体外、离体或体内）动物研究数据、临床试验数据库（如实验研究或专门设计的安全性研究）和流行病学研究（前瞻性或回顾性，例如使用医疗索赔或电子病历数据库）。按照药品安全信息来源可分为被动监测数据库（如企业安全性数据库、国内不良反应监测数据库、FAERS 数据库、EudraVigilance 数据库等）和主动监测数据库（如电子病历数据库、医疗索赔数据库等）。从某种意义上来说，当前医药数据库需要精细且充分地挖掘才能得到有助于信号综合评价的结论，即可能需要企业在上市后自行开展安全性研究。

7. 药品监督管理部门或药品不良反应监测机构发布的相关信息

国内外药品监督管理部门或药品不良反应监测机构发布的药物警戒快讯、安全用药警示或说明书修订公告均可作为信号综合评价的判定依据。

第六十一条　持有人获知或发现同一批号（或相邻批号）的同一药品在短期内集中出现多例临床表现相似的疑似不良反应，呈现聚集性特点的，应当及时开展病例分析和情况调查。

【解读】

本条对聚集性信号做出定义和要求。

随着我国药品不良反应监测工作的进展，监测范围已从药品不良反应扩展到药品质量问题、临床不合理用药等内容。

2006 年，齐齐哈尔第二制药有限公司的“亮菌甲素假药事件”轰动全国。此外，作为工业溶剂的“二甘醇”此次被错误地用来替代“丙二醇”充当药品辅料，成为整个事件的罪魁祸首。与此同时（2006 年 5 月 3 日），国家药品不良反应监测中心数据库收到 8 例来自齐齐哈尔第二制药有限公司批号为 6030501 的亮菌甲素注射液严重不良反应/事件报告，其中包括 3 例死亡病例，不良反应发生时间集中在 4 月 29 日至 5 月 1 日，根据系统预警规则，产生了 A 级预警信息。可以说，药品聚集性信号监测在药品安全及风险控制中起到了重要作用。

1. 聚集性信号的定义

GVP 与 2016 年国家市场监督管理总局印发的《食品药品监管总局关于印发药品不良事件聚集性信号监测处置工作程序（暂行）的通知》（以下简称“140 号文”）关于聚集性信号的定义一致，均为“同一企业同一批号或相邻批号的同一药品在短期内集中出现多例临床表现相似的药品不良事件，呈现聚集性特点”。

140 号文旨在指导各级食品药品监管部门和药品不良反应监测机构加强药品不良事件聚集性信号的监测和处置。目前尚未见国家层面发布指南性文件指导持有人开展相关工作，持有人可以参考 140 号文来进行聚集性信号监测活动。

据文献报道，聚集性信号的产生可能会受到药品不良反应 /事件报告数量、报告类型、上报习惯、报告质量以及规则参数设置等因素的影响。因此，持有人可以根据报告的实际情况，对预警规则进行探索和调整，以进一步提升聚集性信号发现药品风险的靶向性。

2. 聚集性信号的监测

(1) 监测方法

聚集性信号的产生可能会受药品不良反应 /事件报告数量、报告类型、上报习惯、报告质量、规则参数设置等因素的影响，因此持有人可以根据报告的实际情况对预警规则进行探索和调整，进一步提升聚集性信号发现药品风险的靶向性，如表 5 - 3。

表 5 - 3 不同级别事件预警规则设置例举

级别名称	预警规则	事件规则
A	A1	15 天内，同品种、同企业、同批号，病例数大于等于 50
	A2	15 天内，同品种、同企业、同批号、严重病例大于等于 10
	A3	15 天内，同品种、同企业、同批号、死亡病例大于等于 3
B	B1	15 天内，同品种、同企业、同批号，病例数大于等于 30
	B2	15 天内，同品种、同企业、同批号、严重病例大于等于 5
	B3	15 天内，同品种、同企业、同批号、死亡病例大于等于 2
C	C1	15 天内，同品种、同企业、同批号，病例数大于等于 20
	C2	15 天内，同品种、同企业、同批号，病例数大于等于 10
D	D1	15 天内，同品种、同企业、同批号，病例数大于等于 10
	D2	15 天内，同品种、同企业、同批号、严重病例大于等于 2
E	E1	15 天内，同品种、同企业、死亡病例，病例数大于等于 2

(2) 监测时长

为了确保最大限度地获取有用信息，并尽可能地减少对系统资源的占用，保障系统的顺畅运行，同时兼顾我国不良反应报告时限的要求，将监测时长设定为 15 天。

3. 聚集性信号的评估

持有人在获知或发现聚集性信号后，应当及时开展病例分析和情况调查。

（1）信号分析

查看个例报告：逐例查看聚集性信号涉及的个例报告，了解药品不良事件基本情况，包括报告来源、地区分布、患者年龄及性别分布、合并用药、不良反应表现、不良反应结果等。

查看相关事件：查看聚集性信号中涉及品种同批号产品的其他聚集性信号情况，检索该品种同批号产品产生的不良反应/事件。必要时需查询该品种其他批号产品的聚集性信号情况。

信息核实：根据报告的真实性、准确性和完整性原则判定需要进一步核实的信号，必要时可进行现场调查核实。

（2）信号评价

根据上述相关资料对聚集性信号的产生原因进行初步判断，并选择处理意见。处理意见的判断可参考以下原则：

（3）忽略（无效信号）

根据对现有信息的评估，无须进一步处理的信号：

• 同一病例多次报告的信号；

• 不良反应表现无集中趋势的信号；

• 与药理作用相关的已监测到的不良反应，与质量风险关联性较小的信号；

• 经分析判断或现场调查，与质量风险关联性小的信号；

• 其他无须进一步处理的信号。

（4）继续监测

经评估与药品质量问题可能存在关联性，但聚集性信号所涉及的报告数量较少，需要进一步监测病例报告数量变化情况的信号。

（5）关注（有效信号）

• 涉及个例报告中全部报告或多例报告不良反应表现相似，且难以用药理作用解释的信号；

• 不良反应表现可用药理作用解释但报告数量快速增加的信号；

• 日常监测中已经重点关注的品种，既往已经确认质量风险的药品及企业，出现多例不良反应表现类似报告的信号；

• 涉及植物提取药及多组分生化药等，同批次产品相似不良反应表现报告数量明显增加的信号；

• 注射制剂出现多例寒战、发热报告，或本次信号中寒战、发热病例较少但同批号查询另有多例寒战、发热报告的信号；

• 虽为并用药品，但不良反应表现类似，且可能与药品质量相关的信号；

• 其他需要关注的信号。

（二）风险评估

第六十二条　持有人应当及时对新的药品安全风险开展评估，分析影响因素，描述风险特征，判定风险类型，评估是否需要采取风险控制措施等。评估应当综合考虑药品的获益-风险平衡。

【解读】

1. 风险

风险是指产生某种结局的概率。用于药物时，风险的概念涉及的是药品不良反应，但不涉及结局的严重程度。

2. 药品安全风险

药品安全风险包括自然风险和人为风险。自然风险属于药品研发时的设计风险，由药品本身决定，是一种必然风险、固有风险，是药品的内在属性，该风险来源于已知或未知的药品不良反应。

人为风险指的是因有意或无意违反法律法规而造成的药品安全风险，属于制造和使用风险，是一种偶然风险，如不合理用药、用药差错、药品质量、药品管理问题等。

3. 新的已确认风险

新的已确认风险需要立即采取行动，包括通知监管机构这样的重要步骤，如更新核心安全信息（CSI）和产品标签。如果更新被批准，还需要与患者和医生进行额外沟通，例如，通过致医疗保健专业人士信函、RMP、PSUR，或根据风险对于医药产品的获益-风险情况的潜在影响，或为了保护大众健康，以当地法律法规为基础采取其他适当方式。

4. 风险评估

风险评估包括对使用某种产品所产生的相关风险的实质、频率和严重程度进行识别和描述。风险评估贯穿产品的整个生命周期，包括早期识别潜在产品、上市前开发过程，以及获得批准后药品上市的过程。风险评估可以按步骤分为风险估计、风险确认和风险评价。

风险估计包括识别结局、估算这些结局相关的后果的影响级别，以及估算这些结局的发生概率，即分析影响因素。

风险确认将通过详细描述风险特征，进而进行风险的类型判定，要将信号升级成为风险，则需要对其发生可能性有合理的理解。未经验证的信号仍可能是潜在风险，这种情况下，可能需要额外的措施来描述潜在风险的特性（即在严重程度和频率方面量化风险）。“确认的”信号将对应于“已识别”的风险。在这种特定情况下，事件和药物之间的关联性已被确认，且其发生的可能性也得到了合理的确认。

风险评价的定义是对已经量化（或在可接受的情况下，定性）的风险的意义进行评价。风险评价是决定已识别的危害的意义或价值，并评价该决定对所涉及的以及可能被影响的人群的风险进行评价的复杂过程。因此，这一过程包括风险感知的研究，以及在所感知的获益和所感知的风险之间的平衡。

5. 风险控制措施

风险控制措施旨在识别、描述、预防或最小化药物相关的风险，同时应评估这些干预措施的有效性。

风险沟通也应被视为风险控制措施的一部分。风险沟通是关于潜在或已确认的所有针对健康或环境风险的存在、性质、形式、严重程度或可接受性所展开的信息交换。有效的风险沟通涉及确定所感兴趣的信息类型以及受影响人群的需求和想要得到的信息类型，并通过有用和有意义的方式向他们传递这些信息。旨在促进药物安全信息交流的《沟通药品安全信息的埃利切宣言》提出了针对已确认的风险或潜在风险进行符合伦理的有效信息交流的关键性原则。

第六十三条　持有人应当分析可能引起药品安全风险、增加风险发生频率或严重程度的原因或影响因素，如患者的生理特征、基础疾病、并用药品，或药物的溶媒、储存条件、使用方式等，为药物警戒计划的制定和更新提供科学依据。

中药、民族药持有人应当根据中医药、民族医药相关理论，分析处方特点（如炮制方式、配伍等）、临床使用（如功能主治、剂量、疗程、禁忌等）、患者机体等影响因素。

【解读】

本条强调持有人应当综合考虑相关风险因素，如患者因素、用药因素等。

1. 患者因素

药物存在的风险有一部分并不属于活性成分本身的原因，而是属于药品的添加剂或注射液的溶媒。例如，“聚氧乙烯蓖麻油”为常见的注射液辅料，而此成分会造成过敏反应。

除去这类常见的易致敏成分，还存在患者本身较为特殊、对某些不易致敏成分也存在过敏的情况，如对胶囊外壳过敏、对甘油过敏等。

除去成分过敏的情况，有些药物存在特殊的保存要求，比如丹参酮注射液需要避光保存，在输注时需要用棕色遮光膜盖住；比如人表皮生长因子需要低温保存。此类情况都需要进行特殊关注，因为不同的储存条件可能会引起药物“变质”，如出现悬浮物、酶失活等。

2. 用药因素

首先就是使用方法。是涂抹、注射还是口服？如果注射液口服，那么胃部的酸性环境以及胃肠道的各种酶是否会影响药物的有效性？会不会经由胃酸的改变或者消化酶的代谢之后，药品变“毒药”？使用部位呢？是患处使用、颈静脉注射还是肌肉注射？

既往就发生过很多老年患者在出现皮肤破溃时自行选用药物涂抹，或者拆开阿莫西林、头孢等胶囊洒在患处。这种做法正确吗？

当然是不对的。药物的剂型是经过实验室实验以及临床试验一点点摸索出来的，发现这样的构型搭配这样的剂型会增加生物利用度，会减少首过效应，会降低不良反应发生率。而贸然地改变剂型使用，存在以下问题：皮肤是否吸收？不清楚药粉里面添加了何种辅料，是否会刺激破溃口或药物渗入毛细血管形成微血栓？这些都是未知的。因此，持有人需要进行详细的使用规定，包括但不限于使用部位、使用方法、使用时间、使用频率、适用对象等。

基于这么多的未知情况和存在的可能性，持有者需要加强医学团队的能力，切实理解患者的需求，从“科研”落到“实地”，进行大量的真实世界数据收集以及分析，来定期更新风险管控计划，保障用药者的安全。

第六十四条　对药品风险特征的描述可包括风险发生机制、频率、严重程度、可预防性、可控性、对患者或公众健康的影响范围，以及风险证据的强度和局限性等。

【解读】

本条对风险特征描述做出了内容概要。持有人应关注药物的独特风险特征。风险是严重程度与可能性（频率）的乘积。风险评估的核心在于确认对患者或公众健康的影响范围。

1. 频率

风险特征描述不仅要看发生了哪些不良事件，还应看发生频率。如果发生血糖升高，但在10000个受试者中仅有1例次发生，就贸然确认这个药物会导致血糖升高，可能确实缺少科学性，需要与该症状的背景发生率进行比较。

2. 严重程度

如果有患者报告服用药物后出现40℃发热，查看原始资料发现，临床试验中确实存在发热，但体温都不超过38℃，那么这两个发热不能直接混为一谈。因此，对风险描述需要细化规范。

3. 可预防性、可控性

此类风险是否可以通过一些手段预防规避，或通过某些手段控制，或降低不良反应的损害。这就要求持有人对本品种进行详细的研究。

第六十五条　风险类型分为已识别风险和潜在风险。对于可能会影响产品的获益-风险平衡，或对公众健康产生不利影响的风险，应当作为重要风险予以优先评估。

持有人还应当对可能构成风险的重要缺失信息进行评估。

【解读】

药物治疗就像一个天平，一端是获益，另一端是风险。在《风险分析与管理计划》中首要的是能够识别什么是重要风险，并对风险进行已识别或潜在风险的分类。

理想中，我们希望天平重重地倾向获益端；但实际中，我们常常需要对比天平的两端，对获益与风险进行权衡。获益意味着有效和安全，风险意味着低效、无效以及不良反应，可能是轻微的，也可能是严重的、危及生命的。

药物的获益可以通过患者自身的感觉、临床医生的体格检查与各种评分、实验室的检测、各种仪器的检查来评估，与此同时要确保药品上市后在适用人群的临床用药过程中保持获益大于风险。

1. 重要的风险

当风险具有以下特征时，应该被列为重要的风险：

• 风险发生时导致严重后果，如致死、致残或用药者的生活质量受到严重影响；

• 需要对高比例的患者进行临床干预；

• 对当前的临床实践带来重大挑战。

重要风险可能并不影响所有用药人群，而仅高发于具有某些特征的用药者。

重要的风险还被划分为两类："已识别"和"潜在"。

2. 重要的已识别风险

"已识别"风险通常是有以下两个特征：

• 在临床治疗过程中确实观察到了与风险相关的不良事件；

• 风险与用药之间存在明确的因果关系，这个评估通常由研究者或临床医生来执行。

3. 重要的潜在风险

如果风险仅为理论推导，或只在非临床研究中发生，或者虽有风险信号但因果关系尚不明确，通常被归为"潜在"风险。

4. "已识别"或"潜在"

• 在临床研究中，常常需要对是否属于"已识别"或"潜在"风险进行慎重评估，例如，临床前研究观察到与药物机制高度相关的重要安全性风险，并且判断风险与临床的相关性极强；

• 相同机制药品已经被明确为"已确认风险"。新产品在临床试验中采取了合理措施以避免或降低相关风险，即使在当前药物的人体用药经验中未观察到风险相关不良事件，基于以患者为中心的原则，应对是否需将该风险列为"已确认风险"进行评估。

第六十六条　持有人应当根据风险评估结果，对已识别风险、潜在风险等采取适当的风险管理措施。

【解读】

药物警戒的最高境界即"预防"不良反应或其他任何可能与药物有关的问题的科学研究与活动，即我们提到的风险管理能力的高低。

风险管理具有共通性，一般可以从四个方面进行把握：

(1) 风险管理是什么

认识到风险管理是一个流程，包括风险目标的确定、识别与评价、方法的选择、管理方案的实施以及管理计划是一个持续不断检查和修正的过程。

（2）谁可以参与风险管理

风险管理的参与者不仅仅是持有人，还与药品生产、流通、销售、使用等各个环节的参与者息息相关。

（3）风险管理的目的是什么

风险管理的目的并不是不惜一切代价降低风险，而是尽量使风险降至可以接受的容量范围内，体现风险与获益的平衡。

（4）风险客观存在

风险是无法彻底消除的，体现了风险的客观存在。

药品的风险管理措施主要分为两部分内容：药物警戒计划（Pharmacovigilance Plan，PP）和风险最小化措施。

1. 药物警戒计划

药物警戒计划的目的是进一步描述和量化风险特征、确认或消除潜在风险、识别新的风险、收集缺失信息领域的信息以及评估风险最小化措施的有效性。药物警戒活动包括常规药物警戒活动和特殊药物警戒活动。

（1）常规药物警戒活动

常规药物警戒活动是所有药品必须进行的主要/最低限度的药物警戒活动组合。申请人应遵从法规要求计划实施常规药物警戒活动，包括：

- 建立收集、报告不良反应的系统和程序；
- 向监管部门报告药物不良反应；
- 撰写 PSUR；
- 持续性监测收集安全信号；
- 更新说明书；
- 以及符合监管部门的其他要求。

（2）特殊药物警戒活动

特殊药物警戒活动是非常规药物警戒活动，可以是以安全性为目的的非临床研究、临床试验或非干预性研究等。只有在常规药物警戒活动不能满足需求时才需要开展特殊的药物警戒活动。

实施风险最小化措施的目的是通过降低安全性风险达到治疗获益最大化，不应以牺牲患者对治疗的可获得性为代价，应将给医疗系统带来的负担和压力降到最低程度。风险最小化措施包括常规风险最小化措施和额外风险最小化措施。

2. 风险最小化措施

（1）常规风险最小化措施

常规风险最小化措施适用于所有药物，国家针对特殊药物（如麻醉药品、血液制品、精神疾病用药等）的处方和销售限制也属于常规措施。

药品说明书是最为重要的常规风险最小化工具，例如，将说明书中对应的内容（如用法用量、禁忌、警告、注意事项、不良反应等章节）进行强调；为了预防用药错误，在包装上进行特殊的提醒，或者对不同规格的产品采用不同颜色或外形的包装设计。

（2）额外风险最小化措施

额外风险最小化措施通常包括风险沟通、教育计划、患者日记、处方限制项目、受控分销、疾病/药物登记招募计划、避孕计划等。

以风险沟通为例，欧盟和美国对于持有人开展风险沟通都有较为详细的规定及要求，都提出针对不同的沟通对象，持有人应采用相应的沟通方式，并制定有针对性的沟通内容，主要包括：

• 将重要的风险信息直接传达给医务人员；
• 使用通俗的语言撰写面向公众发布的沟通文件；
• 发布到媒体、网页等渠道的新闻公告；
• 在科学期刊上发布风险信息等。

另外，美国还建议持有人在规划风险评估和风险最小化活动时，应当考虑相关医务人员、患者和第三方付费者的意见，并开展药品安全性沟通。

风险-获益平衡也是一门艺术，主旨是以病人为中心，使治疗效果和安全最大化，危险最小化。

第六十七条　风险评估应当有记录或报告，其内容一般包括风险概述、原因、过程、结果、风险管理建议等。

【解读】

本条概述了风险评估记录或报告的内容。

风险评估包括对使用某种产品所产生的相关风险的实质、频率和严重程度进行识别和描述。风险评估贯穿产品的整个生命周期，包括早期识别潜在产品、上市前开发过程，以及获得批准后药品上市的过程。

进行风险评估时应当及时记录或进行报告，报告是由持有人或监管机构发起的自发过程，目的是互相通知药物的信号/风险。持有人上报监管当局可以以法规文件（如年度安全报告、风险管理计划、PSUR）的形式进行报告。

除此之外，被记录或报告的内容应当包括以下内容：风险概述、原因、过程、结果、风险管理建议等。那么以上各项应该记录什么信息呢？

1. 风险概述

• 记录风险名称。

• 对该风险的特征进行描述，如第六十四条所述，对药品风险特征的描述可包括风险发生机制、频率、严重程度、可预防性、可控性、对患者或公众健康的影响范围，以及风险证据的强度和局限性等。

2. 原因

分析引起该药品风险的原因，参考 GVP 第六十三条和第六十四条，可以考虑以下几个方面：

• 是否与药物的药理作用机制有关？

• 其他的原因或影响因素：如患者的生理特征、基础疾病、并用药品，或药物的溶媒、储存条件、使用方式等。

• 中药或民族药需考虑炮制方式和配伍、临床使用（如功能主治、剂量、疗程、禁忌等）、患者机体等影响因素。

3. 过程

风险评估可以按步骤分为风险估计、风险确认和风险评价。同时应记录用于风险评估的信号来源和信号检测方式。

4. 结果

确认所评估的信号是否升级为风险，是已确认风险还是潜在风险。

5. 风险管理建议

对于新确认的风险需要立即采取行动；潜在风险可能需要额外的措施以描述其特性。

第六十八条　在药品风险识别和评估的任何阶段，持有人认为风险可能严重危害患者生命安全或公众健康的，应当立即采取暂停生产、销售及召回产品等风险控制措施，并向所在地省级药品监督管理部门报告。

【解读】

风险评估贯穿产品的整个生命周期，包括早期识别潜在产品、上市前开发过程，以及获得批准后药品上市的过程。持有人应在药品的全生命周期进行风险识别和评估，衡量风险的危害性，对于可能严重危害患者生命安全或公众健康的风险，应当立即采取相应风险控制措施。

具体的风险控制措施在临床试验期间可参考 GVP 第一百三十条，而上市后的风险控制措施可参考 GVP 第八十七条。

GVP 第六十八条提及持有人认为风险可能严重危害患者生命安全或公众健康的，应当立即采取相关风险控制措施，并向所在地省级药品监督管理部门报告。

那么具体应该向哪些部门报告呢？

临床试验期间的要求参考 GVP 第一百一十七条、《中华人民共和国药品管理法》（2019 修订）第二十二条："药物临床试验期间，发现存在安全性问题或者其他风险的，临床试验申办者应当及时调整临床试验方案、暂停或者终止临床试验，并向国务院药品监督管理部门报告。必要时，国务院药品监督管理部门可以责令调整临床试验方案、暂停或者终止临床试验。"

上市后的要求参考《中华人民共和国药品管理法》（2019 修订）第八十二条："药品存在质量问题或者其他安全隐患的，持有人应当立即停止销售，告知相关药品经营企业和医疗机构停止销售和使用，召回已销售的药品，及时公开召回信息。必要时应当立即停止生产，并将药品召回和处理情况向省、自治区、直辖市人民政府药品监督管理部门和卫生健康主管部门报告。药品生产企业、药品经营企业和医疗机构应当配合上述措施。持有人依法应当召回药品而未召回的，省、自治区、直辖市人民政府药品监督管理部门应责令其召回。"

（三）药品上市后安全性研究

第六十九条　药品上市后开展的以识别、定性或定量描述药品安全风险，研究药品安全性特征，以及评估风险控制措施实施效果为目的的研究均属于药品上市后安全性研究。

【解读】

本条对药品上市后安全性研究的范畴做出界定。

1. 上市后药品安全风险的识别

药品安全性风险贯穿药物研发上市的全生命周期。如何识别这些潜在风险便成为持有人、医生和患者以及监管机构共同关注的问题。持有人可以通过主动监测和被动监测两种方法去预知识别药物上市前临床试验中未发现或者当时作用不显著的安全性风险。

主动监测可通过下列方式去进行：

- 哨点监测
- 药物事件监测
- 登记

被动监测包含自发性报告和病例系列报告。自发性报告和病例系列报告多由医生或者研究者报告给监管机构和/或持有人，但值得注意的是，被动监测并不属于持有人主动开展的安全性研究。

2. 药品安全性风险的描述方法

药品安全性风险可以进行定性或者定量化的描述，定性描述是通过观测、实验和分析等方式，考察这种风险具备何种属性和特征。例如，链霉素具备耳和肾毒性相关安全性风险，耳和肾即该安全性风险的器官属性。

同时，我们还可以对药品安全性风险作定量化的描述，并运用统计分析的方法加以分析，例如某风险的发生率，某安全性风险和药品本身的相关系数。这些都属于定量描述的范畴。

3. 药品安全性特征

药品各不良事件发生次数、发生率，与不良事件发生的药物暴露剂量，药品各不良事件累及的器官；运用定性或者定量的描述对不同药物或者同一种药物制剂的不同作出的安全性评价，有助于持有人和监管机构对药物的安全性总体“印象”勾勒出特征。

在实践过程中，持有人或者监管机构可通过对汇总的上市后安全性资料进行系统评价和荟萃分析，从而归纳出药物的安全性特征。这类研究也属于上市后药物安全性研究。

4. 评价风险控制措施实施效果的研究

在药品上市时，监管机构会要求持有人向医生及公众告知安全性风险，并通过药品说明书、制定药物指南、规定确保安全使用要素、开发风险控制相关执行系统、定期填写评价时间表等方法去对安全性风险进行管理和控制。

在措施实施一定时间后，需要对风险管理措施进行修订和更新。例如，持有人认为已实现预期的风险控制目标，就需要及时降低管理控制措施的强度。

在此之前，必须对当前风险管理措施实施的效果进行评估；这类对药品风险控制措施进行评价的研究也属于药品上市后安全性研究的范畴。

第七十条　药品上市后安全性研究一般是非干预性研究，也可以是干预性研究，一般不涉及非临床研究。干预性研究可参照《药物临床试验质量管理规范》的要求开展。

【解读】

1. 非干预性研究

非干预性研究又称为观察性研究，指的是不干涉患者日常的诊疗，只是观察性地收集记录患者的数据。通常分为两类，

• 回顾性研究，指从疾病数据库中或病历中收集所需的数据进行分析；

• 前瞻性研究，需要制定适宜的入选排除标准，入选合适的病人，然后收集记录相关的临床数据。根据研究类型可以进一步分为队列研究、病例对照研究和衍生设计。

由于药品在上市前非临床研究阶段已经进行了充分的安全性评价，在动物身上的药物安全性也得到了充分评估。所以药品上市后安全性研究一般不涉及非临床研究。

然而，在下列特殊情况下也可能涉及非临床研究：

• 针对致命疾病的研究药物加速申报，FDA 可批准某些类型的非临床研究在药物有条件上市后再开展。

• 针对特殊人群的适应症扩展，例如肾功能不全特殊人群，其对应的非临床研究也可以在药物上市后开展。

2. 干预性研究

干预一般指对研究对象施加了某种处理措施，而对照组则不施加这种处理。例如，动物实验中的空白组和手术组；或者说研究对象一部分具有某种特征，一部分不具有，如母乳喂养的婴儿和非母乳喂养的婴儿；干预研究是与通常的观察性研究相对应的，两者的本质差别在于是否有人为的处理因素。

干预性研究包含随机对照临床试验和部分真实世界研究，传统的随机对照试验通常随访时间较短、样本量有限，且对研究对象的纳入排除标准较为严格，因此对药品在真实世界中使用的实际效果代表性有限，且通常不能用于安全性的确证。而真实世界研究由于其样本量巨大，比较贴近临床实际应用场景，所以近年来常常被用作上市后药物安全性研究中干预性研究的组织方式。

干预性研究参照《药物临床试验质量管理规范》的要求开展。

第七十一条　持有人应当根据药品风险情况主动开展药品上市后安全性研究，或按照省级及以上药品监督管理部门的要求开展。药品上市后安全性研究及其活动不得以产品推广为目的。

【解读】

持有人应根据药品风险情况主动开展研究。由于上市前临床试验多是随机对照临床试验，具备严格的纳入排除标准，药品暴露人群样本量也相对较小，不容易发现药物的一些相对罕见的不良反应和安全性风险。因此，持有人为了自身利益也应该主动监测不良反应，开展上市后安全性研究。

本条规定了持有人在开展上市后安全性研究的义务。第一，需要主动开展药物上市后安全性研究。第二，需要配合国家药品监督管理部门的要求开展上市后安全性研究。第三，不得以开展上市后安全性研究为名，给予参加研究的专业医护人员额外的报酬，以达到推广药品的目的。对于所有参与研究的专业医护人员，其报酬应该仅限于补偿所耗费的时间和费用支出。不得以产品推广为目的给予专业医护人员额外的报酬。

第七十二条　开展药品上市后安全性研究的目的包括但不限于：

（一）量化并分析潜在的或已识别的风险及其影响因素（例如描述发生率、严重程度、风险因素等）；

（二）评估药品在安全信息有限或缺失人群中使用的安全性（例如孕妇、特定年龄段、肾功能不全、肝功能不全等人群）；

（三）评估长期用药的安全性；

（四）评估风险控制措施的有效性；

（五）提供药品不存在相关风险的证据；

（六）评估药物使用模式（如超适应症使用、超剂量使用、合并用药或用药错误）；

（七）评估可能与药品使用有关的其他安全性问题。

【解读】

本规定解释了对药物风险管控的目的。持有人应进行上市后安全性研究来达成所有这些目的。

1. 关于风险的考虑

对患者用药后出现的 AE/SAE 进行监测，监测不仅仅是记录 AE/SAE

的信息，还要进行发生率、严重程度、风险因素等分析。例如，要对用药后发生“肺部感染”的人群进行发生原因以及发生频率等分析，分析或推断出用药后 AE/SAE 的发生时间、易感人群、是否合并某种基础疾病是高危因素、是否为常见/罕见不良事件等。

2. 关于特殊人群的考虑

评估特殊人群的用药安全性是为了补充临床试验当中的缺失信息，因为临床试验首要考虑的是安全性，所以任何可能会导致风险增加的因素都会进行排除。而在真实世界中，当患者退无可退时，需要进行风险与获益的评估，若风险小于获益，那么患者就拥有了更多的用药选择。

举个例子，患者为妊娠女性，既往临床试验中将此类人群排除在外，安全性信息仅停留在非临床阶段或同类药的风险中。因此，对此类人群的安全性信息收集显得尤为重要。

3. 关于长期用药的考虑

对长期用药的监测需要考虑到真实世界的特殊性。例如，抗生素的各大推荐指南、专家共识以及说明书中通常推荐 7～14 天的使用时间，即便是耐药菌感染等复杂情况，用药最长也不过推荐 3 周的使用时间。

但在真实世界中，一些免疫低下的患者或特殊部位感染（如颅内感染）的患者用药时间均超过 3 周，甚至多黏菌素 B 这种末端抗生素的使用也会超过 2 周。因此，这种情况下的长期用药安全性监测至关重要。

4. 关于风险管控的考虑

药品上市后，持有者会对药物进行风险管控措施的制定，而检验这些措施的科学性以及可行性需要在真实世界中进行监测。是否依照措施避免了药物混用、药物互相作用或食用食物后服药减轻了不良反应等问题需要验证。此外，对风险进行检验。以往在进行风险评估时，除参考药物本身的非临床及临床相关信息外，还要参考同类竞品的相关风险信息。而同类竞品的风险是否可以完全借用，则需要在真实世界中进行检验。同样，一些基于药理学、非临床信息推断出的风险也需要真实世界中进行检验。

此外，真实世界可以检验的风险不仅限于已知风险，还包括未知的(SUSAR)，这类未知的重要的不良事件也会在真实世界中发生，并进行分析管控。

第七十三条　持有人应当遵守伦理和受试者保护的相关法律法规和要求，确保受试者的权益。

【解读】

第七十三条中的“伦理”和“相关法律法规和要求”指的是以《赫尔辛基宣言》、国家药监局颁布的《药物临床试验质量管理规范》为代表的保障用药者权益的相关法律法规。

这些法规保护的是用药者的何种权益呢?

1. 知情同意权

知情同意过程应遵循“真实完整，完全告知，充分理解，自主选择”的原则，应用用药者完全能够理解的非专业性的通俗语言，全面告知临床试验开展的过程以及可能面临的风险。用药者在充分了解试验相关信息的基础上，根据自主意愿权衡试验风险和收益并最终做出选择。

2. 获得补偿及赔偿权

人体试验不同于普通的医疗行为，尤其是临床试验用药者承担的风险常高于获益。用药者是在协助研究者为人类健康之公共利益服务，最终真正受益的是大众。因此，用药者可获得一定的经济补偿。补偿费主要用于支付试验期间用药者的误工费、交通费、采血补偿费等。

3. 如何保障这些权益

(1) 全程跟踪、切实监管

即使在研究设计时采取了风险最小化的措施，研究进程中用药者仍难以避免风险，应该采取降低风险程度的措施。

在试验全过程中应严密观察用药者的安全性问题，如出现严重安全性问题应向伦理委员会报告；如果安全性问题导致方案和知情同意书的修订，应再次获得伦理委员会的批准。

(2) 关注不良事件

如果在研究进程中出现了非预期的不良事件或严重不良事件，持有人和研究者都应当足够重视。只有持有人和研究者对重要的不良事件或非预期的事件/严重不良事件足够重视，并采取积极措施，才能将用药者的损害或不适降到最低限度。

对于临床试验用药者，持有者应秉持“严谨设计，充分尊重，加强保护意识”的理念，切实采取措施保护用药者的隐私权、知情同意权以及补偿和赔偿权，在临床试验的整个过程中全面权衡用药者的风险受益比，只有这样才能将用药者保护落到实处。

第七十四条　持有人应当根据研究目的、药品风险特征、临床使用情况等选择适宜的药品上市后安全性研究方法。药品上市后安全性研究可以基于本次研究中从医务人员或患者处直接收集的原始数据，也可以基于本次研究前已经发生并且收集的用于其他研究目的的二手数据。

【解读】

上市后安全性研究可以根据研究目的、药品风险特征、临床实践等采用不同的研究类型。根据不同的研究类型，可以相应地获得一手或二手数据。主要研究类型如下：

1. 主动监测

• 药品重点监测；

• 处方事件监测；

• 登记研究。

2. 观察性研究

• 横断面研究；

• 队列研究 ；

• 病例对照研究 。

3. 药品利用度研究

药品利用度研究（DUS）已被用于描述针对药品使用的监管行动，还可用于预估不良反应的经济负担。这些研究有助于监测药品在日常医疗实践中的使用以及用药错误，是否存在不恰当的重复处方，以及药品是否被滥用。

第七十五条　持有人开展药品上市后安全性研究应当制定书面的研究方案。研究方案应当由具有适当学科背景和实践经验的人员制定，并经药物警戒负责人审核或批准。

研究方案中应当规定研究开展期间疑似药品不良反应信息的收集、评估和报告程序，并在研究报告中进行总结。

研究过程中可根据需要修订或更新研究方案。研究开始后，对研究方案的任何实质性修订（如研究终点和研究人群变更）应当以可追溯和可审查的方式记录在方案中，包括变更原因、变更内容及日期。

【解读】

研究方案是一项研究的灵魂，持有人开展上市后安全性研究（Post-Authorization Safety Study，PASS）需要有书面研究方案并产出研究报告，要求研究方案制定人员需具有适当学科背景和实践经验，并由药物警戒负责人审批。

1. PASS 的研究方法

PASS 根据所采用的研究方法不同分为干预型和非干预型研究。

（1）非干预型研究应符合的要求

• 按常规程序获得上市批准的药品；

• 方案研究设计中对于患者分组采用盲法原则；

• 不干预临床医疗行为，研究中无须额外诊断或监测程序；

• 同时使用流行病学方法对收集的数据进行分析。

（2）干预型研究即临床试验型 PASS

试验方案通常包括基本信息、研究背景资料、试验目的、试验设计、实施方式（方法、内容、步骤）等内容，具体参考《药物临床试验质量管理规范 2020 版》第六章。此外，还可以参考欧盟规范卷 10《临床试验指南》有关要求设计研究方案。

2. 疑似药品不良反应信息的收集、评估和报告

疑似药品不良反应信息的收集可参照 GVP 第四章第一节信息的收集，对收集到的信息评估可参照 GVP 第四章第二节报告的评价与处置，报告要求可参照 GVP 第四章第二节报告的提交。

PASS 研究结果报告的要求可参照《药物临床试验质量管理规范 2020 版》第二十五条和第二十六条，格式要求与研究方案基本一致，但需增加部分额外研究内容。

第七十六条　对于药品监督管理部门要求开展的药品上市后安全性研究，研究方案和报告应当按照药品监督管理部门的要求提交。

【解读】

1. 研究方案和报告需提交监管机构

对于药品监管部门要求开展的 PASS，持有人需将研究方案提交给主管当局批准，当持有人认为研究方案需要进行修改时，应将有关情况报告主管当局，由其进行审批。

同时，研究方案应明确进度报告的提交频率和时间。持有人应该每年提交研究进展报告，或者根据药品监督管理部门的要求更频繁地提交进展报告。报告内容应遵循合理的时间顺序并包括所有可以获得的与研究进展相关的数据，如已进入可研究的患者数量、暴露患者数量、出现结局的患者数量、遇到的问题以及预期计划的变更等。

持有人应该根据协定的时间表提交研究的最终报告。最终报告应分析进展报告以及资料与研究结果是否一致，并讨论可能的偏倚和目前研究的局限性等。当某 PASS 中途终止时，也应提交最终报告，同时说明原因。

2. PASS 中的安全性信息报告

在 PASS 开展期间，如形式为临床试验，研究者的安全性报告的要求详见《药物临床试验质量管理规范》第二十六条。

3. CDE 的额外要求

针对不同类型的药品，药品监督管理部门如有要求，PASS 研究报告还需递交至中国国家药监局药品审评中心（CDE）。对于某些初次上市药品，如果 CDE 担心药品的安全性数据不足，则会在上市后研究要求中包含安全性试验的内容。

第七十七条　持有人应当监测研究期间的安全性信息，发现任何可能影响药品获益-风险平衡的新信息，应当及时开展评估。

【解读】

1. 监测研究期间的安全性信息

由于上市前安全性数据的局限性，本条法规规定了持有人应当监测上市后安全性研究期间的安全性信息。安全性信息指涉及患者或受试者安全和健康的事件，包括但不限于：

- 不良事件：AE、ADR、SAE、SUSAR。
- 其他安全性信息包括缺乏疗效、用药错误、药物误用、药物滥用或停药反应、职业暴露、意外暴露、妊娠或哺乳期用药、药物相互作用、父源性暴露、意外疗效、传染性传播、产品质量投诉、超说明书用药等。

现阶段，我国临床试验期间安全性信息管理的主要依据为《药物临床试验质量管理规范》《药品注册管理办法》《药物临床试验期间安全信息评估与管理规范（试行）》和其他相关指导原则。

2. 评估可能影响药品获益-风险平衡的新信息

获益-风险平衡包括综合考虑疾病缓解的获益和治疗药物的风险。

获益与风险评估通常取决于社会通行的标准和受试者对风险和受益的判断。在上市后安全性研究中，持有人从监测到的安全性信息中发现可能影响药品获益-风险平衡的新信息，来源包括上市后监测、临床研究、流行病学研究、其他科学文献或药品监督管理部门或药品不良反应监测机构发布的相关信息等，例如：

• 药品说明书中未提及的药品不良反应，特别是严重的药品不良反应；

• 药品说明书中已提及的药品不良反应，但发生频率、严重程度等明显增加的；

• 疑似新的药品与药品、药品与器械、药品与食品间的相互作用导致的药品不良反应；

• 疑似新的特殊人群用药或已知特殊人群用药的变化；

• 疑似不良反应呈现聚集性特点，不能排除与药品质量存在相关性的。

以上这些信息可能改变对药品的获益-风险评价结果并影响处方和用药决策，但尚未最终确认和评价，因此应及时开展评估。例如有某些案例中，FDA 警示心脏病患者使用拉莫三嗪有增加心律失常的风险，FDA 准备评估同类药物是否对心脏有类似影响，并要求对这些药物进行安全性研究。其安全性信息为 FDA 收到的异常心电图（ECG）和其他一些严重问题（如胸痛、意识丧失和心搏骤停）的报告。

第七十八条　研究中发现可能严重危害患者的生命安全或公众健康的药品安全问题时，持有人应当立即采取暂停生产、销售及召回产品等风险控制措施，并向所在地省级药品监督管理部门报告。

【解读】

持有人应该监测在研究开展过程中生成的数据，并考虑这些数据对所涉及的药品的风险-获益平衡的影响。

风险-获益的定义是评估药物的积极治疗作用与患者健康或公共健康相关的质量、安全性和疗效相关的风险，以及对公众产生任何不良影响的风险。凡是对药品的风险-获益平衡可能有影响的新信息，都应视为新出现的安全问题。药品获益-风险平衡的失衡必将增加公众用药风险，影响公众生命健康。对于在研究中发现可能严重危害患者的生命安全或公众健康的药品安全问题时，必定会导致风险-获益失衡。

持有人在发现严重危害患者生命安全或公众健康的安全问题时，采取暂停生产、销售及召回药品，并向监管部门报告是最正确的风险控制措施。

（四）定期安全性更新报告

第七十九条　定期安全性更新报告应当以持有人在报告期内开展的工作为基础进行撰写，对收集到的安全性信息进行全面深入的回顾、汇总和分析，格式和内容应当符合药品定期安全性更新报告撰写规范的要求。

【解读】

2012 年 9 月 6 日，为规范和指导药品生产企业撰写 PSUR，提高药品生产企业分析评价药品安全问题的能力，根据《药品不良反应报告和监测管理办法》（2011）规定，国家市场监督管理总局组织制定了《药品定期安全性更新报告撰写规范》。

2020 年 7 月 17 日，为加强药品全生命周期管理，推动药品监管技术标准国际接轨，国家药监局决定，持有人提交 PSUR 也可以适用《E2C（R2）：定期获益-风险评估报告 PBRER》国际人用药品注册技术协调会三级指导原则。本次仍以《药品定期安全性更新报告撰写规范》来进行解读。

该规范主要参考了 ICH E2C（R1）《上市药品定期安全性更新报告》，依据当前对 PSUR 的认识而制定，是目前指导药品生产企业起草和撰写 PSUR 的技术文件，也是药品不良反应监测机构评价 PSUR 的重要依据。

第八十条　创新药和改良型新药应当自取得批准证明文件之日起每满 1 年提交一次定期安全性更新报告，直至首次再注册，之后每 5 年报告一次。其他类别的药品，一般应当自取得批准证明文件之日起每 5 年报告一次。药品监督管理部门或药品不良反应监测机构另有要求的，应当按照要求提交。

【解读】

本法规规定了需要提交定期安全性报告的药品种类和提交时间。

《药品不良反应报告和监测管理办法》（2011）与 GVP 中对于 PSUR 报告周期的区别：可以看出，两个法规对于 PSUR 递交周期的规定不同。《药品不良反应报告和监测管理办法》（2011）中以新药监测期为分界点，而

GVP 中淡化了新药监测期的概念，强调了 PSUR 的报告周期根据药品注册分类而改变。因此，持有人需要根据药品种类按要求提交 PSUR。

1. 创新药与改良型新药的定义

创新药：含有新的结构明确的具有生理或药理作用的分子或离子，且具有临床价值的原料药及其制剂，包括用拆分或者合成等方法制得的已知活性成分的光学异构体及其制剂，但不包括对已知活性成分成酯、成盐（包括含有氢键或配位键的盐），或形成其他非共价键衍生物（如络合物、螯合物和包合物）或其结晶水、结晶溶剂、晶型的改变等。

改良型新药：在已知活性成分的基础上，对其结构、剂型、给药途径、适应症、用法用量、规格等进行优化，且具有明显临床优势的药品。结构优化是指对已知活性成分成酯、成盐（包括含有氢键或配位键的盐），或形成其他非共价键衍生物（如络合物、螯合物和包合物）或其结晶水、结晶溶剂、晶型的改变等。

2. 哪些产品不需要提交 PSUR

• 对于实施批准文号管理的原料药、辅料、体外诊断试剂，不需要提交 PSUR。

• 对于实施批准文号管理的中药材、中药饮片以及进口中药材，不需要提交 PSUR。

• 对于境内药品生产企业接受境外委托生产（如通过欧盟/FDA 等相关国家/地区认证，符合委托我国法律法规），但未获得我国批准证明文件的产品，不需要提交 PSUR。

第八十一条　定期安全性更新报告的数据汇总时间以首次取得药品批准证明文件的日期为起点计，也可以该药物全球首个获得上市批准日期（即国际诞生日）为起点计。定期安全性更新报告数据覆盖期应当保持完整性和连续性。

【解读】

本法规规定了 PSUR 的数据起始点。

PSUR 的目的是定期用科学的方法及时可持续地评价上市药品的安全性，通过采取针对性的风险控制措施达到药品使用安全的目的。因此，PSUR 数据覆盖期应当保持完整性和连续性。

1. 报告期确定

首次提交：首次取得药品批准证明文件的日期或全球首个获得上市批准

日期——数据截止日。

非首次提交：两次 PSUR 数据截止日之间的时间段。

PSUR 的数据汇总时间应以取得药品批准证明文件的日期为起点计算，上报日期应当在数据截止日后 60 日内。可以提交以国际诞生日为起点计算的 PSUR，但如果上述报告的数据截止日早于我国要求的截止日期，则应补充这段时期的数据并进行分析。

2. 同一活性成分药品有多个批准证明文件，提交 PSUR 的方法

对于同一活性成分药品有多个批准证明文件［涵盖不同给药途径、适应症（功能主治）或目标用药人群等］，药品生产企业可以按照一个批准证明文件提交一份 PSUR；也可以遵循化学药和生物制品按照相同活性成分、中成药按照相同处方组成的原则，在一份 PSUR 中进行报告，以多个批准证明文件中最早的批准时间作为汇总数据最初的起始时间，并按照最严格的时限要求报告，但需要根据药物的不同给药途径、适应症（功能主治）或目标用药人群等因素进行分层。

第八十二条　定期安全性更新报告应当由药物警戒负责人批准同意后，通过国家药品不良反应监测系统提交。

【解读】

GVP 中提出：持有人可以提交 PBRER 代替 PSUR。

《药品定期安全性更新报告撰写规范》中关于电子递交的规定：

药品生产企业应当通过国家药品不良反应监测系统报告 PSUR。通过该系统在线填报 PSUR 提交表，PSUR 作为提交表的附件上传。

第八十三条　对定期安全性更新报告的审核意见，持有人应当及时处理并予以回应；其中针对特定安全性问题的分析评估要求，除按药品监督管理部门或药品不良反应监测机构要求单独提交外，还应在下一次的定期安全性更新报告中进行分析评价。

【解读】

1. 药品 PSUR 审核要点有哪些

企业按时撰写和递交 PSUR 不仅是为了满足法规部门的要求，还能确定报告期内的信息是否与当前对该产品的安全性认知一致、帮助决定是否修改产品信息、提供产品全球用药安全经验，是药物警戒/风险管理检测工作的组成部分。

在撰写PSUR的过程中，要注意严格遵守《药品定期安全性更新报告撰写规范》。

2. 个例药品不良反应的分析要点

在PSUR的第6章药品不良反应报告信息中，需要按照《药品定期安全性更新报告撰写规范》中的说明介绍药品生产企业在报告期内获知的所有个例药品不良反应和药品群体不良事件，并以病例列表和汇总表的形式呈现这些数据，还需要分析个例药品不良反应。

重点关注的药品不良反应包括死亡病例，新的、严重的病例和其他需要关注的病例（重要的医学事件等）。需要简要评价不良反应的性质、对临床疾病诊疗的影响、可能的发生机制以及报告频率等。

• 对于死亡病例必须逐例分析，综合考虑疾病、药物以及合并用药等因素的影响，判断药物在导致患者死亡中所起的作用。

• 对于新的、严重病例和其他需要关注的病例，通过器官系统分类有助于分析评价。如国际医学用语词典（MedDRA）存在一个不良反应术语对应多个器官系统的情况，在分析时应当注意。

在对个例药品不良反应进行分析时，可以参考《个例药品不良反应收集和报告指导原则的通告》中因果关系的判定相关内容，从时间相关性、已知性、去激发、再激发、其他解释（患者病情进展、合并用药的作用、其他治疗等）方面综合分析不良反应与药品的相关性。

第八十四条　持有人可以提交定期获益-风险评估报告代替定期安全性更新报告，其撰写格式和递交要求适用国际人用药品注册技术协调会相关指导原则，其他要求同定期安全性更新报告。

【解读】

1. 为什么定期获益-风险评估报告可以代替PSUR?

PSUR概念最早源于1992年国际医学科学组织理事会（CIOMS）工作组Ⅱ的一份报告，该报告为ICH E2C《临床安全性数据管理：上市药品定期安全性更新报告》的发布奠定了基础，E2C指导原则于1996年通过STEP4程序并被各ICH区域采纳。

此后，CIOMS工作组Ⅴ又在名为“药物警戒现阶段所面临的挑战：实用性方法”的报告中，针对 PSUR 报告内容及其准备方面的相关问题提出了建议，为 2003 年 E2C 指导原则的修订及其修订版 E2C（R1）的发布提供了支持。随着药物警戒技术与相关科学的发展，以及对药品风险评估应同时结合对其获益评估重要性认识的提高，ICH 于 2010 年 10 月提出制定新的 E2C（R2）PBRER 指导原则的建议。该指导原则于 2012 年 11 月 15 日发布，并推荐 ICH 三方采纳。

2. 定期获益-风险评估报告适用的指导原则

如递交 PBRER，其撰写格式和递交时限适用 ICH《E2C（R2）：定期获益-风险评估报告》。

3. 定期获益-风险评估报告的格式和递交要求

所有 PBRER 应使用完整的 ICH 指南 E2C（R2）格式。当没有相关信息或者 PBRER 章节不适用时，应予以说明。PBRER 的特定章节可以与其他监管报告共享内容，如 ICH《E2E：药物警戒计划》和《E2F：研发期间安全性更新报告》中描述的文件。持有人可利用 PBRER 模块化方法的优势（即章节可以拆分以便可单独递交或与其他文件合并递交），以满足此类监管需求，最大限度地使用报告内容，减少重复工作。

报告提交频率通常取决于产品在市场上存在的时间以及对产品风险-效益特性的了解程度。若产品已上市多年，且其风险较小，则可适当延长报告期，减小报告频率。但当上述产品的临床使用发生变更时（如新增适应证），则应依情况加大报告频率。对新批准上市的产品，通常规定上市后至少两年内采用 6 个月的报告期；报告应基于累积性数据，采用 6 个月或其倍数时间段内的数据。每份 PBRER 中提供阶段性信息的部分需要进行更新，适当情况下，之前 PBRER 中无相应新信息的部分可在下一次报告中再次使用。经评估，若内容与已有信息相同，则可决定累积性数据评估的相应部分无须更新。

第八十五条　定期安全性更新报告中对于风险的评估应当基于药品的所有用途。

开展获益-风险评估时，对于有效性的评估应当包括临床试验的数据，以及按照批准的适应症在实际使用中获得的数据。获益-风险的综合评估应当以批准的适应症为基础，结合药品实际使用中的风险开展。

【解读】

1. 如何理解 PSUR 中对于风险的评估应当基于药品的所有用途

风险评估应基于药品的所有用途。该范围包括在实际医疗实践中的安全性评估，以及在未授权适应症中的使用和与产品信息不一致的使用。

对于知识存在重大空白的特定安全性问题或人群，如果确定了药品的使用，则应在 PSUR/PBRER 中报告此类使用（如在儿科人群或妊娠女性中使用）。关于许可外使用的信息来源可能包括药物使用数据、自发报告信息和文献出版物。

2. 为什么有效性的评估应当包括临床试验的数据，以及按照批准的适应证在实际使用中获得的数据

新药批准上市时，证明安全性和有效性的数据一般是基于少量患者的，许多研究是在受控的随机对照试验条件下进行的。通常，需要使用其他药品的高风险亚组和伴随疾病的患者被排除在临床试验之外，并且长期治疗的数据有限。此外，在临床试验中，对患者进行密切监测，目的是发现不良事件的证据。

在临床实践中，监测强度较低，可以观察到更大范围的患者（年龄、并发症、药品、基因异常）接受了治疗，并且可能会观察到临床试验中罕见的事件（如严重肝损伤）。这些因素构成了在药品整个生命周期中需要持续分析相关安全性、有效性和疗效信息，应及时（当有重要发现时）且定期地对累积数据进行全面评估。

尽管大多数新信息会与安全性相关，但疗效、使用限制、替代治疗方法以及药品治疗中其他方面相关的新信息也可能与其获益-风险评估有关。

3. 如何理解获益-风险的综合评估应当以批准的适应证为基础，结合药品实际使用中的风险开展

综合获益-风险评估应基于所有获批适应证，但应纳入药品所有使用中的风险评估（包括用于非获批适应证）。

• 严格审查在报告期间出现的信息，以确定其是否产生了新的信号，导致识别出新的潜在或已识别风险，或有助于了解之前已识别的风险。

• 总结关键的可能影响药品风险-获益平衡的相关安全性、疗效和有效性信息。

• 根据自 DIBD（在任何国家进行干预性临床试验的首次许可日期）以来获得的累积信息，对所有许可适应证进行综合获益-风险分析。对于 DIBD 未知或持有人无法获得临床开发期间数据的情况，应以最早适用日期作为纳入和评估累积信息的起始点。

• 总结在报告期间可能采取或实施的任何风险最小化措施，以及计划实施的风险最小化措施。

• 概述信号或风险评估计划，包括时间表和/或额外药物警戒活动的建议。

根据累积安全性数据的评估和风险-获益分析，持有人应在 PSUR 中得出关于变更和/或措施需求的结论，包括对提交 PSUR 的产品的获批产品说明书的影响。

第八十六条　除药品监督管理部门另有要求外，以下药品或按药品管理的产品不需要提交定期安全性更新报告：原料药、体外诊断试剂、中药材、中药饮片。

【解读】

1. 需要提交 PSUR 的药品

第八十六条明确了原料药、体外诊断试剂、中药材、中药饮片不需要提交 PSUR。回顾一下 GVP 第八十条：创新药和改良型新药应当自取得批准证明文件之日起每满 1 年提交一次 PSUR，直至首次再注册，之后每 5 年报告一次。其他类别的药品，一般应当自取得批准证明文件之日起每 5 年报告一次。药品监督管理部门或药品不良反应监测机构另有要求的，应当按照要求提交。

2. 还有哪些药需要提交 PSUR 呢？

根据《PSUR 的常见问题与回答（Q&A）1》的说明，需要提交 PSUR 的还包括仿制药、非处方药、获得批准证明文件但长期不生产的药品。此外，按照 PSUR 报告期应当连续完整、不应当有遗漏或者重复的原则，对于之前并未提交定期汇总报告或者 PSUR 的国产药品，药品生产企业应当以首次获得国家药品监督管理局批准证明文件的时间作为首个 PSUR 报告期的起始时间。

六、风险控制

（一）风险控制措施

第八十七条　对于已识别的安全风险，持有人应当综合考虑药品风险特征、药品的可替代性、社会经济因素等，采取适宜的风险控制措施。

常规风险控制措施包括修订药品说明书、标签、包装，改变药品包装规格，改变药品管理状态等。特殊风险控制措施包括开展医务人员和患者的沟通和教育、药品使用环节的限制、患者登记等。需要紧急控制的，可采取暂停药品生产、销售及召回产品等措施。当评估认为药品风险大于获益的，持有人应当主动申请注销药品注册证书。

【解读】

我国GVP中的风险控制措施和EU GVP中的风险最小化措施有很大的相似之处。

1. 常规的风险控制

大部分的安全性问题通过常规风险控制措施就能解决。常规的风险控制措施包括但不仅限于：

修订药品说明书、标签、包装。说明书、标签、包装是使风险最小化的重要工具，因为它们是向医务人员和患者传递药品信息的受控和标准化的格式。说明书的不良反应、警告、注意事项等部分均是传递安全性信息的重要部分。

改变药品包装规格。由于药品的每种包装规格都经过专门的批准，因此计划的每个包装内的"剂量单位"数量和可用的包装规格的范围都可作为一种常规风险控制措施。理论上，控制"剂量单位"的数量意味着患者将需要按规定的时间间隔就医，从而增加患者接受检查的机会，并缩短患者未进行复查的时间。在极端情况下，可以考虑只提供一个包装规格的产品，以尝试将处方和复查需求联系起来。例如，当药物过量或者药物分流至他人成为重要风险时，尝试使用小包装。

改变药品管理状态。常见如下方面：

法律状态：这个药品是否需要持有医生处方才能获取便是其法律状态。在处方药/非处方药转换的时候，应充分考虑该管理状态的改变能否满足该药品的风险控制需求。

限制医疗处方：根据规定，有些药品只能在医院内使用；有些药品只能在住院期间使用；有些药品只能在具备足够诊断设施的机构做出诊断后使用。

特殊医疗处方获取的药品种类：如麻醉药或精神类药物等。

2. 额外的风险控制措施

对于一些重要的风险，如果常规风险控制措施不足以解决，则可能有必要执行额外的风险控制措施。

条文中明确强调："持有人应当综合考虑药品风险特征、药品的可替代性、社会经济因素等，采取适宜的风险控制措施。”这既针对常规风险控制措施，也针对额外的风险控制措施。风险控制措施需要各方贡献，包括申请人/持有人、患者及医务人员。在医疗系统实施这些措施时，要谨慎评估，以确保既能达到预定目标，又能与产品的风险-获益平衡相匹配，并考虑到医务人员和患者执行这些措施所需的努力。

额外的风险控制措施有多种工具可用，并且这一领域仍在不断发展。额外的风险控制措施包括但不仅限于：

• 开展医务人员和患者的沟通和教育：这是对说明书、标签、包装的补充，旨在正面影响医务人员和患者推行风险最小化，以此提高药物使用的效率。教育材料可以根据不同的受众（如医务人员或患者）分别设计，并通过多种媒体和渠道发布，但不应作为推广手段使用。

• 药品使用环节的限制：详见 GVP 第八十八条解读。

• 患者登记：这是一种可及性控制方案，通过录入专门的数据采集系统实现患者系统随访细化程序。

3. 注销药品注册证书

如果评估结果表明药品风险大于其获益，持有人应当主动申请注销药品注册证书。国家药品监督管理部门可以责令持有人将该药品撤市。例如，2011 年，因为安全性问题原国家市场监督管理总局停止了盐酸克仑特罗片剂、阿米三嗪萝巴新片、含右丙氧酚制剂在我国的生产、销售和使用，并撤销了药品批准证明文件。

第八十八条　持有人采取药品使用环节的限制措施，以及暂停药品生产、销售，召回产品等风险控制措施的，应当向所在地省级药品监督管理部门报告，并告知相关药品经营企业和医疗机构停止销售和使用。

【解读】

1. 使用环节的限制措施

限制使用是在药品风险评估中发现某药品在特定人群或者某种临床使用情况下的风险明显大于效益而采取的措施。例如，2011 年，我国禁止尼美舒利口服制剂用于 12 岁以下儿童；2014 年，我国禁止细辛脑注射液用于 6 岁以下儿童。

2. 暂停药品生产、销售，召回产品等风险控制措施

上述措施作为紧急控制措施，多用于处理突发的、严重的且怀疑与质量相关的病例聚集性事件。例如，在上海华联的甲氨蝶呤事件中，国家药品监督管理部门第一时间发布了暂停相关批号产品销售、使用的通知。暂停药品的生产、销售和使用既可以是持有人主动采取的措施，也可以是由国家药品监督管理部门责令持有人采取的措施。

药品召回是指持有人按照规定的程序收回已上市销售的存在安全隐患的药品。多数召回是由于生产原因导致该药品的某些批次存在质量问题，而其他批次的合格药品整体风险效益不受影响。当产品暂停生产、销售和使用或撤市时，持有人通常也需要召回相关的药品。

上述风险控制措施虽然可能是行政干预的结果，也可能是企业的自主行为，但由于其严重性质对公众的影响较大，GVP 要求持有人采取该类措施时需要向所在地省级药品监督管理部门报告，并告知相关药品经营企业和医疗机构停止销售和使用。

对于企业来说，尽管这些流程的发生概率不高，但一旦发生则影响重大，因此通常会在设计流程的某些环节时安排定期的模拟演练，最为常见的则是模拟召回。

第八十九条　持有人发现或获知药品不良反应聚集性事件的，应当立即组织开展调查和处置，必要时应当采取有效的风险控制措施，并将相关情况向所在地省级药品监督管理部门报告。有重要进展应当跟踪报告，采取暂停生产、销售及召回产品等风险控制措施的应当立即报告。委托生产的，持有人应当同时向生产企业所在地省级药品监督管理部门报告。

【解读】

本条明确规定持有人对于药品不良反应聚集性事件的风险控制，应注重“两个立即”。

“立即”一般理解为 24 小时内。即持有人在发现或获知药品不良反应聚集性事件后，应当在 24 小时内组织调查和处置；采取暂停生产、销售及召回产品等风险控制措施的，也应当在 24 小时内报告。

发生药品不良反应聚集性事件时立即开展调查和处置，是将事件危害性降至最低的必要措施，同时应当尽可能减少事件蔓延的影响，避免更多潜在危险的发生，确保将患者的生命安全置于首位。采取风险控制后应及时报告，以便监管机构监督风险控制措施有效执行，并全面、准确且及时地了解事件控制过程。

常规情况下，持有人需将相关情况向所在地省级药品监督管理部门报告；委托生产的持有人应当（等同于必须）同时向双省级监管机构报告，即所在地省级药品监督管理部门及生产企业所在地省级药品监督管理部门。

第九十条 持有人应当对风险控制措施的执行情况和实施效果进行评估，并根据评估结论决定是否采取进一步行动。

【解读】

该条文虽简短，但是信息量丰富，可扩展点也非常多。尤其是对于额外的风险控制措施，评估其效果是非常必要的，可以确定相关干预措施是否有效，分析措施无效的原因，并确定需要采取哪些整改措施。

1. 什么时候评估

评估的时间节点可以进行如下设置：

• 初次实施风险最小化措施后（如 12～18 个月），考虑是否有必要采取修正措施。

• 在上市许可再注册评价时。

2. 评估什么

在评估效果时，应慎重考虑是否需要继续执行额外的风险控制措施。

效果评价应探讨如下方面：实施过程（方案按计划实施的程度），对目标受众知识和行为的影响（影响行为改变的措施），结果（达到风险控制预定目标的程度，不管是短期目标还是长期目标）。

3. 评估指标如何考虑

（1）过程指标

目标受众传达：主要针对通过教育工具向医务人员和（或）患者提供信息和指南，采用散播和接收措施获取实施情况的基本信息。这些指标应着重评估有关材料是否已经递送给目标受众，目标受众是否确实接收到信息。

临床知识评估：为了评估目标受众的意识、态度及其通过教育干预措施或其他信息传达获得的知识水平，应采用科学严谨的调查方法。

临床行动评估：除了临床知识评估，还应对临床行动（即处方行为）进行评判。如果目标受众具有代表性，且数据库充足，可调用电子记录或提取病历表开展药物利用研究。

（2）结果指标

风险控制措施的最终衡量标准为安全性结果，即患者在非干预性情形下发生药物暴露伴随的不良反应频率和（或）严重程度。这些安全性结果即为结果指标。可以有多种评价指标，但流行病学研究的科学严谨性和公认原则应始终指导对有关最终结果指标的评估。

风险最小化措施效果的判断方法应与最小化的风险相称。因此，在常规风险最小化背景下使用自发报告率（即固定时间内的可疑不良反应报告数量）是可以接受的。估算治疗人群不良事件发生频率时应慎重考虑自发报告，但在极特殊的情况下也可以使用自发报告，例如，产品不良反应较为罕见且不良事件在一般人群中发生率可忽略不计，同时治疗和不良事件之间的关联性较强时。在这种情况下，当无法直接测定对治疗人群的风险时，只要可以得到合理有效的数据来评价产品使用背景下的报告率，自发报告可以大致估计出治疗人群中的不良反应发生频率。

然而，已知可影响可疑不良反应报告率的偏倚情况可能会产生误导结果。例如，针对药品上市后阶段监测到的安全性问题引入风险最小化措施，可以提高人们对所涉及不良反应的意识，最终导致报告率增加。在这种情况下，分析自发报告情况可能导致得出干预措施无效的错误结论。报告率随时间下降也可能导致得出干预措施有效的错误结论。

（二）风险沟通

第九十一条　持有人应当向医务人员、患者、公众传递药品安全性信息，沟通药品风险。

【解读】

本条强调风险沟通所涉及的对象，沟通的目标受众除医务人员外，还包括公众。

1. 目标受众

（1）医务人员

与医务人员和患者沟通安全性信息是一项公共卫生职责，对于促进合理、安全和有效地使用药品，防止不良反应的危害，实现患者安全和公共卫生的药物警戒目标是必不可少的行动。

（2）患者和公众

有效的安全性信息沟通有助于医务人员向接受治疗的患者提供明确有用的信息，从而增强患者对安全性的信心。上市后临床实践中的患者或临床试验参与人员都应得到有关安全问题的准确信息。

我国 GVP 还规定了面向医务人员和患者之外的公众的信息传递，初步形成了欧盟等全球领先法规中的“透明度”的概念，即沟通也旨在让公众了解安全性信息。

（3）媒体

此外，媒体也是安全性信息沟通的目标受众。媒体对医务人员、患者和公众的巨大影响力使其成为扩大传播药物新风险信息的关键因素。值得注意的是，除了从持有人等其他来源获取信息，媒体甚至可以直接从监管机构获悉安全性信息，这一点至关重要。

2. 沟通内容

安全性信息沟通的词义较广，涵盖各种类型的药物信息，包括产品资料和公共评估报告中的法定信息等。但在通常意义上，“安全性信息”或“风险沟通”侧重于沟通“新的药品安全性信息或已知安全性信息的新变化”，即有关对药物获益-风险平衡及其使用条件有影响或可能有影响的已知或潜在的未知药物风险的新信息。

通常，安全性信息和风险的沟通可能包含：

• 所有批准的药品在任何使用条件下出现影响药物获益-风险平衡的重要信息。

• 关于安全性信息沟通的原因的澄清。

• 向医务人员和患者提供的关于如何应对安全问题的建议。

• 提供持有人和监管机构之间签订的安全性信息协议的相关声明。

• 任何拟进行修改的产品信息（如产品特性概要或产品说明书）。

• 相关参考文献列表，或可以查到更多详尽信息的参考。

• 相关处标注需按照国家自发报告系统报告疑似不良反应的提示信息。安全性信息沟通中的信息不得有歧义，必须客观陈述。

• 此外，持有人还应了解，根据《中华人民共和国药品管理法》（2019 修订）第一百零七条明确规定了“国家实行药品安全信息统一公布制度”。具体来说：

• 国家药品安全总体情况、药品安全风险警示信息、重大药品安全事件及其调查处理信息和国务院确定需要统一公布的其他信息由国务院药品监督管理部门统一公布。

• 药品安全风险警示信息和重大药品安全事件及其调查处理信息的影响限于特定区域的，也可以由有关省、自治区、直辖市人民政府药品监督管理部门公布。

• 未经授权不得发布上述信息。公布药品安全信息，应当及时、准确、全面，并进行必要的说明，避免误导。任何单位和个人不得编造、散布虚假药品安全信息。

第九十二条　持有人应当根据不同的沟通目的，采用不同的风险沟通方式和渠道，制定有针对性的沟通内容，确保沟通及时、准确、有效。

【解读】

1. 沟通目的

风险沟通的目的至少包括以下方面：

• 提供新的药品安全性信息或已知信息的新变化；

• 沟通有循证依据的药品效用相关信息；

• 推进必要的医疗实践改革（包括自我医疗实践等）；

• 改变用药态度、决定和行为；

• 帮助合理用药的知情决策；

• 促进上市后安全性研究的开展；

• 支持和宣传风险最小化措施等；

• 其他需要进行风险沟通的情况。

高质量的风险沟通有助于公众建立对用药安全的意识，以及对医药公司的信心。

2. 风险沟通的方式

随着时间的推移，沟通工具和渠道日益多样化，同时，提供给公众的信息量比以往任何时候都要多。为了更好地接触目标受众，并满足其与日俱增的期望，安全性信息和风险沟通的发布应当因地制宜，并考虑各种受众的接受方式。

例如，直接与医务人员沟通，通过新闻传播，网站或其他基于网络的沟通，或是通过回应公众的询问来进行交流。

3. 风险沟通的及时性

• 风险沟通应及时传达相关信息，在合适的时间传达给目标受众，以便其能够采取相应行动。

• 应尽早向患者和医务人员进行咨询，并在起草安全性信息沟通文件的早期就开始沟通内容，特别是面对复杂的安全考量时。

4. 风险沟通的准确性

• 风险沟通的内容应根据不同受众（如医务人员、患者或公众）进行调整。调整应在确保信息准确性和一致性的前提下，根据受众的知识水平和信息需求差异而进行。

• 对风险沟通需求的考量应贯穿整个药物警戒和风险管理过程，并作为风险评估的一部分。

• 风险沟通文件可在适当时候补充后续沟通内容，使其更为准确，例如关于安全性问题的解决方案或更新的建议。

5. 风险沟通的有效性

• 当目标受众接收到传送的消息，能够正确理解并采取相应行动时，则沟通视为有效。

• 应引入一系列适当的机制来判定沟通的有效性。判定沟通的有效性有助于了解情况，帮助调整沟通工具与优化实践方面的决策过程，以适应目标受众的需求。

• 当评价安全性信息或风险沟通的有效性时，应考虑多种因素综合起来的整体情况，而不是单一评价方法的结果。

此外，在沟通时，还应注意符合个体数据保护和保密的相关要求。

第九十三条　沟通方式包括发送致医务人员的函、患者安全用药提示以及发布公告、召开发布会等。

致医务人员的函可通过正式信函发送至医务人员，或可通过相关医疗机构、药品生产企业、药品经营企业或行业协会发送，必要时可同时通过医药学专业期刊或报纸、具有互联网医药服务资质的网站等专业媒体发布。

患者安全用药提示可随药品发送至患者，或通过大众媒体进行发布，其内容应当简洁、清晰、通俗易懂。

【解读】

1. 直接与医务人员的沟通

直接与医务人员沟通（Direct Healthcare Professional Communications，DHPC）是指持有人或监管机构将重要安全性信息直接传达给各个医务人员所采取的沟通干预手段，以告知是否需要针对药品采取某些行动或调整相关实践。DHPC 不是对医务人员询问的回复，但 DHPC 可以作为一项额外风险最小化措施，被视为风险管理计划的一部分。

建议持有人邀请医务人员隶属组织或学术团队共同参与DPHC的起草过程，确保能传达有用且贴近目标受众的信息。此外，DHPC的准备工作通常需要持有人和监管机构之间的合作。在发布DHPC前，双方应对信息内容和沟通计划（包括预期收件人以及DHPC宣传时间表）等达成一致。

如需对药品即刻采取行动或更改现行使用方法时，应当尽快分发DHPC，包括但不限于如下情况：

上市许可因安全原因被暂停、撤回或取消。

由于适应证、新禁忌证的局限性用药发生重要改变，或建议剂量由于安全性原因而改变。

对患者护理有潜在有害作用的药物的可用性受限或停药。

其他应考虑分发DHPC的情形包括：

• 产品资料中的新的重大警告或使用注意事项；

• 新的资料明确了先前未知风险或者已知风险的发生频率、严重程度发生变化；

• 有证据表明药品有效性不如预期的信息；

• 药品不良反应预防、处理，或避免药物滥用误用的建议等。

此外，若监管机构认定为药品安全风险信息或重大药品安全事件，监管机构可要求持有人分发DHPC。

2. 新闻传播

新闻传播包括新闻通稿和新闻发布会，主要针对新闻记者。

新闻通稿可由上市许可持有人起草发布。其新闻通稿代表了持有人对某一安全话题的立场，但建议引述监管机构所采取的监管行动，或目前正在进行的相关审核事宜等官方认可的正式措辞。

尽管新闻稿是面向记者，但医务人员、患者和公众等其他受众也可能浏览阅读。因此，文中应引用该话题的有关沟通材料。如果起草了DHPC，持有人应确保医务人员在发布新闻通稿不久后即可收到DHPC，以便做好回复患者的准备。

基于药品安全问题，或媒体关注度较高的其他相关安全事宜，抑或需要传达内容复杂或公共卫生敏感的消息，持有人可邀请监管机构一同参加新闻发布会。

3. 网站或其他基于网络的沟通

对于积极在网上搜索药品详细信息的公众（包括患者和医务人员），网站是一个关键工具。持有人应确保公众在其官网上能够自由浏览，并理解网上发布的重要安全性信息。网站信息应及时维护，过时的信息应相应标记或者删除。

通过其他网络工具也可以传播安全性信息。在使用更新、更快速的沟通渠道时，应特别注意确保不损害所发布信息的准确性。

4. 回答公众询问

持有人应具备一套回答公众有关药物询问的系统。回答应考虑公有领域内的信息，内容应包含监管机构向患者和医务人员发布的相关建议。如果问题与治疗建议有关，应建议患者联系医务人员。

5. 其他沟通方式

除了上述讨论内容，还有科学期刊和专业机构刊物的出版等其他工具和渠道以及公告和简报等，可定期提供药物及其安全性和有效性的新信息的方式。

第九十四条　沟通工作应当符合相关法律法规要求，不得包含任何广告或产品推广性质的内容。一般情况下，沟通内容应当基于当前获批的信息。

【解读】

1. 沟通需符合法律法规要求

《中华人民共和国广告法》（2021 修正）第十六条 医疗、药品、医疗器械广告不得含有下列内容：

- 表示功效、安全性的断言或者保证；
- 说明治愈率或者有效率；
- 与其他药品、医疗器械的功效和安全性或者其他医疗机构比较；
- 利用广告代言人作推荐、证明；
- 法律、行政法规规定禁止的其他内容。

2. 当前获批的信息

当前获批的信息，应当仅限于被批准的产品说明书中的信息。作为医药学专业人员或普通公众，主要从以下几个方面进行理解：

（1）药品名称

目前，我国药品名称的种类有 3 种：通用名、商品名、国际非专利名。通用名是国家药典委员会按照一定的原则制定的药品名称，是药品的法定名称，其特点是通用性。药品的商品名会涉及品牌宣传，具有推广作用，宣传药品的商品名是违法广告宣传的常见情况。

（2）药品适应证

指药品所对应治疗的疾病。在一些中成药的说明书中常用“功能与主治”表示。患者服药一定要在适应证范围内，尤其是非处方药物，应严格按照说明书中的适应证服用，避免错服、误服造成不良后果。

（3）用法用量

用法一般是指使用药物时，药物的使用方法或服用方法，用量则是指该药物的一定时间内服用的数量。

（4）注意事项

为了安全用药，厂商在本项中特别强调应注意的事项，其中主要包括正确的剂量和用法，超过剂量时的应急措施，用药对象，可能出现的较严重的副作用及治疗方案，药物的配伍，药液的配制、使用及保管等。

（5）不良反应

这是患者在使用某种药物治疗疾病时产生的与治疗无关的作用，而这种作用一般对患者的治疗不利。不良反应是药物所具有的两重性之一，完全没有不良反应的药物是不存在的。

（6）持有人信息

目前持有人的品种信息推送至国家局药品批准文号数据库，实现了与国家局政府网站联动。国家局网站通过提供准确全面的持有人数据查询服务，实现信息公开，增强企业和公众的获得感。

第九十五条　出现下列情况的，应当紧急开展沟通工作：

（一）药品存在需要紧急告知医务人员和患者的安全风险，但正在流通的产品不能及时更新说明书的；

（二）存在无法通过修订说明书纠正的不合理用药行为，且可能导致严重后果的；

（三）其他可能对患者或公众健康造成重大影响的情况。

【解读】

本条明确了需要紧急开展沟通工作的情形。

对于任何可能对患者或公众产生重大影响或严重后果的行为，都需要开展紧急沟通，将风险控制到最低，这是保障患者及公众安全的必要措施。积极地采取各种风险沟通方式，是全面落实风险控制工作的有效举措。

紧急沟通是指在存在对患者或公众健康造成重大影响或可能导致严重后

果的行为时，需要在不超过 24 小时内立即紧急开展沟通工作。

紧急沟通的方式包括直接与医务人员沟通、联络新闻媒体传播信息、利用网站或其他基于网络的沟通渠道，以及回答公众询问。

需紧急沟通的情形

（1）不能及时更新说明书

• 《药品说明书和标签管理规定》第十三条指出，药品说明书获准修改后，药品生产企业应当立即将修改的内容通知相关药品经营企业、使用单位及其他部门，并按要求及时使用修改后的说明书和标签。因此，更新说明书需先申请修改，在获准修改后再进行修改，这是一个具有流程要求的过程。

• 药品在流通过程中，由于无法按照法规要求进行说明书的即时更新，为了避免对患者造成安全风险，应当紧急开展沟通工作，将风险降至最低，减少对患者可能造成的伤害。

（2）不合理用药

用药合理与否，关系到治疗的成败。在选择用药时，必须考虑以下几点：

• 是否有用药的必要。在可用药也可不用药的情况下，无须用药。

• 若必须用药，则应考虑疗效问题。为尽快治愈病人，在可供选择的同类药物中，应首选疗效最好的药。

• 需要权衡药物疗效与药物不良反应的程度。一般来说，应尽可能选择对病人有益无害或益多害少的药物，因此在用药时必须严格掌握药物的适应证，防止滥用药物。

• 联合用药的目的在于提高治疗效果，同时减少毒副作用；反之，如果治疗效应降低，毒副作用增加，则应重新评估联合用药方案。

（3）其他会影响公众健康的情况

如药品出现聚集性事件、产品重大质量问题等可能严重影响患者或公众健康的情况，均需采取紧急沟通。特别是当发生或者发现不明原因的群体性疾病的情况或传染病菌种、毒种丢失时，这些均属于突发公共卫生事件。上述两种情况一旦发生，省、自治区、直辖市人民政府应当在接到报告 1 小时内向国务院卫生行政主管部门报告。

（三）药物警戒计划

第九十六条　药物警戒计划作为药品上市后风险管理计划的一部分，是描述上市后药品安全性特征以及如何管理药品安全风险的书面文件。

【解读】

“药物警戒计划”“风险管理计划”“风险分析与管理计划”在 ICH E2E 指导原则和中国相关的法律法规和指导原则中，因法律法规完善及翻译等原因，可视为一个概念。

1. “药物警戒计划”在中国的起源和施行

早在 2019 年 11 月 12 日，NMPA 发布了 15 个 ICH 指导原则的公告（2019 年第 88 号），要求自公告发布之日起 3 个月后受理的新药上市申请（NDA）以及 6 个月后批准的新药上市申请适用《E2E：药物警戒计划》（以下简称“ ICH E2E 指导原则”）。ICH E2E 指导原则强调，药品在提出上市许可申请时应提交给监管机构安全性说明（Safety Specification）和药物警戒计划（Pharmacovigilance Planning/Pvp）。

CDE 于 2020 年 7 月 1 日发布的《M4 模块一行政文件和药品信息》明确要求申请人递交 NDA 资料中的“1. 8. 3 风险管理计划（Risk Management Plan/RMP）”，包括药物警戒活动计划和风险最小化措施；目前，依据行业实践经验，中国 CDE 也要求申请人在 Pre－IND/IND/CDE 沟通会申请时递交 RMP。

2. “药物警戒计划”是指什么

依据 ICH E2E 指导原则和中国相关法律法规和指导原则，主要包括三大要素：安全性说明、药物警戒活动计划以及风险最小化措施。

药物警戒计划目的旨在识别和描述药物的重要已确认风险、重要潜在风险和重要缺失信息，进而提出与风险相匹配的药物警戒活动计划和风险最小化措施，以确保药品上市后在适用人群中的临床用药过程中获益大于风险。

药物警戒计划与该药物其他临床试验期间和上市后的安全性相关文件，例如 DSUR、PSUR、CCDS/CSI 以及产品特征性概要（SmPC）/药品说明书等，应保持获益风险比评估等信息一致性。

3. “药物警戒计划”中国相关撰写指导原则

目前，CDE 肿瘤适应证小组发表的电子刊物《抗肿瘤药物上市申请时风险管理计划撰写的格式与内容要求》提供了肿瘤新药的 RMP 模板供参考；此 RMP 模板也涵盖了 ICH E2E 指导原则中重点强调的新药风险管理的关键要素。

第九十七条　持有人应当根据风险评估结果，对发现存在重要风险的已上市药品，制定并实施药物警戒计划，并根据风险认知的变化及时更新。

【解读】

依据 CIOMS VI 对“风险评估”的定义，风险评估细分为风险预测和风险评价。风险评估是对产品、系统或工厂固有的风险及其在适当背景下的重要性的综合分析。风险预测包括对结果的识别、对这些结果相关后果程度的估计以及对这些结果发生的概率的估计。

关于风险评估的内容，可以参考 GVP 第六十二条的解读。

第九十八条　药物警戒计划包括药品安全性概述、药物警戒活动，并对拟采取的风险控制措施、实施时间周期等进行描述。

【解读】

1. 药品安全性概述

安全性说明（safety specification）应当是“一个关于药物重要的已识别风险，重要的潜在风险，和重要的缺失信息的摘要”，首先应对目标适应证的流行病学信息加以总结。无论针对何种适应证和目标人群，如果风险具有以下特征，则应列为重要风险：

（1）风险发生时导致严重后果。如致死、致残或用药者生活质量受严重影响。

（2）需要高比例的临床干预。

（3）对当前临床实践带来重大挑战。重要风险可能并不影响所有用药人群，而仅高发于具有某些特征的用药者。建议申请人对风险的危险因素、可预防性及其对获益-风险平衡的影响进行评估，并作为制定风险控制措施的重要参考。

2. 药物警戒活动

药物警戒活动应包括常规药物警戒活动和额外药物警戒活动。药物警戒活动通过收集上市后安全性数据，关闭确定无因果关系的风险，针对新发现的安全性信号采取行动，强调全生命周期的管理。其目的是在药物上市后“进一步描述和量化风险特征、确认或消除潜在风险、识别新的风险、收集缺失信息领域的信息以及评估风险最小化行动的有效性”。所有产品在上市后必须执行常规药物警戒活动，多数药物仅需常规活动即可达到上述目的。若重要的已确认/潜在风险中有不确定因素影响风险认知，或需要对重要缺失信息作进一步研究时，应当考虑额外的药物警戒计划。

除非 CDE 提出特殊要求，建议在产品上市后约两年对药物警戒计划/

RMP 进行首次上市后评价，评价内容可以包括但不限于：

（1）药物警戒计划/RMP 的执行情况，如果执行情况与预期不符，应分析原因；

（2）上市后累积的数据是否影响对产品风险的判断；

（3）所采取的药物警戒行动是否充分或已不再适用；

（4）评价风险最小化措施的有效性；

（5）药物警戒计划/RMP 是否影响产品的可及性或给医疗系统带来不必要的负担。

第九十九条　药物警戒计划应当报持有人药品安全委员会审核。

【解读】

药物警戒计划一定要由药品安全委员会进行审核。

GVP 中提到药品安全委员会的职责是负责对重大风险研判、重大或紧急药品事件处置、风险控制决策以及其他与药物警戒有关的重大事项进行审核和决策。药物警戒计划主要包括药物警戒活动、拟采取的风险控制措施以及实施情况等关键药物警戒活动，因此需要由药品安全委员会进行审核。

关于药品安全委员会的职责，可参考 GVP 第二十条的解读。

七、文件、记录与数据管理

（一）制度和规程文件

第一百条　持有人应当制定完善的药物警戒制度和规程文件。

可能涉及药物警戒活动的文件应当经药物警戒部门审核。

【解读】

制度和规程文件是药物警戒体系的重要组成部分。从“人机料法环”的角度来看，除了制度和规程文件，药物警戒体系还包括相关的机构、人员、资源等要素，并要与持有人的类型、规模、持有品种的数量及安全性特征等相适应。

关于药物警戒制度和规程文件可参考 GVP 第十九条药物警戒体系架构

设计的相关解读。

哪些文件应当由药物警戒部门来审核

药物警戒活动是指对药品不良反应及其他与用药有关的有害反应进行监测、识别、评估和控制的活动。因此，所有可能涉及上述药物警戒活动的文件都应当由药物警戒部门审核，例如医学、市场等部门与研究者发起的观察性研究、患者支持项目等，药物警戒部门应参与方案中关于药物警戒信息的报告、收集和处理等活动，以防止药品安全性信息的漏报而造成违规的风险。

另外，在临床研究期间的研究者手册中安全性参考信息、试验方案中安全性信息的收集和处理措施等，都可能涉及受试者用药安全、风险-获益的评估以及是否需要按照监管机构要求进行快速报告等药物警戒活动。这些都需要药物警戒人员的参与，以保证药物警戒体系运行的有效性。

第一百零一条　制度和规程文件应当按照文件管理操作规程进行起草、修订、审核、批准、分发、替换或撤销、复制、保管和销毁等，并有相应的分发、撤销、复制和销毁记录。制度和规程文件应当分类存放、条理分明，便于查阅。

【解读】

应有文件管理规程对整个文件体系的起草、修订审核及批准等过程进行明确规定，确保整个文件体系的操作过程是受控和可追溯的。

起草/修订：文件的起草或修订由相关部门人员提出，并建议应有相应的审批流程或申请，其内容至少应包括起草/修订的原因、申请人、申请部门，以及审批人员对申请的评价。

审核/批准：起草或修订后的文件应由申请部门人员进行审核。如文件涉及其他相关部门如研发、销售及注册等，相关部门的人员也应参与文件的审核。同样，其他部门文件涉及药物警戒相关内容时，药物警戒部门也应该参与审核。所有药物警戒部门的文件均应按要求由药物警戒负责人批准后生效。

复制与分发：批准后的文件应根据文件涉及的部门对其进行复制，并对复制件有相应标识以便于区分不同部门。各复制件应在新文件生效前发放至相关部门，便于各部门对新起草或修订后的文件组织培训。

替换、保管、撤销或销毁：文件专管人员应在新修订的文件生效日替换出已废止的旧版本的文件，其原件撤销后应归档保存。复制件应根据文件发放记录收回之前下发的文件，并在QA人员的监督下进行销毁。

分发、撤销、复制和销毁记录：为确保文件的可控性，文件的分发、撤销、复制及销毁记录应包含日期、操作人员的名称、文件的数量及版本号等。应注意分发与撤销、复制及销毁记录涉及的文件名称及数量是相互对应且不矛盾。

文件的分类存放：可根据企业自身的实际情况分类存放文件，例如按文件类型如岗位职责、管理规程、操作规程等。还应注意文件的电子文档保存及受控管理。

第一百零二条　制度和规程文件应当标明名称、类别、编号、版本号、审核批准人员及生效日期等，内容描述应当准确、清晰、易懂，附有修订日志。

【解读】

制度/规程文件应当标明名称、类别、编号、版本号、审核批准人员及生效日期等信息。

制度/规程文件至少应包括名称、类别、编号、版本号、审核批准人员及生效日期。建议制定制度和程序文件编制规程，明确企业内部文件的编制流程，规定企业文件格式的固定标准，以及文件编号和版本号的编号规则，整个企业的文件模板应统一。

第一百零三条　持有人应当对制度和规程文件进行定期审查，确保现行文件持续适宜和有效。制度和规程文件应当根据相关法律法规等要求及时更新。

【解读】

对已有的制度/规程进行完善或优化，减少一些重复工作和累赘环节，提高制度/规程的效率与效果，是每个持有人应该时刻关注的问题。

1. 制度/规程修订完善的原则与编制原则是一致的

制度/规程修订应考虑其可操作性、系统性、合法性等。

制度/规程修订完善的思路方法还应注重以下两个方面：

制度/规程的修订完善应具有时效性。

如果未及时修订制度/规程，可能导致其失去适用性，从而严重影响制度/规程的权威性，甚至给工作带来负面影响。因此，对制度的有效性、适宜性、充分性进行持续的评审与更新，是不可忽视的工作。

2. 制度/规程的修订应坚持两个原则

如果现有制度/规程不符合法律法规要求，则应按照现行法律法规要求开展具体业务，同时紧急修订相应制度/规程以满足法律法规要求；

不涉及违反法律法规的修订（如优化制度/规程），则在新的制度/规程生效前，应继续按照现行版的制度/规程执行，即始终按照现行版的制度/规程开展业务。

（二）药物警戒体系主文件

第一百零四条　持有人应当创建并维护药物警戒体系主文件，用以描述药物警戒体系及活动情况。

【解读】

1. 应当创建和维护

将 PSMF 以单独一节的形式进行阐述，EU GVP 以第二章单独描述 PSMF 来彰显其独特的重要地位。

纵览中国 GVP 全文，在第九条及第二十一条均提到了 PSMF。第九条要求将药物警戒体系主文件的及时更新情况纳入质量控制指标，第二十一条则规定药物警戒部门的职责描述中必须包括组织撰写 PSMF。因此，无论持有人是否会被药监机构检查，PSMF 应始终处于准备就绪状态，并定期维护更新。

2. 由谁创建

毋庸置疑，GVP 明确要求 PSMF 由药物警戒部门来组织撰写，一般由药物警戒负责人或其指定人员完成，且该指定人员应全面了解所在企业的药物警戒整体情况。

对于创建的具体情形

• 如果是独立公司，PSMF 的创建可能比较简单，可由单独一人来创建；

• 如果是集团公司且 PV 由集团统一管理，此时 PSMF 的创建需要多人“共创”，因涉及集团公司所覆盖的各个子公司的情况，可能需要一个协调人进行多个公司的内容收集，最终统一更新；

• 如果是集团公司但每个公司是单独运行 PV 体系，此时集团公司可能需要建立一个核心的 PSMF，具体内容由每个子公司根据实际情况来补充完善，这种情况也适用于跨国药企。

3. 更新频率

作为药物警戒质量控制指标之一，应制定其质量目标，并设定更新频率，定期审阅该文件。涉及体系中任何一个方面的内容的更新，应更新PSMF。例如，PV数据库变更、PV供应商变更等情况，应及时更新描述。虽然我国并未对PSMF的更新提出具体要求，但根据之前的GVP解读所提建议，可以按季度来更新PSMF，或持有人可以在公司内部的SOP中自行约定。一旦有明确的文字描述的要求，则需要贯彻执行，否则会因为实际操作与文件描述不符而受到质疑。

4. 如何创建

在欧盟，持有人需将PSMF存放在欧盟境内，具体存放地点可以是执行药物警戒活动的地方，或是授权药物警戒负责人履行职务的地点。在提交上市许可申请时，欧盟要求以电子形式提交PSMF存放位置的信息，在申请中提供PSMF的参考编号。当批准上市许可申请后，持有人必须在Article 57数据库中注册PSMF。由此可见，在欧盟一旦开始药物警戒活动，暨产品未上市前，其PSMF就已经准备就绪。

第一百零五条　持有人应当及时更新药物警戒体系主文件，确保与现行药物警戒体系及活动情况保持一致，并持续满足相关法律法规和实际工作需要。

【解读】

1. 及时更新

同EU GVP的要求一致，PSMF应当始终保持最新状态，且应当永久保存，并可供药物警戒负责人随时访问与随时接受检查，无论检查是否有提前通知。这就意味着，对于如何更新、何时更新、由谁更新和审批PSMF等问题，需要建立流程文件，并按此执行。PSMF不应成为摆设，而是一个动态的“笔记本”，记录了持有人/申办者在建立和维护药物警戒过程中的“历史变迁”。

2. 保持一致

条款强调，PSMF应与现行的药物警戒体系及活动保持一致。在制药工业界，一直存在“没有记录，就没有发生”，因此，也如GVP第一百零四条解读所阐述的，PSMF是对现有工作的文字呈现，如何做就如何记录。此处保持一致的理解有两层含义，一是不过于夸大事实，过度吹嘘体系建立得完善无瑕；二是也不妄自菲薄，觉得没有达到完美状态，无法成文。保持一致更多地强调了一种自主、实事求是的态度和行为。即使当前体系还不那么适宜、有效、充分，但在不断的实践中，会不断地提升和完善，对质量的追求永远在“不断改进”中前进。

3. 实际工作

在创建和更新 PSMF 的过程中，始终要考虑所描述的药物警戒体系是否满足法律法规要求。近年来，药物警戒相关的法规层出不穷，可能导致工作流程和范围发生改变。因此，在建立药物警戒体系和开展药物警戒活动过程中，需要考虑：所使用的信息化系统、所用的供应商、开展的内审或自查、所撰写的流程文件、所设定的质量目标和指标是否与时俱进，是否与实际工作相符。

第一百零六条　药物警戒体系主文件应当至少包括以下内容：

（一）组织机构：描述与药物警戒活动有关的组织架构、职责及相互关系等；

（二）药物警戒负责人的基本信息：包括居住地区、联系方式、简历、职责等；

（三）专职人员配备情况：包括专职人员数量、相关专业背景、职责等；

（四）疑似药品不良反应信息来源：描述疑似药品不良反应信息收集的主要途径、方式等；

（五）信息化工具或系统：描述用于开展药物警戒活动的信息化工具或系统；

（六）管理制度和操作规程：提供药物警戒管理制度的简要描述和药物警戒管理制度及操作规程目录；

（七）药物警戒体系运行情况：描述药品不良反应监测与报告，药品风险的识别、评估和控制等情况；

（八）药物警戒活动委托：列明委托的内容、时限、受托单位等，并提供委托协议清单；

（九）质量管理：描述药物警戒质量管理情况，包括质量目标、质量保证系统、质量控制指标、内审等；

（十）附录：包括制度和操作规程文件、药品清单、委托协议、内审报告、主文件修订日志等。

【解读】

体系的运行，最基本的是需要有人来执行。因此，在建立药物警戒组织架构时，体系主文件这部分内容就应该有所体现。

需要按照本条规定的 PSMF 格式要求进行文件的撰写。

（三）记录与数据

第一百零七条　持有人应当规范记录药物警戒活动的过程和结果，妥善管理药物警戒活动产生的记录与数据。记录与数据应当真实、准确、完整，保证药物警戒活动可追溯。关键的药物警戒活动相关记录和数据应当进行确认与复核。

【解读】

记录与数据管理贯穿整个 PV 活动。规范的记录与数据管理工作贯穿着药物警戒活动的全过程，范围包括所有涉及药物警戒的信息，涵盖本规范中的机构与人员、监测与报告、风险识别与评估等内容。

“没有记录就没有发生”，持有人需要合规地开展文档记录与管理工作，以此体现药物警戒活动的合规开展。

1. 数据的妥善管理

随着信息技术的发展，数据的内涵越来越丰富。在药物警戒活动中，数据除了传统的报告表，还包括图片、沟通记录（音频、邮件）、文献检索等。

根据《个例药品不良反应收集和报告指导原则》，个例药品不良反应的收集与报告工作相关的所有数据，包括不良反应信息的原始记录（如面访记录、电话记录、电子邮件或截图、文献检索记录、原始报告表）、随访记录、已提交的报告表、未提交的报告表、国家药品不良反应监测系统反馈的报告、死亡病例调查报告，以及其他报告相关的调查与沟通内容。根据数据的载体形式不同，可以分为电子数据和纸质数据。

由此可见，由于数据内涵的拓宽和药物警戒活动的长期性，持有人需要对不同药物警戒活动环节的数据妥善保管与记录。因此，越来越多的持有人购买或考虑购买市面上的药物警戒信息管理系统来管理数据。这些系统的高效数据管理模式、定时备份、海量储存量、数据快捷传输、数据安全和合规等优势，使得复杂的数据管理化繁为简。

2. 数据记录的要求

该条例要求持有人或申办方建立数据记录与管理的流程与规范，确保记录与数据的真实性、准确性、完整性以及可追溯性，这意味着数据的记录要求已经成为药物警戒体系的重要组成部分。

3. 关键活动的确认与复核

关键的药物警戒活动关乎药品的风险-获益平衡变化，持有人需要对相关的数据进行确认并复核，如 PSUR；PSUR 汇总分析每个周期内药品的安全性情况，其评价结果与药品再注册密切相关，关乎着药品是否能够继续上市销售。持有人需对其内容及递交环节开展确认与复核，避免发生诸如递交的附件与正文内容不符等情况，从而延误药品再注册工作的开展。

根据 EU GVP，关键的药物警戒流程包括：

• 对已获取的药品进行持续的安全状况监测和效益的风险评估；

• 风险管理体系的设立、评估和执行以及对风险最小化措施的有效性评估；

• 对任何来源的个例安全性报告信息的收集、处理、管理、质量控制、对缺失信息的随访、编码、分类、查重和评估，以及及时的电子传输；

• 信号管理；

• PSUR 的计划、准备（包括数据评估、质量控制）、提交和评估；

• 履行承诺，回复来自监管机构的要求，包括提供准确而完整的信息；

• 药物警戒系统与药品质量缺陷体系之间的信息互通；

• 持有人和监管机构之间关于安全性问题的沟通，特别是对药品风险-获益平衡变化的通知；

• 与患者和专业医护人员沟通药品风险-获益平衡的变化，以促进药品安全有效的使用；

• 根据科学知识更新药品信息，包括来自相应监管机构的评估结论和建议；

• 因紧急的安全性原因而变更上市许可执行的情况。

第一百零八条　记录应当及时填写，载体为纸质的，应当字迹清晰、易读、不易擦除；载体为电子的，应当设定录入权限，定期备份，不得随意更改。

【解读】

该条款主要针对两种数据载体类型，即纸质数据和电子数据的记录与数据管理提出了要求。

1. 纸质数据的存储要求

在药物警戒活动中产生纸质数据时，持有人应及时记录填写；字迹应清晰且易于阅读，以防产生误解，减少不必要的质疑；使用圆珠笔或签字笔等不易擦除的工具，防止信息篡改。

由于药物警戒记录和数据至少保存至药品注册证书注销后十年，因此考虑到长期保存，不建议使用过薄的纸张。如所处位置的气候等因素可能影响到纸质资料的保存，应注意防潮防蛀。

2. 电子数据的存储要求

若使用电子数据库开展药物警戒活动，需要建立账号录入角色与权限管理流程，不同职责岗位的人员应配置对应的系统角色及权限，对数据库操作应留痕，确保所有数据记录来源清晰可追溯，不得随意更改数据。

另外，电子数据的记录需要定期备份，可实行实时备份、定时备份或者事件触发备份（指当某一确定的操作发生时，触发备份操作）。

随着药物警戒法规的完善以及相关委托业务的兴起，持有人如需将药物警戒业务委托给第三方，需要考察供应商的服务或产品是否符合法规规定的记录与数据管理。

第一百零九条　电子记录系统应当具备记录的创建、审核、批准、版本控制，以及数据的采集与处理、记录的生成、复核、报告、存储及检索等功能。

【解读】

FDA CFR Part 11 的颁布为电子记录建立了一个可实施的统一基本标准。电子记录系统的运用有利于数据的规范化和科学化，为后续的数据利用，包括汇总分析、信号检测等药物警戒工作奠定基础。

1. 电子记录系统的定义

电子记录系统是指依靠计算机系统进行创建、修改、维护、存档、找回或发送的文字、图表、数字、声音、图像及其他电子（数据）形式的任何组合。

与纸质记录相比，计算机化系统中的电子记录具有以下优点：

• 信息存取方便，可由多人同时进行存取；

• 信息搜索、查阅能力强，传送速度快，有利于改进业务流程，节约时间；

• 信息更易于统一、规范化、标准化管理，减少信息处理中的错漏、缺失；

• 系统流程数据关联性强，便于进行统计和分析，形成结果和统计报表，方便效率和绩效考核；

• 节约纸张，减少浪费，具有良好的环保效益；

• 降低了遵守法规的成本和风险。

2. 电子记录的原则

与纸质记录一致，电子记录也应遵照良好文件规范（GDP），以保证数据质量和真实性及完整性。这些原则要求记录应符合 ALCOA＋CCEA 原则，即可归因性（Attributable）、易读性（Legible）、同步性（Contemporaneous）、原始性（Original）、准确性（Accurate）、完整性（Complete）、一致性（Consistent）、持久性（Enduring）、可获得性（Available）。

3. 电子记录规范

为了后续药物警戒工作的顺利进行，电子记录应符合基本规范。使用电子签名时，应符合相关法规如《中华人民共和国电子签名法》（2019 修正）、21 CFR Part 11 的要求。

4. 审核要求

记录填写完成后，填写人应按照记录规范自查，确保记录符合要求。对于关键记录，应有审核人进行复核。

记录审核/批准能否通过应遵循适当的审批原则，包括但不限于：

• 表格/模板为其适用的最新有效版本；

• 记录内容符合记录规范的基本要求和填写要求；

• 记录内容符合其上级/相关文件 SOPs 的要求；

• 对记录所述协议、策划、行动、事实、资源配置等事项持“属实”/“同意”的意见。

5. 记录保存

电子记录保存于计算机化系统或磁盘介质中。

第一百一十条　对电子记录系统应当针对不同的药物警戒活动和操作人员设置不同的权限，保证原始数据的创建、更改和删除可追溯。

【解读】

电子记录系统应具备留痕可追溯的功能，并对相应操作设置权限。

1. 操作权限与用户登录管理

对于电子记录系统的用户管理权限，应至少具备：

• 建立操作与系统管理的不同权限，业务流程负责人的用户权限应当与其承担的职责相匹配，不得赋予其系统（包括操作系统、应用程序、数据库等）管理员的权限；

• 用户权限设置与分配功能，能够对权限修改进行跟踪与查询；

• 确保登录用户的唯一性与可追溯性，当采用电子签名时，应当符合《中华人民共和国电子签名法》（2019 修正）、21 CFR Part 11 的相关规定。

关于信息化系统验证，可以参考 GVP 第三十条解读。

2. 保留系统操作痕迹

改动电子记录时不能覆盖改动前的信息，系统必须完整保留改动前的信息。

记录对系统操作的相关信息，至少包括：

• 操作者、操作时间、操作过程、操作原因；

• 数据的产生、修改、删除、再处理、重新命名、转移；

• 对计算机（化）系统的设置、配置、参数及时间戳的变更或修改。例如，对电子记录的修改，系统需要记录修改人（操作者）、修改时间（操作时间）、修改前后的数据（修改过程）。

第一百一十一条　使用电子记录系统，应当建立业务操作规程，规定系统安装、设置、权限分配、用户管理、变更控制、数据备份、数据恢复、日常维护与定期回顾的要求。

【解读】

1. 常见电子记录系统

（1）计算机网络公共盘

通过在服务器上建立计算机网络公共盘，可以集工具和管理于一身。在公共盘上可以对相应文件夹/文件设置权限，限制上传、阅读、查看、修改、删除或者编辑内容，并对人员进行权限分配，以有效管理公共盘上的文件安全性。

（2）云盘

云盘是云存储技术的主要载体，目前已经发展得相当成熟，可以实现计算机网络公共盘的所有功能与管理方法。在此基础上，云盘的安全存储多使用银行级传输加密、文件加密存储、防暴力破解等多种安全技术保障，使得数据的传输安全通道值得信赖。此外，云盘还具有不间断冗余备份的特点，保障文件免于丢失。

不管是计算机网络公共盘还是云盘，在企业中一般由 IT 人员管理，而非电子记录负责人。根据 21 CFR Part 11 的定义，这属于开放系统——在此环境中，系统的登录不由那些对系统上电子记录内容负责的人控制。当使用开放系统来建立、修改、保持或传送电子记录时，需要使用设计程序和控制措施来保证电子记录从创建到接收处的真实性、完整性和机密性。

因此，对于非药物警戒人员管理的公共盘和云盘，必须使用适合的 SOP 来保证电子记录的真实、完整和机密。

2. 电子记录系统操作流程

除了满足电子记录系统的管理要求，建立电子记录系统操作流程也应满足数据管理的要求。

经计算机（化）系统采集、处理、报告所获得的电子数据，应当采取必要的管理措施与技术手段：

• 经人工输入由应用软件进行处理获得的电子数据，应当防止软件功能与设置被随意更改，并对输入的数据和系统产生的数据进行审核，原始数据应当按照相关规定保存；

• 经计算机（化）系统采集与处理后生成的电子数据，其系统应当符合相应的规范要求，并对元数据进行保存与备份，备份及恢复流程必须经过验证。

第一百一十二条　在保存和处理药物警戒记录和数据的各个阶段应当采取特定的措施，确保记录和数据的安全性和保密性。

【解读】

数据是指在药品研制、生产、经营、使用活动中产生的反映活动执行情况的信息，包括文字、数值、符号、影像、音频、图片、图谱、条码等；记录是指在上述活动中通过一个或多个数据记载形成的，反映相关活动执行过程与结果的凭证。

记录可以根据用途分为台账、日志、标识、流程、报告等不同类型。应当根据活动的需求，采用一种或多种记录类型，保证全过程信息真实、准确、完整和可追溯。

1. 药物警戒记录和数据包括哪些

药物警戒活动的每一个环节都会产生记录和数据，包括制度/规程文件的建立、个例安全性报告的收集处理、信号检测风险管理活动的开展等。

2. 如何确保记录和数据的安全性和保密性

建立记录和数据储存的制度/规程文件，明确储存要求。凡是能证明符合法规和相应制度/规程规定的记录和数据均应根据相应要求保存电子版和/或纸质版。

建立与PV业务相适应的计算机系统，能够实时控制并记录PV各环节管理的全过程，并符合记录稽查条件。

3. 记录、储存分为两个阶段管理

一是未归档的记录，二是归档的记录。未归档的记录应按照规程要求实时保存，电子版文件也应定期备份，纸质版文件应存入临时文件柜并上锁。下面主要阐述归档记录的存档要求：

首先，建立记录控制清单，明确需要管控的具体工作项，以及每项工作产生的记录。例如，ICSR管理产生的记录：接收case的源文件（邮件、电话记录、网页记录、传真、文献等）、随访记录、系统记录、报告国家的记录以及生成的报表等。

其次，根据制度/规程要求，储存电子版和纸质版。

4. 记录借阅及保密

提交借阅申请，通过审批后方可借阅。借阅材料不得擅自带出公司。需要摘抄或复制文件时，需经过审批，否则不得摘抄或复印。

档案室需锁门，档案室钥匙及办公室临时文件柜钥匙应存放于保险柜中统一保管。

第一百一十三条　药物警戒记录和数据至少保存至药品注册证书注销后十年，并应当采取有效措施防止记录和数据在保存期间损毁、丢失。

【解读】

备份与存档

一般记录和数据的保存方法有备份和存档两种。数据的存档和备份都是数据保护工作的关键组成部分，两者可以相互补充，但各自都提供着独特且重要的功能。

（1）备份

备份主要用于操作恢复，以快速恢复被覆盖的文件或损坏的数据库。

备份的目标之一是完成快速恢复。

当数据在发生丢失、损坏、错误或损坏时，以灾难恢复为目的，备份数据被提前复制到另一个位置，使用备份可以快速恢复到之前进行复制时的状态。从备份数据中恢复的常见事件包括人为操作错误、自然灾害和网络攻击。

对于最为关键的数据，应该在可以用于快速恢复的设备上执行备份，例如基于磁盘的设备。对于拥有较长恢复时间目标的数据恢复工作，可以使用成本更为合适的磁带或基于云端的备份。

对于药物警戒日常活动而言，备份可以以每天、每小时或者更频繁的频率进行。

（2）存档

存档（归档）则是将数据移动到不同的位置，并进行长期保存的过程。

与备份不同的是，归档数据不是副本，而是组织需要保存的非活跃数据。常见的归档原因包括法律法规以及合规性要求。根据需求以及源数据的类型，一份归档文件可能包含许多需要保存多年的数据。通过归档，药物警戒部门还可以将数据从成本更高的主存储设备中转移出来，从而节省更多的数据存储和管理费用。

在归档的理念中，数据的取回速度并不是重要的一环，即便相关的数据需求涉及法律或法规层面的操作，通常还是会有数天的时间来做出回应；相比之下，数据的可搜索性和索引性其实更为关键。

基于对本条的理解，药物警戒相关的记录和数据应在日常做好备份，以防止数据损坏或丢失；并将非活跃数据归档，按照 GVP 所要求的，保存至药品注册证书注销后十年。

备份与归档的规则应准确界定，并设立相应的操作流程。

第一百一十四条　委托开展药物警戒活动所产生的文件、记录和数据，应当符合本规范要求。

【解读】

受持有人委托所开展的药物警戒活动所产生的文件、记录和数据，除符合 GVP 外，也要符合持有人所制定的标准流程。

本条的重点在于：委托责任归属、哪些文件以及如何符合 GVP 要求。

1. 委托责任归属

在 GVP 第十五条中，明确指出，持有人是药物警戒责任主体，业务可以外包，但责任仍落在持有人身上，责任不可外包；并且，当委托第三方时，受托方应按甲方流程标准开展相关药物警戒工作。因此，受持有人委托所开展的药物警戒活动所产生的文件、记录和数据，除符合 GVP 外，也要符合持有人所制定的标准流程。

2. 适用于哪些文件

药物警戒活动所产生的文件主要包括药物警戒相关 SOP、安全性信息[包括个例安全报告、文献、信号检测记录、风险沟通（包括给医生的信）、患者教育材料等]，但凡在药物警戒活动中产生的文件、记录和数据都适应于本条。

需要注意的是，即使是看似和药物警戒活动并不相关的文件，例如，机房巡检记录表，但如果涉及药物警戒的信息化系统，则也属于本条的适用范围，并应按照 GXP 要求进行规范管理。

3. 如何符合 GVP 要求

在 GVP 第一百零八条至第一百一十三条中，对药物警戒数据和记录做了明确处理要求，同时也规范了如何使用电子记录系统记录药物警戒相关活动。虽然从 GVP 的条款来看，似乎这几条多是关于规范电子记录系统，但这些条款与 GXP 的相关条款是一致的，因此对纸质的记录也应有同样要求。

4. 基本原则

无论是纸质记录还是电子记录，都应遵照良好文件规范，并具有 ALCOA＋CCEA 原则，以保证数据质量与真实完整性。

5. 管理流程中的各项权限

进行完善的权限控制，由不同角色的人员进行规范操作，以保证数据安全。

6. 建立标准操作流程

药物警戒活动的各个阶段都应采取不同的保存和处理措施以确保信息安全、保密，应当使用标准操作流程来管理产生药物警戒记录与数据的各项工作；并做好数据风险管理，定期备份与回顾数据、定期将非活跃数据进行归档，保存至药品注册证书注销后十年。

综合 GVP 第十七条的内容，关于受托方资质所述，受托方应具有应对持有人延伸检查的能力，因此，持有人在评估受托方的资质时，也应将本条所述内容纳入考量。

第一百一十五条　持有人转让药品上市许可的，应当同时移交药物警戒的所有相关记录和数据，确保移交过程中记录和数据不被遗失。

【解读】

药品上市许可转让时，主体责任随之转移。在转让药品上市许可时，该药品的药物警戒相关记录与数据也应被同时移交。

转移药物警戒记录与数据

药物警戒记录与数据即该药品的药物警戒活动中所产生的所有药物警戒文件、记录及数据，包括药物警戒相关 SOP、个例安全报告、信号检测记录、文献、风险沟通文件、电子文档的存档与检查频率、相关权限管理、记录的风险管理流程等。受让方在接收相关文件后，也要确保自身的文件、记录和数据管理符合 GVP 之规定。

在转移文件过程中，需要准备移交清单，用以复核之用。如果转让方与受让方均已使用符合 GVP 规定的电子记录系统进行管理，例如云盘、eTMF 等具有自动备份的功能，可以有效减少移交过程中文件损坏及遗失的概率。

如果持有人是委托第三方进行药物警戒相关活动的，在接到委托方药品上市许可转让的通知后，由受托方整理相关的药物警戒记录与数据并打包，做好移交准备。

详细的实施转让的程序可参考《中华人民共和国药品管理法》（2019 修订）、《药品上市许可持有人制度》《药品技术转让注册管理规定》等法规，在此不做叙述。

八、临床试验期间药物警戒

（一）基本要求

第一百一十六条　与注册相关的药物临床试验期间，申办者应当积极与临床试验机构等相关方合作，严格落实安全风险管理的主体责任。申办者应当建立药物警戒体系，全面收集安全性信息并开展风险监测、识别、评估和控制，及时发现存在的安全性问题，主动采取必要的风险控制措施，并评估风险控制措施的有效性，确保风险最小化，切实保护好受试者安全。

药物警戒体系及质量管理可参考本规范前述上市后相关要求，并可根据临床试验期间药物警戒要求进行适当调整。

【解读】

1. 我国 GVP 明确了临床试验期间的药物警戒工作

以往，EU GVP 各个模块主要关注的是上市后药品的药物警戒工作，但实际上世界卫生组织对药物警戒（pharmacovigilance）的定义“是与发现、评价、理解和预防各种不良反应或与其他任何可能的药物问题有关的科学研究和活动”。在该定义中，并没有将药物警戒局限于“上市后药品”，因此药物警戒的工作范围应包含药物的整个生命周期的管理，即上市前临床试验阶段和上市后药品销售使用阶段。

2. 建立临床试验阶段药物警戒体系的意义

规范明确了临床试验阶段药物警戒体系的要求，具有很重要的现实意义。

目前在临床开发的实际操作中，一些企业出于药物开发阶段和人员成本的考虑，将部分临床试验相关工作外包给合同研究组织，外包的程度可以包括方案设计、临床运营以及安全性信息的收集、录入和递交等工作。从保护受试者安全的角度来看，这种模式可能使得一些企业在进行识别安全信号和风险管理工作时过度依赖合同研究组织，从而忽视自身在临床试验中安全风险管理的主体责任。

我国药物警戒质量管理规范明确在临床试验阶段建立药物警戒体系的要求，可以促使申办者增强主体责任意识，落实临床试验中保护受试者安全的各项措施，切实做到工作外包但责任不外包。

随着我国新版临床试验质量管理规范的执行以及药品审评中心多项法规的颁布，监管部门对申办者管理临床试验中安全性信息提出了新的要求。

临床试验中的药物安全工作不再是单纯向监管部门报告严重不良事件，而是需要从收集处理安全性信息、识别安全信号到风险管理等多方面入手保护受试者安全。过去，药物警戒从业人员在一些企业内部想要系统地开展工作可能会遇到一些技术挑战，例如试验药物安全性评估中如何与临床开发医生分工配合，DSUR 撰写时分工不清、数据提供不及时等问题。究其原因，很多时候是由于企业内部缺少一个健全的药物警戒体系。

3. 在临床试验阶段建立药物警戒体系，规范中建议可以参照上市后的要求

这一点说明，临床试验阶段药物警戒工作不仅仅依靠一两个严重不良事件报告操作规程是不够的，而是着眼于保护受试者，按照上市后药物警戒体系的思路，从质量管理、机构人员与资源、监测报告、信号识别、风险管控、文件和数据等多个角度入手，全面建立各项规章制度，做到信息收集全面、信号识别准确、风控措施及时有效。

我国药物警戒质量管理规范不仅对临床试验阶段药物警戒工作提出了要求，还提供了很多技术上的说明。作为企业内部管理人员，应该提高风险管理主体意识；药物警戒技术人员可以考察目前企业内部流程，在确认和质量规范差距后，补充相关流程，最终做到全员药物警戒意识强、专业人员技术过硬、内部制度健全。

第一百一十七条　对于药物临床试验期间出现的安全性问题，申办者应当及时将相关风险及风险控制措施报告国家药品审评机构。鼓励申办者、临床试验机构与国家药品审评机构积极进行沟通交流。

【解读】

SUSAR 是临床试验过程中需要关注的安全性问题，国家已制定相应的指导原则，规范申办者对 SUSAR 的收集、分析、评估及报告。此外，对于明显影响药品风险获益评估的信息或可能考虑药品用法改变，或影响总体药品研发进程的信息，均属于安全性问题的范畴。

1. 临床试验期间的风险控制措施包括哪些

最直接的做法是对临床试验方案的修订，包括对入排标准的调整、研究终点的修订、在试验过程中监护的加强、剂量调整方案、发生不良反应时的处理原则等。

方案修订以后，知情同意书也应当有相应的更新，以确保受试者能及时掌握药品的风险及相应的监测方法。

此外，还应当加强对研究者、CRC、CRA 的培训。必要时，可邀请独立的数据监查委员会（IDMC）给予指导建议，及时暂停或者终止临床试验。

2. 如何进行沟通

对于 SUSAR 报告，可通过电子传输的方式上报给监管部门，通过电子邮件或者临床试验系统报告给临床试验机构及伦理委员会。若临床试验机构对 SUSAR 报告有疑问，可通过召开会议的形式进行讨论，申办者可根据临床试验机构的建议进一步收集相关信息及更新 SUSAR 报告。对于其他安全性问题，可通过电子邮件、申请人之窗等途径进行沟通。

第一百一十八条　申办者应当指定专职人员负责临床试验期间的安全信息监测和严重不良事件报告管理；应当制订临床试验安全信息监测与严重不良事件报告操作规程，并对相关人员进行培训；应当掌握临床试验过程中最新安全性信息，及时进行安全风险评估，向试验相关方通报有关信息，并负责对可疑且非预期严重不良反应和其他潜在的严重安全性风险信息进行快速报告。

【解读】

人、机、料、法、环是药物警戒体系的五个主要方面。GVP 第一百一十八条囊括了这五个方面的要求：专职人员、安全性信息、满足 E2B 要求的信息化系统以快速报告 SUSAR 及重要安全性信息、相关的工作流程和操作指南，以及以培训为基础的良好合作氛围。

个例安全性信息收集和报告流程是必不可少的，该 SOP 延展开来，就是与之密切相关的安全数据处理流程、数据库管理流程、文件存档流程、业务连续性计划流程、PV 主文件以及文献检索流程等。数据收集后，进行信号检测与风险管理。

接下来是风险管理相关的流程，包括信号监测流程、风险评价与控制流程、研究者手册更新流程、说明书准备与更新流程以及安全性信息沟通流程等。当然，DSUR 的撰写与递交也是必须的。

1. PV 培训

培训是针对具体项目所开展的安全性培训。

既然是针对具体项目的培训，就应针对具体的药品、研究、研究对象确定的或潜在的重要风险，告诉研究者或者受试者如何观察和收集信息，对于这些风险，何时采取哪些管理措施，都需在培训会上进行详细介绍。

这样的项目培训，才是有价值、有意义的培训。

2. 掌握最新安全性信息

个例安全性信息以及 DSUR 无疑是我们掌握安全性信息的重要来源，可这两种途径仍有不足之处，不足以让我们及时监测到风险。例如，通常在临床研究过程中，安全数据库只收集 SAE、妊娠、药物过量等信息，却无法看到常见 AE 的性质及发生率。

如果想看到一个研究的安全性信息全貌，可以直接请项目经理开通临床数据库的权限，自己掌握查看这个研究整体安全性信息的主动权；还可以参加定期的医学监察会议，从 PV 的角度审查获益-风险平衡；当然，还可以向数据统计团队提出申请，请求定期汇总所有研究的所有安全性数据。

第一百一十九条　开展临床试验，申办者可以建立独立的数据监查委员会（数据和安全监查委员会）。数据监查委员会（数据和安全监查委员会）应当有书面的工作流程，定期对临床试验安全性数据进行评估，并向申办者建议是否继续、调整或停止试验。

【解读】

1. 什么是临床数据监查委员会

在随机双盲对照研究中，由于受试者和研究者均处于盲态，因此无法得知治疗状态。一方面，出于伦理等因素考虑，应避免试验中受试者承担不必要的风险；另一方面，保证试验不会因过早终止而不能回答预设的科学问题也十分重要。因此，临床试验有时需要成立临床试验数据监查委员会（Data Monitoring Committee，DMC）来承担这些任务。数据监查委员会是一个独立的具有相关专业知识和经验的专家组，负责定期审阅来自一项或多项正在开展的临床试验的累积数据。

DMC 和其他各相关方最主要的区别在于，DMC 可以在非盲状态下利用临床试验过程中收集的有效性和安全性数据，依照预先制定的方案执行周期性或临时动议的风险-获益评估，为申办方提供建议。

2. DMC 的历史

DMC 的历史可以追溯到“Greenberg 报告”。该报告于 1967 年向美国国家心脏咨询委员会提交，由北卡罗来纳大学的统计学家 Bernard Greenberg 领导的专家委员会编写，该报告旨在解决复杂的多中心临床试验的管理问题，提出特别需要一个独立的咨询委员会来帮助管理由美国国家心脏研究所资助的大型复杂临床试验工作。此后，经过美国国家卫生研究所（NIH）多年的不断完善，逐步清晰定义了 DMC 在临床试验中的职责、任务、组成、操作规范和统计学考虑。2013 年，日本药品和医疗器械管理局发布了 DMC 指南。2019 年，CDE 发布了《临床试验数据监查委员会指导原则（征求意见稿）》。可见，DMC 在全球的应用越来越广泛。

3. 如何制定 DMC 章程

DMC 的章程需在试验开始前制定，内容包括研究设计，DMC 的成员、职责范围、利益冲突评估原则，DMC 的会议形式，数据分析方法，其中分析数据及结果的获得权限，提供给 DMC 的所需材料的方式、格式和时间，

DMC 与各相关方的沟通交流以及记录文件的准备和存档等。

4. DMC 的任务

受试者的安全性监查是 DMC 的首要任务。在以死亡或其他严重结局为终点的长期对照临床试验中，如果发现试验药物的终点风险高于对照组，DMC 可出于安全性原因建议提前终止试验。DMC 还可以对累积的数据进行期中分析，比较试验组与对照组不良事件的发生率，评估具有临床意义的不良事件。如果对临床试验的安全性问题存在严重担忧，DMC 可以建议终止临床试验，或暂停临床试验并进一步查明试验的安全性问题。

DMC 的另一个重要任务是通过评估期中分析结果对有效性进行监查，并协助申办者做出提前终止试验的决策。提出提前终止试验的建议包括以下两种情况：

• 期中分析的结果显示，预期按原计划完成试验得到阳性结果的概率较小，继续试验意义不大，故而以阴性结果提前终止试验；

• 期中分析的结果显示，试验的有效性结果满足预设的统计准则，以阳性结果提前终止试验。

在某些情况下，在进行安全性评价的同时，还需评估有效性数据来进行风险和获益的比较，以决定是否继续试验。同时，应事先在试验方案中说明期中分析的计划以减少整体Ⅰ类错误率。

为了确保临床试验的质量，DMC 可以定期监查与试验实施相关的数据，如受试者入选标准、方案依从性和受试者脱落率；数据的完整性和及时性；现场监查与中心监查的一致程度；重要预后指标试验组之间的平衡；等等。如果发现试验执行过程中出现严重质量问题，DMC 应建议申办者改善试验质量。

在极少数情况下，监管部门可以与 DMC 进行直接沟通。

第一百二十条　临床试验过程中的安全信息报告、风险评估和风险管理及相关处理，应当严格遵守受试者保护原则。申办者和研究者应当在保证受试者安全和利益的前提下，妥善安排相关事宜。

【解读】

药物临床试验期间受试者保护应严格遵守《中华人民共和国药品管理法》（2019 修订）、《药物临床试验质量管理规范》和 ICH 发布的相关技术指南。

基于受试者保护原则，临床试验申办者和研究者应该怎样做？

第一，申办者应该建立完善的临床试验质量管理体系和药物警戒质量管理体系，优化安全性信息报告的流程。

第二，临床试验方案（或单独的研究特定文件）中应该详细描述安全信息报告的方式、途径、时限、报告要素和流程，以及研究者、申办者对报告评估的要求等详细内容。

第三，申办者收到任何来源的安全性相关信息后，应当立即分析评估，并将 SUSAR 快速报告给所有参加临床试验的研究者及临床试验机构、伦理委员会、药品监督管理部门和卫生健康主管部门。

第四，临床试验中需要采用合理措施保护受试者隐私和其他需要保密的信息。

第五，受试者由于非医疗事故或研究者疏忽所致的受试者损伤时，申办者有义务协助研究者解决因实施该试验所产生的医疗纠纷，亦可以通过为受试者购买保险等形式，并提供法律上与经济上的担保。

第六，申办者和申办者应对受试者可能遭受的风险进行充分预估，并对可能的风险设置适当的治疗方案。当严重不良事件出现时，研究者应在第一时间对受试者采取适当的治疗措施，并会同申办者迅速研究发生的严重不良事件，及时采取必要的措施，使受试者的伤害降至最低。如有必要，应及时向涉及使用同一试验用药品的其他研究者通报。

第七，对试验中发现经申办者和研究者评估存在的安全性问题及风险，应主动采取必要的风险管理措施（如修改临床试验方案、修改研究者手册、修改知情同意书，主动暂停或者终止临床试验等），确保受试者风险最小化，并及时将相关风险及管理信息报告药品监督管理部门。

第一百二十一条　临床试验期间药物警戒活动需要结合《药物临床试验质量管理规范》等要求。

【解读】

GVP 明确了临床试验期间药物警戒工作的各项要求。

在策略层面搭建临床试验期间药物警戒体系时，可以按照上市后体系的思路，从质量管理、机构人员与资源、监测与报告、风险管理以及文档管理多个方面入手，关注药物警戒工作的合规性，及时性和执行情况，但在实际操作层面和技术层面，还要考虑临床试验期间的法规要求。

临床试验中个例安全性报告相较于上市后药品报告质量更高，但整体报告数量较少，这决定了在临床试验期间信号管理的重点是个例报告，尤其是非预期严重不良事件的审阅。与上市后药品相比，临床试验期间不会用到数据挖掘的方法来发现信号。

此外，在临床试验中，风险管控工作是在没有完全确认试验药物获益大于风险的情况下，通过研究者手册、知情同意书分别与研究者和受试者进行风险沟通，主要通过方案中排除标准、剂量管理、毒性管理来预防和减少受试者的安全性风险。而上市后产品是在明确获益大于风险的情况下，主要通过说明书与医生和患者进行药品风险沟通，通过禁忌、注意事项等部分的描述来管控风险。此外，对于一些安全性问题会采取额外的风险最小化措施。

关注这些异同点，在策略上借鉴上市后经验，在技术上遵循临床试验法规，可以帮助提高搭建临床试验期间药物警戒体系时的效率和合规性。

第一百二十二条　申办者为临床试验期间药物警戒责任主体，根据工作需要委托受托方开展药物警戒活动的，相应法律责任由申办者承担。

【解读】

申办者可以根据实际情况将工作外包

申办者在临床试验中可以根据公司现状和试验药物的开发阶段将药物警戒工作委托给第三方。

需要强调的是，临床试验期间的药物警戒工作不仅仅是个例的处理和DSUR的撰写，还包括信号管理和风险的管控。受试者安全风险的管控会涉及知情同意，研究者手册和方案的更新，这些工作往往由临床医学和运营部门领导。因此，能够独立委托给第三方的药物警戒工作通常包括个例的处理，DSUR撰写和信号识别与评估。

签订药物警戒工作委托合同后，对申办者来说并不是“一了百了”，因为合同仅仅是将工作外包，而不是外包了责任。申办者内部仍然要有明确的风险管控流程，在受托方确认风险后，及时采取措施保护受试者安全。

关于委托相关的具体要求可以参考之前章节的解读。

（二）风险监测、识别、评估与控制

第一百二十三条　临床试验期间，申办者应当在规定时限内及时向国家药品审评机构提交可疑且非预期严重不良反应个例报告。

【解读】

申办方在建立递交合规流程时，可参考以下要点：

第一，安排专人每天查看接收安全报告的邮箱或传真，收到报告后，第一时间发送回执，将报告上传到安全数据库。在国庆、春节等大型假期期间，需安排专人值班。

第二，建立后备人员制度，参与报告处理的人员需安排一名后备人员。

第三，在相关 SOP 中规范报告处理流程和处理时限。

第四，建立个例安全报告递交的 SOP 或其他程序性文件，规范递交流程。执行完递交操作后，必须查看是否递交成功，收到递交回执或成功将报告发送给监管部门（对于不提供回执的监管机构，如递交邮件成功发出、递交快递成功发出），方可记录为递交完成。建立递交记录跟踪表，记录每份 SUSAR 成功递交各监管机构的日期。

第五，在数据库中配置合理的报告处理时限、递交时限和递交提醒，建议公司内部递交时限设置要早于法规规定的时限。

第六，建立合规管理流程，合理设置递交合规率，定期对递交合规性进行分析。对于不合规的递交，需开展调查并根据需要制定相应的纠正和预防措施（CAPA）并实施。

第一百二十四条　对于致死或危及生命的可疑且非预期严重不良反应，申办者应当在首次获知后尽快报告，但不得超过 7 日，并应在首次报告后的 8 日内提交信息尽可能完善的随访报告。

对于死亡或危及生命之外的其他可疑且非预期严重不良反应，申办者应当在首次获知后尽快报告，但不得超过 15 日。

提交报告后，应当继续跟踪严重不良反应，以随访报告的形式及时报送有关新信息或对前次报告的更改信息等，报告时限为获得新信息起 15 日内。

【解读】

参见正文相关章节关于首次获知日期的解释。

第一百二十五条　申办者和研究者在不良事件与药物因果关系判断中不能达成一致时，其中任一方判断不能排除与试验药物相关的，都应当进行快速报告。

在临床试验结束或随访结束后至获得审评审批结论前发生的严重不良事

件，由研究者报告申办者，若属于可疑且非预期严重不良反应，也应当进行快速报告。

从其他来源获得的与试验药物相关的可疑且非预期严重不良反应也应当进行快速报告。

【解读】

临床试验期间发生的SUSAR，需要在规定时限内向国家药品审评机构快速报告。本条对申办者在快速报告执行过程中因果关系判断、SUSAR收集时间范围及SUSAR来源进行了补充说明，申办者应按照要求执行，避免出现漏报。

申办者应该在临床试验开始前明确SAE收集的时间范围，并在临床试验方案中说明，确保在临床试验期间至获得审评审批结论前发生的严重不良事件能够有效收集。

对于临床个例快速报告的相关性判断，应该在SMP中进行描述，申办者与研究者任一方判断不能排除与试验药物相关的，都应当进行快速报告。

第一百二十六条　个例安全性报告内容应当完整、规范、准确，符合相关要求。

申办者向国家药品审评机构提交个例安全性报告应当采用电子传输方式。

第一百二十七条　除非预期严重不良反应的个例安全性报告之外，对于其他潜在的严重安全性风险信息，申办者也应当作出科学判断，同时尽快向国家药品审评机构报告。

一般而言，其他潜在的严重安全性风险信息指明显影响药品获益-风险评估的、可能考虑药品用法改变的或影响总体药品研发进程的信息。

【解读】

此条法规阐述了对个例安全性报告的撰写和递交要求。ICSR必须以电子形式、结构化的数据进行提交。符合个例安全性报告电子传输信息规范相关要求，采用ICH E2B（R3）的所有适用和相关数据元素和术语，使用经完全结构化的格式填写的ICSR进行报告。

1. 谁来评估和确定“其他潜在的严重安全性风险信息”

临床试验的申请人负责全方位审阅和评估安全性信息，并做出科学判断。申请人应当组织包括药物安全部门在内的跨部门协作来开展这项工作。

例如，药物安全和临床科学团队在临床试验的安全数据审阅过程中紧密协作，发现已知的严重的不良反应发生率增加的趋势，并判断其临床意义。在设计临床试验方案和安全管理计划时，事先界定对暴露人群有明显危害的事件（如在治疗危及生命疾病时药品无效），制定收集该类信息的流程，并监测其发生趋势。临床开发团队与临床前研究和转化医学团队保持密切沟通，及时获取动物试验或体外试验的重大安全性发现，共同评估其临床意义。对于合作开发的产品，与合作方的紧密合作必不可少。双方除了要及时交换非预期严重不良反应的个例安全报告，也要及时共享其他潜在的严重安全性风险信息。以上的信息获取和评估流程，可以整合入药物安全风险管理的 SOP 中，涉及合作方的部分应写入药物警戒协议中。

2. 如何报告“其他潜在的严重安全性风险信息”

目前对此类报告的格式没有强制性要求，可依据所报告内容而定，但应采用中文报告。一般应对于“其他潜在的严重安全性风险”进行详细、规范的说明并提供相关资料。申请人的药物安全部门可以作为报告的主要撰写者，但一定需要临床科学、临床前研究/转化医学、数据统计部门的协作支持。建议报告的签批人至少包括临床开发负责人和药物警戒负责人。

此类信息也要求快速报告，这在执行层面上给申请人带来了压力和挑战。一种做法是将申请人判断某些信息为“其他潜在的严重安全性风险信息”的当日作为第 0 天，以此在快速报告的时限内完成报告准备和递交。

药物安全部门可以担任报告递交的执行者。登录申请人之窗后，在“临床试验期间安全性风险管理”的模块下有“其他潜在的严重安全性风险信息递交”的专用通道，按要求输入试验药物的相关注册申请信息和联系人及联系方式，并上传报告。另外，按照《药物临床试验期间安全性数据快速报告标准和程序》，其他潜在的严重安全性风险信息的快速报告也可通过电子邮件的方式发送到 lcqjywjj@cde.org.cn。如果采用邮件报告的形式，就要在邮件中同时提供试验药物的相关注册申请信息（如注册申请的药物名称、受理号、申请人等）以及联系人及联系方式（如电话号码、手机号码等）。

第一百二十八条　申办者应当对安全性信息进行分析和评估，识别安全风险。个例评估考虑患者人群、研究药物适应症、疾病自然史、现有治疗方法以及可能的获益-风险等因素。申办者还应当定期对安全性数据进行汇总分析，评估风险。

【解读】

风险评估实际上贯穿产品的整个生命周期，首先需要识别结局、估算这些结局相关后果的影响级别以及这些结局的发生概率，即上文所说的个例评估的考虑因素。而将信号升级成为风险则需要一些关于其发生可能性的合理证据。并对已经量化或定性的风险危害进行评价。在这个过程中，需要我们感知获益和风险之间的平衡，并评估需要采取的风控措施。

CIOMS VI（临床试验安全信息管理）工作组报告中详细介绍了如何评估临床试验的安全性信息，从而确定新出现的安全风险。CIOMS VI 工作组主要通过以下来源识别新的安全信息：

严重的个例安全性报告的评估；

不考虑严重性或因果关系，定期汇总评估可获得的临床安全数据（包括临床不良事件和实验室参数）；

评估揭盲的研究，包括单个研究结果和适当情况下的汇总分析。它也强调在安全性信息评估中应用临床判断的必要性。CIOMS VI 工作组制订了临床开发中有关药品协调定期安全的指导方针。

通过对一系列个例中的安全性信息进行分析，可以确定其趋势和模式，并能提供其与怀疑药物有潜在联系的线索。根据不良事件的类型（如诊断或体征或症状）、患者特征和人口统计数据（如年龄、种族、性别、并发症、合并用药）、疾病（如适应证）或事件特征（如用药到发病时间、严重程度）对个例进行分类。持有人还应当定期对安全性数据进行汇总分析，这些安全性数据源可以包括药物毒理学或毒物中心数据库、临床前（体外、离体或体内）动物研究、临床试验（如实验研究或专门设计的安全性研究）、流行病学研究（前瞻性或回顾性、例如使用医疗保险或电子病历数据库）、所有相关文献和法规，最终评估风险。

第一百二十九条　临床试验期间，申办者应当对报告周期内收集到的与药物相关的安全性信息进行全面深入的年度回顾、汇总和评估，按时提交研发期间安全性更新报告，研发期间安全性更新报告及其附件应当严格按照《研发期间安全性更新报告管理规范》完整撰写，并应包含与所有剂型和规格、所有适应症以及研究中接受试验药物的受试人群相关的数据。

原则上，应当将药物在境内或全球首次获得临床试验许可日期（即国际研发诞生日）作为研发期间安全性更新报告报告周期的起始日期。首次提交研发期间安全性更新报告应当在境内临床试验获准开展后第一个国际研发诞生日后两个月内完成。

当药物在境内外获得上市许可，如申办者需要，可在该药品全球首个获得上市批准日期的基础上准备和提交安全性更新报告。调整后的首次提交，报告周期不应超过一年。

【解读】

DSUR 的主要目的是对报告周期内收集到的与试验药（无论上市与否）相关的安全性信息进行全面深入的年度回顾和评估。

详细的撰写需要按照《研发期间安全性更新报告管理规范》和《E2F：研发期间安全性更新报告》的要求。

第一百三十条　申办者经评估认为临床试验存在一定安全风险的，应当采取修改临床试验方案、修改研究者手册、修改知情同意书等风险控制措施；评估认为临床试验存在较大安全风险的，应当主动暂停临床试验；评估认为临床试验存在重大安全风险的，应当主动终止临床试验。

修改临床试验方案、主动暂停或终止临床试验等相关信息，应当按照相关要求及时在药物临床试验登记与信息公示平台进行更新。

【解读】

申请人对安全性风险采取风险管理措施后需要评价措施实施的有效性，如修改临床试验方案、修改研究者手册、修改知情同意书后，持续评估受试者的安全风险是否降低，确保受试者的风险最小化。对于申请人由于安全性风险而主动暂停临床试验的情形，药审中心可以根据风险严重程度，要求申请人在完成整改后向药审中心提出恢复药物临床试验的补充申请，经审查同意后可恢复药物临床试验。药审中心未明确要求申请人补充申请的，申请人可视为需要，按照《药物研发与技术审评沟通交流管理办法》相关规定提出沟通交流申请。

第一百三十一条　申办者应当对风险控制措施的执行情况和实施效果进行评估，并根据评估结论决定是否采取进一步行动。

【解读】

GVP 的这一条在《药物临床试验期间安全信息评估与管理规范》中有

相应的体现和要求。建议通过申请人制定的安全风险评估管理的标准操作流程来规范这项活动。

九、附则

第一百三十二条 本规范下列术语的含义：

药品不良反应：是指合格药品在正常用法用量下出现的与用药目的无关的有害反应。

信号：是指来自一个或多个来源的，提示药品与事件之间可能存在新的关联性或已知关联性出现变化，且有必要开展进一步评估的信息。

药品不良反应聚集性事件：是指同一批号（或相邻批号）的同一药品在短期内集中出现多例临床表现相似的疑似不良反应，呈现聚集性特点，且怀疑与质量相关或可能存在其他安全风险的事件。

已识别风险：有充分的证据表明与关注药品有关的风险。

潜在风险：有依据怀疑与关注药品有关，但这种相关性尚未得到证实的风险。

第一百三十三条 国务院卫生健康主管部门和国务院药品监督管理部门对疫苗疑似预防接种异常反应监测等药物警戒活动另有规定的，从其规定。

第一百三十四条 本规范自 2021 年 12 月 1 日起施行。

【解读】

1. 疫苗药物警戒另有规定

GVP 第一百三十三条表述为“对疫苗疑似预防接种异常反应监测等药物警戒活动另有规定的，从其规定”。那么国务院卫生健康主管部门和国务院药品监督管理部门是否对疫苗药物警戒做出了规定？2019 年发布了《中华人民共和国疫苗管理法》，此后发布的关于疫苗药物警戒/不良事件管理的文件包括，在 2019 年的最后一天发布的《国家药监局关于发布预防用疫苗临床试验不良事件分级标准指导原则的通告》。疫苗临床试验应遵循此规定。对于疫苗上市后的药物警戒，尚未发现其他要求，应考虑遵循本规范。

疫苗的药物警戒与药品的药物警戒有许多相同之处，当然疫苗也有其特殊性。随着药物警戒规范的执行，未来或许会有更为详细的疫苗药物警戒的规定，甚至可能涉及器械、化妆品的警戒规范。

2. 实施日

本规范自 2021 年 12 月 1 日起施行。自彼时起，GVP 正式成为 GXP 家族的一员。药物警戒工作的开展有了质量标准。未来这一质量标准，还将持续细化、提高。

参考文献

[1] 杨悦．药品上市许可持有人直接报告不良反应制度实施问题研究 [J]. 中国药物警戒，2019，16（11）：649—653＋665.

[2] 国家药品监督管理局药品评价中心．药品 GVP 指南 药物警戒体系与质量管理 [M]. 北京：中国医药科技出版社，2022：122.

[3] 张伊楠，吴汀溪，赵志刚．美国、欧盟和我国监管部门对药品获益-风险沟通管理与实践的研究 [J]. 药物流行病学杂志，2024，33（1）：19—27.

[4] 王丹，王涛，夏旭东，等．《药物警戒质量管理规范》对持有人实施药物警戒制度的启示 [J]. 医药导报，2021，40（10）：1303—1306.

[5] 卫付茜，张威，杨悦．药品监管机构与公众药品风险沟通的研究 [J]. 中国药物警戒，2021，18（10）：949—952.

[6] 国家药品监督管理局药品评价中心．药品 GVP 指南 风险识别、评估与控制 [M]. 北京：中国医药科技出版社，2022：120.

[7] 韩阳，田丽娟．欧美患者定向的药品风险沟通工具研究及启示 [J]. 沈阳药科大学学报，2023，40（10）：1382—1386.